Strategien für die deutsch-chinesische Geschäftsbeziehung

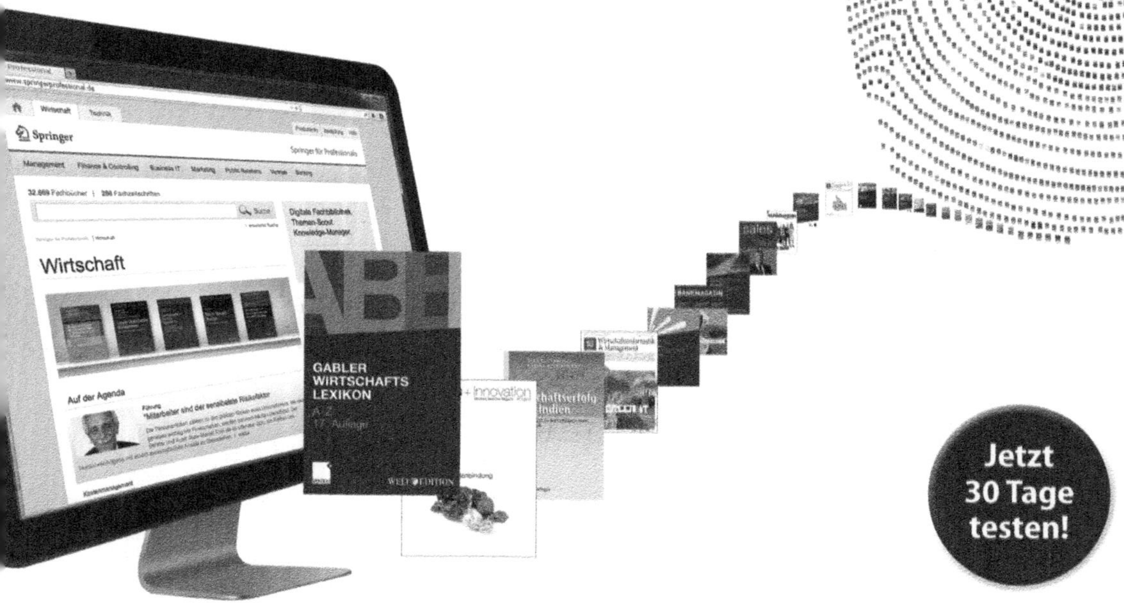

Jutta Micholka-Metsch • Marc-Christopher Metsch

Strategien für die deutsch-chinesische Geschäftsbeziehung

Erfolgreich verhandeln und Konflikte lösen

 Springer Gabler

Jutta Micholka-Metsch
Marc-Christopher Metsch

CCT International Institute for
Consulting Coaching Training
Wolfenbüttel
Deutschland

ISBN 978-3-658-06101-2   ISBN 978-3-658-06102-9 (eBook)
DOI 10.1007/978-3-658-06102-9

Die Deutsche Nationalbibliothek verzeichnet diese Publikation in der Deutschen Nationalbibliografie; detaillierte bibliografische Daten sind im Internet über http://dnb.d-nb.de abrufbar.

Springer Gabler
© Springer Fachmedien Wiesbaden 2015

Gedruckt auf säurefreiem und chlorfrei gebleichtem Papier

Springer Fachmedien Wiesbaden ist Teil der Fachverlagsgruppe Springer Science+Business Media
(www.springer.com)

Für Rüdiger

Einleitung

Freitag, 3. Januar 2014, Büro Direktor Feng Lin, Großunternehmen Sudong Shipin, Peking:

Alles läuft scheinbar gut für Hennes Loewenstein, Maschinenbauingenieur und Juniorchef der Loewenstein & Söhne Maschinenbau GmbH. Als Ingenieur sehr erfolgreich, ist er nun zusammen mit seinem Vater Karl nach Peking gekommen und betritt damit erstmalig das internationale Verhandlungsparkett. Karl Loewenstein hat vor einigen Jahren eine geschäftliche Verbindung zu Feng Lin aufgenommen, der sein einstmals mittelständisches Unternehmen nunmehr zu einem Großunternehmen für Tiefkühlkost ausgebaut hat. Die beiden Männer verbindet inzwischen ein freundschaftliches Verhältnis.

Nach einer Fabrikbesichtigung beginnt Herr Lin, seine Pläne zu erläutern: „Karl, Sie haben sich die Zeit genommen, die Maschinen zu begutachten. Die Auftragslage für Sudong Shipin ist recht gut. Wir beliefern jetzt auch Hotels. Das bedeutet, ein Ausbau des Maschinenparks ist unumgänglich. Ich wäre Ihnen und Ihrem Sohn dankbar für Vorschläge." Ehe Karl Loewenstein antworten kann, ergreift Hennes das Wort: „Die Maschinen sind zu alt für einen Ausbau. Ich würde nach und nach komplett erneuern." Herr Lin zögert kurze Zeit, lächelt und erwidert: „Die Maschinen hat mein Vater unter großen Entbehrungen in einer schwierigen Zeit erstanden und damit die Fabrik aufgebaut." Karl Loewenstein nickt: „Ich bedaure, dass ich Ihren Vater nicht kennen lernen konnte. Er hat sich durch Disteln und Dorngestrüpp seinen Weg gebahnt. Vielleicht gibt es einen Weg, einen Teil seines Vermächtnisses in das Neue zu integrieren." „Aber Vater", entgegnet Hennes, „damit baust du eine Schwachstelle in den neuen Maschinenpark ein und riskierst Produktionsausfälle!" Und an Herrn Lin gewandt: „Ich bedaure, das sagen zu müssen, aber Sie haben zu lange mit der Modernisierung gewartet. Damit der Produktionsablauf nicht gefährdet ist, müssen Sie nicht ausbauen, sondern einen Großteil komplett austauschen. Wenn Sie wollen, kann ich Ihnen dazu einige Vorschläge erarbeiten." „Das ist eine gute Idee. Wenn es Ihnen nichts ausmacht, können Sie sich gleich von Dongmao Fang, unserem leitenden Ingenieur, die entsprechenden Daten geben lassen. Frau Liu wird Sie zu ihm führen." Das weitere Gespräch führen Feng Lin und Karl Loewenstein hinter verschlossenen Türen.

Obwohl Hennes Loewenstein sehr um eine optimale Lösung für Herrn Lins Problem bemüht ist, hätte er ohne die gute Beziehung seines Vaters zu Feng Lin keine Chance mehr, den Großauftrag zu bekommen. Denn was Deutschen hier als lösungsorientiertes

Gespräch erscheint, ist für Chinesen gleich in mehrfacher Hinsicht Ausdruck unkultivierten Verhaltens, das einer intakten Geschäftsbeziehung entgegenstehen würde.

Wodurch kommt die Diskrepanz zustande? Immerhin nennt der chinesische Geschäftspartner ein klar umrissenes Problem und legt die Lösung in die Hände der beiden Ingenieure. Hennes Loewenstein geht das Problem sachorientiert an, benennt und begründet die Lösung. Damit es keine Missverständnisse gibt, äußert er sich klar und direkt. Aus der Sicht des chinesischen Geschäftspartners Feng Lin hat sich jedoch etwas völlig anderes abgespielt: Ein junger Ingenieur ohne Erfahrung versäumt es, eine gute Beziehung herzustellen, verkennt Signale der Irritation, verstößt gegen das Senioritätsprinzip, verletzt die Harmonie und missachtet die Gesichtgebung.

Um den Verlust einer lohnenswerten Geschäftsbeziehung oder kostenintensive Geschäftsabbrüche abzuwenden, bedarf es eines tieferen Verständnisses für die *Ursachen* von Hindernissen und Konflikten sowie einer dem deutsch-chinesischen Businesskontext angepassten *praxisorientierten* Kommunikationsstrategie mit konkret anwendbaren Techniken. Diesem Ziel fühlen wir uns verpflichtet.

Kapitel 1 des vorliegenden Buches schafft die Grundlagen durch Aufzeigen interaktiver Zusammenhänge. Was geschieht zwischen zwei Gesprächspartnern und wie kommt es zu Missverständnissen? Welche Rolle spielt dabei der kulturelle Hintergrund? Wie und zu welchem Zweck kommunizieren Chinesen?

Kapitel 2 erweitert die Perspektive um wichtige psychologische Einflussfaktoren. Wie nehmen wir unseren Gesprächspartner wahr? Durch welche Mechanismen wird unsere Wahrnehmung gesteuert und verzerrt? Wie wirken Einstellungen, Erwartungen und Stereotypien? Wie führen deutsche und chinesische kulturelle Werte durch ihr Zusammentreffen unter Umständen zu zusätzlichen Komplikationen?

Um die Gründe zu verstehen, weshalb im deutsch-chinesischen Miteinander Konflikte gelegentlich aus dem Nichts zu kommen scheinen, zeigen Kap. 3 und 4 das Konfliktverhalten von Deutschen respektive Chinesen. Was für den einen bereits ein ernsthafter Konflikt ist, kann für den anderen unter Umständen völlig unbemerkt ablaufen. Die Relevanz für eine erfolgreiche Geschäftstätigkeit, die sich daraus ergibt, ist nicht zu übersehen. Beide Kapitel liefern zahlreiche Fallszenarien, die die Konfliktursachen nachzuzeichnen versuchen. Jedes Szenario schließt mit einem Lösungsvorschlag. Hilfreiche Tipps und Kommentare, abgestimmt auf eine Businesstätigkeit in China, runden die Szenarien ab.

Kapitel 5 und 6 geben einen groben Überblick des Verhandlungsverhaltens von Deutschen und Chinesen. Geprägt durch die kulturellen Unterschiede, bergen auch die unterschiedlichen Verhandlungsstile eine Reihe potenzieller Konflikte. Daher bieten auch diese beiden Kapitel über das theoretische Wissen hinaus Fallszenarien, an denen die Konflikte und ihre möglichen Lösungen modellhaft dargestellt sind. Wo sinnvoll, finden die Leserinnen und Leser zusätzliche Tipps und Kommentare.

Zu Beginn des Kap. 7 wird zunächst Hennes Loewenstein, der Protagonist des Einleitungsszenarios, den Leserinnen und Lesern wiederbegegnen. Generell ist das Kapitel als praktischer Teil angelegt. Hier findet sich unsere Methode der Kooperativen Kommunikationsstrategeme für den deutsch-chinesischen Business-Kontext. Leserinnen und Leser werden ein Kategorienverzeichnis (Stichwörter) vorfinden, mit dessen Hilfe sich mögliche Brennpunkte und potenzielle Konflikte im Gespräch mit chinesischen Geschäftspartnern beheben oder gar vermeiden lassen. Den Handlungsrahmen für die Kooperativen Kommunikationsstrategeme bilden die relevanten kulturellen Werte der Chinesen und chinesische Diplomatie: Gesichtgebung, Harmoniewahrung, indirekte Kommunikation, die konkret durch Anwendung von Redewendungen, Idiomen und Sprichwörtern umgesetzt werden. Dies entspricht der chinesischen Art, Konflikte zu vermeiden, Kritik zu äußern oder die eigene Meinung kundzutun. Geschickt angewendet, können mit den Kooperativen Kommunikationsstrategemen potenzielle Reibungspunkte, wie sie in jedem Business auftreten, souverän gemeistert werden. Um Leserinnen und Lesern Anregungen zu geben, sind auch hier zahlreiche Beispiele und Fallszenarien eingefügt.

Um denjenigen Leserinnen und Lesern gerecht zu werden, die mehr Informationen über die kulturellen Werte und die verwendeten Sprichwörter, Redewendungen und Idiome wünschen, haben wir kulturelle Oberbegriffe und Idiombenennungen auch auf Chinesisch wiedergegeben. Als Zusatzinformation dient die lateinische Umlautschrift Pinyin, mit Betonungszeichen versehen. Eine kurze Erläuterung der Tonaussprache findet sich zu Beginn des Kap. 7. Einige nützliche feste Wendungen für Business und Alltagspraxis schließen das Kapitel ab.

Der besseren Lesbarkeit halber haben wir auf die weibliche Form im Text verzichtet. Selbstverständlich sprechen wir immer auch unsere Leserinnen an.

Für die Darstellung der chinesischen Namen in unseren Fallszenarien haben wir die westliche Schreibweise gewählt, also Vor- und Familienname (beispielsweise Dongmao Chen). In China ist die Schreibweise genau umgekehrt, hier wird zuerst der Familienname genannt, gefolgt vom Vornamen (beispielsweise Chen, Dongmao).

Unser besonderer Dank geht an Herrn Prof. Dr. Dr. h.c. Paul Gerhardt, dem Präsidenten des Erich-Paulun-Instituts in München, der sich trotz seines enormen Arbeitspensums die Zeit für ein Geleitwort genommen hat.

Schließlich richten wir unseren Dank auch an den Springer Verlag. Stellvertretend möchten wir Frau Claudia Hasenbalg für ihre engagierte und konstruktive Unterstützung danken.

Wolfenbüttel, im Frühjahr 2015   Jutta Micholka-Metsch
                                                           Marc-Christopher Metsch

Geleitwort

Seit dem Beginn internationaler Beziehungen Chinas auf der Basis der Gleichwertigkeit der Partner in den 70er-Jahren des vergangenen Jahrhunderts sind zahlreiche Bücher über das Reich der Mitte von deutschen und chinesischen Autoren erschienen.

Dies erwies sich nach der Öffnung Chinas ab 1978 wünschenswert, da die Kenntnisse über die Kultur und Philosophie dieses großen Landes vergleichsweise zu anderen Nationen gering war.

Es wurde notwendig, Wissen über China zu vermitteln, um mit dem erworbenen Verständnis Achtung vor einer Gesellschaft mit 1,3 Mrd. Menschen zu entwickeln. Dies war für die politisch gewünschte und wirtschaftlich erhoffte Partnerschaft Deutschlands mit China unverzichtbar.

Die Erwartungen haben sich weitgehend erfüllt und beide Partnerländer haben in den vergangenen drei Jahrzehnten auf allen Bereichen des gesellschaftlichen Lebens die seit dem Ende des 19. Jahrhunderts bestehenden Verbindungen mit neuem Leben erfüllt. Dies betrifft in besonderem Maße auch die wirtschaftliche Zusammenarbeit.

Diese wird jedoch in der Zukunft nicht mehr nur von der technischen Entwicklung und Qualität der Produkte „Made in Germany" abhängen.

Von zunehmender Bedeutung wird das interkulturelle Wissen der Partner sein, wozu neben der Geschichte, der Philosophie und der Sprachkenntnis auch die Verhandlungsführung der Gesprächspartner gehören.

Diesem Verständnis dient das vorliegende Buch.

In eindrucksvoller Form schildern die Autoren, wie Geschäftsbeziehungen erfolgreich aufgebaut und etwaige Konflikte gelöst werden können.

Diese Strategien haben nicht nur für Geschäftsbeziehungen, sondern für alle Gesprächsführungen mit chinesischen Partnern Gültigkeit.

Einleitend werden in dem Buch die Grundlagen der Kommunikation auf der Basis wissenschaftlicher Erfahrungen ausführlich erläutert.

In dem Kapitel Personalentwicklung werden u. a. die Bedeutung eines ersten persönlichen Eindrucks besprochen, zu dem der Blickkontakt, die Mimik und das Verhalten des Gesprächspartners gehören. Dabei spielen die Unterschiede im individuellen Kulturverständnis eine große Rolle.

Ausführlich werden die Konfliktmöglichkeiten aus Sicht des jeweiligen Gesprächspartners auf der Grundlage der unterschiedlichen Kulturstandards erörtert.

An zahlreichen Beispielen werden die Kulturdimensionen der Partner aufgezeigt, womit das Verständnis füreinander wesentlich erleichtert wird.

Zu den chinesischen Kulturstandards gehören die wechselseitige Beziehung, der Ressourcenaustausch, die Wahrung des Gesichts und das Prinzip der Gegenseitigkeit.

Diese Begriffe werden ausführlich erklärt. Ihre Kenntnis wird bei jeder Verhandlungsführung von nachhaltigem Nutzen sein und spielt auch in der Zusammenarbeit in einem Unternehmen eine wichtige Rolle.

An zahlreichen Fallbeispielen deutscher und chinesischer Gesprächspartner wird dies erklärt.

In einem praktischen Teil werden Kooperationsstrategien erläutert, die beispielhaft für jede Gesprächsführung sind.

Die Autoren empfehlen auf Grund eigener Erfahrungen die Möglichkeiten, deutsch-chinesische Geschäftsbeziehungen nutzbringend zu gestalten und potenzielle Konflikte zu meiden.

Einen großen Platz des Buches nehmen chinesische Sprichwörter und Redewendungen ein. Diese werden nach inhaltlichen Begriffen aufgeführt und ihr Sinn und ihre Anwendung werden an Beispielen erklärt. Es ist spannend, diese zu lesen und durch sie Verständnis für die Denkweise des Gesprächspartners zu erlangen.

Die einzelnen Kapitel beinhalten ein ausführliches Literaturverzeichnis, womit der wissenschaftliche Zugang zu den Themen ermöglicht wird.

Mit dem Buch sind primär deutsche bzw. westliche Persönlichkeiten angesprochen, die auf der Basis des interkulturellen Verständnisses Geschäftsbeziehungen aufbauen und erfolgreich gestalten wollen.

Es ist jedoch auch für alle nichtgeschäftlichen Verhandlungsführungen ein großer Gewinn, da das Wissen voneinander Verständnis füreinander und damit Achtung voreinander ermöglicht. Diese Voraussetzungen sind die Grundlage für das geplante Miteinander.

Das Buch wird jeder in China tätigen oder mit chinesischen Partnern verbundenen Persönlichkeit sehr empfohlen. Dies gilt für Angehörige von Unternehmen wie für die Partnerschaft auf kulturellem Gebiet gleichermaßen.

Die Lektüre vor den ersten Kontakten wird dazu beitragen, den persönlichen Gewinn sehr rasch zu erkennen.

18. April 2015   Prof. Dr. Dr. h.c. Paul Gerhardt
                                         Präsident des Erich-Paulun-Instituts, München

Inhaltsverzeichnis

Grundlagen der Kommunikation 1

„Ich bin der chinesische Maschinenbauminister und möchte einen Verantwortlichen von VW sprechen" (Posth 2006). Dieser Satz, gesprochen im Jahr 1978 und adressiert an den diensthabenden Wachmann des Unternehmens, war der Auftakt für einen der größten unternehmerischen Erfolge der deutschen Nachkriegsjahre.

Nehmen wir uns noch einen kleinen Augenblick Zeit für die Antwort von Dr. Werner Schmidt, damals Verantwortlicher für den Vertrieb: „Dann bitten Sie ihn doch zu mir ins Hochhaus. Es wird mir eine Ehre sein" (Posth 2006)

Die Begebenheit illustriert zweierlei: Offenkundig ist es Minister Chou Tzu Tsian und Dr. Werner Schmidt bei ihrem Erstkontakt gelungen, die Weichen für eine lang andauernde erfolgreiche Geschäftsbeziehung zu legen. Dass hierbei eine geglückte Kommunikation die entscheidende Rolle spielte, darf zwar unterstellt werden, aber es sind viele Fragen offen. Was sind die Erfolgsfaktoren in der Kommunikation? An welchen Vorkommnissen drohten Schmidt und Chou zu scheitern? Und wie haben sie trotz ihrer kulturellen Unterschiede einen Konsens finden können?

1.1 Die Suche nach den Erfolgsfaktoren

Jeder, der schon einmal verhandelt hat, weiß, dass das Gelingen einer Verhandlung auch davon abhängt, die richtige Strategie zum richtigen Zeitpunkt einzusetzen. Voraussetzung ist, dass wir den richtigen Zeitpunkt auch erkennen. Und damit stehen wir vor einem Hindernis. Wir sind gezwungen, den richtigen Moment aus unterschiedlichen Signalen zu schließen: aus den Äußerungen und dem Verhalten unseres Verhandlungspartners sowie den Motiven, die wir ihm unterstellen. Je besser wir mit dem kommunikativen Ablauf vertraut sind, desto größer ist unsere Chance, den richtigen Zeitpunkt für bestimmte Kommunikations- und Verhandlungsstrategien bestimmen zu können.

© Springer Fachmedien Wiesbaden 2015
J. Micholka-Metsch, M.-C. Metsch, *Strategien für die deutsch-chinesische Geschäftsbeziehung,* DOI 10.1007/978-3-658-06102-9_1

Ehe wir uns die Frage beantworten können, wie wir mit unseren chinesischen Geschäftspartnern erfolgreich kommunizieren und verhandeln, müssen wir uns zunächst vergegenwärtigen, welche Faktoren unseren Kommunikationsverlauf bestimmen. Die offenkundigsten Einflussgrößen sind die Nachricht per se, die beiden Kommunikatoren, also Sender und Empfänger einer Nachricht, sowie deren kultureller Hintergrund. Damit können wir einige Leitfragen formulieren:

- Wie ist eine Nachricht aufgebaut?
- Wie kommt es zu Kommunikationsstörungen?
- Wie kommt es im deutsch-chinesischen Miteinander zu Kommunikationsstörungen?
- Wie sehen die Besonderheiten der chinesischen Kommunikation aus?

1.2 Wie ist eine Nachricht aufgebaut? Das Modell von Paul Watzlawick

Watzlawicks Kommunikationsmodell basiert auf fünf Grundannahmen (Axiome), auf deren Basis er Kommunikationsstörungen analysiert (Watzlawick 2007). Zunächst stellt er fest, dass wir nicht nicht kommunizieren können (**Unmöglichkeit der Nichtkommunikation**). Welche Begründung gibt es dafür? Für Watzlawick sind „Unsinn [reden], Schweigen, Absonderung, Reglosigkeit oder irgendeine andere Form der Verneinung" selbst eine Kommunikation (2007, S. 52). Jede Abwendung vom Gesprächspartner ist gleichzeitig auch eine Botschaft an ihn, dergestalt, dass wir damit Aussagen treffen wie „Ich möchte mit dir nichts zu tun haben", „Lass mich in Ruhe" und so fort. Später werden wir sehen, dass das „chinesische Schweigen" in Verhandlungen daher zu (vermeidbaren) Missverständnissen führen kann.

Ferner enthält jede Mitteilung einen **Inhalts- und einen Beziehungsaspekt**, wobei „letzterer den ersteren bestimmt" (Watzlawick et al. 2007). Wodurch erhält der Beziehungsaspekt seine Relevanz? Watzlawick unterstellt einen logischen Zusammenhang zwischen den beiden Aspekten – der Inhaltsaspekt enthält die Informationen oder Daten, die der Sender vermitteln will. Gleichzeitig aber wird der Beziehungsaspekt „mitverpackt", der anweist, wie mit den Daten zu verfahren ist. Schauen wir uns folgende Beispiel-Mitteilungen eines Vorgesetzten an einen Auszubildenden genauer an:

> B1: Bei deiner Präsentation für den Chef stehen die Daten im Vordergrund, Animationen benötigen wir in diesem Fall nicht.
> B2: Baue ruhig noch mehr Animationen in deine Präsentation, der Chef wird bestimmt noch zum Fan.

In beiden Nachrichten finden wir annähernd denselben Inhalt, während die Beziehungsaspekte verschieden sind. In B1 ist die Nachricht sachlich gehalten, die Beziehung zwischen Vorgesetztem und Auszubildendem scheint intakt zu sein, was durch das „wir" des letzten Satzes noch betont wird. In B2 nutzt der Vorgesetzte Übertreibung und Hohn, um die Sachnachricht zu vermitteln, und bringt damit das Machtgefälle der Beziehung zum Ausdruck. Nach Watzlawick et al. (2007) fungiert demnach der Beziehungsaspekt als Richtschnur, wie die Information des Inhalts vom Empfänger zu interpretieren sind. Anders ausgedrückt: Wenn wir als Sender Informationen weitergeben, ergänzen wir den Beziehungsaspekt im Sinne unseres Kommunikationsziels. Dass wir hierzu nicht nur sprachliche Äußerungen nutzen, sondern auch para- und nonverbale Signale, werden wir unter noch eingehender beleuchten.

Sind wir in Streitigkeiten verwickelt, nehmen wir die Struktur dieses Streitgespräches auf eine ganz bestimmte Art und Weise wahr. Wir definieren einen Anfang, der, aus unserer Sicht, üblicherweise beim anderen liegt. Schwierig wird die Angelegenheit, weil uns der andere genau den gleichen Sachverhalt unterstellt: Für ihn haben *wir* mit der Zwistigkeit begonnen. Auf diesen Sachverhalt nehmen Watzlawick et al. (2007) mit ihrem dritten Axiom Bezug, das sie **Interpunktion von Ereignisfolgen** nennen. Die Krux der Interpunktion ist, dass sie verhaltenssteuernd wirkt. Wenn wir der Meinung sind, der andere trage selbstverständlich die Verantwortung für die momentanen Diskrepanzen, dann verhalten wir uns dementsprechend und legen damit den Rahmen für die Art der Beziehung fest. Dadurch laufen wir Gefahr, die Diskrepanzen zu einem gravierenden Konflikt auszuweiten. Diese Problematik wird uns in Kap. 3 noch ausführlicher beschäftigen.

Mithilfe des vierten Watzlawick'schen Axioms lassen sich bestimmte Missverständnisse in der interkulturellen Kommunikation besonders gut veranschaulichen. Demnach gebrauchen wir eine **analoge** und eine **digitale Kommunikationsform**. Digitale Kommunikation bedeutet, dass Zeichen, Zahlen, Wörter verwendet werden, die sowohl für den Sender als auch den Empfänger eindeutig sind, also keinerlei Spielraum für Interpretationen zulassen. Im Gegensatz dazu steht die analoge Form: Hier werden Zeichen oder Symbole eingesetzt, die eine mehrdeutige Auslegung erlauben. Wenn wir jemandem mitteilen, dass wir ein Auto gekauft haben, so weiß der Gesprächspartner lediglich, dass es sich um ein bestimmtes Fortbewegungsmittel handelt. Marke, Art oder Funktionsfähigkeit bleiben vorerst offen. Im ungünstigen Fall sprechen wir über eine Rostlaube, die gerade noch in unserem Budget lag, während der Gesprächspartner in seiner Vorstellung von einem schnittigen Sportwagen ausgeht. Der hier zugrunde liegende Sachverhalt kann im Business-Alltag unangenehme Konsequenzen haben. Daher ist Watzlawicks Befund für unsere Zwecke aus zweierlei Gründen interessant. Zunächst sensibilisiert er uns für mögliche Missverständnisse. Wenn wir wissen, dass wir als Sender gelegentlich Begriffe einsetzen, von denen wir unterstellen, der Empfänger werde sie genau nach unserer Intention interpretieren, können wir Missverständnisse vermeiden oder rasch aufklären. Außerdem liefert Watzlawicks Analyse einen Ansatzpunkt für die Problematik des Missverstehens im interkulturellen Kontext. Denn Deutsche und Chinesen meinen nicht notwendigerweise das gleiche, wenn sie denselben Begriff benutzen. Wir werden hieran zu einem späteren Zeitpunkt anknüpfen.

Wann nutzen wir analoge, wann digitale Formen, um uns mitzuteilen? Fakten und Sachverhalte, ergo der Inhaltsaspekt, werden in digitaler Form weitergegeben. Den Beziehungsaspekt „verschlüsseln" wir eher analog. Träger dieser Verschlüsselung sind **pa-**

raverbale Signale wie Sprechgeschwindigkeit, Lautstärke, Dehnungspausen, Stimmlage (Fischer und Wiswede 2009) oder **nonverbale Ausdrucksformen** wie Mimik, Gestik, Blick, Körperhaltung.

Das fünfte und letzte Axiom des Modells expliziert die Beziehung der Kommunikationspartner, wie sie durch Rang, Status, Wissensstand usw. definiert werden kann. Findet eine Begegnung auf Augenhöhe statt, herrscht Gleichheit zwischen den Kommunikationspartnern, was Watzlawick et al. (2007) als **symmetrische Interaktion** bezeichnen, im gegenteiligen Fall der Ungleichheit besteht eine **asymmetrische Interaktion**. Als zusätzliche Einflussgrößen auf die Form der Interaktion werden uns in Abschn. 1.5 und Kap. 2 kulturelle Faktoren beschäftigen.

1.2.1 Die Rolle paraverbaler und nonverbaler Signale im Watzlawick'schen Kommunikationsmodell

Ungefähr 80 % unserer Kommunikation verläuft nonverbal (Koeppler 2000). Andere Einschätzungen liegen mit 60–65 % etwas darunter (Burgoon 1994). Neueste Forschungen beziehen Situation und Studie bei ihrer Schätzung mit ein und geben den Anteil mit 65–90 % an (Matsumoto et al. 2014). Die Bedeutung der para- und nonverbalen Signale in der menschlichen Kommunikation ergibt sich vor allem aus der Tatsache, dass wir mit ihrer Hilfe Personenbeurteilungen vornehmen. Es sind diese Personenbeurteilungen, die unser Verhalten zu anderen entscheidend mitbestimmen. Welche Signale spielen hierbei eine Rolle? Wir achten – bewusst oder unbewusst – auf den Gesichtsausdruck unseres Gegenübers: Zeigt die Person ein Lächeln oder runzelt sie die Stirn? Hält sie Blickkontakt? Auch Körperhaltung und Bewegung der Arme und Hände berücksichtigen wir in unserem Urteil (Koeppler 2000), ebenso wie Stimme, Stimmlage oder Sprechtempo. Sender, deren Mitteilungen keine Anzeichen von Zögern oder Zweifeln aufweisen und die keine Floskeln benutzen, werden von ihren Gesprächspartnern als erfolgreicher und intelligenter wahrgenommen (vgl. Werth und Mayer 2008). Ähnlich sieht es mit der Sprechgeschwindigkeit aus. Auch sie führt zu ähnlichen Urteilen: Sprechern mit schnellerem Sprechtempo werden mehr Kompetenz, Intelligenz und Glaubwürdigkeit zugeschrieben als Personen, die langsamer sprechen (vgl. Werth und Mayer 2008). Allerdings gibt es dafür eine Grenze. Sprecher, die sehr hastig sprechen, wirken unsicher. Tatsächlich ist es eine Fülle von Signalen, die wir in der Regel unbewusst verarbeiten. Das Ergebnis unserer „Bilanz" spiegelt sich in unserem Verhalten wider. Erleben wir jemanden als zugewandt und offen, verhalten wir uns anders als jemandem gegenüber, dem wir Verschlossenheit, Arroganz usw. unterstellen. Fakt ist, dass sich aus diesem wechselseitigen Beurteilen (denn der andere fällt auch ein Urteil über uns) ein Beziehungsverhalten ergibt.

Parallel zur Sprache nutzen wir noch andere Kommunikationsformen wie Mimik, Gesten, Körperhaltung, Blickkontakt. Fischer und Wiswede (2009) weisen darauf hin, dass diese Formen als „Indikatoren interpersonaler Beziehungen" in der sozialpsychologischen Forschung eingesetzt werden. Das heißt nichts anderes als dass wir mit der gesamten uns

zur Verfügung stehenden Palette körpersprachlichen Ausdrucks den von Watzlawick pos-
tulierten Beziehungsaspekt bekunden. Wir *zeigen* unserem Gesprächspartner buchstäblich, was wir von ihm halten. (Instinktiv wissen wir um die Wirkung, sonst wären wir
während einer wichtigen Verhandlung nicht auf ein *Pokerface* bedacht!)

1.2.2   Wie kommt es im Sinne Watzlawicks zu Kommunikationsstörungen?

Die Deutung para- und nonverbaler Signale wird für uns dann schwierig, wenn diese Signale sich nicht mit der sprachlichen Botschaft decken. Da nach Watzlawick der Bezie-
hungs- den Inhaltsaspekt dominiert, bleiben die Inhalte einer Mitteilung nur so lange auf
einer wertfreien Sachebene, so lange die mitgesendeten Beziehungsaspekte neutral oder
positiv sind. Akzeptiert einer der Gesprächspartner die Beziehungsform nicht oder interpretiert sie falsch, kommt es zu Störungen. Dies muss zwar nicht notwendigerweise zum
Abbruch der Beziehung führen, kann jedoch im geschäftlichen Bereich dazu führen, dass
wir einen Verhandlungspartner als „schwierig" empfinden. Macht dieser einen Vorschlag,
mögen wir ihm inhaltlich zustimmen, aber aufgrund der beeinträchtigten Beziehung leh-
nen wir den Vorschlag wider besseres Wissen ab.

Das Watzlawick'sche Modell bietet uns eine Perspektive, die uns hilft zu verstehen,
wie es zu einem kommunikativen Paradoxon kommen kann: Inhaltlich stehen wir dem
Geschäftspartner nahe (oder er uns), trotzdem kommt es zu Widerstand, Widerspruch oder
Reibereien und anderen Unstimmigkeiten. Die Frage, was genau zwischenmenschlich
passiert, ist bisher noch nicht beantwortet. Doch gerade das Wissen um diese Zusammenhänge bildet eine essenzielle Grundlage zum Aufbau einer wirksamen Kommunikationsstrategie mit chinesischen Geschäftspartnern. Im nächsten Abschnitt beleuchten wir daher
die Ursachen für Missdeutungen und Missverständnisse genauer.

1.3   Wie ist eine Nachricht aufgebaut? Das Modell von Schulz von Thun

Wie in Abschn. 1.2 beschrieben, hat Watzlawick gezeigt, dass unsere Mitteilungen nicht
einfach nur Sachverhalte darstellen, sondern mehrschichtig sind. Nach ihm weisen sie
einen Inhalts- und Beziehungsaspekt auf. Der Kommunikationspsychologe Schulz von
Thun hat diesen Gedanken weiterentwickelt. Für ihn sind zwei Aspekte für eine gelin-
gende Kommunikation von entscheidender Bedeutung: die „Verpackung" der Nachricht
durch den Sender und ihre „Entschlüsselung" durch den Empfänger.

In seinem **Vier-Seiten-Kommunikationsmodell** hat Schulz von Thun dem Rechnung
getragen. Er zeigt, dass „ein und dieselbe Nachricht stets viele Botschaften gleichzeitig
enthält" (1986, S. 26). Als Nachricht wird das bezeichnet, was wir als Sender von uns
geben und an den Empfänger richten. Während wir als Sender die Nachricht regelrecht

verpacken, muss der Empfänger sie entschlüsseln. Dies klingt einfacher als es tatsächlich ist. Zwei Kommunikationsaspekte bergen nämlich einige Tücken: zum einen, dass eine Nachricht mehrere Botschaften enthält. Zum anderen, dass wir sowohl verbal als auch para- und nonverbal kommunizieren. Beschäftigen wir uns zunächst mit der Nachricht aus der Sicht des Senders.

Stellen Sie sich vor, ein Geschäftspartner sagt während einer Verhandlung: „Ihr Produkt Y ist zu teuer." Die Nachricht scheint klar und eindeutig zu sein, nämlich, dass er nach einem bestimmten Bewertungsmaßstab das angebotene Produkt seines Verhandlungspartners als überpreist bewertet. Dies ist der **Sachinhalt** der Nachricht, also die Sachinformation, über die der Sender den Empfänger in Kenntnis setzt.

Allerdings sind es keineswegs ausschließlich Fakten, die wir senden. Zusätzlich geben wir mit jeder gesendeten Nachricht auch von uns selbst etwas preis. Schulz von Thun nennt das die „**Selbstoffenbarung**". In unserem Beispiel offenbart also der Geschäftspartner: „Ich werde auf das Angebot nicht einsteigen." Selbst diejenigen unter uns, die noch nicht mit Schulz von Thuns Modell vertraut sind, wissen intuitiv um den Selbstoffenbarungsaspekt, gegen den wir in bestimmten Situationen einige Bedenken hegen. Erinnern wir uns nur an unser erstes Bewerbungsgespräch und unser Bemühen, die Personalmanagerin von unseren Qualitäten zu überzeugen! Für diesen Zweck haben wir Menschen viele Möglichkeiten der Selbstdarstellung und Selbstverbergung (Schulz von Thun 1986, S. 108 ff., 1990, S. 153 ff.; Simon 2006).

Als Sender einer Nachricht zeigen wir dem Empfänger darüber hinaus, wie wir zu ihm stehen oder was wir von ihm halten (**Beziehungsbotschaft**). Auch der Geschäftspartner in unserem Beispiel tut das: „Sie sind derjenige, der die Befugnisse hat, den Angebotspreis zu senken."

Und schließlich enthalten unsere Nachrichten auch **Appelle** an den Empfänger. Wir möchten den Empfänger dazu bringen, etwas zu tun. Der Appell unseres Beispiel-Geschäftspartners lautet: „Senken Sie den Preis und kommen Sie mir entgegen!"

Zusätzlich können wir sprachlichen Mitteilungen durch Tonfall, Pausen, Sprechgeschwindigkeit oder Lautstärke, also paraverbale Signale, Emphase geben. Gehen wir gedanklich zu dem Geschäftsmann zurück, der ein Angebot als zu teuer ablehnt. „Ihr Produkt Y ist zu teuer." Je nachdem, wie er den Satz betont (hervorgehoben durch Kursivierung), gewinnt dieser eine andere Bedeutung: *Ihr* Produkt Y ist zu teuer. Hiermit könnte er seinem Verhandlungspartner implizit mitteilen, dass ihm noch mindestens ein weiteres, günstigeres Angebot vorliegt. Dies wäre eine Botschaft auf der Beziehungsebene: Ich mache nicht nur mit Ihnen Geschäfte. Würde er dagegen alles betonen, langsam, gepresst und mit Pausen sprechen: *Ihr – Produkt Y – ist – zu – teuer*, läge eine Selbstoffenbarung vor: Ich bin genervt/empört! (emotionale Selbstoffenbarung). Legt er Emphase auf *zu teuer*, appelliert er: Mach ein preiswerteres Angebot!

Genau wie die paraverbalen Signale eine Botschaft entweder unterstreichen, durch besondere Emphase einen Teilaspekt hervorheben oder gar die eigentliche Botschaft bilden, sind auch nonverbale Signale wie Blickverhalten, Mimik, Gestik, Körperhaltung, Körper- und Kopfbewegungen dazu in der Lage. Selbiges gilt für Berührungen und Distanzverhalten (Krämer et al. 2014). Im Idealfall nutzt der Sender para- und nonverbale Signale, um seine sprachliche Mitteilung zu unterstützen. Für uns als Empfänger ist es dann kein Problem, eine solche „dreischichtige" Nachricht zu entschlüsseln, da alle Teile deckungsgleich, kongruent, sind. Schwierig wird die Entschlüsselung, wenn die verbale Nachricht mit der nonverbalen nicht übereinstimmt, also inkongruent gesendet wird.

1.3.1   Explizite und implizite Botschaften

Um nachvollziehen zu können, wodurch die Interpretationsschwierigkeiten auftreten, ist es sinnvoll, zunächst Schulz von Thuns Unterscheidung zwischen **expliziten** und **impliziten Botschaften** heranzuziehen. Alles, was ausdrücklich gesagt wird, ist der explizite Anteil einer Nachricht. Zusätzlich können wir diese noch mit einer impliziten Botschaft in Form para- und nonverbaler Signale belegen. Der Satz „Unsere chinesischen Geschäftsfreunde haben uns zum Essen eingeladen" kann – je nach Betonung – Freude oder Befürchtung ausdrücken (für eine ausführlichere Diskussion s. Schulz von Thun 1986, S. 33 ff.). Welche Funktionen haben para- und nonverbale Signale? Nach Krämer et al (2014) sind sie zentral, um Informationen über unsere emotionalen Zustände (s. a. Panksepp 1998) oder unsere Persönlichkeit zu vermitteln („ein fröhlicher/missmutiger/aufgeschlossener Mensch"), um unsere Interaktion mit anderen zu steuern oder zu regulieren, zum Ausdrücken sozialer Kontrolle (z. B. Macht). Unser Gehirn ist so ausgestattet, dass es die Signale über Spiegelneuronen deuten kann (Rizzolatti und Arbid 2002). Diese hoch spezialisierten Neuronen helfen uns vereinfachend dargestellt, zu verstehen, in welchem Zustand sich unser Kommunikationspartner befindet, wenn dieser nonverbale Signale sendet – eine unabdingbare Voraussetzung für die Regulation unseres Soziallebens. Wir sind buchstäblich prädestiniert, nonverbale Mitteilungen aufzunehmen und zu interpretieren. Hierin liegt auch der Grund für unsere „feinen Antennen" für implizite, para- und nonverbale Botschaften. Darüber hinaus ergibt sich aus dem Gesagten eine Bestätigung für Watzlawicks Postulat, nicht nicht kommunizieren zu können.

1.3.2   Wie kommt es nach Schulz von Thun zu Kommunikationsstörungen?

Was geschieht beim Empfänger der Mitteilung? Da bei ihm alle vier Seiten einer Nachricht gleichzeitig ankommen, hat er die Möglichkeit, alle vier zu interpretieren. Schulz von Thun spricht auch von den **vier Empfängerohren**. Schauen wir uns die vier theoretischen Möglichkeiten anhand des obigen Beispiels an.

Während einer Verhandlung sagt ein Geschäftspartner: „Ihr Produkt Y ist zu teuer." Hört der **Empfänger** die Mitteilung mit dem **Sachohr**, fokussiert er den Sachinhalt, und es kommt an: „Der Preis ist zu hoch." Reagiert der Empfänger auf die **Selbstoffenbarung**, interpretiert er: „Ich finde den Preis unangemessen." Sein **Beziehungs-Ohr** würde folgende Mitteilung hören: „Der versucht mich über den Tisch zu ziehen", während das **Appell-Ohr** die Botschaft: „Senke den Preis!" herausfiltert.

Der Empfänger einer Nachricht kann bei ihrer Entschlüsselung aus mehreren Gründen fehlinterpretieren. Erstens: Der Sender möchte in seiner verbalen Mitteilung eine der vier Botschaften besonders betonen, beispielsweise den Appell. Der Empfänger hört jedoch mit dem Sachohr und antwortet mit Sachargumenten. Für das oben angeführte Beispiel hieß die Appell-Botschaft „Senke den Preis." Der Empfänger könnte dagegen sachbezogen antworten: „In letzter Zeit verzeichnen wir bedauerlicherweise einen Anstieg der Rohstoffpreise. Ein Ende dieses Trends ist auch nicht abzusehen. Im Gegenteil…" Beide Kommunikatoren reden buchstäblich aneinander vorbei. Zweitens: Wenn die vom Sender mitgeteilte Botschaft in ihren drei Schichten (verbal, para-, nonverbal) nicht übereinstimmt und explizite und implizite Botschaft jeweils etwas anderes ausdrücken. Der Sender verbindet eine verbale Mitteilung mit einer anderslautenden para- oder nonverbalen Botschaft, beispielsweise „Den Preis kann ich nicht halten", und kombiniert dies mit einem Lächeln. Das Lächeln ist vor dem Hintergrund des Gesprochenen mehrdeutig, denn ob es Unsicherheit, Gleichgültigkeit oder Überlegenheit ausdrückt, kann der Empfänger nicht ohne Weiteres feststellen.

Die ankommende Nachricht ist das Ergebnis einer Dekodierung durch den Empfänger. Eine sinnvolle weiterführende Frage ist, ob **Dekodierungsfehler oder -verzerrungen** ein typisches Muster aufweisen. Ein für unsere Zwecke nützliches Konzept schlägt Schulz von Thun (1986) vor. Demnach wird die innere Bereitschaft für eine Antworttendenz aus drei Quellen gespeist: wie wir etwas **wahrnehmen**, wie wir das Wahrgenommene **interpretieren** und welche Emotionen wir **empfinden**. Das vorgeschlagene Konzept ist ein pragmatisches und sicher nicht unumstritten, wenn man bedenkt, dass während unserer Wahrnehmungsprozesse ein ärgerlicher Gesichtsausdruck innerhalb von 30 ms von uns „entschlüsselt" wird (Ruffman et al. 2009), ein glücklicher Gesichtsausdruck innerhalb von 60 ms (Fox et al. 2000). Da beide Zeitspannen noch unterhalb der bewussten Wahrnehmungsschwelle liegen, sind unsere bewusst ablaufenden Interpretationsmöglichkeiten eingeschränkt. Trotzdem beeinflussen sie unser Verhalten. Wie ist das möglich? Interpretationsprozesse, auf die Schulz von Thun (1986) Bezug nimmt, bestimmen durch so genannte Top-down-Steuerung unsere Wahrnehmung (vgl. Sternberg 2003). Das Zusammenspiel während der Top-down-Verarbeitung ist in unserem Zusammenhang äußerst wichtig. Unser Gehirn greift nämlich für die Interpretation eines Wahrnehmungsinhaltes auf bereits vorhandenes Wissen zu. Der Vorgang wird *top-down* (von oben-nach-unten) genannt, da das Wissen in den höheren Zentren unseres Gehirns verteilt gespeichert ist. Dieses Wissen (Sachwissen, Erfahrungen, Vorurteile usw.) wird aktiviert und mithilfe von Aufmerksamkeitsprozessen mit den Wahrnehmungsinhalten zusammengeführt. Deshalb wissen wir, wann wir einen fröhlichen oder aggressiven Geschäftspartner vor uns haben. Wir wissen, wie eine entspannte oder gestresste Stimme klingt. Und wir wissen aus Erfahrung, wie wir am besten reagieren sollten. Dieses komplexe Wissen wird immer aktiviert, wenn wir uns in einer sozialen Situation (z. B. einer Verhandlung) befinden. Aber das aktivierte „Paket" ist noch keineswegs komplett, denn zusätzlich werden Emotionen erzeugt. Auch sie sind wichtige Signalgeber. Sie erzeugen bei uns Wohlbefinden, Unwohlsein, Impulse zur Flucht oder Anziehung, sobald wir uns in einer sozialen Situation befinden. Alle diese Vorgänge laufen rasch ab, während wir mit unseren Mitmenschen (und Geschäftspartnern) kommunizieren. Doch kehren wir zu unserer Eingangsfrage nach den Dekodierungsverzerrungen zurück. Die Melange aus Wahrnehmung, Interpretation und Emotion bewirkt, dass eine innere Bereitschaft, eine Antworttendenz, entsteht. Auf dieser basiert schließlich die Erwiderung des Empfängers, die, bezogen auf die Intention des Senders, richtig oder falsch sein kann.

1.4   Die Grenzen westlicher Kommunikationsmodelle

Im täglichen Geschäftsleben meistern wir die oben geschilderten komplexen Vorgänge scheinbar mühelos. Gelegentliche Missverständnisse sind in der Regel schnell geklärt, weil wir bemerken, wenn wir mit unserer Interpretation auf dem Holzweg sind. Die scheinbare Mühelosigkeit wird hingegen auf die Probe gestellt, wenn unsere geschäftliche Kommunikation zusätzlich an Dynamik gewinnt: nämlich dann, wenn unser Geschäfts- oder Verhandlungspartner einen anderen kulturellen Hintergrund hat. Betrachten wir folgende fiktive Situation: Unternehmer Meier spricht Unternehmer Wang erbost darauf an, dass die zugesagte Lieferung des Produktes Y noch nicht eingetroffen ist. Unternehmer Wang lächelt und schweigt, während Unternehmer Meier daraus schließt, Herrn Wang sei offenkundig der Ernst der Lage nicht klar, und er noch lauter wird. Wie könnte die Interpretation mithilfe der oben dargestellten Modelle erfolgen? Die Sachnachricht von Herrn Meier: Lieferverzug. Die Selbstoffenbarung: Ich bin sauer. Die Beziehungsnachricht: Du bist derjenige, der korrigieren muss. Der Appell: Liefere endlich! Das Lächeln von Unternehmer Wang interpretiert Herr Meier ebenfalls (man kann nicht nicht kommunizieren!) als Beziehungsbotschaft: Reg dich nicht auf, alles halb so wild. Was der Unternehmer Meier zu diesem Zeitpunkt jedoch nicht ahnt ist, dass das Lächeln von Unternehmer Wang ihm, Meier, helfen soll, sein Gesicht nicht zu verlieren. Emotionale Ausbrüche sind in China verpönt. Dies ist der erste kulturelle Wert in unserem kleinen Szenario. Das Lächeln hat zwei Botschaften: Zum einen zeigt es an, dass der Lächelnde peinlich berührt ist. Zum anderen möchte Herr Wang Herrn Meier damit eine Brücke bauen, um die Peinlich- keit des Gesichtsverlusts wegen des emotionalen Ausbruchs zu überwinden. Das ist der zweite kulturelle Wert unseres Szenarios: Bewahren der Harmonie, um die (Geschäfts-) Beziehung nicht zu gefährden. Dieses – im Übrigen sehr wahrscheinliche – Szenario im deutsch-chinesischen Kontext führt uns die Grenzen der o. a. Modelle vor Augen. Es be- darf eines tieferen Verständnisses für Szenen dieser Art sowie Know-how, wie diese ver- mieden werden können, um uns nachhaltigen Erfolg sichern zu können. Hierfür benötigen wir detaillierte Informationen über die Abläufe von Gesprächen und wo es typischerweise zu kulturbedingten Missverständnissen kommen kann. Ein eben solches, praxisorientier- tes Modell hat Cristina Gibson (1997) entwickelt. Ähnlich wie Watzlawick und Schulz von Thun erklärt das Modell, was auf der Senderseite, was auf der Empfängerseite ge- schieht, und führt an, wo genau die Unterschiede durch jeweilige kulturelle Prägungen zu finden sind.

1.5   Kommunikation im interkulturellen Rahmen – das Modell von Gibson

Der **Sender** leistet zweierlei: Er verpackt (**Enkodierung**) und schickt die Nachricht ab (**Transmission**). Wo liegen die möglichen kulturellen Stolperfallen bei der Enkodierung? Nach Gibson (1997) liegen sie in der Quelle, dem Inhalt sowie dem Stil.

Enkodierung: die Quelle

Als Basis unserer Nachricht können wir uns an unserem Wissen, inneren Zuständen und Zielen orientieren (interne Quelle). Personen, die in Kulturen erzogen wurden, welche individuelle Verantwortung und Freiheit als Werte beinhalten, neigen zu dieser Art der „Verpackung". Hierzu zählt die deutsche Kultur. (Beispiel Kinowunsch: „Ich will heute Abend ins Kino gehen. Kommst du mit?"). Im Gegensatz werden Chinesen dazu erzogen, sich in ihren Zielen, Wünschen und ihrem Verhalten an der Gruppe zu orientieren. Mit der Konsequenz, dass sie ihre Nachrichten aus dem sie umgebenden Kontext generieren (externe Quelle). (Beispiel Kinowunsch: „Du hast sehr viel gearbeitet und musst dich ausruhen. Wir könnten ins Kino gehen."). Ein mit dem Sachohr hörender Deutscher könnte hierauf antworten: „Mir geht's gut. Ich geh eben nochmal die Akten durch." Der Kinowunsch wäre somit buchstäblich überhört.

Enkodierung: der Inhalt

Der wichtigste Gegensatz ist hierbei, ob der Inhalt im weitesten Sinn Emotionalität ausdrückt, emotional eingefärbt ist, das Befinden anderer berücksichtigt oder ob Rationalität, Unabhängigkeit, Forschheit, Direktheit, Autarkie und Entschlusskraft in der Nachricht offenkundig sind. Ersteres ist ein Kommunikationsstil, den wir unter anderen in China vorfinden (Hofstede 1980; in: Gibson 1997). Letzteres zeigt sich u. a. in der Kommunikation von Nordamerikanern und Deutschen (ebd.).

Enkodierung: der Stil

Stellen Sie sich vor, Sie möchten während Ihres nächsten Urlaubs die Große Mauer besuchen. Sie haben zwei Möglichkeiten, diesen Wunsch Ihrem Partner/Ihrer Partnerin mitzuteilen. „Ich habe einen sehr interessanten Reisebericht über China gesehen. Sehr gern würde ich die Große Mauer besuchen. Hättest du auch Lust dazu?" Die Nachricht ist explizit, lässt keinen Zweifel an Ihrem Wunsch und ist in Deutschland durchaus üblich. Doch Sie hätten noch eine weitere Option: „Kannst du dir vorstellen, dass die Chinesische Mauer 5000 km lang sein soll? Das zu sehen, muss absolut überwältigend sein…" Dieser implizite Stil wird von Chinesen genutzt, um eigene Wünsche auszudrücken.

Damit ist die Nachricht verpackt und kann gesendet werden (**Transmission**). Und auch während der Übertragung lassen sich deutsch-chinesische Unterschiede festmachen: in den Kommunikationsmustern und in den genutzten Kanälen.

Transmission: Kommunikationsmuster

In den Kommunikationsmustern offenbart sich zum einen das Verhältnis, in dem Sender und Empfänger zueinander stehen. So ist es in Deutschland durchaus üblich, auch vor dem Chef seine eigene Meinung zu äußern. Nicht so in China. Hierarchie und Senioritätsprinzip (dazu später mehr) gebieten Respekt. Freie Meinungsäußerung eines Untergebenen vor dem Chef ist nicht erwünscht. Zusätzlich spielt auch die Anzahl voneinander unterscheidbarer Muster eine Rolle. Kulturen, die konkret und kontextspezifisch (siehe Hall, Kap. 2) kommunizieren, verwenden in der Regel viele Muster. Jede Nachricht ist speziell kontextgeprägt – Westler würden diese Art der Nachricht „verklausuliert" nennen – der Empfänger muss zum Verständnis der Nachricht den Kontext ebenfalls berücksichtigen. Dies ist in China der Fall. In Deutschland dagegen neigen wir dazu, vom Kontext zu abstrahieren und zu generalisieren und nutzen folglich weniger Kommunikationsmuster, die, nach westlichen Maßstäben, klar formuliert und direkt sind.

Transmission: Kanäle

Generell haben wir als Sender zwei Kanäle, um die Nachricht abzusetzen: formale und informelle. Nach Gibson (1997) ist ein formaler Kanal charakterisiert durch autorisierte, geplante und durch das Unternehmen regulierte Kommunikation, die direkt mit der offiziellen Unternehmensstruktur verbunden ist. Informelle Kanäle entstehen durch das soziale Miteinander („Flurfunk"). Ein wichtiger Einflussfaktor auf den gewählten Kommunikationskanal ist das Machtgefüge in einem Unternehmen. „Machtdistanz" ist ein Kulturwert, der das Maß an Toleranz bezüglich eines Machtgefälles angibt (siehe Hofstede, Kap. 2). In China ist die Machtdistanz groß (und damit die Toleranz zum bestehenden Machtgefälle), in Deutschland viel geringer. Kulturen mit hoher Machtdistanz nutzen in der Regel formale Kommunikationskanäle, solche mit niedriger eher informelle.

Wenden wir uns nun dem **Empfänger** der Nachricht zu. Dieser empfängt die Nachricht (**Empfang**), interpretiert sie (**Dekodierung**) und schließt mit einer Rückmeldung an den Sender (**Feedback**) die Kommunikationsphase.

Soll die Kommunikation gelingen, hat der Empfänger schon während des Empfangs zwei wirksame Möglichkeiten: aktives Zuhören und Heraushören verdeckter Konzepte (*listening for ideas*, Morgan und Baker 1985).

Empfang: aktives Zuhören

Aktives Zuhören ist vor allem geprägt durch die Bereitschaft, sich auf den Gesprächspartner einzulassen. Das klingt einfacher, als es in manchen Situationen ist, besonders dann, wenn während eines Gespräches die Gemüter erhitzt sind. Der Sinn des aktiven Zuhörens ist es zu erfassen, was der andere meint, ihn aussprechen zu lassen und ihm aufmerksam zuzuhören. Durch Rückfragen wie „Wenn ich Sie richtig verstanden habe, dann ist…" lassen sich mögliche Missverständnisse sofort ausräumen. Diese Technik ist als Paraphrasieren bekannt. Um Missdeutungen auszuschließen, wiederholen wir das Gesagte mit eigenen Worten oder fragen nach, nicht zuletzt auch, um unser Interesse zu bekunden (vgl. u. a. Morgan und Baker 1985; Simon 2006). Im deutschen Kulturraum ist diese Vorgehensweise kein Problem, da wir sachbezogen und direkt kommunizieren (dazu mehr in den folgenden Kapiteln). In Bezug auf chinesische Geschäftspartner ist der Sachverhalt ein wenig vertrackter. In der chinesischen Kultur wird eher implizit kommuniziert, dies gilt insbesondere für das Äußern von Wünschen, eigenen Vorstellungen und Meinungen oder bei Schwierigkeiten. Ein Beispiel soll die Kompliziertheit illustrieren. Unsere direkte Frage „Wenn ich Sie richtig verstanden habe, dann können Sie den vereinbarten Liefertermin nicht einhalten?" bringt unseren chinesischen Geschäftspartner in eine für ihn verzweifelte Lage, denn bejaht er (weil die Fakten tatsächlich so sind), verliert er sein Gesicht. Also wird er verneinen und das Unheil nimmt seinen Lauf. Was können wir tun? Durch aktives Zuhören – und detailliertere Kulturkenntnisse, die wir in den folgenden Kapiteln besprechen werden – können wir uns ein aktuelles Bild der Lage verschaffen. Während wir mit deutschen Geschäftspartnern ohne Weiteres das Problem direkt besprechen können, sollten wir mit Chinesen den diplomatischen Weg beschreiten, um den angesprochenen Gesichtsverlust zu vermeiden: „Wir hatten als Liefertermin den 1.1. festgelegt. Ich bin mir allerdings nicht sicher, ob ich alle Faktoren berücksichtigt habe und benötige Ihre Unterstützung. Wie ist Ihre Einschätzung der Lage?" Fazit: Aktives Zuhören ist auch im deutsch-chinesischen Kontext angebracht, aber im weiteren Vorgehen ist Fingerspitzengefühl gefordert.

Empfang: Heraushören verdeckter Konzepte
Unabhängig von der Kulturzugehörigkeit seines Gesprächspartners kann der Empfänger ein Gespräch erfolgreicher gestalten, wenn er nicht nur den Sachinhalt beachtet, sondern auch „zwischen den Zeilen" hört. Wie oben angesprochen, ist es in westlichen Kulturen (und damit auch der deutschen) eher üblich, den Inhalt direkt zu benennen. Es gibt jedoch auch Kulturen, und hierzu zählt China, in denen es Aufgabe des Empfängers ist, die „eigentliche" Botschaft herauszuhören. Diese Technik setzt allerdings kulturspezifische Kenntnisse (Werte) voraus, um die Kernbotschaft entschlüsseln zu können.

Dekodierung: *framing*
Während der Dekodierung geben wir einer Nachricht durch Interpretation ihre Bedeutung. Dass das selbst innerhalb einer Kultur nicht immer einfach ist, wissen wir noch aus dem Deutschunterricht. Allzu sehr gehen wir als Empfänger dabei von unserem Blickwinkel aus. *Framing* ist eine Technik, die genau das Gegenteil beinhaltet: den Versuch, die Nachricht aus dem Blickwinkel des Senders zu hören und zu deuten. Es ist sein Bezugsrahmen (*frame of reference*), der seine Nachricht geprägt hat. Dieses Vorgehen liegt der von uns vorgeschlagenen Kooperativen Kommunikationsstrategie zugrunde.

Feedback: *following-up*
Die Kommunikationsphase ist mit dem *Framing*-Prozess nahezu abgeschlossen. Eine Frage haben wir jedoch noch zu klären: Was könnte der Empfänger tun, um die Phase endgültig und erfolgreich abzuschließen? (Unter „erfolgreich" verstehen wir das Vermeiden

von Missdeutungen und Fehlinterpretationen.) Die Forschung zur interkulturellen Kommunikationskompetenz gibt uns hierauf eine Antwort: im Rahmen eines *following-up*, dem Wiederholen der gesendeten Nachricht (Gibson 1997). Das gibt dem Empfänger die Möglichkeit zu überprüfen, ob er alles richtig verstanden hat, während der Sender, wenn nötig, korrigieren kann. Nach Gibson (1997) können unter Umständen mehrere Durchläufe (*statement-paraphrase cycle*) nötig sein.

Bis hierhin haben wir uns einen Überblick darüber verschafft, was während etwas scheinbar so Trivialem wie einem Gespräch geschieht. Das Modell von Gibson lässt uns bereits ahnen, dass der Kommunikationsprozess noch an Komplexität gewinnt, wenn Sender und Empfänger nicht demselben Kulturkreis angehören. Wenden wir uns nun also der Frage zu, welchen Regeln unsere chinesischen Gesprächspartner unterliegen.

1.6 Chinesische Kommunikation

Westliche Modelle schneiden den Kommunikationsprozess gewissermaßen in drei Scheiben: Sender, Botschaft, Empfänger. Der Sender sollte seine Botschaft so verpacken, dass sie beim Empfänger ihr Ziel erreicht: überzeugen. Dieser Anspruch lässt sich sogar zurückverfolgen bis in die Überlegungen des Aristoteles. Doch – sehen Chinesen das genauso?

Chinesen wollen mit Kommunikation vor allem eines erreichen – Harmonie herstellen und erhalten. Deshalb finden wir in der chinesischen Kommunikation Konzepte wie Harmonie, Indirektheit, Anpassung an Kontext und Situation, den Einsatz von Schweigen und Empathie (de Mooij 2014). Diese Konzepte sind tief verwurzelt im Konfuzianismus, der auch heute noch das chinesische Denken und Kommunizieren beeinflusst. Danach werden Beziehungen zwischen uns Menschen durch drei Prinzipien definiert: Menschlichkeit 仁 *rén*, Gerechtigkeit 义 *yì* und Anstand 礼 *lǐ*. Harmonie ist nun das Ziel der Kommunikation, nicht ihr Mittel, und ohne Harmonie kann sich keine Gesellschaft weiterentwickeln, weil zwischen allen Personen eine wechselseitige Abhängigkeit besteht. Das bedeutet mit anderen Worten: Vermeidung von Konfrontation und Extremen sowie verbale Zurückhaltung (Lin-Huber 2006). Die gesamte chinesische Kommunikation ist ausgerichtet auf die sozialen Beziehungen mit anderen. Deshalb hat Gesicht geben und wahren und Gesicht erhalten auch eine so überragende Bedeutung im Umgang mit Chinesen. Ein weiterer fulminanter Unterschied zur westlichen Kommunikation ist, dass die Chinesen „hörerzentriert" sind: Es ist (nach westlichem Verständnis) der Empfänger der Nachricht, der es zu verantworten hat, eine Botschaft richtig zu entschlüsseln. Das ist keineswegs immer einfach, da Botschaften im Kontext „versteckt" werden (indirekte Kommunikation). Ein guter Zuhörer zu sein ist für Chinesen gleichbedeutend mit „gute Manieren" zu haben (Lin-Huber 2006). Gleichzeitig gilt es für Chinesen, während der Kommunikation bestimmte Höflichkeitsprinzipien zu beachten: Höfliches Verhalten 礼貌 *lǐ mào* (Respekt, Bescheidenheit, Gastlichkeit, Taktgefühl) und Höfliches Sprechen 客气话 *kèqi huà*.

Alles in allem können wir festhalten, dass für Deutsche und Westler im Allgemeinen die Information das zentrale Element in ihrer Kommunikation bildet. Das *Was* steht im Mittelpunkt. Für die Chinesen ist die soziale Beziehung ein zentraler Aspekt in der Kommunikation. Für sie steht das *Wie* im Mittelpunkt. Bereits an dieser Stelle ahnen wir, dass die Begegnung der beiden Kulturen allerlei Zündstoff bereithalten kann.

1.7 Fazit

Um in Verhandlungen und selbstverständlich auch anderen geschäftlichen Zusammenkünften mit Chinesen erfolgreich kommunizieren zu können, ist es ein erster wichtiger Schritt, für die dargestellten Zusammenhänge ein Gespür auszubilden. Dies lässt sich überall dort realisieren, wo wir mit Mitmenschen interagieren: Was nehme ich wahr? Was ist meine Interpretation des Wahrgenommenen? Wie fühle ich mich dabei? Wenn unser Geschäftspartner während der Verhandlung die Augen zusammenkneift, so ist die Wahrnehmung, dass er die Augen zusammenkneift. Die Aussage „er ist skeptisch" wäre unsere Interpretation! Sie muss nicht notwendigerweise korrekt sein. Denn ist sie es tatsächlich nicht, wäre unsere Emotion „ich bin genervt von seiner ewigen Skepsis" unangemessen und würde die Verhandlung unnötig erschweren. Hat unser Geschäftspartner einen anderen kulturellen Hintergrund als wir, sind Kenntnisse über seine kulturellen Werte-Orientierungen unabdingbar. Aus dem Wissen um die Regeln interkultureller Kommunikation und den Kenntnissen über die Kultur des Partners lässt sich eine machtvolle Strategie formen. Wenn es uns gelingt, beides zusammenzuführen, ist ein wichtiger Schritt getan, um in die Königsklasse der Geschäftstätigkeit einzusteigen: die Verhandlung auf internationalem Parkett.

Literatur

Burgoon JK (1994) Nonverbal signals. In: Knapp ML, Miller GR (Hrsg) Handbook of Communication and Social Interaction Skills. Lawrence Erlbaum Associates

De Mooij M (2014) Chinese Communication – Theory and Practice. In: Hinner MB (Hrsg) Chinese Culture in a Cross-Cultural Comparison. Verlag Peter Lang, PL Academic Research, Frankfurt/ Main, 139–159

Fischer L, Wiswede G (2009) Grundlagen der Sozialpsychologie. Oldenbourg Verlag München, 3 Aufl

Fox E, Lester V, Riccardo R, Bowles RJ, Pichler A, Dutton K (2000) Facial expressions of emotion: are angry faces detected more efficiently? Cogn Emot 14(1):61–92

Gibson C (1997) Do you hear what I hear? – A framework for reconciling intercultural communication difficulties arising from cognitive styles and cultural values. In: Earley C, Erez M (Hrsg) New Perspectives on International/Organizational Psychology. The New Lexington Press, San Francisco, 335–362

Koeppler K (2000) Strategien erfolgreicher Kommunikation. Oldenbourg Verlag München, Wien

Hofstede G (1980) In: Gibson C (1997) Do you hear what I hear? – A framework for reconciling intercultural communication difficulties arising from cognitive styles and cultural values. In: Earley C, Erez M (Hrsg) New Perspectives on International/Organizational Psychology. The New Lexington Press, San Francisco, 335–362

Krämer N et al. (2014) Nonverbale Kommunikation – Grundlagen, Funktionen und Eigenschaften. In: Blanz M, Florack A, Piontkowski U (Hrsg) Kommunikation – Eine interdisziplinäre Einführung. Verlag Kohlhammer, Stuttgart

Lin-Huber M (2006) Chinesen verstehen lernen. Wir - die Andern: erfolgreich kommunizieren. Verlag Hans Huber, Bern 2 Aufl

Matsumoto D, Frank MG, Hwang HS (2014) Body and Gestures. In: Blanz M, Florack A, Piontkowski (Hrsg) Kommunikation – Eine interdisziplinäre Einführung. Kohlhammer Verlag, Stuttgart

Morgan P, Baker HK (1985) Building a professional image: improving listening behavior. Supervisory Management 30(11):34–38

Panksepp J (1998) Affective Neuroscience – The Foundations of Human and Animal Emotions. Oxford University Press, New York, Oxford

Posth M (2006) 1000 Tage in Shanghai – Die abenteuerliche Gründung der ersten chinesisch-deutschen Automobilfabrik. Hanser Verlag, München, Wien

Rizzolatti G, Arbid MA (2002) Language within Our Grasp. In: Cacioppo JT et al (Hrsg) Foundations in Social Neuroscience. Bradford Book, MIT Press, Cambridge Massachusetts

Ruffman T, Ng M, Jenkin T (2009) Older adults respond quickly to angry faces despite labeling difficulty. J Gerontol B Psychol Sci Soc Sci 64B(2):171–179

Schulz von Thun F (1986) Miteinander reden: Störungen und Klärungen – Psychologie der zwischenmenschlichen Kommunikation. Rowohlt Verlag, Hamburg

Schulz von Thun F (1990) Miteinander reden 2 – Stile, Werte und Persönlichkeitsentwicklung. Rowohlt Verlag, Hamburg

Simon W (2006) GABALs großer Methodenkoffer Grundlagen der Kommunikation. GABAL Verlag, Offenbach, 2 Aufl

Sternberg RJ (2003) Cognitive Psychology. Thompson Wadsworth, Belmont CA, 3 Aufl

Watzlawick P, Beavin JH, Jackson DD (2007) Menschliche Kommunikation – Formen Störungen Paradoxien. Verlag Hans Huber, 11 Aufl

Werth L, Mayer J (2008) Sozialpsychologie. Spektrum Akademischer Verlag/Springer Verlag Berlin Heidelberg

Personenwahrnehmung, -beurteilung und Kultur

2.1 Personenwahrnehmung und -beurteilung

Warum empfinden viele verhandlungserfahrene Unternehmer Verhandlungen mit chinesischen Geschäftspartnern als schwierig? (Und umgekehrt dürfte es sich ähnlich verhalten.) Nur Kulturunterschiede als Erklärung heranzuziehen, bleibt unbefriedigend – aus einer solchen „Erklärung" können wir keine Lösungen ableiten. Aussichtsreicher erscheint ein Blick auf die Akteure und ihren Umgang miteinander. Wie nehmen sie sich gegenseitig wahr? Was fließt in diese Wahrnehmung mit ein? Und wie entfaltet die Kultur hierbei ihre Dynamik?

2.1.1 Ein schnelles Urteil

Es dauert gerade einmal 80–90 ms, bis wir erste Informationen über den emotionalen Zustand eines Mitmenschen verarbeitet haben. Fast ebenso schnell schließen wir auf die Persönlichkeitseigenschaften einer Person: Besonders, wenn unsere Erwartungen nicht erfüllt werden, steht in ca. 300 ms ein erstes „Urteil" (van Duynslaeger et al. 2007). Zum Vergleich: Dies entspricht der Zeitspanne für ein dreimaliges kurzes Augenblinzeln, das pro Blinzelakt ca. 95 ms dauert (Jandziol et al. 2001). Wie ist ein derart rasches Urteil möglich und wodurch wird es gesteuert? Nach Werth et al. (2008) nehmen wir blitzschnell die Attraktivität einer Person, ihre Kleidung und ihr nonverbales Verhalten wahr und nutzen die so gewonnenen Erkenntnisse als Orientierungskriterien. Es drängt sich allerdings die Frage auf, ob unser „Urteil" auf objektivierbaren Kriterien beruht. Schauen wir diesen Vorgang genauer an und prüfen, wie es sich beispielsweise mit unseren Urteilen über die Kompetenz einer Person verhält. Trägt eine Person Markenkleidung, hält sie akademische Titel und umgibt sie sich mit teuren Markenartikeln, werden ihr Status und Expertise

© Springer Fachmedien Wiesbaden 2015
J. Micholka-Metsch, M.-C. Metsch, *Strategien für die deutsch-chinesische Geschäftsbeziehung,* DOI 10.1007/978-3-658-06102-9_2

zugeschrieben. Aus dieser Zuschreibung generieren wir die Beurteilung einer Person. Hierzu eine Studie, die von Wilson bereits 1968 durchgeführt wurde, die aber nichts an Aktualität eingebüßt hat: Wilson stellte einen seiner Mitarbeiter seinen Versuchspersonen vor. In diversen Experimentalbedingungen nannte er als Status „Student", „Tutor", „Assistent", „Dozent" und „Professor". Nachdem der Mitarbeiter sich entfernt hatte, sollten die Versuchspersonen seine Körpergröße schätzen. Mit ansteigendem Status stieg auch die geschätzte Körpergröße. Als „Professor" wurde der Mitarbeiter um ca. 6,4 cm größer eingeschätzt als als „Student"! Kleidung hat einen ähnlichen Effekt auf Statuseinschätzungen.

2.1.2 Die Rolle des Blickkontaktes

Wie bereits erwähnt, können wir nach Watzlawick et al. (1969) nicht nicht kommunizieren. Aber welche Signale eines schweigenden Gegenübers nehmen wir auf und lassen sie in ein Personenurteil einfließen? Experimentelle Daten belegen die Relevanz des Blickkontaktes für die Kompetenzeinschätzung und „Charakterstärke" (Anderson 1991). Allerdings bleibt dieses Urteil nicht auf die Kompetenz beschränkt, sondern beeinflusst auch unsere Beurteilung der Glaubwürdigkeit und Umgänglichkeit einer Person (Werth et al. 2008). Ursprünglich nahmen die Forscher an, diese Befunde seien universell auf alle Kulturen übertragbar. Wie wir noch sehen werden, war diese Annahme ein Irrtum.

2.1.3 Die Rolle der Mimik

Einen ebenso großen Stellenwert wie der Blickkontakt hat die Mimik unseres Gesprächspartners für uns. Da Mimik den emotionalen Zustand eines Menschen widerspiegelt, ist sie von enormer Bedeutung im Umgang miteinander. Hatfield et al. (1993) konnten belegen, dass wir von den Emotionen unseres Gegenübers buchstäblich „angesteckt" werden: Sind die Emotionen freundlich oder begeisternd, reagieren wir mit positiven Empfindungen. Und auch das Gegenteil trifft zu. Vermittelt die Mimik des Gegenübers Traurigkeit oder ist sein Ausdruck starr oder unfreundlich, trübt sich unsere Stimmung. Dass die Wahrnehmung von Emotionen bei anderen Personen auch bei uns selbst Emotionen auslöst, ist nicht nur ein Befund theoretischer akademischer Überlegungen. Vielmehr hat die Hirnforschung eine Entsprechung in unserem Gehirn gefunden: so genannte Spiegelneuronen. Verschiedene Methoden wie beispielsweise bildgebende Verfahren und EEG haben dazu beigetragen, sie in verschiedenen Arealen des menschlichen Gehirns auszumachen (Gazzaniga et al. 2004). Interessanterweise sind Spiegelneuronen nicht nur aktiv, wenn wir selbst bestimmte Handlungen vollziehen, sondern auch, wenn wir genau diese Handlungen bei anderen beobachten (Kandel et al. 2000). Darüber hinaus vermitteln sie uns, was unser Gegenüber gerade empfindet (Rizzolatti et al. 2008; Rizzolatti und Arbib 2002). Die Vermutung liegt nahe, dass wir aus den so gewonnenen „Daten" Schlüsse ziehen, welche Absichten der andere verfolgt (Baars und Gage 2010). Mit den bedeutsamen Konsequenzen dieser Befunde werden wir uns vor dem Hintergrund interkultureller Verhandlungen noch beschäftigen.

2.1.4 Die Rolle des Verhaltens

Der Gesichtsausdruck eines Menschen ist nicht die einzige Informationsquelle für unsere Personeneinschätzung. Auch dessen Verhalten ziehen wir für unsere Beurteilung heran. Diese Beurteilungen nehmen wir keineswegs zufällig vor, sondern befolgen dabei eine Systematik (die uns in den allermeisten Fällen nicht bewusst wird). Entweder beobachten wir ein Verhalten und assoziieren es mit bestimmten Charaktereigenschaften oder wir schreiben dem Verhalten eine bestimmte Ursache zu (Carlston und Skowronski 2005). Wenn wir jemanden dabei beobachten, wie er eine kleine Katze aus einem Baum rettet, werden wir ihm Tierliebe oder Mitgefühl unterstellen. Diese Schlussfolgerungen ziehen wir nicht willentlich, sie entstehen automatisch und assoziativ. Es sind diese Assoziationen, die einen Teil unserer systematischen Personeneinschätzung ausmachen. Es gibt aber auch Situationen, in denen wir von der Überlegung, *warum* jemand etwas Bestimmtes tut, zu einer Beurteilung über diese Person kommen (Ursachenzuschreibung oder Attribution). Die Attribution kann über zwei verschiedene Kanäle erfolgen. Ein Beispiel soll uns den Sachverhalt illustrieren: Eine Abteilungsleiterin gibt ihrem Auszubildenden die Möglichkeit, für alle Abteilungen eine Präsentation über *Social-Media*-Unternehmensauftritte abzuhalten. Der Auszubildende lehnt jedoch ab. Daraufhin beklagt sich die Abteilungsleiterin bei ihren Kolleginnen über den angeblichen „Faulpelz". Sie hat damit eine **internale Attribuierung** vorgenommen, was nichts anderes bedeutet, als dass sie dem sich weigernden Auszubildenden eine bestimmte Charaktereigenschaft oder Disposition (Faulheit) unterstellt. Es gäbe in diesem Fall jedoch noch eine weitere Möglichkeit für sie, eine Zuschreibung vorzunehmen: Sie könnte annehmen, dass der Auszubildende aufgrund der Größe des Auditoriums und mangelnder Erfahrung Redeangst hat. Der springende Punkt wäre hierbei, dass sie von dem beobachtbaren Verhalten (Verweigerung) nicht auf vermeintliche Charakterzüge schließt, sondern eine Vermutung über situative Gründe anstellt (**externale Attribuierung**). Generell ergibt sich für uns daraus das Problem, entscheiden zu müssen, wann wir internal, wann external attribuieren sollten. Sofern es uns möglich ist, lassen wir zusätzliche Informationen in unsere Personenbeurteilung mit einfließen. Am Beispiel des Auszubildenden wären das Informationen darüber, ob sich andere Auszubildende auch so verhalten, ob der betreffende Auszubildende sich in anderen Situationen ähnlich verhält und ob er sich öfter vor Präsentationen drückt (vgl. hierzu Fischer und Wiswede 2009; Werth und Mayer 2008). Allerdings ist anzumerken, dass Menschen generell dazu tendieren, vom Verhalten auf Charaktereigenschaften zu schließen (**Korrespondenzverzerrung** – *correspondence bias*, Gilbert und Malone 1995). Dies ist auch der Fall, wenn wir geschäftlich verhandeln und unser Gegenüber einzuschätzen versuchen (Thompson et al. 2004). Für eine Verhandlung kann das unbeabsichtigte und negative Konsequenzen haben. Kommt unser Verhandlungspartner später als zum vereinbarten Termin an den Verhandlungstisch und wir interpretieren dies als mangelnde Zuverlässigkeit, übersehen wir vielleicht den Stau, in dem er bis vor kurzem stand. Einem (vermeintlich) unzuverlässigen Geschäftspartner gegenüber verhalten wir uns anders als gegenüber einem Stau-Opfer. Lassen sich solche Fehlinterpretationen vermeiden? Schauen wir uns die Forschungsergebnisse von Gilbert und Malone (1995) näher an, lautet die Antwort: Wir können die Fehler reduzieren, aber nicht gänzlich umgehen. Denn wenn wir Mitmenschen aufgrund ihres Verhaltens einschätzen, tun wir das häufig, ohne situative Beschränkungen zu berücksichtigen, gehen mitunter von unrealistischen Erwartungen aus oder unsere Korrekturen – wenn wir sie überhaupt vornehmen – sind lückenhaft (Gilbert und Malone 1995). Selbst die explizite Kenntnis situativer Gründe scheint Menschen nicht davon abzuhalten, handelnden Personen bestimmte Persönlichkeitseigenschaften (hier: Einstellungen) zuzuschreiben (Jones und Harris 1967). Dies gilt interessanterweise auch für Verhandlungen. Das Verhalten eines Akteurs während einer Verhandlung, beispielsweise Feilschen und Anbieten von Konzessionen, wird größtenteils durch die Verhandlungssituation bestimmt (Thompson 1990) und in eher geringerem Maße durch die Persönlichkeitseigenschaften geprägt. Trotzdem begehen Verhandler systematisch den Fehler, aus dem Verhandlungsverhalten ihres Gegenübers Schlüsse auf dessen Persönlichkeitseigenschaften wie Kooperations- und Zustimmungsbereitschaft (oder einem Mangel an selbigen) zu ziehen (Morris et al. 1999).

Zusammenfassend lässt sich feststellen, dass sich Menschen innerhalb von Sekundenbruchteilen aufgrund wahrgenommener Emotionen und des Verhaltens anderer ein Urteil über eine Person bilden. Dabei gehen sie assoziativ und mit Ursachenzuschreibungen vor. Auch beim Vorliegen anderslautender Informationen wird dabei tendenziell eher auf Charaktereigenschaften geschlossen.

2.1.5 Die Rolle von Einstellungen und Erwartungen

Das bisher Dargestellte bezieht sich auf Merkmale der beurteilten Person. Wir könnten daher versucht sein anzunehmen, dass die wahrgenommenen Merkmale von einem neutralen „Beurteiler" bewertet werden. Aber dem ist keineswegs so. Im Kopf des Beurteilers ist bereits psychologisches Rüstzeug vorhanden, das beim Zusammentreffen mit anderen Menschen aktiviert wird und die Personenwahrnehmung beeinflusst: Einstellungen und Erwartungen.

Einstellungen sind Bewertungen zu Personen, Objekten, ideellen Sachverhalten, die sich emotional (in Form von Abneigung, Zuwendung usw.), kognitiv (in Form von Überzeugungen, Meinungen) sowie verhaltensbezogen (in Form von Verhaltensabsichten, Handlungstendenzen) zeigen (vgl. Stroebe et al. 1997; sowie Werth et al. 2008). Einstellungen helfen uns, der ungeheuren Menge uns umgebender Informationen Herr zu werden, da sie für uns Wissen zu einem Themenfeld bündeln (dieses Wissen muss nicht notwendigerweise korrekt sein!). Ebenso können sie Überzeugungen zu einem Einstellungsobjekt zusammenfassen und geben uns als Schema einen Handlungsrahmen vor. Wenn Sie die Einstellung haben, dass Meeresklima Ihnen gut tut, dann werden Sie nicht erst in die Berge fahren, um den idealen Ort für Ihren Urlaub zu finden. Ähnlich verhält es sich mit Sachverhalten wie unserer Einstellung zur Zuverlässigkeit. Wenn wir der Überzeugung sind, dass Pünktlichkeit ein wichtiger Faktor für Zuverlässigkeit ist, wenden wir diesen Maßstab zur Beurteilung anderer Personen entweder in konkreten Verhaltenssituationen an oder bilden im Vorfeld – bewusst oder unbewusst – Erwartungen hierüber. Verhält sich eine Person (aus unserer Sicht) erwartungskonform, wird unser Urteil über sie eher positiv ausfallen. Im umgekehrten Fall, wenn ihr Verhalten unseren Erwartungen zuwiderläuft, fallen unsere Urteile weniger wohlwollend aus (vgl. Werth et al. 2008).

2.1.6 Die Rolle von Stereotypien

Alle Chinesen essen am liebsten Reis. Und alle Deutschen trinken am liebsten Bier. Feste Annahmen über Angehörige anderer Kulturen erzeugen in uns Erwartungen. Diese Erwartungen wiederum lenken unsere Wahrnehmung selektiv auf genau die angenommenen Merkmale. Wir bestätigen uns gewissermaßen selbst. Dass Chinesen auch gern Nudeln essen, übersehen wir dann. Ebenso die Wein oder Tee trinkenden Deutschen. Was hat es mit Stereotypien auf sich?

Zunächst einmal sind Stereotypien nichts Anrüchiges. Sie sind das Ergebnis eines Lernprozesses über die charakteristischen Merkmale vieler Gruppen (Nationalität, Geschlecht, Berufsgruppen usw.), wie sie in unserer Kultur wahrgenommen werden. Unser Gehirn muss wegen der uns umgebenden komplexen Informationsflut Kategorisierungen vornehmen. Dies ermöglicht uns schnellere Orientierungen und Handlungsfreiheit. Würden wir jede Information auf ihren Wahrheitsgehalt prüfen, wären wir buchstäblich nicht mehr handlungsfähig. Haben wir jedoch eine erste Kategorisierung im Sinne der Stereotypisierung vorgenommen, neigen wir dazu, die individuellen Merkmale einer Person auszublenden. In Abschn. 2.1.4 hatten wir festgestellt, dass wir ganz automatisch attribuieren, also Personen Eigenschaften zuschreiben. Kommen wir mit Angehörigen anderer Kulturen zusammen und diese zeigen ein Verhalten, das für uns unverständlich oder mehrdeutig ist, „helfen" uns Stereotype bei der Interpretation. Der Prozess läuft unbewusst ab (Dunning und Sherman 2005). Forscher halten es mittlerweile für wahrscheinlich, dass Stereotype nicht nur unsere Aufmerksamkeit lenken und somit unsere Wahrnehmung beeinflussen, sondern auch die Repräsentation im Gedächtnis sowie auch deren Abruf aus dem Gedächtnis (Hamilton 2005).

Ferner beeinflussen Stereotype auch unsere Handlungen (Correll et al. 2002). Was können wir tun, damit Stereotype nicht zu unerwünschten Nebenwirkungen während unserer geschäftlichen Aktivitäten mit Chinesen führen? Nach einer Untersuchung von Crisp und Beck (2005) genügt es bereits, sich die Gemeinsamkeiten vor Augen zu führen, die Eigen- und Fremdgruppe verbinden. Bevor wir uns also mit unseren chinesischen Geschäftspartnern an den Verhandlungstisch begeben, sollten wir uns vergegenwärtigen, dass ihnen – genau wie uns – an einem für beide Seiten vorteilhaften Vertragsabschluss gelegen ist, und dass für sie die Zusammenkunft mit uns ebenfalls Unsicherheiten und kulturelle Stolperfallen beinhalten kann und wir somit alle in einem Boot sitzen. (Diese Anmerkungen beziehen sich auf die Zeit *vor* dem Zusammentreffen und sind ein Plädoyer für mehr Achtsamkeit, unbefangener in die Verhandlungen zu gehen. Dies bedeutet freilich nicht, eine rosa Brille aufzusetzen: Denn mit allen Wassern gewaschene Verhandler, die uns unsere gesamte Aufmerksamkeit abverlangen, finden sich auf beiden Seiten!)

2.2 Personenbeurteilung, Kultur und Business

Welche Bedeutung haben nun die diskutierten Faktoren der Personenbeurteilung im deutsch-chinesischen Business? Bisher haben wir die kausalen Faktoren der Personenbeurteilung beleuchtet. Personenbeurteilungen spielen eine große Rolle auch im geschäftlichen Miteinander. Wir beurteilen Mimik, Gestik, para- und nonverbales Verhalten, nutzen unsere Einstellungen zur Beurteilung und gleichen das Verhalten des anderen mit unseren Erwartungen ab. Schauen wir uns diese Beurteilungskriterien genauer an, stellen wir fest, dass sie kulturabhängig sind. Dass wir uns dessen zu jedem Zeitpunkt bewusst werden können, wird durch den Umstand erschwert, dass über bestimmte Konzepte, von denen wir klare Vorstellungen haben (wie Autorität, *leadership*, Zeitplan, Verhandlungsgespräch, Konflikt), in jeder Kultur ganz andere Vorstellungen herrschen können (s. a. Trompenaars und Hampden-Turner 2013). Wie ist das möglich?

Führen wir uns zunächst vor Augen, was Kultur ist und wozu sie Menschen befähigt. Für ausführliche und erschöpfende Antworten möchten wir interessierte Leser an die umfangreiche Literatur verweisen, während wir uns an dieser Stelle im Sinne unseres Zieles einen pragmatischen Zugang verschaffen. Dieser Zugang versetzt uns in die Lage, unseren Blick für die Ursachen kultureller Missverständnisse zu schärfen:

> Kultur als die Konfiguration reziproker Normen und Verhaltensmuster sichert also die Handlungsfähigkeit ihrer Mitglieder. Sie stellt Plausibilität, Regelmäßigkeit und Voraussehbarkeit der Handlungen – mit einem Wort: *Normalität* – für die betreffende Kultur her. (Nicklas et al. 2006, S. 122, Hervorhebung durch den Verfasser).

Wenn Nicklas et al. (2006) von „reziproken Normen und Verhaltensmustern" spricht, so ist für internationale und interkulturelle Kommunikation und Verhandlungen entscheidend, dass jeder Verhandler stets seine eigene Kultur in Form von Verhaltens- und Kommunikationsmustern mitbringt, über die in seiner Ursprungskultur Konsens herrscht. Die „Voraussehbarkeit der Handlungen", auf die Nicklas et al. (2006) rekurriert, ergibt sich aus den Normen, Werten und Regeln, die in einer Kultur vorherrschen. Sie sind der unsichtbare Teil einer Kultur und konstituieren die spezifischen, für uns sichtbaren Elemente wie Regierung und Bildungssystem, das Wissen und die Kunst, Sprache und letztlich auch das Denken und Verhalten der Menschen. Oder anders ausgedrückt: Normen, Regeln und

Werte bringen uns Deutsche dazu, nach einem deutschen Drehbuch zu handeln, und unsere chinesischen Geschäftspartner nach einem chinesischen. Welche aber sind die Eigenschaften eines deutschen Drehbuchs? Und wie sehen die Eigenschaften aus, die der chinesischen Kultur das Chinesische verleihen?

2.3 Kulturelle Werte und Kulturdimensionen als Grundlage kultureller Missverständnisse

Haben Sie eine Geschäftsreise nach China vor sich? Werden Sie Hund essen und sich mit Affenhirn verköstigen lassen? Oder werden Sie sich während Ihres Aufenthaltes nach dem „good old German Schnitzel" sehnen? Konfrontiert mit diesen oder ähnlichen Fragen, beschleicht viele von uns ein leises Unbehagen. Warum eigentlich? Unbestreitbar durchdringt unsere Kultur nahezu sämtliche Bereiche unseres Lebens. Unsere Nahrungspräferenzen ebenso wie unser soziales Miteinander, Ideale, Moralvorstellungen, Kunst und Religion, Gesetze, Werte und Überzeugungen, aber auch psychologische Bereiche wie Denken und Problemlösen, Verhalten, Wahrnehmung und Kommunikation. Das heißt, nicht nur Personenbeurteilung, Einstellungen, Erwartungen und Stereotypien beeinflussen das „Verpacken" und „Entschlüsseln" einer Nachricht. Ebenso einflussreich ist die Kultur des Kommunikators. Sie gibt den Rahmen, die „Schablone" vor, die unsere Wahrnehmung und unser Denken – und somit unser Kommunikationsverhalten – lenkt. Die resultierenden Kommunikationsmuster spiegeln somit auch kulturelle Werte wider. Werte schreiben uns nicht nur vor, wie wir uns verhalten sollen und wie nicht (Chen und Starosta 2005), sondern sie lenken auch unsere Kommunikation. Wenn beispielsweise Deutsche einen Verhandlungsplan unter der Maßgabe „Zeit ist Geld" erstellen, wird damit der Wert sichtbar, den die deutsche Kultur der „Dimension Zeit" einräumt. Anders in der chinesischen Kultur: Nicht eine bestimmte Zeitvorstellung zwängt ein Ereignis (z. B. eine Verhandlung) in einen zeitlichen Rahmen. Chinesen nutzen vielmehr den Zeitaspekt mitunter als Taktik, um über die *Deadline* hinaus zu verhandeln. Das Ereignis dominiert die Zeit (vgl. Wilbault 2012). Der Unterschied zwischen Deutschen und Chinesen wird somit greifbarer. Intuitiv würden Verhandler beider Kulturen sicher zustimmen, dass es mit dem jeweils anderen manchmal „schwierig" werden kann. Aus dieser Überlegung folgt, dass die „gefühlten" Unterschiede systematisch auf ein objektives Fundament gestellt werden müssen, um im internationalen Wirtschaftskontext nutzbar zu sein. Doch wie lassen sich die für eine Kultur relevanten Werte feststellen und mit anderen Kulturen vergleichbar machen?

Um den Zusammenhang zwischen kulturellen Werten und Kommunikation herstellen zu können, haben Kluckhohn und Strodtbeck bereits 1961 das Konzept einer Werte-Orientierung vorgeschlagen. Werte-Orientierungen sind für die Autoren probate Mittel, um die universellen Probleme des alltäglichen Miteinanders zu lösen (Kluckhohn und Strodtbeck 1961). Hier stecken Implikationen, die die Erforschung so genannter kultureller Dimensionen angeregt haben: Alle menschlichen Gesellschaften müssen sich universellen Problemen stellen und dafür nutzen sie unterschiedliche Mittel (vgl. Chen und Starosta 2005). Die hier angesprochenen universellen Probleme betreffen unter anderem Fragen wie die Beziehung des Individuums zur Gesellschaft und zu Machtverhältnissen, Zeit als Werteorientierung, Etablierung von Regeln und Werten, um nur einige zu nennen. Wenn es gelänge, Kategorien von Problemen zu finden, die zwar einerseits für alle Kulturen eine Rolle spielen, die aber andererseits in jeder Kultur andere Ausprägungen haben, ließen sich Kulturen vergleichen und die Unterschiede darlegen. Der Psychologe Geert Hofstede hat diese Idee umgesetzt und Manager in IBM-Büros in 44 Ländern mit dem Ziel befragt, Charakteristika in den jeweiligen Unternehmen zu identifizieren. Während der Datenanalyse fand er tatsächlich Charakteristika, die er Kulturdimensionen nannte (Hofstede 1991): **Individualismus – Kollektivismus, Machtdistanz, Unsicherheitsvermeidung – Unsicherheitstoleranz** sowie **Maskulinität – Feminität.**

Individualistische Kulturen heben die Leistungen und Rechte des Einzelnen hervor, hieraus resultiert Entscheidungsfreiheit. In kollektivistischen Kulturen hingegen zählen die Leistungen der Gruppe (des Kollektivs), Entscheidungen werden gemeinsam und unter Berücksichtigung des Gemeinwohls getroffen. Machtdistanz beschreibt den Grad der Toleranz einer mit wenig Macht ausgestatteten Person gegenüber einer ungleichen Machtverteilung, wie sie beispielsweise in ostasiatischen Unternehmen vorzufinden ist, während in westlichen Unternehmen flachere Hierarchien anzutreffen sind. Unsicherheitsvermeidung beschreibt ein Verhalten, das der Vorkehrung unvorhergesehener Konsequenzen dient. Unter Maskulinität versteht Hofstede Wettbewerbsorientierung und Durchsetzungsvermögen sowie materiellen Erfolg, während Feminität die Präferenz für Zusammenarbeit und Harmoniebedürfnis beschreibt. Eagly (1987) schlug für diese vierte Dimension die *gender*-neutralen Begriffe *agentic value – communal value* vor. *Agentic values* betonen Aggressivität und Dominanz, Ehrgeiz und Entschlusskraft, Streben nach Unabhängigkeit, Direktheit, Selbstvertrauen. Die Orientierung an *communal values* beschreibt Personen, die das Wohlergehen der anderen über das eigene stellen, eine Bewusstheit für die Gefühle anderer und emotionalen Ausdruck haben sowie Fürsorglichkeit zeigen. Hofstede (1980) schrieb China diese Kulturdimension zu. Interessanterweise findet sich in Hofstede und Hofstede (2009, S. 166) eine Zuschreibung zur Maskulinität! Wir sind der Überzeugung, dass sich dieser scheinbare Widerspruch auflöst, wenn man den Verhaltenskontext einbezieht. Chinesen sind stark *in-group*-orientiert. Die *In-Group* ist die Gruppe, zu der sich eine Person selbst zugehörig fühlt. Das kann die Familie, der Kollegenkreis, Kommilitonen, Menschen mit gleichen Schicksalen usw. sein. Personen, die nicht in diese Gruppe gehören, werden automatisch zu *Out-Group*-Angehörigen. Diese Kategorisierung hat zwei relevante Folgen: Zum einen spielt sie eine Rolle in der Kommunikation, zum anderen bildet die *In-Group* bei Chinesen einen Teil des Selbst-Konzeptes und ist somit die Grundlage für das Verhalten anderer Personen gegenüber (Thomas und Liao 2010).

Insgesamt bilden die vorgeschlagenen Kulturdimensionen einen Leitfaden, um Unterschiede zwischen der deutschen und chinesischen Kultur greifbar zu machen. So hat Harmonie für Chinesen eine völlig andere Bedeutung als für ihre deutschen Geschäftspartner.

Aus der Bedeutung erwächst der beigemessene Wert und bestimmt das Verhalten. Somit gehen Chinesen im Allgemeinen (es gibt Ausnahmen!) einem offenen Konflikt aus dem Weg. Doch sind es gerade die Ursachen für die Unterschiede, derer sich die Beteiligten während einer Verhandlung häufig entweder nicht bewusst sind oder über die sie keine Kenntnis haben. Die resultierenden Missverständnisse oder Konflikte scheinen deshalb für alle Beteiligten aus dem Nichts zu kommen.

Ein ähnliches Vorgehen wie Hofstede wählte auch Hall (1977), der allerdings Unterschiede in Kommunikationsprozessen analysiert hat. Hall, angeregt durch Forschungen über Kontextverarbeitung in der menschlichen Informationsverarbeitung (1977, S. 1) stellte fest, dass Kulturen sich unter anderem darin unterscheiden, ob sie explizit und direkt kommunizieren, oder ob sie die zu übermittelnde Nachricht „umhüllen" und die eigentliche Botschaft somit implizit und indirekt übermitteln. Erstere nannte er *low-context cultures*, letztere *high-context cultures*.

Zusätzlich untersuchte Hall (1983), welches Verhältnis die Kulturen zur Zeit haben. Hier gibt es frappante Unterschiede. In einigen Kulturen, so auch in Deutschland, wird Zeit als etwas wahrgenommen, das linear verläuft. Hier ist es deshalb üblich, Dinge in einer sequenziellen Reihenfolge zu erledigen und dabei gründlich vorzugehen. Insbesondere für den geschäftlichen Bereich zeigt sich das an der Akribie, mit welcher Zeitplanungen erstellt werden, die ihrerseits wiederum als „Handlungsleitfaden" dienen, Aufgaben Stück für Stück abzuarbeiten. Doch Zeit lässt sich durchaus auch als etwas erfahren, das einen non-linearen Verlauf nimmt. Dass mehrere Dinge gleichzeitig geschehen, bildet den Kern der Wahrnehmung. In solchen Kulturen, zu denen auch China zählt, handhabt man aus diesem Grunde mehrere Dinge gleichzeitig. Die dazugehörenden Dimensionen nannte Hall **Monochronismus** und **Polychronismus**.

Eine weitere, aus unserer Sicht relevante Dimension hat Manoëlla Wilbault (2012) für ihr Kulturanalyseinstrument *„Intercultural GPS"* herausgearbeitet. Ausgehend von der Frage, wie in diversen Kulturen Konzepte und Themen erschlossen werden (**Reflektionsmodus**), stellte sie einem analytisch orientierten Ansatz einen systemischen gegenüber. Deutsche bevorzugen eine **analytische Verfahrensweise**, sie fokussieren sich auf den ihrer Ansicht nach relevanten Kern eines Problems und „bohren" gewissermaßen in die Tiefe. Ein Problem muss gründlich verstanden sein, ehe man es lösen kann. Chinesen hingegen untersuchen ein Problem von allen Seiten. Während Wilbault (2012) in diesem Zusammenhang von einem „systemischen Ansatz" (S. 36) spricht, bevorzugen wir den Begriff „holistisch", den wir rein deskriptiv verwenden. Den Begriff „systemisch" vermeiden wir, um eine Vermischung mit den methodologischen Inhalten des Systemischen Ansatzes zu umgehen. Das **holistische Vorgehen** der Chinesen hat sicher seinen Ursprung in der wichtigen Rolle, die „Kontext" in ihrer Kultur spielt. Holistische Betrachtungsweisen führen auch dazu, dass Chinesen bei der Interpretation von Verhalten anderer auch situative Aspekte in ihre Überlegungen einbeziehen (Masuda und Nisbett 2006).

2.4   Kulturelle Werte und nonverbales Verhalten als Grundlage kultureller Missverständnisse

Unabhängig von der jeweiligen Kultur: Nonverbales Verhalten ist ebenso universell wie verbales Verhalten. Und beides wird durch Kultur auf eine ganz spezielle Weise ausgeformt. So ist in westlichen Kulturen die physische Berührung eines gegengeschlechtlichen Gesprächspartners bei der Begrüßung üblich, während in einigen asiatischen Kulturen die Berührung einer Frau durch einen fremden Mann nicht statthaft ist. Nonverbales Verhalten hat viele Facetten, die sich strukturieren lassen: *Kinesics* (Körpersprache), *Proxemics* (das Einnehmen von Raum während der Kommunikation), paraverbales Verhalten sowie *Chronemics* (Zeitnutzung s. o.) (s. a. Chen und Starosta 2005).

Körpersprache

Deutsche sind immer wieder irritiert über den häufigen Einsatz des Lächelns bei Chinesen (oder Asiaten im Allgemeinen). Im Westen wird das **Lächeln** als ein Verhalten interpretiert, das an positive Emotionen geknüpft ist. Deshalb kommt es immer wieder zu Irritationen, wenn Asiaten lächeln und der Kontext gar nicht recht zu passen scheint, beispielsweise wenn über einen Verlust gesprochen wird. Für Chinesen ist es üblich zu lächeln, wenn sie peinlich berührt sind, sich zu einer Angelegenheit nicht äußern wollen, oder im sozialen Gefüge des Gesichtgebens. **Augenkontakt** erfolgt ebenso in einem kulturellen Rahmen. Während im Westen der Augenkontakt eines Zuhörers mit einem Sprecher als aufmerksames Verhalten gedeutet wird, gilt das längere Anblicken in China als „Starren" und wird als Aggressivität gewertet. Während wir im Westen es gewohnt sind, unsere verbalen Ausführungen mit einer entsprechenden **Mimik** und **Gestik** zu unterstreichen, ist das in China nicht üblich. Hier ist man sparsam in Mimik und Gestik, um nicht den Eindruck zu vermitteln, man sei selbstgefällig. **Kopfnicken** signalisiert im Westen Zustimmung, in China bedeutet es aber nur: Ich höre dir aufmerksam zu. Alles zusammengenommen und auf eine geschäftliche Präsentation übertragen heißt das: Es kann schon zu Missverständnissen und Fehlurteilen kommen, ohne dass ein einziges Wort gewechselt worden ist.

Proxemics

Der **Abstand**, den wir im Westen bei verschiedenen Gelegenheiten zueinander einhalten (oder nicht mehr einhalten), lässt sich beinahe auf den Zentimeter genau bestimmen. Die Abstände stehen in Abhängigkeit zu Gelegenheit, Geschlecht und auch der Art der Beziehung. Für geschäftliche Zusammenkünfte gilt für Westler der Abstand einer Armlänge als angemessen, während Chinesen einen größeren Abstand bevorzugen (Chen und Starosta 2005).

Paraverbale Signale

Wer in Deutschland schon einmal einen Rhetorikkurs besucht hat, wird sich erinnern: **Nicht-wortliche Lautäußerungen** wie äh, hm, uh, pfff und so fort sollten vermieden werden, da sie Unsicherheit signalisieren. Dies gilt insbesondere für Geschäftstätigkeiten wie Präsentationen, Vorträge, Reden, bei denen es darauf ankommt, *standing* zu zeigen. In China verhält es sich umgekehrt. Nicht-wortliche Lautäußerungen während einer Rede oder Konversation stehen hier ganz im Zeichen der Weisheit und Anziehungskraft (Chen und Starosta 2005). Wir selbst haben während unserer Sprachausbildung in China die Beobachtung gemacht, dass Lehrerinnen und Lehrer dem Inhalt des Gesagten mit einem häufig geäußerten „ö" (sehr kurz und knapp mit einem Luftstoß ausgesprochen) sehr viel Emphase gaben, während wir Schüler unser Verstehen mit einem lang gezogenen „mmm" rückmeldeten. Blieb das „mmm" aus, waren die Lehrer stets sehr irritiert. Es scheint also dieselbe Botschaft zu signalisieren wie das Nicken mit dem Kopf, wenn der andere spricht: „Ich höre dir aufmerksam zu."

2.5   Bezug der Kulturdimensionen zur Praxis: vom *Know-how zum Know-why*

Der Nutzen der Kulturdimensionen für den Businessalltag erschließt sich erst bei Betrachtung der Implikationen. Was steckt hinter den Dimensionen? Wie beeinflussen sie das geschäftliche Miteinander? Lässt sich mit Kenntnis um die Kulturwerte das Verhalten des chinesischen Geschäftspartners besser verstehen und vorhersagen? Erst mit der Beantwortung derartiger Fragen gelangen wir zu einem tieferen Verständnis, aus dem wir Nutzen ziehen können.

Individualismus – Kollektivismus

Individualismus beschreibt nach Hofstede (1991) die Beziehung zwischen einer Einzelperson und der Gruppe, der er angehört. In individualistischen Kulturen wie Deutschland spielt das „Selbst" eine wichtige Rolle und zeigt sich in dem Wert, dem das Erreichen eines selbst gesteckten Zieles beigemessen wird. Konzepte wie Selbstbewusstsein, Selbstzufriedenheit, Selbstbild, Selbstidentität, Selbstvertrauen sind gesellschaftlich anerkannt. Sie sind Indizien dafür, dass das Individuum in einer Gesellschaft das zentrale Element ist. Ein noch genauerer Blick zeigt uns die dahinter stehende Hierarchie: Individuelle Ziele stehen tendenziell über Gruppenzielen. Schauen wir uns kollektivistische Kulturen an, dreht sich das Ganze um: Hier sind persönliche Ziele und Wünsche dem Gruppenwohl untergeordnet. Kollektivisten, zu denen auch Chinesen gehören, bilden so genannte *In-Groups*. Ein Chinese kann durchaus mehreren *In-Groups* angehören: seiner Familie, seinen Arbeitskollegen, Personen, die mit ihm eine Ausbildung gemacht oder studiert haben usw. Das Wohl der Gruppe, ihre Bedürfnisse und Werte beeinflussen den Einzelnen bei seinen Entscheidungen und Handlungen (vgl. Chen und Starosta 2005). Nehmen wir diesen Sachverhalt als gegeben hin, drängt sich unweigerlich die Frage auf, ob eine derartige kulturelle Prägung auch zu vermehrter Kooperationsbereitschaft führt. Um eine Antwort geben zu können, müssen wir zunächst wissen, welche Faktoren gewissermaßen die Initialzündung für Kooperation sind. Chen et al. (1998) identifizierten: übergeordnete Ziele, Gruppenidentität, Vertrauen, Verantwortlichkeit, Kommunikation, Belohnungsstrukturen und Anreize. Wie kommt es aber zu den Unterschieden zwischen Deutschen (Individualismus-orientiert) und Chinesen (Kollektivismus-orientiert)? Da kooperatives Verhalten essenziell für eine erfolgreiche Verhandlung ist, erscheint ein detaillierter Blick sinnvoll.

- Chen et al. (1998) fanden heraus, dass die o.g. Faktoren bei Deutschen und Chinesen jeweils kulturell gefärbte Motive ausformen. Gibt es also in einer Verhandlung übergeordnete Ziele, so sind Deutsche wahrscheinlich kooperativ, wenn die Ziele eine gegenseitige Abhängigkeit aufweisen. Bei Chinesen führen gemeinsam vertretene Ziele zu demselben Verhalten.
- Gruppenidentität bewirkt bei Deutschen nur dann ein kooperatives Handeln, wenn jeder Einzelne davon profitiert (dies gilt auch im ideellen Sinn), wenn der Wert der eigenen Identität steigt (beispielsweise durch Zugehörigkeit zur Gruppe der Oscar-Gewinner, Chinesisch sprechenden CEOs usw.). Bei Chinesen ist es dagegen der eigene Beitrag, der in Ergänzung zur Gruppe und der Gruppenidentität steht („Der schlaue Wang wird unser Unternehmen auf der Messe in Deutschland präsentieren").
- Vertrauen wirkt bei Deutschen nur nach Überlegung und Abwägung Kooperation auslösend, bei Chinesen emotionsgebunden. Verantwortlichkeit als Auslöser kooperativen Handelns zeigt sich bei Deutschen, wenn die Person sich selbst in der Verantwortung sieht, bei Chinesen ist es die Verantwortlichkeit der Gruppe als Ganzes.
- Wer sich Kooperation vom Geschäftspartner wünscht, muss mit ihm reden. Nur wie? Chen et al. (1998) fanden heraus, dass Chinesen wie andere kollektivistische Kulturen auch eine *Face-to-face*-Kommunikation bevorzugen. Für Deutsche darf in diesem Zusammenhang auch partiell kommuniziert werden: nur audio, nur visuell oder nur schriftlich. Worin liegen diese Unterschiede begründet? Rufen wir uns in Erinnerung, dass Deutschland zu den *Low-context*-Kulturen, China zu den *High-context*-Kulturen gehört. Deutsche äußern sich demnach explizit zu den zu klärenden Punkten – und das ist auditiv, visuell oder schriftlich möglich. Chinesen kodieren ihre wichtigen Botschaften im Kontext, soziale Hinweisreize wie Körpersprache und Mimik „geleiten" den Empfänger dabei bis zur Auflösung. Unter diesen Aspekten ist es nachvollziehbar, dass Chinesen sich in einer *Face-to-face*-Situation sicherer fühlen und zu einer Kooperation eher bereit sind.
- Kann man kooperatives Verhalten durch Anreize sowohl bei Deutschen als auch bei Chinesen hervorrufen? Ja, man kann. Allerdings gibt es einen kleinen, aber feinen Unterschied. Deutsche als Angehörige einer Individualismus-Kultur präferieren Anreize nach dem Leistungsprinzip, schließlich soll die individuelle Leistung honoriert werden. Kollektivisten wie Chinesen bevorzugen Anreize nach dem Gleichheitsprinzip. Was bedeutet, dass für eine identische Leistung der Anreiz Y für Wang, Liu oder Zhang ebenfalls identisch ist.

Aus diesen Werteorientierungen können wir Fragen ableiten, deren Beantwortung das Verhalten unseres chinesischen Geschäftspartners transparenter und verstehbarer macht (und durchaus auch unser eigenes!):

- Wem fühlt sich eine Person verpflichtet?
- Welche Regeln sind ihr dafür auferlegt?
- Welches Verhalten wird die Person höchstwahrscheinlich zeigen?
- In welcher Beziehung stehen berufliche Aktivitäten und Freizeitaktivitäten zueinander?
- Welche übergeordneten Richtlinien ergeben sich daraus für das Management eines Unternehmens?
- Wie sieht die wahrscheinliche Form der Zusammenarbeit aus?
- Wird in Verhandlungen als Kernstrategie eher kollaborativ oder kompetitiv verfahren?
- Welcher Art müssen Argumente/Konzessionen in Verhandlungen sein, um die Person zu überzeugen oder als vertrauenswürdig zu gelten?
- Wie lässt sich das Vertrauen der Person gewinnen?

Machtdistanz

Die Machtdistanz ist ein Maß, das anzeigt, bis zu welchem Grad eine Kultur sich an die Ungleichverteilung von Macht in Beziehungen und Organisationen anpasst (Chen und Starosta 2005) und wie Autoritäten wahrgenommen werden (Gibson 1997). Kulturen, in denen der Wert vorherrscht, Macht solle annähernd gleich verteilt sein (u. a. Deutschland), haben einen niedrigere Machtdistanz als solche, in denen sich die Personen an das Machtgefälle anpassen (u. a. China). Das zugrunde liegende Verhalten hat enorme Auswirkungen auf den geschäftlichen Umgang. Kulturen mit hoher Machtdistanz orientieren sich eher an Autoritäten, was sich wiederum in vertikalen Strukturen sowohl in den sozialen Beziehungen als auch Organisationen widerspiegelt. So bekommen Vorgesetzte mehr Macht und Privilegien, während von Mitarbeitern Unterordnung ohne Kritikverhalten erwartet wird. Nach Chen und Starosta (2005, S. 52) werden in diesen Kulturen außerdem Alters-, Geschlechter-, Generationen- und Statusunterschiede maximiert (für Implikationen siehe Kap. 3). Personen aus Kulturen mit hoher Machtdistanz nutzen für ihre Kommunikation eher formale als informelle Kanäle (s. Gibson, Kap. 1), ein nicht zu unterschätzender Punkt für die Präliminarien einer Verhandlung! Personen aus Kulturen mit niedriger Machtdistanz akzeptieren große Machtgefälle in aller Regel weniger und kommunizieren auch über informelle Kanäle. Als erfahrene Verhandlerinnen und Verhandler können Sie leicht den potenziellen Zündstoff erkennen, der sich hier verbirgt. Denn wenn es sehr unglücklich läuft, d. h. die kulturellen Unterschiede nicht respektiert werden, ist eine deutsch-chinesische Verhandlung bereits gescheitert, ehe sie überhaupt richtig begonnen hat. Zhiang Lin (1997) führt einen sehr interessanten Gedanken in die Machtdistanz-Diskussion ein. Für ihn liegt in der Angst vor Macht begründet, warum Chinesen sich häufig mehrdeutig ausdrücken. Die chinesische Geschichte zeigt, dass Wenige, mit viel Macht ausgestattet, über das Wohl eines Einzelnen richten konnten. Die Chancen, Repressalien zu vermeiden, stiegen, wenn Gesagtes uminterpretiert werden konnte (Lin, S. 370). Auch zur Kulturdimension der Machtdistanz lassen sich Leitfragen ableiten, die uns die Relevanz für die Praxis aufzeigen:

- An wen sollten Anliegen gerichtet sein?
- Wie ist der Umgang mit Informationen? (Zentriert? Geteilt? Zugang?)
- Welche Art des Informationsaustausches ist in Verhandlungen zu erwarten?
- Wie lässt sich „Machtdistanz" beim Lösen von Konflikten berücksichtigen? Bei größeren Konflikten: Wer käme als vermittelnder Dritter infrage?
- Wie lässt sich „Machtdistanz" für das Anliegen einer Qualitätssicherung berücksichtigen?
- Wie lassen sich Gesprächsergebnisse mit chinesischen Geschäftspartnern bewerten, deren Stellung und Status im Unternehmen unklar sind?
- Wie sieht die Machtstruktur im chinesischen Partnerunternehmen aus?
  - Welche Entscheidungsbefugnisse ergeben sich daraus für unseren Verhandlungspartner? Wer entscheidet mit?
  - Welcher Verantwortungsbereich obliegt ihm? Mit wem erfolgt seine Absprache?
- Welche Implikationen hat das Machtgefüge des chinesischen Partnerunternehmens für die Rahmenaktivitäten der Verhandlungen (Karaoke mit dem Chef usw.)?

Unsicherheitsvermeidung – Unsicherheitstoleranz

Eine gute Definition geben Chen und Starosta (2005, S. 52): „Unsicherheitsvermeidung zeigt an, bis zu welchem Maß eine Kultur ambivalente Situationen akzeptiert und Unsicherheit toleriert." In Kulturen, deren Maß an Unsicherheitsvermeidung hoch ist, bemühen sich Personen, Unsicherheiten in sozialen Situationen, aber auch im Arbeitsleben auszuräumen. Ihr Leben ist gut organisiert, Jobsicherheit und Sicherheit im Leben werden angestrebt. Veränderungen werden skeptisch gesehen, Fehler gefürchtet. Werden hingegen Ambiguitäten und Unsicherheiten akzeptiert (hohes Maß an Unsicherheitstoleranz), zeigen sich gleichzeitig ein höheres Maß an Flexibilität und Ergreifen von Initiativen und eine größere Entspanntheit im sozialen Umgang mit anderen. Und hier einige Leitfragen:

- Wie lauten die Kriterien, die ein Risiko definieren?
- Welche Regeln bestimmen den Umgang mit potenziellen Risiken?
- Sind Regeln (z. B. für Geschäftsabläufe) klar definiert oder eher pragmatisch?
- Wie wird Risiko-Verhalten bewertet – als Notwendigkeit oder etwas, das es zu vermeiden gilt?
- Wie wird mit Problemen umgegangen? (Analyse und Pläne? Pragmatismus? Direkte Kommunikation? Vermittler?)

Maskulinität – Feminität

Die jeweiligen Definitionen dieser Dimension folgen den stereotypen Eigenschaftszuschreibungen (siehe hierzu unsere Anmerkung Abschn. 2.3). Demnach subsumiert Maskulinität Dominanz, Durchsetzungsvermögen, Stärke, Wettbewerbsorientierung, Ambition, Streben nach materiellen Gütern. Nach Hofstede (1991) herrscht in Deutschland eine per definitionem maskuline Kultur. Feminität beschreibt eine Kultur der Sensitivität, Emotionalität, der Pflege und Barmherzigkeit. Die Männer in diesen Kulturen neigen eher nicht dazu, sich gegen andere und gegen Widerstände durchzusetzen. Feminine Kulturen zeigen ein hohes Verständnis für nonverbale Signale und tolerieren ambivalente Situationen.

- Welche sind die Werte, die als wichtig erachtet werden? Lassen sich die Aspekte, auf die Wert gelegt wird, anhand des Gesagten, des Verhaltens erschließen?
- Welche Regeln sind vorherrschend?
- Welches Verhalten ist erwünscht?
- Gibt es unerwünschtes Verhalten? Tabus?
- Wie werden Botschaften gesendet? (Direkt/indirekt? Nonverbal?)
- Welche sind die Ziele, die verfolgt werden? Werden Ziele „um jeden Preis" verfolgt?

Low-context culture – high-context culture
Was genau unterscheidet die beiden voneinander? In *low-context cultures*, zu denen nach Hall auch Deutschland gehört, ist es üblich, dem Empfänger direkt mitzuteilen, worum es geht. Dabei wird der Kontext in der Regel nicht berücksichtigt. Nicht nur Selbst-Darstellung, Eloquenz und Gewandtheit im Ausdruck werden als Werte anerkannt, sondern auch die Äußerung der eigenen Meinung. Andere durch Argumente zu überzeugen, ist üblich. Ganz anders hingegen die *high-context cultures*, zu denen auch China gehört. Explizite Mitteilungen sind nicht erwünscht, die wichtige Information steckt buchstäblich im Kontext des Gesagten. Harmonie ist als Wert hoch angesehen und wird durch Doppeldeutigkeit in der Aussage gewährleistet. Diese Doppeldeutigkeit lässt einen Interpretations- und Handlungsspielraum, der gesichtswahrend genutzt werden kann. Angehörige von *High-context*-Kulturen reden – nach westlichem Empfinden – „um den heißen Brei" herum. Ebenfalls zur Wahrung der Harmonie wird eine direkte Absage, ein direktes „Nein" vermieden (Hall 1977). Vom Empfänger der Nachricht wird erwartet, die „eigentliche", im Kontext verschlüsselte Botschaft, zu dekodieren. Für Angehörige westlicher Kulturen, die einen direkten Kommunikationsstil gewohnt sind, ist das nicht immer einfach. Zumal weitere Regeln und Werte zusätzliche Hürden schaffen (s. „Konfliktfelder", Kap. 3 und 4).

Verdeutlichen wir uns vorerst beide Kommunikationsstile anhand eines Beispiels: Ein Lieferant für Dichtungen wird von einem Geschäftspartner für einen kurzfristigen Liefertermin angefragt, der nicht einzuhalten ist. Ist der Lieferant Deutscher (*low-context culture*) könnte die Antwort lauten: „Es tut mir leid. Bei dem vorgegebenen Auftragsvolumen ist Ihre Terminvorstellung zu knapp. Das können wir beim besten Willen nicht einhalten. Wenn Sie uns noch eine Woche länger gewähren …". Nun wechseln wir zum chinesischen Lieferanten (*high-context culture*): „Ihr Auftrag ist für unsere Firma sehr interessant. Wir werden noch darüber sprechen." Dies ist eine chinesische Absage. Mit den Nuancen dieser Redewendung werden wir Sie im praktischen Teil noch vertraut machen. Leitfragen helfen, uns den enormen Einfluss, den der Unterschied zwischen *Low-context*- und *High-context*-Kultur auf das geschäftliche Miteinander ausübt, zu vergegenwärtigen:

- Wie werden Konflikte beigelegt? Werden sie offen oder indirekt angesprochen? Verschwiegen?
- Wird die eigene Meinung kundgetan?
- Wie werden Geschäftsbeziehungen aufgebaut? Persönlich-emotional? Sachlich-nutzenorientiert?
- Wie werden eigene Ideen dargestellt? Logische Argumente? Kontextbezug und Gruppenwohl?

Monochronismus – Polychronismus

Zeit wird in monochronen Kulturen wie Deutschland durch eher sequenzielle Aktivitäten ausgefüllt. Die Ausführung „eins nach dem anderen" bringt es mit sich, dass Zeit in diskreten Abschnitten verplant und jeweiligen Aufgaben zugeordnet wird, die in der Regel gründlich und mit ausschließlicher Aufmerksamkeit ausgeführt werden. So ergibt sich ein klar strukturierter Zeitplan, an den sich Deutsche in der Regel halten. Viele Deutsche nehmen das Sprichwort „Zeit ist Geld" wörtlich, dies gilt insbesondere für den Business-Bereich (vgl. Kavalchuk 2012). Zeit ist als Kulturwert an sich weitestgehend akzeptiert, was sich in der sprichwörtlichen deutschen Pünktlichkeit niederschlägt.

Ganz anders verläuft der Umgang mit der Zeit in polychronen Kulturen. Hier wird Zeit als non-linear wahrgenommen. Einzelne Zeitabschnitte mit mehreren Aktivitäten zu füllen ist durchaus gebräuchlich. Ein Sprung von einer Aktivität zur anderen ist gängige Praxis. Prioritäten werden nicht als festzementiert angesehen, sondern werden über die Zeit hinweg an veränderte Umstände angepasst.

- Tendiert der Geschäftspartner dazu, mehrere Dinge gleichzeitig zu erledigen (z. B. Telefonate während der Verhandlung, Verlassen des Raums)? Optimaler Umgang mit den eigenen emotionalen Reaktionen?
- Ist der Verhandlungsplan durchstrukturiert? Wie sehen die Kriterien für die Struktur aus? (Ein Verhandlungsgegenstand nach dem anderen? Mehrere gleichzeitig?)
- Wie wichtig ist Pünktlichkeit? Wie ist sie definiert?
- Wie ist der Umgang mit der *Deadline* einer Verhandlung? (Überschreiten der *Deadline* als Verhandlungstaktik? Wenn wahrscheinlich, kann dies im Voraus einkalkuliert werden?)
- Ist Zeit per se ein Stressfaktor oder ein Stressverstärker?
- Wie geduldig/ungeduldig ist der Geschäftspartner? Welche ist die angemessenste Reaktion darauf?
- Wie ist der Umgang mit eigener Ungeduld?

Analytischer Reflektionsmodus – holistischer Reflektionsmodus

Ein analytisches Vorgehen bringt es mit sich, das zur Disposition stehende Thema, Konzept oder Problem auf sinnvolle Teile herunterzubrechen und dann Teil für Teil in aller Gründlichkeit zu analysieren. Ziel ist, die Ursachen und zugrunde liegenden Eigenschaften zu verstehen. Dieser Denkstil hat erheblichen Einfluss darauf, wie argumentiert wird und – wichtig für Verhandlungen – wodurch eine Person mit analytischem Reflektionsmodus überzeugt werden kann. Deutsche überprüfen (mehr oder weniger bewusst) den Wahrheitsgehalt von Argumenten oder Gründen nach ihrer logischen Fundiertheit. Der chinesische Denkstil ist ein fundamental anderer. Gekennzeichnet durch eine holistische Betrachtungsweise (u. a. Ji et al. 2010), wird „echtes" Verstehen nur möglich, wenn situative Faktoren ebenfalls berücksichtigt werden. Wissen ist für Chinesen immer relational. Idealerweise tragen wir diesem Sachverhalt Rechnung, wenn wir mit chinesischen Geschäftspartnern verhandeln Leitfragen helfen dabei, uns die Tragweite vor Augen zu führen:

- Wird bei vorliegenden Problemen nach zugrunde liegenden Prinzipien gesucht?
- Spielt bei der Beurteilung des Verhaltens einer Person die Situation, in der das Verhalten auftrat, eine Rolle?
- Ist die gegenwärtige Transaktion die treibende Kraft für die Aktivitäten mit dem Geschäftspartner?
- Werden bei der gegenwärtigen Transaktion mit dem Geschäftspartner zukünftige Geschäftsaktivitäten mit in Betracht gezogen?
- Wie werden Ereignisse erklärt? Stehen sie für sich? Sind sie nur verständlich über ihre Beziehungen zu Kontextfaktoren?
- Wann werden Argumente als überzeugend und wahr angesehen?

2.6 Kulturstandards als Grundlage kultureller Missverständnisse

Kulturelle Unterschiede im Verhalten lassen sich auch beobachten, wenn kritische Situationen oder Ereignisse auftreten. Interkulturelle Psychologen untersuchen diese Ereignisse systematisch nach Anpassungseffekten, wie sie durch Kulturstandards erfolgen. Will man etwas über deutsche Kulturstandards erfahren, befragt man mit wissenschaftlichen Methoden und in großen Stichproben Personen anderer Kulturen nach kritischen Ereignissen mit Deutschen. Diese Dokumentationen werden Deutschen mit der Bitte um Erklärung vorgelegt. Der Vorteil für beide Seiten liegt auf der Hand: Personen anderer Kulturen gewinnen eine Einsicht aus erster Hand, während Deutsche ihr eigenes Verhalten im Spiegel der anderen betrachten können (vgl. Schroll-Machl 2013). Thomas (1996) hat deutsche Kulturstandards an China kontrastiert. Die deutsche Kultur, relativ zur chinesischen, ist geprägt von Objektivismus (im Sinne einer Sachrationalität), Regelorientierung, Zeitplanung, Vertragsgebundenheit, Trennung zwischen Arbeit und Privatleben, Direktheit/Ehrlichkeit/Wahrheit, Individualismus.

Regelorientierung
Schroll-Machl (2013) äußert sich zum Vorhandensein von Regeln wie folgt: „In Germany there are more rules, regulations, ordinances, laws and formalities than anyone can count"

(S. 71). Während diese These schwerlich be- oder widerlegt werden kann, trifft sie den Kern der Vorstellung anderer Kulturen (für einen interessanten Überblick s. ebd., S. 69). Selbstverständlich lässt sich dieser Kulturstandard auch an dem chinesischen kontrastieren:

- Wie ist die Arbeit organisiert? Standardisierte Vorgehensweisen, Abläufe? Zuständigkeiten?
- Wer hat in welchem Bereich Hoheit über den Informationsfluss? Wer partizipiert an Informationen, wer nicht?
- Wie sind Verantwortungsbereiche definiert? Sind Entscheidungsbefugnisse eingeschlossen? Wer darf unter welchen Umständen Entscheidungen treffen?
- Wird bei Problemen improvisiert?
- Wird der Versuch unternommen, Fehler zu vermeiden? Wenn ja, wie?
- Gibt es Machtkämpfe? Wie hoch ist der Anteil durch Fehden um Verantwortlichkeiten?
- Wie sind Pläne strukturiert? Wie ausgearbeitet die Details? Regelungen für eventuelle Ausnahmen?

Trennung zwischen Arbeit und Privatleben

Für Deutsche scheinen sich unsichtbare Demarkationslinien durch das Leben zu ziehen: an den Wochenenden, an Feiertagen und im Urlaub. Säuberlich trennen sie das Berufs- vom Privatleben, das Professionelle vom Privaten. Während im Arbeitsleben die Berufsrolle das rationale und aufgabenorientierte Verhalten prägt, kommt in der Freizeit die ganze Person zum Vorschein. Da in China diese Trennungen keineswegs so strikt gehandhabt werden, kommt es in diesem Zusammenhang mit chinesischen Geschäftspartnern des Öfteren zu Konflikten. Wo lassen sich besonders deutliche Unterschiede festmachen?

- Wie formal ist der Umgang mit Geschäftspartnern?
- Wie viel *Small talk* ist während der Arbeitstätigkeit möglich?
- Sind informelle Gespräche während der Arbeitszeit möglich?
- Wird emotionales Verhalten während der Arbeit/während der Freizeit gezeigt und wird es akzeptiert?

Bis hierhin haben wir uns sowohl Kommunikationsprozesse als auch Kulturaspekte detaillierter angeschaut. Damit ist nicht nur die Voraussetzung für ein erstes Verständnis für potenzielle „Brennpunkte" im deutsch-chinesischen Miteinander erfüllt. Vielmehr können wir uns jetzt der Interkulturellen Effektivität zuwenden, eine Eigenschaft, die über Misserfolg oder Erfolg im Umgang mit chinesischen Geschäftspartnern entscheidet.

Das Konzept der Interkulturellen Effektivität

Das Konzept der Interkulturellen Effektivität (Chen 2007) beleuchtet drei Bereiche, die uns im Wesentlichen ausmachen: unsere Emotionen (Affektivität), unser Denken (Kognition) und unser Verhalten. Diese drei Bereiche verknüpft Chen mit der Eigenschaft der interkulturellen Kompetenz. Welche Teilaspekte der jeweiligen Bereiche spielen eine Rolle und wodurch? Wie ist es im momentanen Status quo um unsere interkulturelle Kompetenz bestellt? Was können wir möglicherweise verbessern? Schauen wir uns das genauer an.

Interkulturelle Sensitivität als affektiver Teil Interkultureller Kompetenz
Auch wenn wir uns als rationale Verhandlerinnen und Verhandler sehen, so bringt jedes deutsch-chinesische Meeting, jede deutsch-chinesische Verhandlung emotionale Komponenten mit sich. Es sind im Wesentlichen fünf psychologische Eigenschaften, die uns befähigen, die affektiven Herausforderungen einer internationalen Geschäftstätigkeit zu meistern: Selbstwertgefühl, das uns optimistisch und mit Eigenvertrauen in die Verhandlungen gehen lässt; Selbst-Beobachtung, die unser Verhalten an außergewöhnliche Situationen angemessen anzupassen hilft; Aufgeschlossenheit, die uns den Geschäftspartner akzeptieren lässt; Empathie, die uns den Standpunkt des anderen verstehen lässt; und das Vermeiden rascher Urteile, das vorschnelles Verurteilen verhindert.

Interkulturelle Bewusstheit als kognitiver Teil Interkultureller Kompetenz
Eine fundierte Bewusstheit über die Kultur und das Anderssein unserer chinesischen Geschäftspartner zu entwickeln, dauert eine Weile. Zunächst werden wir nur der offensichtlichsten Unterschiede und Merkmale gewahr (Aussehen, Kleidung, Architektur, Küche). Nach weiteren Zusammenkünften kennen wir die subtilen kulturellen Merkmale, die den unsrigen zuwiderlaufen, und wir wissen um deren Signifikanz (kontextverschlüsselte Botschaften, Kritikverhalten, Verhalten bei Absage usw.). Und schließlich haben wir die Möglichkeit, die Innenperspektive unseres chinesischen Partners einzunehmen und Voraussagen zu treffen, womit er sich wohl oder weniger wohl fühlt. An welcher Stelle er „dichtmacht" und warum. Weshalb er sich wahrscheinlich kooperativ verhalten wird. An diesem Punkt angekommen, sind wir uns der chinesischen Kultur bewusst.

Interkulturelle Effektivität und Gewandtheit als verhaltensregulierende Teile Interkultureller Kompetenz
Gewandt können wir nur sein, wenn wir die Erfordernisse einer bestimmten Situation erkennen. Gewandtheit bestimmt daher entscheidend mit, wie wir unser Verhalten steuern und regulieren. Nicht die Fassung zu verlieren, auch wenn unser Verhandlungspartner den vermeintlich fertig verhandelten Punkt immer wieder aufgreift. Zu wissen, wann der *turning point* gekommen ist, um die Verhandlungsstrategie anzupassen. Kritisieren zu können, ohne Kritik explizit zu äußern und damit eine solide Grundlage für die Geschäftsbeziehung schaffen – auch dazu befähigt uns Gewandtheit. Was aber macht Gewandtheit aus? *Message skills*, Interaktionsmanagement, Verhaltensflexibilität, Identitätsmanagement und Beziehungskultivierung. – Da sind zunächst unsere *message skills*: die Deutung verbaler, para- und nonverbaler Botschaften (kennen wir bereits) sowie Kulturcodes bezüglich Berührungen, Umgang mit Raum (wie ausladend darf unsere Körpersprache sein) und Zeit, Gesicht und Harmonie (werden wir in Kap. 3 erfahren). Interaktionsma-

nagement betrifft unsere Fähigkeit, ein Gespräch zu beginnen und zu beenden und ebenso mögliche thematische Wendepunkte zu erkennen (z. B. wenn dem anderen etwas peinlich ist und wir diesen Zustand auch erkennen). Und, ganz wichtig: die Gesprächsanteile auf dem gleichen Level halten können, oder etwas krude ausgedrückt: den anderen auch einmal zu Wort kommen lassen. Was zunächst recht trivial zu sein scheint, gewinnt vor dem deutsch-chinesischen Hintergrund an Kompliziertheit. Wer beginnt das Gespräch? Der Älteste? Der Projektleiter? Wer darf wen unterbrechen? Schauen wir uns nun die Verhaltensflexibilität an. Gemeint ist die Wahl eines angemessenen Verhaltens in unterschiedlichen Kommunikationskontexten (Wann sind wir in der Verhandlung konfrontativ, wann kooperativ? Und wenn wir konfrontativ sind, was ist die angemessene Form dafür?). Verhaltensflexibilität ist abhängig von unserer Fähigkeit, kulturelle Variationen erkennen zu können, sowie unserer Selbstbeobachtungsgabe. Unsere Gewandtheit zeigt sich aber auch darin, ob es uns gelingt, die Identität unseres Gegenübers anzuerkennen, z. B. Status, Alter usw., und ob wir die Fähigkeit haben, unserem Gegenüber in der kulturell angemessenen Form über uns selbst Informationen zu geben (Identitätsmanagement). In diesem Zusammenhang erinnern wir uns an die oben besprochene Personenbeurteilung, die auch auf unser nonverbales Verhalten hin erfolgt. So sammeln Chinesen gern Informationen über ihre Geschäftspartner, wenn diese sich vermeintlich in Freizeitaktivitäten mit ihnen befinden (Karaoke, Besichtigungen, kulturelle Veranstaltungen). Nicht zuletzt setzt ein gutes Identitätsmanagement voraus, dass wir – auch und gerade wenn wir uns oft in anderen Kulturen bewegen – unsere eigene kulturelle Identität nicht verlieren. Der letzte unsere Gewandtheit prägende Faktor ist die Beziehungskultivierung. Es sollte uns gelingen, einen gewissen Grad an Beziehung aufzubauen, um beiderseitig geschäftliche Ziele zu erreichen, gleichzeitig aber auch einen persönlichen Zugang zueinander zu finden. Für Chinesen spielt dieser Punkt eine bedeutende Rolle, den wir in den folgenden Ausführungen noch weiter beleuchten werden.

Literatur

Anderson NR (1991) Decision making in the graduate selection interview: An experimental investigation. Human Relations 44 (1991), S 403–417

Baars B, Gage NM (2010) Cognition, Brain, and Consciousness. Elsevier Ltd, Amsterdam, 2 Aufl

Carlston DE, Skowronski JJ (2005) Linking versus thinking: Evidence for the different associative and attributional bases of spontaneous trait transference and spontaneous trait inference. Journal of Personality and Social Psychology 89(6):884–898

Chen G-M (2007) A Review of the Concept of Intercultural Effectiveness. In: Hinner MB (Hrsg) The Influence of Culture in the World of Business. Bd. 4, Peter Lang Verlag, Frankfurt/M, S 97–115

Chen G-M, Starosta WJ (2005) Foundations of Intercultural Communication. University Press of America, Lanhan

Chen CC, Chen X-P, Meindl JR (1998) How can cooperation be fostered? The cultural effects of individualism-collectivism. Academy of Management Review 23(2):285–304

Correll J, Park B, Judd CM, Wittenbrink B (2002) The Police Officer's Dilemma: Using Ethnicity to Disambiguate Potentially Threatening Individuals. Journal of Personality and Social Psychology 83(6):1314–1329

Crisp RJ, Beck SR (2005) Reducing Intergroup Bias: The Moderating Role of Ingroup Identification. Group Processes and Intergroup Relations 8(2):173–185

Dunning D, Sherman DA (2005) Stereotypes and Tacit Inference. In: Hamilton DL (Hrsg) Social Cognition. Psychology Press. New York, S 48–62

Eagly AH (1987) Sex differences in social behavior: A social-role interpretation. Erlbaum, Hillsdale NJ

Fischer L, Wiswede G (2009) Grundlagen der Sozialpsychologie. Oldenbourg Verlag, München 3 Aufl

Gazzaniga MS(editor-in-chief) (2004) The Cognitive Neurosciences. Bradford Book, MIT Press. Cambridge Massachusetts, 3 Aufl

Gibson C (1997) Do you hear what I hear? – A framework for reconciling intercultural communication difficulties arising from cognitive styles and cultural values. In: Earley PCh, Erez M (Hrsg) New Perspectives on International/Organizational Psychology. The New Lexington Press, San Francisco, 335–362

Gilbert DT, Malone PS (1995) The Correspondence Bias. Psychological Bulletin 117(1):21–38

Hall ET (1977) Beyond Culture. Anchor Books Edition, Garden City, New York

Hall ET (1983) The Dance of Life: The Other Dimension of Time, Anchor Books Edition, Garden City, New York

Hamilton DL (2005) Social Cognition. Psychology Press, New York, S 423–424

Hatfield E, Cacioppo JT, Rapson RL (1993) Emotional Contagion. Current Directions in Psychological Science 2(3):96–99

Hofstede G (1980) Culture's Consequences – International differences in work-related values. Beverly Hills CA: Sage

Hofstede G (1991) Cultures and Organizations. McGraw-Hill, New York

Hofstede G, Hofstede GJ (2009) Lokales Denken, gloables Handeln – Interkulturelle Zusammenarbeit und gloables Management. Verlag C. H. Beck, 4. Aufl (Reihe Beck-Wirtschaftsberater im dtv)

Jandziol AK, Prabhu M, Carpenter RHS, Jones JG (2001) Blink duration as a measure of low-level anaesthetic sedation European Journal of Anaesthesiology 13(7):476–484

Ji LJ, Lee A, Guo T (2010) The thinking styles of Chinese people. In: Bond MH (Hrsg) The Oxford Handbook of Chinese Psychology, Oxford University Press, New York

Jones EE, Harris VA (1967) The Attribution of Attitudes. Journal of Experimental Social Psychology 3, 1–24

Kandel ER, Schwartz JH, Jessell TM (2000) Principles of Neural Science. McGraw-Hill New York, 4 Aufl (international edition)

Kavalchuk A (2012) Cross-cultural management: How to do business with Germans – A Guide. GIZ (Deutsche Gesellschaft für Internationale Zusammenarbeit), Bonn, 2 Aufl

Kluckhohn FR, Strodtbeck F (1961) Variations in Value Orientations. Row, Peterson & Co., Evanston, Elmsford

Lin Z (1997) Ambiguity with a Purpose – The Shadow of Power in Communication. In: Earley PCh, Erez M (Hrsg) New Perspectives on International Industrial/Organizational Psychology. The New Lexington Press, San Francisco, S 363–376

Masuda T, Nisbett RE (2006) Culture and change blindness. Cognitive Science 30(2):381–399

Morris MW, Larrick RP. Su SK (1999) Misperceiving negotiation counterparts: When situationally determined bargaining behaviors are attributed to personality traits. Journal of Personality and Social Psychology, 77(1):52–67

Nicklas H, Müller D, Kordes H (Hrsg) (2006) Interkulturell denken und handeln. Campus Verlag, Frankfurt New York

Rizzolatti G, Arbid MA (2002) Language within Our Grasp. In: Cacioppo JT et al (Hrsg) Foundations in Social Neuroscience. Bradford Book, MIT Press, Cambridge Massachusetts

Rizzolatti G, Sinigaglia C, Anderson F (2008) Mirrors in the brain: How our minds share actions and emotions. Oxford University Press, New York

Schroll-Machl S (2013) Doing business with Germans – Their perception, our perception. Vandenhoeck & Ruprecht, Göttingen, 5 Aufl

Stroebe W, Hewstone M, Stephenson GM (Hrsg) (1997) Sozialpsychologie. Springer Verlag, 3 Aufl

Thomas A (1996) Psychologie interkulturellen Handelns. Hogrefe Verlag, Göttingen

Thomas DC, Liao Y (2010) Inter-cultural interactions: the Chinese context. In: Bond MH (Hrsg) The Oxford Handbook of Chinese Psychology. Oxford University Press, New York

Thompson LL (1990) Negotiation: Empirical evidence and theoretical issues. Psychological Bulletin 108(3):515–532

Thompson L, Neale M, Sinaceur M (2004) The evolution of cognition and biases in negotiation research – An examination of cognition, social perception, motivation, and emotion. In: Gelfand MJ, Brett JM (Hrsg) The Handbook of Negotiation and Culture. Standford Business Books, Stanford CA, S 7–44

Trompenaars F, Hampden-Turner C (2013) Riding the Waves of Culture. Nicholas Brealey Publishing London, Boston, 3 Aufl

Van Duynslaeger M, Van Overwalle F, Verstraeten E, (2007) Electrophysiological time course and brain areas of spontaneous and intentional trait inferences. Social Cognitive and Affective Neuroscience 2:174–188

Watzlawick P, Beavin JH, Jackson DD (1969) Menschliche Kommunikation. Verlag Hans Huber, Bern

Werth L, Mayer J (2008) Sozialpsychologie. Spektrum Akademischer Verlag, Berlin Heidelberg

Wilbault M (2012) Intercultural Negotiation. Management Books 2000 Ltd, Gloucestershire

Wilson PR (1968) The perceptual distorsion of height as a function of ascribed academic status. Journal of Social Psychology 74:97–102

Konfliktfelder – Die Deutschen 3

3.1 Was ist ein Konflikt?

Für Glasl (2013) kann ein sozialer Konflikt sowohl zwischen Personen als auch Gruppen oder Organisationen, die miteinander interagieren, bestehen. Dabei muss keineswegs ein „Gewalthandeln" vorliegen. Auch wenn eine Partei eine Nichtübereinstimmung im „Wahrnehmen, Denken, Vorstellen, Fühlen und Wollen" so erlebt, dass sie beim Verwirklichen dessen, was sie denkt, fühlt oder will, durch die andere Partei beeinträchtigt wird, liegt ein Konflikt vor. Das klingt zunächst einmal recht kompliziert, doch die Unterscheidung von Wahrnehmung, Emotionen und Denkaspekten ergibt durchaus Sinn. Denn eine Abweichung in *einem* dieser Aspekte muss nicht zwangsläufig einen Konflikt zur Folge haben. Lassen Sie uns einen genaueren Blick auf diesen Sachverhalt werfen.

Stellen Sie sich vor, wir diskutieren über *Joint Ventures*. Wir könnten hierüber völlig konträrer Ansicht sein, ohne einen Konflikt miteinander zu haben. Dieses Szenario hätte sogar ein konstruktives Element, denn sind Ihre Argumente überzeugend, könnten wir sogar unsere Ansicht ändern. Daraus folgt, dass aus solchen (logischen) Widersprüchen, semantischen Unterschieden oder gegensätzlichen Meinungen noch nicht zwingend ein Konflikt erwächst. Ähnlich verhält es sich mit Emotionen: Wenn wir uns beispielsweise auf den neuen Roman eines umstrittenen Autors freuen und Sie mit Skepsis und Ablehnung reagieren würden, hätten wir erst dann einen Konflikt, wenn wir Sie unbedingt von den Fähigkeiten eben dieses Autors überzeugen wollten. Und – Sie ahnen es wohl schon – genauso verhält es sich mit unserem Willen. Gehen wir mit Ihnen in Verhandlung, um Ihnen Ihren schicken Sportwagen für ein Butterbrot abzuschwatzen, Sie aber einen angemessenen Preis verlangen, haben wir noch keinen Konflikt. Erst wenn wir insistieren, Sie sich wegen unserer Unverschämtheiten zu ärgern beginnen und wir darüber hinaus auch noch unterschiedliche Vorstellungen über den Wert des Wagens haben, entsteht ein Konflikt. Dasselbe Muster zeigt sich auch bezüglich des Verhaltens. Ist unser beiderseitiges

© Springer Fachmedien Wiesbaden 2015
J. Micholka-Metsch, M.-C. Metsch, *Strategien für die deutsch-chinesische Geschäftsbeziehung*, DOI 10.1007/978-3-658-06102-9_3

Verhalten nicht miteinander vereinbar, muss auch das nicht zwingend in einen Konflikt münden, so lange es nicht von entsprechenden Gefühlen und Willen begleitet wird. Denn Menschen stellen Vermutungen darüber an, ob ein vorsätzliches oder unbeabsichtigtes Verhalten vorliegt: Wenn Sie beispielsweise in einen E-Mail-Verteiler nicht aufgenommen wurden, werden Sie höchstwahrscheinlich unterschiedlich reagieren, je nachdem, ob Sie ein absichtsvolles oder versehentliches Handeln vermuten. Dieser psychologische Faktor ist sicher auch der Grund, warum interkulturelle Geschäftstätigkeit überhaupt möglich ist. Ein Fauxpas wird in der Regel verziehen! (Für eine ausführliche Darstellung zu sozialen Konflikten s. Glasl 2013, S. 4 ff.).

3.2   Was ist ein interkultureller Konflikt?

Woran würden Sie festmachen, dass zwei Deutsche einen Konflikt miteinander haben? Der Konfliktforscher Glasl (2013) unterscheidet heiße und kalte Konflikte, nach ihrer von außen sichtbaren Erscheinungsform. In heißen Konflikten finden wir Überaktivität und Überempfindlichkeit, Angriff und Verteidigung sind für Dritte wahrnehmbar. Kalte Konflikte lassen – nach außen – Aktivitäten missen, sind aber geprägt von negativen Emotionen wie Frust oder Hassgefühlen sowie feindseligem, destruktivem Verhalten. Unabhängig von der Konfliktart bleibt der Konflikt den jeweiligen Parteien für gewöhnlich nicht verborgen. Doch wonach richtet sich die Reaktion einer Konfliktpartei? Dieser Frage ist Sillars (1980) auf den Grund gegangen. Demnach nehmen wir Zuschreibungen vor a) zur Ursache des Konfliktes, b) wie sehr sich der Konflikt bereits verfestigt hat und c) zu Persönlichkeitseigenschaften und Absichten des Kontrahenten. Von diesen Zuschreibungen wiederum hängt die gewählte Verhaltensstrategie ab. Und dass Zuschreibungen (Attributionen) nicht fehlerfrei ablaufen, haben wir in Kap. 2 gesehen. Eine nachhaltige Konfliktlösung ist nur erreichbar über kooperatives Verhalten und setzt nach Deutsch (1976) gegenseitiges Vertrauen voraus. Nach Fischer und Wiswede (2009) kann Vertrauen „als generalisierte Erwartung […] interpretiert werden, dass der Interaktionspartner sich an explizit vereinbarte Regeln oder implizit vorausgesetzte Verhaltens*normen* gebunden fühlt" (Hervorhebung durch die Autoren). Im letzten Kapitel hatten wir festgestellt, dass Normen kulturspezifisch sind. Konflikte nehmen an Komplexität zu, wenn beide Konfliktparteien nicht derselben Kultur angehören, sich also jeweils nach anderen Verhaltensnormen richten. Was meinen wir damit? Verhält sich unser chinesischer Geschäftspartner anders, als wir es erwarten, ist die Wahrscheinlichkeit groß, dass wir Fehler in unseren Zuschreibungen machen. Wenn wir den chinesischen Lieferanten mit seiner fehlerhaften Ware konfrontieren und er beginnt zu lächeln, ist dieses Verhalten im deutschen Kontext schwerlich verständlich. Denn Lächeln ist für uns ein Ausdruck positiver Gefühle. Wie kann jemand, der gerade kritisiert wird, lächeln? Im deutsch-chinesischen Business-Alltag sind Irritationen dieser Art leider an der Tagesordnung. Manchmal gelingt es, das Gespräch darüber hinweg zu retten und alle bemühen sich, die Irritationen zu ignorieren. Manchmal jedoch erwächst aus diesem Irritationsgefühl heraus ein Konflikt. Da eine erfolgreiche und nachhaltige Geschäftsbeziehung unser erklärtes Ziel ist, gilt es, diese Art von Konflikten zu vermeiden. Deshalb werden wir uns nun der Frage widmen, wodurch eigentlich Konflikte zwischen Deutschen und Chinesen entstehen und ergründen, wie es zu Fehleinschätzungen (auf beiden Seiten) kommt. In einem weiteren Schritt möchten wir transparent machen, was bei beiden Parteien auf der psychologischen Ebene geschieht, was also das Wahrnehmen, Denken, Werten und Handeln bestimmt. Es sind dies die Kulturdimensionen wie sie Hofstede und Hall beschreiben, sowie die Kulturstandards, z. B. nach Thomas (1996), die in der deutschen und chinesischen Kultur unterschiedlich ausgeprägt, manchmal sogar konträr zu einander sind. Das Aufeinandertreffen der Unterschiede birgt jede Menge Zündstoff für Konflikte im geschäftlichen Miteinander.

3.3 Deutsche Kulturdimensionen, -standards und Konflikte

Unsere Absicht ist es, unseren Leserinnen und Lesern anhand der folgenden Beispiele aufzuzeigen, woraus sich ein Konflikt ergeben kann und *warum* sich dieser entwickelt. Zur besseren Illustration ist es notwendig, sehr einseitige Bilder von handelnden Personen zu zeichnen. Die Darstellung ist daher eine starke Vereinfachung psychologischer Realitäten und dient lediglich dem tieferen Verständnis.

3.3.1 *Low-context*-Kultur – high-context-Kultur nach Hofstede

Fallbeispiel

Eine große, in Chongqing ansässige chinesische Druckerei hat eine große Druckmaschine aus einer Frankfurter Druckerei erworben. Ein deutsches Techniker-Team befindet sich vor Ort, um die Chinesen beim Einrichten und der ersten Bedienung zu unterstützen. Nachdem alles durchgesprochen worden ist, setzen die Chinesen die Maschine für einen Probedruck in Gang. Allerdings sind die Probedrucke unscharf und von schlechter Qualität. Der deutsche Techniker hält die Maschine an, ruft das chinesische Team zu sich, hält einen der Probedrucke hoch und sagt zum chinesischen Teamleiter: „Jetzt ist genau das passiert, wovor ich Sie vorhin erst gewarnt hatte. Sie haben die falsche Dicke für die Druckplatten gewählt." Hilflos senkt der Chinese den Kopf, während seine Mitarbeiter betreten zur Seite schauen.

Deutscher Kulturstandard

Aus Sicht des deutschen Technikers gilt es, das Problem der schlechten Druckqualität zu beheben. Deshalb spricht er den „Verursacher" direkt an, um ihn auf seinen Fehler aufmerksam zu machen. Und um zu verhindern, dass der gleiche Fehler noch einmal passiert, können die anderen gleich mithören. – Deutsche handeln (im Business) sach- und aufgabenorientiert. Aus Sicht des Technikers ist es daher völlig legitim, das Problem direkt anzugehen, um es zu beheben. Wie wir an anderer Stelle bereits festgestellt haben, sagen Deutsche direkt, „was Sache ist", ohne weitere Botschaften im Kontext einer Nachricht zu maskieren. Diesem Standard gemäß bringt der Techniker die „Verfehlung" direkt und ohne weitere Umschweife zur Sprache. Dass die chinesischen Kollegen dabei gleich zuhören, sieht der Deutsche in seiner Sachorientierung als Problemprophylaxe.

Die chinesische Sicht

Aus Sicht des chinesischen Teamleiters ist ein SuperGAU geschehen: Er hat gerade in mehrfacher Hinsicht sein Gesicht verloren. Zum einen wurde er vor seinen Untergebenen (in China sind sie aufgrund der herrschenden Hierarchien tatsächlich Untergebene und nicht Mitarbeiter!) gerügt. Dadurch hat er an Ansehen verloren. Zum anderen gilt es in China als rüde und ungehobelt, jemanden direkt und unverblümt zu kritisieren.

Das Konfliktfeld

Deutsche Direktheit vs. chinesisches Harmoniestreben

Der Ausweg

Ein guter Weg wäre, dem chinesischen Harmoniestreben entgegenzukommen. In unserem konkreten Beispiel wäre die erste Maßnahme des Technikers, den chinesischen Teamleiter beiseite zu bitten. Der diplomatische Königsweg wäre hier, der Techniker würde sagen: „Ich glaube, ich habe vergessen zu erwähnen, dass vor dem Andruck die Größe der Druckplatten geprüft werden muss. Mir scheint, das haben wir hier übersehen." Erfahrungsgemäß fällt es Deutschen sehr schwer, die Verantwortung für einen Fehler, den sie offenkundig nicht begangen haben, zu übernehmen. Ein Kompromiss könnte daher sein: „Lassen Sie uns die Größe der Druckplatten noch einmal zusammen überprüfen. Vielleicht liegt es daran." Diese Variante würde die Stellung des Teamleiters beachten, da er ja direkt gebeten wird, die Angelegenheit mit dem deutschen Techniker gemeinsam zu prüfen.

3.3.2   Individualismus – Kollektivismus nach Hofstede

Fallbeispiel

Mats Müller, Masterstudent aus Köln, absolviert ein Praktikum bei Beijing Daxue Shubanshe, einem kleinen Pekinger Universitäts-Buchverlag, der Studierende mit preiswerten Arbeitsmaterialien versorgt. Vereinbart war eine tägliche Arbeitszeit von 8,5 h, wobei Mats in den letzten Tagen auf eine tägliche Arbeitszeit von 9–10 h gekommen ist. Am heutigen Abend hat er eine Einladung zum Karaoke und möchte pünktlich Feierabend machen. Seine Kollegen geben ihm zu verstehen, dass sie mit der Erstellung der Arbeitsmaterialien zeitlich in Verzug sind und Professor Liu die Skripte dringend benötigt. Da Mats schon viel über chinesische Karaoke-Abende gehört hat und entspannen möchte, sagt er: „Ich bin doch die letzten drei Tage schon länger geblieben als in meinem Arbeitsvertrag steht. Es ist doch nur heute Abend. Außerdem habe ich noch nie Karaoke gesungen. Morgen bleibe ich wieder länger." Am folgenden Tag wundert sich Mats, dass seine Kollegen sehr kühl zu ihm sind.

Deutscher Kulturstandard

Deutsche gehören zur individualistisch geprägten Kultur (Triandis 1995), für die es normgerecht ist, individuelle Ziele unabhängig vom Wohl der Gruppe zu verfolgen. Aus diesem Grund sieht Mats Müller auch nicht, dass er mit seinem Wunsch, den Abend beim Karaoke zu verbringen, bei seinen chinesischen Kollegen auf Unverständnis stößt. Im Gegenteil durch die in den letzten Tagen geleisteten Überstunden ist er der Meinung, bereits über den in seinem Vertrag vereinbarten Zeitrahmen gearbeitet zu haben und somit ein Anrecht auf pünktlichen Feierabend zu haben.

Die chinesische Sicht

Aus Sicht seiner chinesischen Kollegen hat Mats gleich zwei große Fehler begangen: Zunächst hat er die Gruppe, der er durch die gemeinsame Arbeit angehört, im Stich gelassen. Chinesen als Angehörige einer kollektivistischen Kultur ordnen sich, ihre Wünsche und Pläne dem Gruppenwohl unter. Dies gilt in starkem Maße für die Familie (und schließt in der Regel entferntere Verwandte mit ein), aber ebenso für das „Arbeitskollektiv" oder auch die Personen, mit denen Chinesen eine Ausbildung gemacht haben. Die Verpflichtung der Gruppe gegenüber ist reziprok (s. Abschn. 4.2). Auch das „Überhören" des Umstandes, dass bereits durch eine in der Hierarchie höherstehende Person Druck auf die Gruppe ausgeübt wurde (Prof. Liu), ist in der chinesischen Gesellschaft ein Kardinalfehler. Erfüllt die Gruppe den an sie herangetragenen Wunsch nicht, und kann der Professor seinen Studenten das Material nicht rechtzeitig zur Verfügung stellen, wird er sein Gesicht verlieren (s. Kap. 4). Die Konsequenzen für die Gruppe (oder den Verlag) sind dadurch nicht absehbar.

Das Konfliktfeld

Individualismus – Kollektivismus; *facework*

Der Ausweg

Wir sehen hier zwei Möglichkeiten. Beide beinhalten, dass Mats Müller an diesem Abend auf seine Karaoke-Veranstaltung verzichtet. Sind seine Karaoke-Mitstreiter ebenfalls Chinesen, kann Mats Müller ihnen den Vorfall schildern und der Termin wird geändert, weil andere Chinesen Mats' Dilemma sofort erkennen würden. Ein Insistieren auf das anberaumte abendliche Vergnügen käme für die chinesische Karaoke-Gruppe nicht mehr infrage, da sich bereits eine ranghohe ältere Person eingeschaltet hat. Die zweite Möglichkeit ist, Mats Müller würde seinen Kollegen mitteilen, seine Eltern wünschten sich Karaoke-Bilder aus China. Wir sind sicher, dass chinesische Kollegen dies als Bitte, doch einen erneuten Karaoke-Abend zu organisieren, auffassen und alles Nötige in die Wege leiten würden.

Individualismus: Unterpunkt Privatsphäre

Fallbeispiel

Ingenieurin Dr. Gundula Graslake, tätig bei der Baugroß AG, ist mit einer Delegation von Ingenieuren und Technikern nach Guangzhou entsandt worden, um einen Produktionsbetrieb zusammen mit den chinesischen Verantwortlichen fertigzustellen. Die behördlichen Genehmigungen liegen vor, die große Halle ist bereits errichtet. Nun soll der Maschinenpark aufgebaut werden. Die Chinesen haben zu einem Bankett eingeladen, da das Ingenieur- und Technikerteam das erste Mal vor Ort ist. Dr. Graslake, die leitende Ingenieurin, sitzt neben dem Gastgeber Gao-Ming Zhong und lässt sich von ihm die chinesischen Speisen erklären. Er ist sehr erfreut über das Interesse seines Gastes: „Ich freue mich, dass Ihnen unsere kleine Auswahl gefällt. Die Köche können Ihnen die Rezepte geben, dann können Sie in Deutschland für Ihren Mann und sich kochen." „Das können Sie gerne tun. Aber kochen wird mein Mann." „Oh, Ihr Mann hat bestimmt viele Talente", entgegnet Herr Zhong, „wie viele Kinder haben Sie denn?" Ein wenig erstaunt über die Frage erwidert Dr. Graslake: „Zwei Töchter, eine ist siebzehn, die andere fünfzehn." „Und was macht Ihr Mann beruflich?" Die Ingenieurin beginnt sich unwohl zu fühlen. „Er arbeitet in einer Werbeagentur. Warum fragen Sie?" Herr Zhong lächelt: „Die Familie ist doch wichtig...." Ehe er weitersprechen kann, erhebt einer der Ingenieure sein Glas zu einem Trinkspruch. Nachdem sich alle zugeprostet haben, wendet sich Herr Zhong erneut an Dr. Graslake: „Sagen Sie bitte, was verdient man als Ingenieur so in Deutschland?" Dr. Graslake ist über diese Indiskretion sehr empört. Betont sachlich antwortet sie: „Das kommt darauf an ..." Den Rest des Satzes verschluckt sie und wendet sich ihrem Nachbarn zur Linken zu. Den ganzen Abend über vermeidet sie ein weiteres Gespräch mit Herrn Zhong.

Deutscher Kulturstandard

Die individualistische Kultur bringt es mit sich, dass Privatsphäre von anderen Mitgliedern der Gemeinschaft respektiert wird. Dass ein Fremder bei einem ersten Treffen nach Familienstand und Kinderanzahl fragt und wissen möchte, welchem Beruf der Ehepartner nachgeht, gilt als nicht schicklich. Dr. Graslake ist also zunächst verwirrt über die aus ihrer Sicht recht offensive Art des Chinesen. Dass Herr Zhong sie dann auch noch indirekt nach ihrem Verdienst fragt, empfindet sie als Grenzverletzung, zumal es in Deutschland nicht üblich ist, über sein Gehalt offen zu sprechen. Um sich nicht weiter solchen intimen Fragen auszusetzen, bemüht sie sich, einem weiteren Gespräch mit Herrn Zhong möglichst aus dem Weg zu gehen.

Die chinesische Sicht

Nach chinesischen Maßstäben hat Herr Zhong sich völlig normal verhalten. Die chinesische Kultur ist hierarchisch geprägt. Menschen, die formal Macht haben und eine höhere Position bekleiden als man selbst, ist mit Respekt zu begegnen. Doch wie soll ein Chinese die Macht und die Position richtig einschätzen, wenn er keine Informationen über die betreffende Person hat? Deshalb ist es für Chinesen nur folgerichtig, die entsprechenden Fragen zu stellen. Sie dienen einzig und allein dazu, den Gesprächspartner im Machtgefüge zu verorten und entsprechend zu behandeln. – Demselben Zweck dienen übrigens auch Visitenkarten. Hier finden sich Titel, Funktionen usw., um dem Kommunikationspartner die notwendigen Informationen über sich zu geben. Da die Visitenkarte somit als „Datenträger" fungiert, ist sie mit entsprechendem Respekt zu behandeln. Ein Wegstecken in die Gesäßtasche oder eine kurze Notiz auf der Rückseite gelten daher als Unhöflichkeit. Aus den genannten Gründen ist es angezeigt, die Visitenkarte mit beiden Händen zu überreichen und auch entgegenzunehmen und gründlich – im Beisein der überreichenden Person – zu lesen. Eine kurze höfliche Bemerkung über den Rang oder die Position rundet die Übergabe ab.

Das Konfliktfeld
Deutsche Privatsphäre – chinesischer „Informationswunsch" für respektvollen Umgang

Der Ausweg
Dr. Graslake hätte sich in jedem Fall besser auf ihren China-Aufenthalt vorbereiten sollen, zumal sie zum einen offenkundig einen längeren Aufenthalt vor sich hat und zum anderen auch mit ranghohen Personen zu tun haben wird. In der akuten Situation bleibt – gewissermaßen als Feuerwehreinsatz – immer noch die Möglichkeit, die Dolmetscher beiseite zu nehmen und um Aufklärung zu bitten. Sollte sich Frau Graslake erneut durch eine aus ihrer Sicht indiskrete Frage in die Enge gedrängt fühlen, bleibt ihr noch zu sagen: „Bitte entschuldigen Sie. Ihre Frage verwirrt mich ein bisschen. Bei uns ist diese Frage nicht üblich." Chinesen machen sofort einen taktvollen „Rückzieher", um die Harmonie zu wahren.

3.3.3 Machtdistanz nach Hofstede

Fallbeispiel

Juliane Petermann, Absolventin eines MBA in General Management, hat vor wenigen Monaten ihr erstes Arbeitsverhältnis in einem chinesischen Handelsunternehmen aufgenommen. Es beschäftigt 113 überwiegend chinesische Angestellte und hat seinen deutschen Sitz in Nordrhein-Westfalen. Die Leitung des Unternehmens obliegt den Chinesen. Juliane Petermann soll fünf Monate lang alle Abteilungen durchlaufen, um das Unternehmen kennen zu lernen, ehe sie die Stelle als Assistentin des Controllers übernehmen wird. Zurzeit hospitiert Juliane Petermann in der Einkaufsabteilung. Für direkte Fragen kann sie sich an Guoming Zhang wenden, wöchentlich berichtet sie zusätzlich Jing Liu, der als CEO über ihre Fortschritte und Aktivitäten informiert werden möchte. Nach einigen Tagen in der Einkaufsabteilung fällt Juliane Petermann auf, dass es häufiger zu Problemen im Einkauf kommt. Sie beginnt, diese Probleme systematisch zu dokumentieren und zu analysieren. Bereits nach kurzer Zeit ist sie sich sicher, dass die Ursache in der Organisation der Aufgabenbereiche zu finden ist. Jeder Mitarbeiter der Einkaufsabteilung nimmt Bestellungen der Produktionsabteilungen auf und leitet sie an die zuständigen Lieferanten weiter. Die Folge sind Doppelbestellungen sowie Lieferengpässe. Für ihren Lösungsvorschlag erarbeitet Juliane Petermann einen potenziellen Umstrukturierungsplan, der auch die Fähigkeiten und Stärken der Mitarbeiter in der Einkaufsabteilung berücksichtigt. Da sie am heutigen Dienstag ohnehin ein Treffen mit dem CEO hat, nimmt sie ihre Ausarbeitung mit und stellt sie Jing Liu vor, der die Ergebnisse erstaunt zur Kenntnis nimmt. Am Mittwochmittag wird Frau Petermann in das Büro von Herrn Zhang, dem Einkaufsleiter, gerufen, der sie wütend empfängt.

Deutscher Kulturstandard

Für Juliana Petermann war die Berichterstattung an CEO Liu nur folgerichtig. Sie nimmt ihn durch die wöchentlichen Reporte als „Betreuer" und für ihre Belange Zuständigen wahr. Die niedrige Machtdistanz lässt keine Berührungsängste vor der hohen Position aufkommen. Gemäß der Sachlogik ist sie darüber hinaus der Ansicht, für das Unternehmen wertvolle Hinweise an die richtige Stelle weiterzuleiten, sodass das Unternehmen durch die empfohlene Umstrukturierung zukünftig unnötige Kosten wird vermeiden können.

Die chinesische Sicht

In chinesischen Unternehmen herrscht eine hohe Machtdistanz, gekennzeichnet durch eine strenge Hierarchie. Diese Hierarchie muss von allen Mitarbeitern beachtet und berücksichtigt werden. Soll eine Information *bottom-up* verlaufen, hat dies über formale Kommunikationskanäle zu geschehen. Aus chinesischer Sicht hat Frau Petermann gegen dieses Reglement verstoßen, indem sie Herrn Zhang überging. Darüber hinaus hat das Petermann'sche Vorgehen zu Herrn Zhangs vollkommenem Gesichtsverlust geführt, denn der CEO wird ihn nunmehr als einen Einkaufsleiter wahrnehmen, der seine Abteilung nicht im Griff hat. Dies und der Umstand, dass Juliane Petermann als Anfängerin, also eine in der Hierarchie ganz unten stehende Mitarbeiterin, sich angemaßt hat, Herrn Zhang als Vorgesetzten mit ihrer Maßnahme indirekt zu kritisieren, wird mit großer Wahrscheinlichkeit zu einer dauerhaften Unstimmigkeit zwischen den beiden führen.

Das Konfliktfeld

Deutsche niedrige Machtdistanz vs. chinesische hohe Machtdistanz

Der Ausweg

Hier liegt ein sehr ernstes Problem vor. Frau Petermann könnte den Versuch starten, sich vor allen bei Herrn Zhang zu entschuldigen. Unserer Einschätzung nach wird es für sie aber sehr schwierig sein, in diesem Unternehmen Fuß zu fassen und sich das Vertrauen der Mitarbeiter und Vorgesetzten zu erarbeiten. Wahrscheinlich ist es die bessere Alternative, sich in ein anderes Unternehmen zu bewerben.

Hinweis

Auch kleine chinesische Unternehmen, die im Familienverband geführt werden, weisen durch die kollektivistische Kulturdimension eine ähnliche Machtstruktur auf. Wir hatten in Kap. 2 darauf hingewiesen, dass Chinesen sich aufgrund ihrer Gruppenorientierung an ihrer so genannten *In-Group* ausrichten. Diese wäre hier die gesamte im Unternehmen tätige Familie. Die Machtdistanz besteht in einem solchen Fall zwischen den Mitarbeitern und allen Familienmitgliedern!

3.3.4 Unsicherheitsvermeidung – Unsicherheitstoleranz nach Hofstede

Fallbeispiel

Die Flauschig GmbH hat vor zwei Jahren Kontakt mit dem chinesischen Stofflieferanten Haokan aufgenommen, um Stoffe für ihre Sesselproduktion einzukaufen. Nach mehrmaligen, gegenseitigen Besuchen und Verhandlungen hat man die wichtigsten Punkte (Ware, Lieferumfang, Preise, Lieferturnus) verhandelt. Nun ist die deutsche Verhandlungsdelegation vor Ort in Shanghai, um die endgültige Fassung des Vertrages mit Haokan auszuarbeiten. Gernot Hartmann, der Verhandlungsführer von Flauschig, versucht den chinesischen Verhandlungspartnern klar zu machen, dass aus seiner Sicht noch weitere Punkte bezüglich möglicher Ausfallzeiten bei Lieferverzug aufgenommen werden müssten: „Herr Zhou, die bisher angesprochenen Punkte sind aus unserer Sicht in Ordnung. Allerdings gibt es etwas, das noch aufgenommen werden muss. Wir wissen, dass Sie in China im Mai und im Oktober Feiertage haben, an denen keine Produktion stattfindet. Wir brauchen eine Absicherung, dass sich auch in diesen Wochen unsere vereinbarten Lieferzeiten nicht ändern werden." Herr Zhou antwortet verwundert: „Aber wir haben Ihnen doch schon unser Wort gegeben, dass Sie sich auf uns verlassen können, Herr Hartmann. Haokan freut sich schon auf die Zusammenarbeit mit Ihnen." „Das wissen wir auch zu schätzen, Herr Zhou. Allerdings hängen unsere Folgeaufträge an Ihrer pünktlichen Lieferung. Wir bekommen Schwierigkeiten mit unseren Kunden in Deutschland. Als Unternehmer werden Sie das sicher verstehen." Herr Zhou, nun leicht angesäuert, entgegnet: „Dann gebe ich Ihnen mein Wort von Unternehmer zu Unternehmer. Wir werden Ihnen beweisen, dass Sie sich auf Ihre chinesischen Geschäftspartner hundertprozentig verlassen können." „Im Grunde weiß ich das auch. Aber unsere Vorschriften lassen leider keine andere Lösung zu. Dieser Punkt muss in den Vertrag aufgenommen werden. Wir brauchen Zusicherungen für den Fall, dass wir bei unseren deutschen Kunden in Lieferverzug geraten."

Deutscher Kulturstandard

Für Gernot Hartmann ist es Normalität, Klauseln über Regressansprüche in einen Vertrag mit aufzunehmen. Er weiß um die Schwierigkeiten, Waren um den ersten Mai resp. Oktober aus China geliefert bekommen zu wollen, und dass diese unter Umständen einige Tage länger als vereinbart auf sich warten lassen. Da sein Unternehmen den deutschen

Kunden kurze Lieferfristen zusichert, möchte er die Kostendeckung vertraglich absichern. Deutsche bemühen sich nach Hofstede et al. (2010) darum, Unsicherheiten zu meiden, was unweigerlich auch das Rechtssystem prägt. Vielseitige Verträge im Geschäftsbereich sind deshalb keine Seltenheit.

Die chinesische Sicht

Chinesen leben nach dem Motto, dass niemand die Zukunft vorhersehen kann und man deshalb alles so nehmen sollte, wie es kommt. Der chinesische Ausspruch: 没办法 – *méi bàn fǎ*, dt. wörtlich: „es gibt keine Methode", übertragen: „da kann man nichts machen", ist ein Motto, nach dem wirklich gelebt wird. Und wer, wie Chinesen, Ambiguität und Unsicherheit als wenig bedrohlich wahrnimmt, muss auch prophylaktisch keine Vorkehrungen treffen. Aus diesem Grunde reagiert Herr Zhou auch mit Unverständnis, er kann die deutsche Haltung buchstäblich nicht nachvollziehen. Um seine Geschäftspartner nicht zu verärgern, versucht er mit Beziehungsbotschaften eine Regelung zu finden und die Harmonie zu wahren: „Haokan freut sich auf die Zusammenarbeit mit Ihnen" sowie „Wir werden Ihnen beweisen, dass Sie sich auf Ihre chinesischen Geschäftspartner hundertprozentig verlassen können", sind Herrn Zhous Kooperationssignale, um den aufkommenden Konflikt beizulegen.

Das Konfliktfeld

Unsicherheitsvermeidung vs. Unsicherheitstoleranz

Der Ausweg

Ein Insistieren noch am Verhandlungstisch birgt das Risiko eines Verhandlungsabbruchs seitens der chinesischen Firma. Gernot Hartmann sollte daher an dieser Stelle unbedingt die Verhandlung unterbrechen und seine chinesischen Geschäftspartner zum Essen einladen. Essen hat in China einen extrem großen Stellenwert. Essen bedeutet für Chinesen nicht nur Genuss, sondern auch Geselligkeit und Entspannung. Herr Hartmann würde auf diese Weise zeigen, dass eine gute, konfliktfreie Geschäftsbeziehung ihm und auch dem Flauschig-Unternehmen wichtig ist. Während des Essens könnte er Herrn Zhou nach dessen Familie fragen und so langsam eine Beziehung aufbauen, die in China für eine Geschäftstätigkeit äußerst wichtig ist. Ideal wäre es, den Abend bei einem guten chinesischen Essen und einem *German beer* mit Trinksprüchen über das gemeinsame Business ausklingen zu lassen. Wenn es Hartmann an diesem Abend gelingt, eine gute Beziehung zu den Chinesen herzustellen und ein weiteres Treffen am Verhandlungstisch zu erreichen, steigt seine Chance, dass die Klausel in den Vertrag mit aufgenommen wird.

Hinweis

Deutsche Verhandlungsteams reisen in der Regel mit einem straffen Zeitplan nach China. Wie sich allerdings immer wieder zeigt, geraten diese Teams schnell unter Zeitdruck, weil entweder unvorhergesehene Dinge geschehen oder die Chinesen die knappen Zeitressourcen als Verhandlungsvorteil für sich nutzen wollen. Diesen Punkt sollten Sie unbedingt in Ihrer Verhandlungsstrategie berücksichtigen.

3.3.5 Maskulinität – Feminität nach Hofstede/*Agentic values* – *communal values* nach Eagly (1987)

Fallbeispiel

Die Global-Ran AG ist dabei, mit einem internationalen Team ihre Unternehmensstrategie an den sich verändernden asiatischen Markt anzupassen. Zum Team gehören auch zwei *High Potentials*, Stefan Forschmann sowie Jiping Ma. Beide besetzen Positionen in der Abteilung *Strategic Development*. Stefan Forschmann vertritt eine aggressive Wettbewerbsstrategie: „Ich bin sicher, nur wenn wir unsere Produkte so konfigurieren, dass wir einen günstigen Preis bieten können, wird Global-Ran erfolgreich sein." Jiping Ma ist anderer Ansicht: „Das ist sicher eine erfolgreiche Strategie, jedoch nicht auf dem chinesischen Markt. Die Leute…" „Warum das denn nicht? Schließlich wollen wir alle Kundensegmente ansprechen, also muss es billig sein!" „Ich verstehe Ihren Plan, aber wir haben eine wachsende Mittelschicht, die investieren kann. Wenn wir unsere Produkte …" „Das Kundensegment der Mittelschicht ist zu klein. Bis die soweit sind, ist Global-Ran nach Ihrer Strategie pleite." „Ich denke Sie sind im Irrtum, Herr Forschmann. Bedenken Sie die steigenden Einkommen. Diese Leute achten auf Qualität." „Nee nee, das ist doch verschwindend gering gegen eine Zahl von einer Milliarde potenzieller Kunden. Ich bin für Standardqualität und Marktversorgung in hoher Quantität. So, und nur so, können wir im Markt bestehen." Gerne würde Herr Ma seine Ausführungen beenden, kommt jedoch nicht zu Wort. „… Global-Ran braucht einen hohen Absatz. Wir müssen unsere europäischen Zahlen kompensieren."

Deutscher Kulturstandard

Maskulinität steht bei Hofstede für Durchsetzungskraft, Dominanz und Zielstrebigkeit, was sich auch im kommunikativen Verhalten ausdrückt. Herr Forschmann ist absolut davon überzeugt, mit seinem Strategievorschlag richtig zu liegen. Herr Ma hat keine Chance, mit ihm in eine konstruktive Diskussion zu kommen. Nach deutschen Werten verhält sich Stefan Forschmann durchaus wertekonform, denn die deutsche Geschäftskultur verlangt von Führungskräften und Personen mit hohen Position genau diese Eigenschaften: Durchsetzungs- und Führungsfähigkeit.

Die chinesische Sicht

Natürlich kennen auch Chinesen Mittel und Wege, um sich durchzusetzen und zu führen. Die zugrunde liegenden Werte unterscheiden sich jedoch von westlichen Werten. Im vorliegenden Fall kann Herr Ma auch mit Beziehungsbotschaften („Das ist sicher eine erfolgreiche Strategie…", „Ich verstehe Ihren Plan") dem Gespräch keine konstruktive Wende geben. Beim Aufkommen konträrer Ansichten und Meinungen bemühen sich Chinesen darum, eine Beziehung zu ihrem Gegenüber aufzubauen oder wiederherzustellen, um Harmonie zu erzeugen. Und erst in einem zweiten Schritt verfolgen sie das Ziel, das ursprüngliche Problem gemeinsam zu lösen. Hieran wird die kollektivistische Wertorientierung sichtbar.

Das Konfliktfeld

Dominanz/Durchsetzungswille vs. Harmoniestreben

Der Ausweg

Um zu diesem Szenario einen Ausweg aufzeigen zu können, müssen wir zunächst wissen, was das Ziel sein soll. Ein Ziel könnte sein, Herrn Ma von dem eigenen Strategie-Entwurf zu überzeugen. Dies ist nur unter Beachtung der Harmonie und einem Vertrauenserhalt möglich. Spielen wir den Ausweg durch und lassen Forschmann nochmals zu Wort kommen: „Ich bin sicher, nur wenn wir unsere Produkte so konfigurieren, dass wir einen günstigen Preis bieten können, wird Global-Ran erfolgreich sein." Ma: „Das ist sicher eine erfolgreiche Strategie, jedoch nicht auf dem chinesischen Markt. Die Leute achten mehr auf Qualität als früher." „Ja, da haben Sie Recht, Herr Ma. Ich habe allerdings Bedenken, dass das Kundensegment noch zu klein ist. Sie wissen ja sicher, dass wir unsere europäischen Zahlen kompensieren müssen. Sehen Sie hier noch eine andere Möglichkeit?" „Wir müssen die Produktqualität anheben, um einen höheren Preis zu erzielen. Da der Mittelstand rasch anwächst, glaube ich, dass wir die schlechten Zahlen aus Europa kompensieren können." „China wächst in der Tat rasant. Meine Befürchtung ist jedoch immer noch, dass unserem Unternehmen die Zeit nicht ausreicht. Denn wie viele Regionen und Städte können eine wachsende, gut verdienende Mittelschicht vorweisen? Wir sollten uns diese Zahlen beschaffen und nochmal prüfen." Dieses Vorgehen kommt nicht nur dem chinesischen Kollegen entgegen, sondern verhindert auch ein Übergreifen des Konfliktes auf das Team.

Sind die Positionen zwischen einem deutschen und einem chinesischen Kollegen dermaßen verhärtet, dass eine beziehungsorientierte Gesprächsorientierung nicht mehr zu einer Lösung führen kann, sollte eine Solidarisierung der Teammitglieder mit dem einen oder anderen vermieden werden. Eine sachliche Moderation durch eine von allen respektierte dritte Person kann hierbei Abhilfe schaffen.

3.3.6 Monochronismus – Polychronismus nach Hall

Fallbeispiel

Ein junges deutsch-chinesisches Team eines international tätigen Konzerns bereitet gemeinsam Aktivitäten für einen Messeauftritt vor. Ziel ist es, Hochschulabsolventen für das Unternehmen zu gewinnen. Die Konzernleitung hat das Team drei Tage von seinen ursprünglichen Aufgaben freigestellt. Vorgaben sind die Erstellung eines Flyers und ein Multimedia-Auftritt. Paula Vogelsang und Ruben Hansen haben einige Materialien für den Flyer zur Teambesprechung mitgebracht. Sie händigen sie ihren chinesischen Kollegen aus, um ihnen zu zeigen, auf welche Ressourcen das Team zugreifen kann. Während Xiaoping Yu die Unterlagen interessiert durchblättert, beginnt Yiping Qi, mit seiner Abteilung zu telefonieren. Zunächst bemühen sich Frau Vogelsang und Herr

Hansen, das Verhalten von Herrn Qi zu ignorieren. Als dieser jedoch nach dem Telefonat seinen Laptop öffnet und mit der Präsentationsgestaltung beginnt, platzt Vogelsang der Kragen: „Herr Qi, es wäre prima, wenn Sie sich ein wenig an unseren Vorbereitungen beteiligen würden. Wir haben nur drei Tage und es gibt wahnsinnig viel zu tun!" Herr Qi schaut erstaunt zu Frau Vogelsang hoch: „Aber genau das tue ich doch. Hier ist der erste Entwurf einer Masterfolie." Er dreht den Bildschirm zu den anderen herum. Paula Vogelsang: „Wir sollten erst einmal eines fertig stellen, bevor wir mit dem nächsten anfangen. Denn wir sind immer noch ein Team." Nun ist Yiping Qi restlos verwirrt: „Natürlich sind wir ein Team. Ich höre Ihnen zu und bin mit der Masterfolie auch gleich fertig." Zerknirscht antwortet die deutsche Kollegin: „Also, unter Teamarbeit stelle ich mir was anderes vor!"

Deutscher Kulturstandard

Der Umstand, dass ihr chinesischer Kollege scheinbar nicht bei der Sache ist, verärgert Paula Vogelsang. Für sie ist es selbstverständlich, eines nach dem anderen zu erledigen und dabei gründlich vorzugehen. Dies ist allerdings nur eine Möglichkeit, mit der Ressource Zeit umzugehen. Deutsche handeln monochron, für sie ist Zeit linear und lässt sich managen, wie andere Ressourcen auch. Aufgaben sind nacheinander (und gründlich) abzuarbeiten. Aus Vogelsangs Sicht ist Herr Qi entweder nicht bei der Sache oder er entwickelt die Masterfolie, weil er an der Erstellung des Flyers kein Interesse hat (Attributionsfehler). Teamarbeit bedeutet für sie, dass das Team gemeinsam alle Arbeitsschritte durchläuft.

Die chinesische Sicht

Aus Sicht der chinesischen Kollegen ist die Verärgerung von Paula Vogelsang nicht nachvollziehbar. Chinesen sind polychron, Zeit verläuft für sie non-linear. Mehrere Dinge gleichzeitig zu erledigen, ist daher üblich. *Deadlines* haben für Chinesen weniger Bedeutung als für Deutsche (deutsche Verhandler stoßen auf diese Einstellung wahrscheinlich öfter als ihnen lieb ist). Dass Herr Qi als „Parallelarbeit" bereits die Masterfolie erstellt, spiegelt seinen Begriff von Teamarbeit wider.

Das Konfliktfeld
Monochronismus – Polychronismus

Der Ausweg
Auf Dauer ist sicher hilfreich, dass jeder im Team erfährt, warum der andere sich verhält, wie er sich verhält. Somit wäre falschen Erwartungen, Irritationen und Fehlinterpretationen auf Dauer der Boden entzogen. In diesem akuten Fall könnte Frau Vogelsang Herrn Qi direkt in die Flyer-Aufgabe einbeziehen, und ihm damit indirekt zu verstehen geben, wie wichtig eine gründliche, nacheinander folgende Abarbeitung von Arbeitsaufgaben für Deutsche ist.
   Monochronismus: Unterpunkt Pünktlichkeit

Fallbeispiel

Eine deutsche und eine chinesische Fluggesellschaft haben sich zu einer strategischen Allianz entschlossen. Die Deutschen haben die chinesische Delegation in Frankfurt zu Gast, um in einem 2-tägigen Meeting mögliche Optionen für die Langstrecken zu prüfen. Um die Diskussionen konstruktiv führen und die knapp bemessene Zeit mit ihren chinesischen Geschäftspartnern so ertragreich wie möglich gestalten zu können, haben die Deutschen ein Meeting-Papier mit diversen Tagesordnungspunkten erstellt. Für TOP zwei war ein Ende der Diskussion um 11.00 Uhr vorgesehen. Mittlerweile ist es 11.55 Uhr und Meetingleiter Sollebrecht wird allmählich nervös. Er bemüht sich, die Diskussion zu einem Ende zu bringen: „Bitte lassen Sie uns nun zum Schluss kommen. Wir hatten die beiderseitigen Statements zu TOP zwei bereits genannt. Wegen des Zeitverzuges schlage ich vor, TOP drei noch zu bearbeiten, ehe wir in unsere Mittagspause gehen." Herr Li entgegnet: „Meiner Ansicht nach waren die Statements noch nicht vollständig. Vielleicht geben Sie uns noch die Gelegenheit für eine Ergänzung?" Herr Sollebrecht, der bereits die Bearbeitung der TOP drei bis sechs in Gefahr sieht, antwortet: „Ja, aber ich möchte Sie bitten, sich kurz zu fassen, denn es sollte uns heute zumindest gelingen, konstruktive Vorschläge für unser *code-sharing* zu verfassen." „Bitte verzeihen Sie Herr Sollebrecht. Aber bei uns in China sagt man: Wenn du es eilig hast, gehe langsam." So hatte Sollebrecht sich das Meeting nicht vorgestellt. Zuerst halten sich die potenziellen Partner nicht an die Meetingvorgaben und nun soll er auch noch philosophische Interpretationen leisten? Ein wenig konsterniert erwidert er: „Ich will wirklich nicht unhöflich erscheinen. Aber schließlich sind die Punkte, die wir hier heute und morgen erarbeiten, für unsere beiden Unternehmen von entscheidender Bedeutung. Vielleicht könnten Sie Ihre Ergänzungen möglichst kurzfassen?"

Deutscher Kulturstandard

Herr Sollebrecht steckt in der Klemme, da sein Zeitplan für das Meeting offenkundig zu enthusiastisch geplant war. Er mag sich jedoch nicht davon lösen, da er alle Punkte als wichtig für die folgenden Arbeitsschritte ansieht. Aus seiner Sicht müssen nach dem Meeting Ergebnisse vorliegen, sonst sind geplante Folgeaktionen nicht durchführbar.

Die chinesische Sicht

Für Herrn Li ist das deutsche Vorgehen kaum nachzuvollziehen. Für ihn dauert ein Ereignis so lange, bis alle Punkte ausreichend besprochen sind und ein für alle zufrieden stellendes Ergebnis zustande gekommen ist. Außerdem empfindet er das Gebaren seines deutschen Geschäftspartners als unhöflich. In China ist es üblich, den Inhalt einer Kritik mit einem Sprichwort zu maskieren, um eine direkte Konfrontation zu vermeiden. Herr Li drückt damit aus, dass der Zeitdruck zu vermehrten Fehlern führt und eine Entschleunigung zu einem besseren Ergebnis führen würde.

Das Konfliktfeld

Deutsche Pünktlichkeit und Planbarkeit vs. chinesisches *be on time*

Der Ausweg

Herr Sollebrecht täte gut daran, den Zeitplan für den Rest des Meetings zu kürzen, wenn ihm etwas an der Zusammenarbeit mit speziell dieser Fluggesellschaft liegt. Herr Li hat mit dem Sprichwort zwei Ziele verfolgt: Zum einen ist es eine indirekte, Gesicht gebende Kritik an Herrn Sollebrecht. Zum anderen möchte Herr Li ihm damit zu verstehen geben, dass er allen Beteiligten mehr Zeit einräumen sollte, nicht zuletzt auch, um Fehler zu vermeiden. Zeit ist generell etwas, das Deutsche unbedingt großzügiger investieren sollten. Chinesen entscheiden über die Aufnahme einer Geschäftsbeziehung anhand der persönlichen Beziehung, und diese aufzubauen, kostet eben Zeit. Eine einseitige, nur die Sachebene berücksichtigende Strategie wird – langfristig gesehen – keinen Erfolg in China haben.

3.3.7 Analytischer Denkstil – holistischer Denkstil

Fallbeispiel

Die Familien Dogmann, Haitkempfer und Zhang sind Nachbarn. Vor drei Wochen hat Familie Dogmann einen Terrier aufgenommen, der allerdings die Kinder der Zhangs und Haitkempfers massiv anbellt, wenn diese auf ihrem Schulweg an dem Grundstück vorbeigehen. Eines Tages ist die Geduld von Herrn Haitkempfer erschöpft und er spricht Frau Dogmann auf die Unsitte ihres Hundes an: „So geht das nicht weiter. Unsere Kinder haben ja schon Angst, wenn sie nur an ihren Schulweg denken. Es ist doch bekannt, dass Terrier sich einfach nicht erziehen lassen!" „Nun machen Sie mal einen Punkt, Herr Haitkempfer. Der Hund tut doch nichts." „Das behaupten alle Hundebesitzer. Fakt ist, dass er den Kindern eine Heidenangst einjagt." In diesem Moment kommt Familie Zhang um die Ecke. „Ah, Herr und Frau Zhang. Das trifft sich gut. Wir sprechen gerade über den Hund. Dieser Terrier ist ja einfach nicht zu bremsen ..." Herr Zhang wendet sich an Frau Dogmann: „Nun, es stimmt, dass die Kinder Angst haben, weil der Hund sehr viel bellt. Kann es sein, dass er spielen oder öfter spazieren gehen will? Vielleicht hat er Langeweile oder braucht Spielzeug?"

Deutscher Denkstil

Für Herrn Haitkempfer ist der Fall klar. Ursache des Fehlverhaltens des Hundes ist die angeblich schwierige Rasse. Er zieht daraus den logischen Schluss, dass der Hund wieder abgeschafft werden muss. Andere Lösungsmöglichkeiten zieht er nicht weiter in Betracht, da bei einer genetisch bedingten Charakterschwäche, die er dem Hund unterstellt, nichts anderes wirksam wäre.

Die chinesische Sicht

Herr Zhang sieht das Problem genauso wie sein Nachbar. Allerdings versucht er, es anders zu ergründen, indem er die Situation (sprich: die Lebensumstände des Hundes) mit berücksichtigt. Dies führt zu ganz anderen Schlüssen und folglich zu einer anderen Vorgehensweise.

Das Konfliktfeld
Deutsche Problemanalyse vs. chinesische Problemanalyse

Der Ausweg
Herr Haitkempfer könnte (nach deutscher Art) prüfen, ob an Herrn Zhangs Argumenten
etwas dran ist. Die Lösung, die sich hier vielleicht abzeichnet, wäre für den Erhalt des
nachbarschaftlichen Friedens wesentlich effektiver.

Hinweis
Situation und Kontext sowie die Betrachtung des Gesamtverlaufs eines Ereignisses bilden
auch einen Kerngedanken der Traditionellen Chinesischen Medizin. Chinesische Ärzte
berücksichtigen bei der Beurteilung von Krankheiten auch die Umstände, unter denen der
Patient gegenwärtig lebt, welchen Schwierigkeiten er ausgesetzt ist, wie er sich ernährt
usw. und lassen dieses Wissen in ihre Diagnose und Therapie mit einfließen.

3.3.8 Kulturstandard Regelorientierung

Fallbeispiel

Finn Norderstedt und Janis Brodmann sind in einer Sprachschule tätig. Die beiden sind
ein eingespieltes Team, und es ist festgelegt, dass sie sich bei Abwesenheit gegenseitig
vertreten. Vor vier Wochen hat eine chinesische Studentin, Xiaomei Zheng, eine Teil-
zeitstelle als Chinesisch-Lehrerin angetreten. An diesem Morgen ist Janis Brodmann
zum Bahnhof gefahren, um eine Gruppe neuer Sprachschüler in Empfang zu nehmen.
Finn Norderstedt führt ein Telefonat in seinem Büro, um eine *In-House*-Schulung zu
besprechen. Frau Zheng ist gerade dabei, ihre Unterrichtspläne in die Ablage zu legen,
als zwei junge Frauen den Empfangsbereich betreten. Obwohl sie eigentlich den Unterrichtsraum vorbereiten müsste, spricht sie die beiden an: „Kann ich Ihnen helfen?" Es
stellt sich heraus, dass die beiden Frauen Chinesisch lernen wollen, und sie kommen
mit Frau Zheng ins Gespräch. Die Lehrerin erklärt das Unterrichtskonzept, als Herr
Norderstedt aus seinem Büro kommt. Er erfasst die Situation und bittet Frau Zheng,
ihm in den leeren Unterrichtsraum zu folgen. Kaum drinnen, legt er auch schon los:
„Frau Zheng, wir haben Sie hier als Lehrerin angestellt. Kundenbetreuung ist nicht Ihre
Sache. Das ist der Aufgabenbereich von Herrn Brodmann und mir. Bitte kümmern Sie
sich ausschließlich um den Unterricht!" Frau Zheng ist zu bestürzt, um zu antworten.

Deutscher Kulturstandard
In Deutschland ist es üblich, für Abläufe, Zuständigkeiten oder Verantwortungsbereiche
Regelungen zu treffen und Personen zuzuordnen. Das reduziert Unsicherheit und garan-
tiert einen reibungslosen Arbeitsablauf. Deshalb haben die Herren Norderstedt und Brod-

mann ihre Zuständigkeiten genau geregelt. Aus ihrer Sicht hatte Frau Zheng nicht die Befugnis, das Kundengespräch zu führen. Hierzu bedarf es aus deutscher Sicht einer expliziten Zustimmung.

Die chinesische Sicht

Frau Zheng hat nicht im Geringsten ahnen können, dass sie einen Konflikt provoziert hat. Aus ihrer Sicht hat sie Verantwortung übernommen, weil sie sich der Sprachschule zugehörig fühlt (*In-Group*) und damit die Verantwortung als etwas ansieht, was von allen gemeinsam getragen wird. Gerade in kleinen chinesischen Unternehmen sind die Zuständigkeiten nicht klar abgesprochen. Gegenseitige Hilfe ist üblich. Nach diesen Prinzipien handelnd hat Frau Zheng das Gespräch mit den beiden Kundinnen übernommen.

Das Konfliktfeld

Deutsche Regelorientierung – chinesische Klein- und mittelständische Unternehmen (KMU)-Organisation

Der Ausweg

Frau Zheng noch während des Gespräches mit den Kundinnen zu sich in den Unterrichtsraum zu bitten, war nicht taktvoll. Herr Norderstedt hätte sich in das Gespräch einklinken können, um dessen Verlauf und Ziel zu gewährleisten. Es hätte genügt, hinterher mit Frau Zheng über die Zuständigkeiten zu sprechen. Ein Hinweis, dass klare Regelungen in Deutschland üblich seien, hätte außerdem verhindert, dass Frau Zheng die Kritik auf sich als Person bezieht. Dies wäre im Sinne eines konstruktiven Arbeitsklimas der richtigere Weg gewesen.

3.3.9 Trennung von Arbeit und Privatsphäre

Fallbeispiel

Ein deutscher Elektronikkonzern beschäftigt seit acht Monaten den jungen Elektroingenieur Feng Lu aus Xi'an in seiner F&E-Abteilung. Herr Lu ist für seinen Fleiß bekannt und bei den Kollegen auch gut akzeptiert. Eines Morgens kommt Herr Lu in seine Abteilung und verteilt Einladungskarten für seine Hochzeit. „Wir würden uns sehr freuen, wenn Sie alle kommen würden." Als Herr Lu zur Mittagspause geht, besprechen die Kollegen, wie man denn mit der Einladung verfahren sollte. Man einigt sich darauf, nicht zu erscheinen, weil ja die Hochzeit eine private Angelegenheit sei und man außerdem auch keine freundschaftlichen Beziehungen pflege. Ein Geschenk von allen soll am Folgetag überreicht werden. Am Tag seiner Hochzeit ist Herr Lu sehr geknickt: Kein einziger seiner Kollegen ist gekommen.

Deutscher Kulturstandard

In Deutschland ist eine strenge Trennung zwischen Arbeits- und Privatleben üblich. Kollegen werden als Mitarbeiter gesehen und nicht als potenzielle Freunde. Daher nahmen die Kollegen von Herrn Lu an, die Einladung sei rein formal und geschehe nur aus Höflichkeit. Und genauso höflich wollten sich die Kollegen verhalten, indem sie Herrn Lus Privatsphäre respektierten und ihm nicht zumuteten, am Tag seiner Hochzeit Fremde am Tisch sitzen zu haben.

Die chinesische Sicht

Für Chinesen ist die Trennung von Arbeit und Privatleben unüblich. Man gehört zusammen mit den Kollegen zu einer Gemeinschaft und bildet mit ihnen eine *In-Group*. Für Herrn Lu war es deshalb selbstverständlich, dass seine Kollegen an seiner Hochzeit teilnehmen, sich mit ihm freuen und gut bewirtet werden. Die Absage sieht er als gegen sich gerichtet und ist deshalb äußerst niedergeschlagen.

Das Konfliktfeld

Deutsche Vorstellung von Privatsphäre – *In-Group*-Verhalten, chinesische Geselligkeit

Der Ausweg

Optimal wäre gewesen, wenn wenigstens einige der Kollegen für eine kurze Zeit bei der Hochzeitsfeier aufgetaucht wären, um das gemeinsame Geschenk zu überreichen. Im Vorfeld hätten die Kollegen ohne Weiteres herausfinden können, dass eine schriftliche Einladung, in der Datum und Uhrzeit genannt werden, immer ernst gemeint ist. Und sie hätten rasch die Erfahrung machen können, dass eine chinesische Hochzeit eine äußerst fröhliche und ausgelassene Angelegenheit ist.

Hinweis

Es gibt in der Tat Situationen, in den eine von Chinesen ausgesprochene Einladung nur eine Höflichkeitsfloskel ist. Meist wird ohne weitere Angabe gesagt „Du musst mich unbedingt besuchen kommen." In China ist es üblich, auf eine solche Äußerung mit Widerstand zu reagieren: „Oh nein, nein, ich will dir keine Umstände machen." Ist die Einladung ernst gemeint, wird sie ein- oder zweimal wiederholt, bis der Eingeladene schließlich zustimmt. Ist die Einladung hingegen nicht ernst gemeint, bleibt es bei der einen Äußerung. Diese „Scheineinladungen" entspringen dem 客气话 *kè qi huà,* dem höflichen Sprechen, und dienen dem sozialen Miteinander. Diese und andere Sitten im chinesischen Umgang werden wir in Kap. 4 ausführlicher darstellen.

3.3.10 Körpersprache als Konfliktfeld

Fallbeispiel

Fritz Drahtmann, leitender Kfz-Meister und Ausbildungsbeauftragter eines deutschen Automobilkonzerns, sitzt bei der Personalentwicklerin Erdmuthe Frischauf. Die beiden treffen sich regelmäßig, um den Bedarf an Seminaren und Workshops für die Auszubildenden zu besprechen. Gerade gibt Herr Drahtmann Informationen über seinen neuen, chinesischen Auszubildenden Yuan Yang weiter: „Also, mit Herrn Yang werde ich irgendwie nicht warm. Er ist fleißig, das stimmt wohl. Aber … es ist einfach merkwürdig. Jedes Mal, wenn ich ihm etwas erkläre, starrt er den Fußboden an, als gebe es dort etwas Wichtiges zu entdecken. Ich weiß wirklich nicht, was ich tun soll, er hört mir einfach nicht zu!" „Hmm, ich stelle das natürlich nicht infrage. Beim Einstellungsgespräch war er sehr höflich und zuvorkommend, sodass ich ihn später gern in der Kundenbetreuung einsetzen würde…" „Das kann ich nicht beurteilen. Ich muss mich nur darauf verlassen können, dass meine Auszubildenden mir auch zuhören, denn wir können uns keine Fehler leisten! Genau das ist nämlich vor zwei Wochen passiert. Ich hatte Yuan die Funktion der Hebebühne erklärt, er hat immer wieder genickt. Es hatte den Anschein, als sei er ganz versessen darauf, die Bühne selbst zu bedienen. Tja, und als es dann soweit war, wäre durch einen Fehler seinerseits einer der Wagen fast beschädigt worden. Also ehrlich, Frau Frischauf, es ist ganz schön schwierig mit ihm!"

Deutscher Kulturstandard

In Deutschland wird Blickkontakt gleichgesetzt mit ungeteilter Aufmerksamkeit. Sprecher erwarten, dass Zuhörer ihnen ihre volle Aufmerksamkeit schenken. Auch Kinder werden hierzu angehalten. Der Spruch „Sieh mich an, wenn ich mit dir rede" weist darauf hin. Herr Drahtmann hat diese Erwartung auch an seine Auszubildenden. Der gesenkte Blick von Yuan Yang irritiert ihn, weil er der Meinung ist, der chinesische Auszubildende höre ihm nicht zu. Und ein Auszubildender, der nicht zuhört, kann schließlich auch nichts lernen.

Deutsche nicken Sprechern zu, um zu signalisieren, dass sie mit dem Inhalt des Gesprochenen einverstanden sind, oder dass sie verstanden haben, was gerade gesagt worden ist. Herr Hartmann zieht demnach aus Herrn Yangs Nicken den Schluss, dieser habe den Inhalt seiner Erklärungen verstanden.

Die chinesische Sicht

Yuan Yang sieht seinem Ausbilder nicht lange in die Augen, um nicht als aggressiv wahrgenommen zu werden. Chinesen werden dazu erzogen, Blickkontakt mit einer ranghöheren Person zu vermeiden (Li 2004). Im Gegensatz zu Herrn Hartmanns Annahme, er höre nicht zu, erweist Herr Yang seinem Ausbilder Respekt. Und mit dem Nicken zeigt er an, dass er das gesprochene Wort laut und deutlich hört. Damit signalisiert er weder Verstehen noch Zustimmung. Chinesen teilen Sprechern damit lediglich mit: „Ich höre noch zu".

Das Konfliktfeld

Deutung chinesischer nonverbaler Kommunikation im deutsch-chinesischen Kontext

Der Ausweg

Das Unternehmen wäre gut beraten gewesen, den Ausbilder vorher zu schulen, wie „anders" sein Auszubildender sich unter Umständen verhalten könnte, ein Versäumnis, das nachzuholen wäre. Aber auch der umgekehrte Fall ist zutreffend: Yuan Yang sollte unbedingt Informationen darüber erhalten, mit welchen Gepflogenheiten und Erwartungen er lernen muss umzugehen. Ein beidseitiger Einblick in die jeweils fremde Kultur verhindert Fehlinterpretationen und lässt eine störungsfreiere Ausbildung wahrscheinlich werden.

3.4 Deutsche Konfliktlösestrategien

Wie lösen wir Probleme, die wir mit unseren chinesischen Geschäftspartnern haben? Um die Frage beantworten zu können, müssen wir verstehen, wie wir grundsätzlich mit Konflikten umgehen. Deutsch (1976) unterscheidet destruktive und konstruktive Konflikte. Destruktiv ist ein Konflikt immer dann, wenn als Folge eine *Win-lose-* oder *Lose-lose*-Situation vorliegt. Demzufolge zeichnet sich ein konstruktiver Konflikt durch eine *Win-win*-Situation aus. Wie versuchen wir, diese herzustellen? Nach Deutsch (1976) scheint „eine beiderseitig angestrebte kooperative Orientierung am ehesten zu einer Konfliktlösung" zu führen. Gleichzeitig weist der Autor darauf hin, dass wir durch unser subjektives Erleben zu einer anderen Einschätzung des Konfliktes kommen können als unser Gegenüber. Auch Rubin et al. (1994) weisen darauf hin, wie wichtig diese subjektive Perspektive, beispielsweise die Abweichungen von Interessen oder Einstellungen, ist. Es sind nämlich genau diese Umstände, die dazu führen, dass wir einen Konflikt wahrnehmen, während unser Gegenüber meint, alles wäre in bester Ordnung, oder umgekehrt. Ebenso ist es möglich, dass objektiv ein Konflikt vorliegt, den wir subjektiv gar nicht als solchen wahrnehmen, oder dass von außen betrachtet kein Konflikt vorliegt, während wir in dem Glauben, uns in einem solchen zu befinden, innerlich bereits die Fäuste ballen. Wie sehen unsere Versuche aus, zu einer Lösung zu gelangen? Und was ist das typisch *Deutsche* an unserem Vorgehen?

Essentiell für das deutsche Vorgehen zur Beilegung von Konflikten ist nach Kavalchuk (2012) die genaue Kenntnis über die Ursachen, Vorschläge für mögliche Lösungen, Versuche, die involvierten Parteien von Lösungen zu überzeugen, sowie die Suche nach einem für alle akzeptablen Kompromiss. Das alles lässt sich jedoch nur durch intensive Kommunikation bewerkstelligen. Genaue Analysen des Konfliktgeschehens und ein intensiver Austausch hierüber prägen auch die in Deutschland gängige Mediationskultur und das Konfliktmanagement (Trenczek et al. 2013). Über deutsches Konfliktlöseverhalten herrscht Konsens, sodass Kavalchuk (2012) in ihrem Resumee Angehörigen anderer Kulturen beim Vorliegen eines Konflikts mit deutschen Kollegen dazu rät:

Don't avoid dealing with a German colleague if you have a disagreement or even a conflict with him. Answer phone calls and e-mails. German partners take lack of communication in a problem situation very badly. (S. 100).

Allerdings erfolgt diese Kommunikation nicht um jeden Preis. Wie Schroll-Machl (2013) völlig zu Recht anmerkt, gibt es auch Spielregeln, die eine gnadenlose Offenheit verhindern, je nachdem, welche Position wir innehaben und wie wir die persönliche Beziehung einschätzen. Auch das, was direkt geäußert wird, unterliegt gewissen Regeln. So ist konstruktive Kritik erwünscht, die nach Möglichkeit aus einer objektiven Perspektive erfolgen und auf persönliche Animositäten verzichten sollte (vgl. auch Fengler und Rath 2009; Schroll-Machl 2013).

Literatur

Deutsch M (1976) Konfliktregelung: Konstruktive und destruktive Prozesse. Reinhardt, München

Eagly AH (1987) Sex differences in social behavior: A social-role interpretation. Erlbaum, Hillsdale NJ

Fengler J, Rath U (2009) Feedback geben: Strategien und Übungen. Beltz Verlag, Weinheim, Basel, 4 Aufl

Fischer L, Wiswede G (2009) Grundlagen der Sozialpsychologie. Oldenbourg Verlag, München, 3 Aufl

Glasl F (2013) Konfliktmanagement – Ein Handbuch für Führungskräfte, Beraterinnen und Berater. Haupt Verlag, Bern, 11 Aufl

Hofstede G, Hofstede GJ, Minkov M (2010) Cultures and organizations: Software of the mind. McGraw-Hill, New York, 3 Aufl

Kavalchuk A (2012) Cross-cultural management: How to do business with Germans – A Guide. GIZ Deutsche Gesellschaft für Internationale Zusammenarbeit. Bonn

Li HZ (2004) Rask: International Journal of Language and Communication 20:3–26

Rubin JZ, Pruitt DG, Kim SH (1994) Social conflict. Escalation, stalemate and settlement. McGraw-Hill, New York, 2 Aufl

Schroll-Machl S (2013) Doing business with Germans – Their Perception, our perception. Vandenhoeck & Ruprecht, Göttingen, 5 Aufl

Sillars AL (1980) Attributions and communication in roommate conflicts. Communication Monographs 47(3):180–200

Thomas A (1996) Psychologie interkulturellen Handelns. Hogrefe Verlag, Göttingen

Trenczek T, Berning D, Lenz C (Hrsg) (2013) Mediation und Konfliktmanagement. Nomos Verlag, Baden-Baden

Triandis HC (1995) Individualism & Collectivism. Westview Press, Boulder, Oxford

Konfliktfelder – Die Chinesen 4

4.1 Das chinesische Denken und seine Fundamente

Um Konflikte mit Chinesen vermeiden zu können und zu beiderseitig zufrieden stellenden Vertragsabschlüssen zu kommen, ist das Wissen um kulturell geprägte Werte und Standards für uns zwingend. Zusätzlich können wir nach den Fundamenten dieser Werte fragen. Der Vorteil liegt auf der Hand: Statt ständig an unverbundenen Einzelkonzepten wie Gesicht oder Harmonie prüfen zu müssen, ob wir uns in einer bestimmten Situation angemessen verhalten, versetzt uns das Wissen um die Fundamente dieser Werte in die Lage zu erkennen, was Chinesen als Konflikt wahrnehmen. Erst diese Einsicht macht das Verhalten unserer chinesischen Geschäftspartner für uns verständlich und wir können angemessen agieren und reagieren. Die folgenden Ausführungen beleuchten daher diese Fundamente mit dem Ziel, ein tiefes Verständnis der Gründe und Zusammenhänge für kulturelle Werte zu entwickeln.

4.1.1 Das Fundament für holistisches Denken: 天人合一 tiān rén hé yī

Tiān rén hé yī bedeutet, dass „alle Dinge, von der Natur bis zum Menschen, miteinander verbunden Teile eines Ganzen bilden" (Shi-xu und Feng-bing 2010, S. 557). Nichts existiert isoliert. Diese Anschauung bildet einen der Grundsätze des Konfuzianismus. Es sind diese Auffassung von der Ganzheit und Interkonnektivität aller Dinge sowie die Auffassung von der Harmonie, mit der alles miteinander verbunden ist, die dem chinesischen Denken seine ganzheitliche, holistische Prägung geben. Harmonie in diesem Sinne ist nicht als engeres Konzept von „Zusammenklang, Ausgeglichenheit oder Einvernehmen" (Duden 2014, Bd. 8) gemeint, sondern beinhaltet Vielfalt und Gleichgewicht, aus deren Zusammenspiel erst Harmonie entsteht. Für Chinesen ist das eine ohne das andere schlicht nicht denkbar, geschweige denn verstehbar. Etwas zu verstehen bedeutet aus chinesischer Sicht, diese Zusammenhänge zu erkennen. Um das leisten zu können, muss die

© Springer Fachmedien Wiesbaden 2015
J. Micholka-Metsch, M.-C. Metsch, *Strategien für die deutsch-chinesische Geschäftsbeziehung*, DOI 10.1007/978-3-658-06102-9_4

Einbindung, die Beziehung der Dinge zueinander, berücksichtigt werden. Und genau das ist der Kern des chinesischen, holistischen Denkens.

4.1.2 Das Fundament für dialektisches Denken: 辩证 biàn zhèng

Es gibt eine anschauliche Ausführung dieses dialektischen Konzeptes, die auch im Westen recht bekannt ist: das Prinzip *Yīn-Yáng* (阴阳). Die dahinter stehende Vorstellung ist, dass alles aus zwei einander bedingenden, durchdringenden und komplementären Kräften besteht. Diese Durchdringung ist in der klassischen Yin-Yang-Darstellung durch die jeweils andersfarbigen Punkt in der weißen bzw. schwarzen Fläche symbolisiert. Zusätzlich zeigt sich in diesem Symbol auch die Vorstellung, dass das eine nicht ohne das andere existieren kann (Ji et al. 2010; Yin 2005). Im chinesischen Denken findet sich das *biàn zhèng*-Konzept in der Ambiguitätstoleranz. Chen und Starosta (2005) charakterisieren hohe Ambiguitätstoleranz als psychologische Fähigkeit, gut mit Mehrdeutigkeiten umgehen zu können. Diese Personen sind darüber hinaus in der Lage, sich schnell an eine neue Umgebung oder eine fremde Kultur anzupassen. Für die ambiguitätstoleranten Chinesen ist es kein Widerspruch, wenn sich eine Person in einer bestimmten Situation als sehr zuverlässig erweist, in einer anderen aber nicht, weil sie sowohl die Eigenschaften der Person, als auch die Besonderheiten der jeweiligen Situationen im Zusammenspiel berücksichtigen.

4.1.3 Das Fundament für das Denken des Mittelweges: 中庸 zhōng yōng

Chinesen vertreten im sozialen Miteinander und in der Kommunikation selten eine extreme Position, sondern beschreiten eher „den goldenen Mittelweg". Diese Tugend findet sich als moralische Forderung in der konfuzianischen Erziehung. Eine solche Haltung bewirkt, dass Chinesen „…take a moderate attitude towards everything and avoid taking a prominent position in anything" (Shi-xu und Feng-bing 2010, S. 558). Im Konfliktfall fordert der „goldene Mittelweg", die vorliegende Situation sorgfältig und unter Berücksichtigung aller Perspektiven zu prüfen, erst mit diesem Wissen zu handeln und keinesfalls extreme Positionen zu vertreten. Die Konsequenz dieses Denkstiles ist, dass Chinesen tendenziell einen eher kooperativen als kompetitiven Konflikt- und Verhandlungsstil haben und sich darum bemühen, in der Beziehung zu anderen die Harmonie zu wahren, besonders dann, wenn Konflikte in der *In-Group* auftreten.

4.1.4 Das Fundament für den Wert von Alter, Wissen und Macht: 权威 quán wēi

In China gibt es die mehr als 2000 Jahre alte Tradition, dem Ältesten, der Person mit dem größten Wissen oder der Person mit der größten Amtsbefugnis die höchste Position zuzuschreiben. Diese Person wird als Macht- und/oder moralische Instanz akzeptiert und bildet damit den Mittelpunkt eines ethischen Systems der sozialen Hierarchie (s. a. Shi-xu und Feng-bin 2010) Die hierarchische Stellung verlangt Respekt und Gehorsam gegenüber der machthabenden Person. Vor diesem Hintergrund wird die Kulturdimension der Machtdistanz von Hofstede verständlich, die wir in Abschn. 2.5 näher erläutert haben Älteren Menschen begegnen Chinesen grundsätzlich mit Respekt (Senioritätsprinzip), dies gilt insbesondere für *In-Groups*. Im Konfliktfall begegnet uns das Senioritätsprinzip dergestalt, dass gerne außenstehende ältere Personen als Schlichter um Rat gefragt oder um Partizipation gebeten werden.

4.2 Chinesische Kulturstandards

Die im Folgenden dargestellten Kulturstandards geben den Rahmen für soziale Beziehungen vor. Sie bestimmen deren Güte und Nachhaltigkeit. Wer mit chinesischen Geschäftspartnern erfolgreich sein will kommt um diese Standards nicht herum: 关系 *guānxi*, die wechselseitige Beziehung; 人情 *rénqíng*, die wechselseitige Ressourcenaustausch im Beziehungsnetz; 面子 *miànzi*, das Gesicht; 报 *bào*, die Reziprozität. Machen wir uns zunächst ein genaueres Bild der Standards, bevor wir sie in ihren Zusammenhang stellen.

4.2.1 Wechselseitige Beziehung: 关系 *guānxi*

Man kennt sich und man vertraut sich: So können wir in einer ersten Annäherung die Grundvoraussetzungen für *guānxi* benennen. *Guānxi* bezieht sich auf interpersonelle Beziehungen, die buchstäblich jeden Bereich des chinesischen Lebens beinhalten. Sie ziehen sich durch Freundschaften ebenso wie durch Verwandtschaften. Man findet sie im öffentlichen Leben der Politik und auch im Arbeitsleben, wo sie das Miteinander in Organisationen bestimmen. In manchen westlichen Köpfen hält sich noch immer die Vorstellung, *guānxi* beziehe sich auf rein kommerzielle „Gefallen". Doch das ist nicht der Fall. Zwar sind diese inbegriffen, der Austausch umfasst aber auch Gefallen im sozialen Austausch, das Geben von Gesicht sowie das wechselseitige Gewähren von *rénqíng* (s. Abschn. 4.2.2; Chan 2006). Mit wem knüpfen Chinesen ein *guānxi*-Geflecht? Eine besondere *guānxi*-Beziehung besteht zwischen einer Person und ihrer Familie, sehr engen Freunden und anderen kongenialen Gruppen. Diese Beziehung ist besonders eng, der Austausch von Gefühlen frei möglich, im Bedarfsfall kann eine Person in Not auf materielle Ressourcen der anderen *guānxi*-Mitglieder zurückgreifen. Hwang (1987) nennt dieses *guānxi*-Geflecht „*expressive tie*".

Um ihre Ziele, auch materieller Art, erreichen zu können, ist eine Person in China gezwungen, ein Beziehungsnetzwerk außerhalb der Familie aufzubauen. Dieses *guānxi*-Netzwerk ist instrumenteller Art und dient als Mittel zum Zweck („*instrumental tie*", Hwang 1987). Die zugrunde liegenden Beziehungen sind relativ instabil und von begrenzter Dauer, beispielsweise zwischen Händlerin und Kundin, zwischen Arzt und Patient usw. Ehe sie einem instrumentellen *guānxi* zustimmen, fragen sich Chinesen, was sie von der

Gegenseite erwarten können und wie viel sie selbst in diese Beziehung investieren müssen. Hwang (1987) weist in diesem Zusammenhang auf einige interessante Studienergebnisse hin, laut denen Chinesen aus Verpflichtung ihrer sozialen Gruppen gegenüber viel eher bereit sind, anderen Chinesen einen Gefallen zu tun als vollkommen Fremden. Einen wichtigen Stellenwert in diesem instrumentellen *guānxi*-Netz hat Fairness. Fühlt sich ein Chinese von einem Mitglied des Netzwerkes unfair behandelt, wird er in der Regel aggressive Impulse unterdrücken, um die Harmonie nicht zu gefährden. Ist die Person, die unfair handelt, ein Fremder, kommt es höchstwahrscheinlich zum Konflikt. Dies steht im krassen Gegensatz zum westlichen Bild des „ewig lächelnden Chinesen". Solche Bilder sind klischeehaft, die dazugehörenden Sachverhalte sollten differenzierter betrachtet werden.

Darüber hinaus gibt es spezielle *guānxi*-Beziehungen zwischen Verwandten, Nachbarn, Kollegen, Lehrern und Studenten, Klassenkameraden, Leuten aus derselben Heimatstadt. Hier kommt den Konzepten von *rénqíng* und *miànzi*, Gesicht, eine ganz besondere Bedeutung zu. Die Form der Bindung („*mixed tie*", Hwang 1987) der Mitglieder untereinander erreicht unterschiedliche Grade an Komplexität. Von außen betrachtet scheint eine Person unterschiedlichen *guānxi*-Netzwerken anzugehören (z. B. als Schülerin, als Shanghaierin, als Nachbarin usw.). Chinesen empfinden sich selbst aber als Zentrum eines einzigen großen Netzwerkes. Da jede Person das gleiche Empfinden hat, entsteht ein sehr großes Netzwerk, das durch die vielen gegenseitigen Verknüpfungen ein recht komplexes soziales Geflecht werden kann, dessen Einflussmöglichkeiten über „viele Ecken" verlaufen können. Die Bindungsdauer kann erheblich sein, wenn auch nicht so dauerhaft wie im *expressive-tie*-Netzwerk. Gegenseitige Gefallen unterliegen auch einer besonderen Form der sozialen Kontrolle: Ein Mitglied geht grundsätzlich davon aus, dass eine dritte Person um ihren Gefallensaustausch mit einem anderen Mitglied weiß. Der Druck, sich den sozialen und kulturellen Standards entsprechend zu verhalten, ist groß. Und genau an dieser Stelle greift das *rénqíng*-Prinzip. Lehnt ein Mitglied einen Bittsteller ab, beschädigt er unweigerlich die Beziehung und verliert (im gesamten Netzwerk!) seine Integrität, er büßt sein 人缘 *rényuán* ein. Befassen wir uns eingehender damit, was genau dabei geschieht.

4.2.2   Ressourcenaustausch: 人情 rénqíng und seine Regeln

Wir können uns an dieser Stelle fragen, welche Mechanismen im *guānxi*-Netzwerk eine solch machtvolle Wirkung haben, dass sie selbst in einem großen Netzwerk Verlässlichkeit garantieren? Was ist es, was das Netzwerk im Innern zusammenhält? Um das nachvollziehen zu können, müssen wir uns das Konzept des *rénqíng* näher anschauen (s. a. Hwang 1987). *Rénqíng* hat drei wichtige Bedeutungen, die alle eine Rolle spielen, wenn ein Chinese einem anderen im Netzwerk Hilfe gewährt. Zunächst einmal gibt es eine emotionale Konnotation: *rénqíng* kann gleichgesetzt werden mit der Fähigkeit zur Empathie. Zweitens steht *rénqíng* für eine konkrete Ressource, die im Bedarfsfall geteilt oder gewährt wird. Ressourcen können sowohl materieller Art (Geld, Waren, Objekte) als auch immaterieller Natur sein (soziale Unterstützung). Weil eine Aufrechnung materieller Dinge gegen immaterielle schwierig ist, fühlen sich *rénqíng*-Empfänger, denen soziale

Ressourcen gewährt werden, anderen Personen gegenüber in der Schuld. Dies ist einer der systemerhaltenden Gründe. Und schließlich enthält das *rénqing*-Konzept zwei wichtige soziale Normen: Zum einen sollte der Kontakt zu anderen durch den Austausch von Geschenken, Grüßen oder auch persönlichen Besuchen aufrechterhalten werden. Zum anderen sollte jeder von sich aus *rénqing* gewähren, sobald er von der Notlage einer Person (des Netzwerks) erfährt. Ist die Notlage des Empfängers behoben, wird auch sein Verhalten durch eine soziale Norm in die gewünschte Richtung gebracht. Hwang (1987) nennt in diesem Zusammenhang ein chinesisches Sprichwort, das den Sachverhalt sinnbildlich auf den Punkt bringt und als *rénqing*-Regel angesehen werden kann: Ist dir ein Tropfen Wohltätigkeit zuteil geworden, erwidere sie mit einer Kaskade von Wohltätigkeiten (S. 954). Durch das Befolgen der Regel bleibt die Harmonie in der Gruppe erhalten.

Die Praxis des *rénqing* bringt für die *rénqing* gewährende Person einige Schwierigkeiten mit sich. Neben den Kosten oder Mühen, die sie aufwenden muss, bleibt der Zeitpunkt und Umfang der „Rückzahlung" zunächst im Ungewissen. Eine ungefähre Einschätzung dessen, was sie erwarten darf, richtet sich unter anderem nach dem Ruf der *rénqing* empfangenden Person, sowie deren Stellung in diversen Machthierarchien. Dies wäre eigentlich ein Motiv, als *rénqing* nur das Nötigste zu geben, gäbe es nicht die soziale Kontrolle durch Dritte. Hat nämlich die *rénqing* empfangende Person hoch gestellte, mit viel Macht ausgestattete Personen im Netzwerk, kann der Ressourcengeber davon ausgehen, dass diese machthabenden Personen eine starke Verbundenheit mit dem Empfänger von *rénqing* haben. Dadurch entsteht zusätzlicher Druck auf die *rénqing* gebende Person. Verfügt die um *rénqing* bittende Person nicht über ein solches Netzwerk, kann eine ablehnende Antwort die Folge sein. Hier zeigt sich die enorme Bedeutung der *guānxi*-Netzwerke für Chinesen. Die allseits gegenwärtige westliche Vorstellung von Korrumpierung ist angesichts der eben dargestellten Komplexität und sozialer Notwendigkeit schlichtweg inkorrekt.

Selbstverständlich sind Chinesen, die um *rénqing* gebeten werden, nicht „wehrlos". Da ein direktes Nein nicht infrage kommt, ist eine beliebte und kulturell bedingte Strategie das Sich-Unwissend-Stellen und das Hinauszögern der Antwort über längere Zeit. Der Bittsteller weiß um die kontextgebundene Botschaft, die sich hier versteckt und wird für die Lösung seines Problems nach einiger Zeit andere Wege suchen. Konfrontieren wird er die ablehnende Person keineswegs, denn schließlich ist die Harmonie zu wahren.

4.2.3   Gesicht geben, nehmen und erhalten: 面子 miànzi

Die meisten westlichen Unternehmer wissen um die große Bedeutung von „Gesicht verlieren" für die Chinesen. In der Regel wird das jedoch gleichgesetzt mit „Peinlichkeit", „Blamage" oder „Beschämung". Doch das „Gesicht"-Konzept (*facework*) ist viel mehr als das. *Facework* ist die zentrale Strategie für eine effiziente und effektive Vermeidung von Konflikten und das hauptsächliche Mittel zur Generierung und Aufrechterhaltung harmonischer Beziehungen (Jia 1997–8). Für *facework* ist ein Geflecht aus Einflussgrößen wirksam. Schauen wir uns zunächst an, wie Kultur und Persönlichkeit das *facework*-Verhalten triggern.

Facework

Kulturbedingte Einflussgrößen

Die Chinesen haben zwei Ausdrücke für Gesicht, 脸 *liǎn* und 面子 *miànzi*. Wird von Chinesen einer Person sozialer Respekt und Vertrauen aufgrund ihrer hohen moralischen Integrität entgegengebracht, hat die Person *liǎn*. Gleichzeitig beschreibt *liǎn* aber auch ein selbstauferlegtes Verhalten: Eine Person hat den inneren Antrieb, sich entsprechend der Normen zu verhalten, um den Respekt der Gruppe nicht zu verlieren (Hwang und Han 2010). Was hat es aber nun mit *miànzi* auf sich, das doch die gleiche Übersetzung (Gesicht) hat? *Miànzi* beinhaltet die soziale Reputation einer Person und kann von dieser nur durch unermüdliches Anstrengen gewonnen werden. „Gesicht" zu haben ist eng geknüpft an den Status einer Person sowie an den Ruf, den sie in ihren Netzwerken genießt. Beides hat seinen Ursprung im Konfuzianismus. Um beurteilen zu können, was zu einem Gesichtsverlust führen kann, müssen wir zunächst klären, welche Verhaltenskodices der Konfuzianismus den Chinesen auferlegt (hat). Ein Wertesystem, bestehend aus 仁 *rén* (Güte), 义 *yì* (Rechtschaffenheit) und 礼 *lǐ* (Anstand) ist genauso zu beachten und zu befolgen wie die Hierarchien in den fünf hierarchischen Kardinalbeziehungen Vater-Sohn, älterer Bruder-jüngerer Bruder, Ehemann-Ehefrau, älterer Freund-jüngerer Freund, Souverän-Minister (heute: Chef-Mitarbeiter). Dies bedeutet, dass jeder Chinese seine soziale Rolle im Umgang mit anderen anhand des sozialen Status (gemessen an den fünf Kardinalbeziehungen) sowie der Distanz/Nähe in der Beziehung zu seinem Gegenüber einzunehmen hat. Das klingt für westliche Ohren zwar sehr theoretisch, ist aber noch immer anzutreffen. Der Chef wird nicht infrage gestellt, Personen von höherem Status als dem eigenen begegnet ein Chinese mit Respekt usw. Hier wird auch deutlich, weshalb Visitenkarten, die den (beruflichen) Status einer Person ausweisen, eine so extrem wichtige Rolle in China spielen. Chinesen stecken ohne diese Informationen in einem Dilemma, weil ihnen schlicht essenzielle Informationen fehlen.

Eine Studie von Zuo (1997; in Hwang und Han 2010, S. 488) bestätigt, dass für Chinesen das Verhalten gegen moralische und soziale Standards unweigerlich zum Gesichtsverlust führt. Diejenigen, die sich weniger oder gar nicht an den genannten Standards orientieren, werden als gesichtslos, als Personen, „die kein Gesicht haben" (Hwang et al. 2010), bezeichnet. Das gilt auch für inkompetentes Verhalten (eigene Leistungen bleiben hinter denen anderer zurück), das Nicht-Erfüllen von Aufgaben, die andere von einem erwarten, schlechte Angewohnheiten (Fluchen, unkultiviertes Verhalten), sowie das Preisgeben von Privatem (Öffentlichmachen familiärer Angelegenheiten, Verletzung der Privatsphäre Dritter, das (körpersprachliche) Offenbaren bösartiger Gedanken oder Pläne, sodass andere diese erraten können).

Für Chinesen, denen ein solcher Ruf anhaftet, sind erfolgreiche geschäftliche Tätigkeiten mit anderen sehr viel schwieriger zu erreichen, wenn nicht sogar unmöglich. Selbiges gilt auch für deutsche Geschäftspartner, obwohl diesen mehr Nachsicht gewährt wird.

Personale Einflussfaktoren

Welche persönlichen Eigenschaften und Motive beeinflussen *facework* bei Chinesen? Zwei grundlegende Motive sind unterscheidbar: der Wunsch, sich selbst zu schützen, sowie das Bedürfnis, Vorteile durch *facework* zu erlangen (Chou 1999; in Hwang et al. 2010). Der Selbstschutz umfasst die Sorge um das eigene Gesicht, das Vermeiden einer öffentlichen Bloßstellung, die Befürchtung, von anderen negativ bewertet zu werden, und eine allgemeine Tendenz zur Zurückhaltung und Vorsicht. Auf der anderen Seite kann durchaus auch Berechnung ins Spiel kommen: gezieltes *facework*, um die damit verbundenen Vorteile zu erringen, die allgemeine Tendenz, sich vorteilhaft zu präsentieren, das Heischen um soziale Anerkennung. Es ist sicher nicht falsch anzunehmen, dass sich diese psychologischen Motive wohl kaum von denen unterscheiden, die wir in anderen Kulturen (auch in unserer eigenen) finden können.

Darüber hinaus gibt es für Chinesen noch einen indirekt wirksamen Grund, *facework* zu betreiben. Die soziale Macht, die einer Person zugeschrieben wird, hängt stark von ihren Netzwerken ab. Nicht nur die Größe der Netzwerke, sondern auch die in ihnen involvierten Personen spielen bei der Beurteilung von Macht eine Rolle. Für den Auf- und Ausbau eines Netzwerkes ist *facework* daher eine Kardinalvariable. Im Umkehrschluss heißt das nichts anderes, als dass Chinesen, die für sich soziale Macht auf- und ausbauen wollen, gut beraten sind, auf *Gesicht* und *impression management* zu achten. Hwang (1987, S. 961) kommt gar zu dem Schluss, dass *facework* eines der primären Ziele in der chinesischen Gesellschaft ist!

Insgesamt können wir das Fazit ziehen, dass Chinesen grundsätzlich bestrebt sind, sich gemäß der *Facework*-Regeln zu verhalten, da ihr sozialer Status und ihr beruflicher Erfolg davon abhängen. Psychologische Motive, die dem *facework* zugrunde liegen, wirken zusätzlich verstärkend.

Gesicht verlieren

Gesicht verliert, wer sich nicht an die oben angeführten Regeln hält. Für Westler könnte die Tatsache ein wenig ungewohnt sein, dass Gesichtsverlust auch dann droht, wenn das Wohl der Gruppe in einem *guānxi*-Netzwerk nicht berücksichtigt wird. (Wenn wir beispielsweise mit CEO Wang in einem Netzwerk sind, der bei uns nach einem Praktikumsplatz für seinen Neffen anfragt, sollten wir uns darum bemühen oder die chinesischen Höflichkeitsregeln einer Absage beachten!) Darüber hinaus gibt es weitere Stolperfallen: das Vergessen von Geschenken bei einem Geschäftstreffen, allgemeines unhöfliches oder arrogantes Verhalten, ständiges „Über-sich-selbst-Reden", Beherrschung verlieren, ein klar geäußertes Nein, Nichtbeachten von Hierarchie und Seniorität oder anderen durch rücksichtsloses Verhalten das Gesicht nehmen. Letzteres kann leicht geschehen, wenn Sie als Führungskraft/Unternehmensleitung chinesische Mitarbeiter vor deren Kollegen kritisieren – gleichzeitig verlieren Sie Ihr Gesicht und damit den Respekt der Mitarbeiter. Ein chinesischer Geschäftspartner wird – je nachdem wie unerträglich er den Gesichtsverlust empfindet – in aller Regel die Geschäftsbeziehung abbrechen!

Kritik zu äußern ist eine heikle Angelegenheit. Offene Kritik ist absolut verpönt. Offene Kritik vor anderen macht die Sache noch schlimmer als sie ohnehin schon ist. Im praktischen Teil dieses Buches finden Sie daher viele Beispiele, wie Sie angemessen Kritik äußern und dabei taktvoll und diplomatisch vorgehen können.

Gesicht geben und erhalten

Einen sehr guten Leitfaden bilden die oben angeführten Verhaltenskodices und -regeln. Zusätzlich bieten folgende Verhaltensweisen zahlreiche Möglichkeiten, Ihrem chinesischen Geschäftspartner Gesicht zu geben oder dessen Gesicht zu erhalten: Beachten der Hierarchie und des Senioritätsprinzips (auch wenn Sie einen sehr hohen Posten bekleiden!), geschmackvolle Geschenke, Erkundigungen nach der Familie des Geschäftspartners, Akzeptieren und Beantworten von Fragen nach Ihrer Familie und Ihrem Alter, Bescheidenheit bezüglich Ihrer eigenen Leistungen. (Chinesen deuten letzteres als Ausdruck Ihrer Bescheidenheit und Ihres Taktgefühls und wissen ganz genau, dass Sie gerade ein *understatement* abgeben.) Absagen und Ablehnung nur höflich indirekt oder „verklausuliert" formulieren. Ehrlich gemeintes Lob und in kritischen Situationen (drohender Konflikt, Fehler) unbedingt Gesicht geben. Wenn Sie einladen: Beachten der Sitzordnung gemäß der Hierarchie, Anbieten besonderer Speisen, teurer Weine. Wenn Sie eingeladen sind: angebotene Speisen probieren, chinesische Küche respektieren.

4.2.4   Die Reziprozität: 报 bào

Das Wort 报 *bào* bedeutet u. a. erwidern, belohnen, sich für etwas revanchieren und wird in unserem Kontext als Reziprozitätsprinzip übersetzt. Von Chinesen wird erwartet, dass sie Geschenke, Gefallen usw. von anderen erwidern. Die Umsetzung der Reziprozität kann – nach westlichem Maßstab – fulminante Folgen für die erwidernde Person haben. So weisen Chen und Starosta (2005) darauf hin, dass chinesische Eltern in der Regel von ihren Kindern erwarten, dass diese die elterliche Fürsorge mit Versorgung im Alter „zurückzahlen" werden. Umgekehrt sind die Eltern auch bereit, für die Ausbildung ihrer Kinder eine harte und entbehrungsreiche Arbeit aufzunehmen.

Guānxi 关系, rénqíng 人情, miànzi 面子, bào 报 als System

Das Zusammenspiel der vier Konzepte in einem logischen System hilft uns, Chinesen besser zu verstehen und liefert uns den Rahmen, selbst eine diplomatische und Gesicht gebende Strategie zu entwickeln. Die Zusammenfassung von Hwang (1987) ist hierfür hilfreich:

- Generell gilt, dass Reziprozität, wie sie durch die Norm von *bào* festgelegt ist, tief in der chinesischen Gesellschaft verankert ist.
- Die Pflichten, die die Reziprozitätsnorm von *bào* dem Einzelnen auferlegt, werden durch Ressourcenallokation des *rénqíng* realisiert. Diese Ressourcengewährung findet nach den Hierarchieprinzipien in dem betroffenen *guānxi*-Netzwerk statt.

- Der Antrieb, der Reziprozität (*bào*) nachzukommen, ergibt sich aus dem Drang, das eigene Gesicht zu erhalten (und damit den von anderen zugeschriebenen Status und die Integrität), sowie anderen Personen Gesicht zu geben (*miànzi*). Einhaltung und Nichteinhaltung der Regeln hat unweigerlich eine Stärkung oder Schwächung (unter Umständen sogar den Abbruch) sozialer Beziehungen mit allen damit verbundenen positiven oder negativen Konsequenzen zur Folge.

Können es sich deutsche Geschäftsleute leisten, die Konzepte des chinesischen Miteinanders während ihrer Business-Tätigkeit zu ignorieren? Die Antwort ist ein klares Nein! So kommt Xu (2005) nach einer detaillierten Analyse zu dem Schluss:

„… foreigners should consider Chinese GUANXI and FACE aspects and try to develop good relationships with business counterparts [Chinesen]. This will result in effective communication and then lead to a success business" (Hervorhebung durch den Autor).

4.2.5 Harmonie

Unsere Erfahrung mit beiden Kulturen hat gezeigt, dass Missverständnisse sich unter anderem durch unterschiedliche Auffassungen von Harmonie ergeben. In Kenntnis um den Stellenwert von Harmonie bei Chinesen, neigen Westler häufig zu der Auffassung, dass Chinesen immer lächeln und um der Harmonie willen Konflikten aus dem Weg gehen. Doch das ist keineswegs der Fall. Chinesische Kommunikation ist „geprägt durch zwei gegensätzliche, aber komplementäre Kräfte wie im Yin-Yang-Prinzip" (Chen 2014). Im Kontext menschlicher Kommunikation drückt das Yin-Prinzip Gelassenheit und Ergebenheit aus, während Yang für Unnachgiebigkeit und Dominanz steht. Wie generell im Yin-Yang sind die genannten Eigenschaften zwei Seiten einer Medaille. Was bedeutet, dass für Chinesen nicht nur beide Seiten essenzielle Eigenschaften menschlicher Kommunikation sind, sondern Harmonie in der Kommunikation darin besteht, ein Gleichgewicht zwischen den Eigenschaften anzustreben. Demnach ist Harmonie nichts Statisches, sondern ein dynamisches „Pendeln" zwischen beiden Gegensätzlichkeiten. Chinesen beginnen ein Gespräch in der Regel mit der Einstellung, dem anderen mit Respekt zu begegnen, der Neigung zur Reziprozität und der Absicht, ein positives Kommunikationsklima zu schaffen. Verletzt der Gesprächspartner diese Regeln, indem er Respekt verweigert, sich krude verhält o.ä., können Chinesen – für Westler oft überraschend – aggressiv reagieren (Chen 2014). Im Gegensatz dazu werden chinesische Gesprächspartner im Falle einer Missstimmung während des Gesprächs in der Regel versuchen, die Harmonie wieder herzustellen. Hierfür greifen sie auf ein weiteres Konzept zurück: das Konzept der „Höflichen Sprache" 客气话 *kèqi huà*.

Die „Höfliche Sprache" 客气话 kèqi huà als Mittel der Konfliktvermeidung
Die Höfliche Sprache umfasst mehrere Formen, die alle dem Ziel dienen, Harmonie zwischen den Partnern aufrechtzuerhalten oder wieder herzustellen. Als „Strategien zur

Vermeidung von Disharmonien" (Lin-Huber 2006) gelten Kompromissbereitschaft und die indirekte Sprechweise, die Chinesen geradezu meisterhaft beherrschen und die eine zentrale Rolle im chinesischen Miteinander spielt. Die Kompromissbereitschaft, von der die Autorin spricht, haben wir oben schon unter dem Begriff Mittelweg – 中庸 zhōng yōng – kennen gelernt. Dazu gehört auch, in einer Diskussion die eigene Meinung der Gruppenmeinung anzupassen, um die Harmonie nicht zu gefährden. Ob Chinesen dann später auch nach der angepassten Meinung handeln, steht auf einem ganz anderen Blatt. Die indirekte Sprechweise werden wir in Abschn. 7.3 ausführlicher erläutern, wenn wir unsere Methode vorstellen.

4.3   Implikationen für Businesstätigkeit mit chinesischen Geschäftspartnern

Guānxi-Netzwerke sind komplexe soziale Strukturen, die Gruppenmitgliedern zwar Pflichten abverlangen, jedoch für das alltägliche Leben und Geschäftstätigkeit große Vorteile bieten. Wie gelingt es, zu partizipieren? Chang und Holt (1991) zeigen vier mögliche Wege auf: Verwandtschaftsbeziehungen, Verweis auf frühere Beziehungen, das Nutzen von *In-Group*-Beziehungen sowie im sozialen Miteinander durch Gewähren (und späterem Erhalt) von *rénqíng*.

Wie Chan (2006) aufzeigt, haben empirische Untersuchungen die positiven Auswirkungen und die Effizienz *guānxi*-gestützter Businesstätigkeit gezeigt. Dies gilt insbesondere für die Effizienz und das Wachstum von foreign-invested enterprises.

Vertiefte Kenntnisse über die sozialen Spielregeln in China und mit chinesischen Geschäftspartnern, insbesondere Gesicht gebendes Verhalten, Verhaltenskodices in *guānxi*-Netzwerken und Regeln der Reziprozität, zeigen uns auf, an welchen Punkten sich Konflikte ergeben können und verschaffen uns das Rüstzeug, diese zu umgehen.

4.4   Chinesische Kulturdimensionen, -standards als Konfliktfelder

4.4.1   High context-Kultur – low-context-Kultur

Fallbeispiel

Zengyou Wang ist der Chef eines großen mittelständischen Handelsbetriebes. Da Herr Wang plant, in Hamburg eine Niederlassung zu eröffnen, hat er vor einigen Monaten Timm Fuchs eingestellt, der ihn bei der Planung für den Markteintritt in Deutschland unterstützen soll. Herr Wang ist sich sicher, auf diese Weise einen strategischen Vorteil gewonnen zu haben, da er nun Insider-Wissen in seine Entscheidungen einbeziehen kann. Herr Fuchs hat mehrere Szenarien entworfen und präsentiert sie nun dem chinesischen Führungsstab. Um sein Vorgehen transparent zu machen, erklärt er sein

Vorgehen zur Berechnung der Eintrittswahrscheinlichkeiten. Herr Wang beginnt sich unbehaglich zu fühlen. Warum kommt Herr Fuchs nicht auf den Punkt? Was konkret müssen sie beim Markteintritt beachten? Besonders interessiert Herrn Wang, was er im Umgang mit deutschen Behörden zu erwarten hat. Er beschließt, die Präsentation in diese Richtung zu lenken. „Herr Fuchs, ich sehe, Sie haben sehr gut gearbeitet, daran gibt es überhaupt keinen Zweifel. Deshalb würde jede weitere Rechtfertigung Ihrer Arbeit bedeuten, unserer Schlange Füße zu malen. Bitte fahren Sie fort, damit wir erfahren, was wir zu tun haben."

Chinesischer Kulturstandard

Das sehr detaillierte Vorgehen von Herr Fuchs verwirrt Herrn Wang. Aus seiner Sicht ist zunächst einmal wichtig, ob die deutschen Behörden ein Hindernis darstellen und wie sich eventuelle Probleme beheben ließen. Allerdings möchte er Herrn Fuchs vor dem gesamten Führungsstab nicht das Gesicht nehmen, indem er ihm offen sagt, dass diese Details im Augenblick nicht interessant sind. Um sich aus dieser Klemme zu befreien, nutzt Herr Wang ein sehr gängiges Sprichwort, das im Kern die Botschaft enthält: Du machst gerade etwas völlig Überflüssiges. Für Chinesen als Mitglieder einer *High-context*-Kultur ist der Gebrauch von Sprichwörtern eine gängige diplomatische, weil Gesicht wahrende Strategie, um Kritik zu äußern, ohne eine direkte Konfrontation zu riskieren.

Die deutsche Sicht

Herr Fuchs ist irritiert. Schlange? Füße? Schlägt Herr Wang eine Strategie vor, die er, Fuchs, nicht berücksichtigt hat? Herr Fuchs fasst das Gesagte als Sachnachricht wortwörtlich auf und kommt nicht auf die Idee, dass sich die eigentliche Botschaft im Kontext des Gesagten versteckt

Das Konfliktfeld

Chinesische Kontextkommunikation vs. deutsche Sachorientiertheit

Der Ausweg

Generell wäre Herr Fuchs gut beraten gewesen, sich vor seinem Stellenantritt mit einigen wichtigen Aspekten chinesischer Kommunikation vertraut zu machen. Eine längere Diskussion (wie man sie für deutsch-deutsche Verhältnisse wohl erwarten dürfte) ist in dem Kontext einer chinesisch-deutschen Präsentation nicht angebracht. Um das Klima zu erhalten, könnte Herr Fuchs Herrn Wang um Unterstützung bitten: „Es scheint, als hätte ich nicht ganz Ihre Vorstellungen getroffen. Ich habe alles so vorbereitet, wie man es in Deutschland von mir erwartet hätte. Ich würde mich freuen, wenn Sie mich unterstützen würden, damit ich mich verbessern kann." Dieser Weg wird vielleicht manch gestandenem deutschen Experten oder Expertin zunächst ungewohnt erscheinen. Allerdings ist dies der beste Weg, da hier Konflikte gar nicht erst entstehen. Die Bitte um Unterstützung, um sein eigenes Verhalten optimieren zu können, wird immer auf offene Ohren stoßen und die Bereitschaft der Chinesen wecken, den lernwilligen Ausländer mit allen Mitteln zu unterstützen. Abgesehen davon wird Herr Fuchs mit diesem diplomatischen Akt noch etwas erreichen, das sich mittel- und langfristig auszahlt: Er gewinnt das Vertrauen seiner Vorgesetzten und Kollegen.

4.4.2   Kollektivismus-Individualismus

Fallbeispiel

Zongyuan Xu arbeitet in einem deutschen Unternehmen, das Autoersatzteile herstellt. Er hat fünf weitere Kollegen, die Abteilung wird von einem Meister geführt. Besorgt stellt Herr Xu fest, dass der Meister seit einigen Tagen vermehrt trinkt und es deshalb schon zu Fehlern im Ablauf gekommen wäre, wenn er, Xu, nicht rechtzeitig eingegriffen hätte. Leider ist dies auch den anderen Kollegen nicht entgangen. Nach Feierabend wird in der Umkleide über das Problem diskutiert. Winfried Wagenführer schlägt vor, gemeinsam zur Personalabteilung zu gehen und das Problem zu melden: „An den Maschinen ist das einfach zu gefährlich. Es muss was passieren." Herr Xu ist anderer Ansicht: „Wir müssen auf ihn aufpassen und darauf achten, dass alles gut läuft." „Sind wir seine Kindermädchen? Er trinkt ja auch allein. Dann kann er auch die Verantwortung dafür allein tragen." Seinen Meister zu melden, kommt jedoch für Herrn Xu nicht infrage. „Ich werde auf ihn achtgeben. Vielleicht hat er sich bloß mit seiner Frau gestritten und nächste Woche ist alles wieder in Ordnung. Ich passe auf."

Chinesischer Kulturstandard

Das chinesische kollektivistische Sozialgefüge lässt Herrn Xu sofort Verantwortung für seinen Meister und seine Abteilung übernehmen. Aus seiner Sicht bildet die Abteilung eine kleine *In-Group*, die für alle Mitglieder Rechte und Pflichten beinhaltet. Erschwerend kommt hinzu, dass es sich bei der betroffenen Person um seinen Meister handelt, wodurch das chinesische Hierarchiedenken ebenfalls zum Tragen kommt. Für Herrn Xu ist es nur schwerlich denkbar, Kritik an seinem Meister zu üben oder Aktionen in Gang zu setzen, die gegebenenfalls sogar die Entlassung des Meisters zur Folge hätten.

Die deutsche Sicht

Die Reaktion von Herrn Wagenführer ist durch Individualismus geprägt. In dieser Sicht hat jeder (bis zu einer gewissen Grenze) Freiheiten in seinem Verhalten. Werden dabei bestimmte Grenzen überschritten, hat die Person auch die alleinige Verantwortung zu übernehmen.

Das Konfliktfeld

Chinesische *In-Group*-Loyalität vs. deutsche Verantwortungszuschreibung

Der Ausweg

Selbstverständlich ist es aus Sicherheitsgründen nicht tragbar, dass der Alkoholkonsum des Meisters auf Dauer gedeckt wird. Und Herr Xu wäre, sofern der Zustand dauerhaft anhält, mit einer solchen Verantwortung hoffnungslos überfordert. Es wäre daher ratsam, den Betriebsarzt einzuschalten. Dieser hätte Schweigepflicht und könnte auch Herrn Xu zusätzlich klarmachen, dass er mit Rücksichtnahme dem Meister auf Dauer nicht helfen würde.

4.4.3 Machtdistanz

Fallbeispiel

Die Geschäftsleitung eines chinesischen Unternehmens ist dabei, ihren Auftritt bei einer Business-Konferenz zu planen und hat die Marketing-Abteilung mit der Gestaltung einer Präsentationsmappe und Visitenkarten beauftragt. Wenjiao Liu und ihre Kollegin Diane Freimann stellen ihre jeweiligen Entwürfe vor. Frau Lius Entwürfe sind farbig gestaltet und bieten dem Leser jede Menge Information. Frau Freimann hat sich für einen zurückhaltenden Entwurf mit wenig Text, aber hochwertigem Papier entschieden. Beide Entwürfe scheinen jedoch weder bei Herrn Chen noch bei Frau Wu, beide in geschäftsführender Position tätig, richtig Anklang zu finden. Während sich Frau Liu daran macht, ihre Unterlagen einzusammeln und verkündet, dass sie sie so schnell wie möglich verbessern wird, setzt Frau Freimann auf Überzeugungsarbeit. „Herr Chen, Frau Wu, ich weiß, dass meine Entwürfe vielleicht nicht ganz dem chinesischen Geschmack entsprechen. Bedenken Sie jedoch, dass Sie damit mögliche deutsche Geschäftspartner überzeugen wollen." „Wie können Sie Melonen verkaufen, die Ihnen selbst nicht schmecken?", fragt Frau Wu, „…außerdem sind es auch noch sehr teure Melonen." Diane Freimann gibt sich so schnell nicht geschlagen: „Ja, ich gebe zu, das Papier ist nicht billig, aber es ist sehr hochwertig und zeigt, was Ihrem Unternehmen wichtig ist. Und außerdem…" Jetzt geht Herr Chen dazwischen: „Alles, worum wir Sie nun bitten, ist, den Entwurf zu verändern. Die Konferenz findet in drei Wochen statt. Sie sollten sich also beeilen!"

Chinesischer Kulturstandard

In einem klassisch geführten, chinesischen Unternehmen gibt es aufgrund des Machtgefälles und der Akzeptanz dieses Gefälles keine Diskussionskultur mit der Geschäftsleitung, wie sie unter Umständen in Deutschland herrscht. Frau Wu hat aus ihrer Sicht ein klares Statement dazu abgegeben und erwartet nun, dass Frau Freimann sich unverzüglich an die Nachbesserung macht. Als diese zu einer Diskussion ansetzt, unterbindet Herr Chen das Gespräch. Zum einen, um den sich anbahnenden Konflikt zu vermeiden, zum anderen, um das aus chinesischer Sicht verletzte Machtgefälle wieder herzustellen.

Die deutsche Sicht

Nach deutschen Gepflogenheiten handelt Frau Freimann sachorientiert, sie möchte ihr Vorgehen begründen und somit ihre Chefs von ihrem Entwurf überzeugen. Dies ist ein durchaus legitimes Verhalten, das in Unternehmen mit deutscher Führung in der Regel auch kein Problem darstellt, da hier die Hierarchien flacher sind und sachorientierte Diskussionen in den meisten Unternehmenskulturen verankert sind.

Das Konfliktfeld

Chinesische Machtdistanz/Führungskultur vs. deutsche Sachorientiertheit/Diskussionskultur

Der Ausweg

Da Frau Freimann im Vorfeld bereits geahnt hat, dass ihre Entwürfe auf Kritik stoßen könnten, hätte sie sich diplomatischer vorbereiten können. Eine Möglichkeit wäre gewesen, sich Präsentationen anderer großer deutscher Firmen zu besorgen und diese vorzulegen. Dann hätten Frau Wu und Herr Chen Referenzpunkte gehabt und sich einen Eindruck über die „übliche" Gestaltung machen können. Zum anderen ist es beim Zusammentreffen mit einem chinesischen Chef (zumal wenn es der eigene ist) immer klug, dessen Position auch in der Kommunikation herauszustellen. Die Alternative wäre demnach gewesen, Frau Freimann hätte die fremden Präsentationen überreicht und gesagt: „Ich habe für Sie Präsentationen unserer Konkurrenz besorgt. Dann habe ich mir Gedanken darüber gemacht, wie ich Sie dabei unterstützen könnte, die Früchte Ihrer harten Arbeit zu ernten. In Deutschland ist der Konkurrenzkampf sehr hoch. Deutsche Kunden kann man mit hochwertigen Produkten gut überzeugen. Bitte schauen Sie sich meine Entwürfe einmal an, ob sie diesen Ansprüchen genügen." Frau Freimann hätte mit diesem diplomatischen Einstieg zwei Dinge erreicht. Erstens hätten sich beide Chefs sicher eingehender mit ihren Entwürfen beschäftigt. Zweitens hätte Frau Freimann durch ihr Signal, das Machtgefälle zu respektieren, eine größere Chance auf ein längeres und konstruktiveres Gespräch gehabt.

4.4.4 Unsicherheitstoleranz – Unsicherheitsvermeidung

Fallbeispiel

Youlan Yu arbeitet gemeinsam mit Dirk Nihmeyer in der Strategieentwicklung von JiXie, einem chinesischen Unternehmen für Feinmechanikbauteile. Zusammen mit drei anderen Kollegen sind sie dabei, eine Wettbewerbsstrategie für den europäischen Markt zu entwickeln. Dirk Nihmeyer legt seinem *Worst-case*-Szenario eine pessimistische Einschätzung des europäischen Marktes zugrunde. Entsprechend sind die Zahlen für den erwarteten Gewinn für JiXie. Youlan Yu dagegen geht von einer wesentlich optimistischeren Einschätzung der Marktentwicklung aus und kommt in seinem *Best-case*-Szenario natürlich zu einem konträren Ergebnis. Als das Team zu diskutieren beginnt, stellen sie fest, dass Youlan Yu einen grundsätzlich anderen Umgang mit Risiken zu haben scheint als Dirk Nihmeyer: „Deine Berechnung ist zwar sehr elegant, aber meiner Meinung nach siehst du die Situation in Europa zu schwarz. Schließlich herrscht reger Handel zwischen Europa und Asien." „Hm, was mir zu denken gibt, ist dass das Wirtschaftswachstum Chinas auch stark gebremst ist." „Für dieses Jahr hast du Recht, Dirk. Aber mittel- und langfristig sehe ich kein großes Risiko. Asien möchte an die Spitze. Alles ist auf Wachstum aus."

Chinesischer Kulturstandard
Chinesen haben eine hohe Unsicherheitstoleranz (Hofstede et al. 2010). Herr Yu hat einen gelassenen Umgang mit Unsicherheit und Ambiguitäten aufgrund seiner kulturellen Herkunft. Selbstverständlich beherrscht er als Experte für Strategisches Management den mathematischen Umgang mit Wahrscheinlichkeiten. Das ändert jedoch nichts an dem starken kulturellen Einfluss, dem er unterliegt. Die Ergebnisse einer Untersuchung von Pollock und Chen (1986) weisen genau in diese Richtung. In dem untersuchten Fall ging es um ein chinesisch-amerikanisches Team, das die Verschmutzung des Huangpu-Flusses zu untersuchen hatte. Die US-Amerikaner merkten an, dass ihre chinesischen Kollegen Besorgnis über Ungewissheiten missen ließen und eine absolute Sicherheit für die zur Verfügung stehenden Informationen unterstellten, auf deren Basis weitere Entscheidungen erfolgen sollten. Bedauerlicherweise gibt es (noch) zu wenig Faktenkenntnis darüber wie sich der – relativ zur westlichen Kultur – weniger differenzierte Umgang mit Unsicherheiten auf das soziale Verhalten von Chinesen auswirkt (Leung 2010).

Die deutsche Sicht
Aus deutscher Sicht erscheint der gelassene Blick auf Unsicherheiten beinahe fahrlässig, ist man doch in der deutschen Kultur bemüht, sich gegen viele Risiken des Lebens abzusichern. Selbst, wenn es – wie hier im Beispiel – der professionelle Umgang für ein *Best-case*-Szenario per se mit sich bringt, eine optimistische Sicht in die Zukunft zu entwickeln und zu prüfen, kann Dirk Nihmeyer sich der positiven Grundhaltung seines Freundes und Kollegen Youlan Yu nicht anschließen. Sie ist aus seiner Sicht mit den „objektiv" berechneten Wahrscheinlichkeiten nicht vereinbar. Dem Risiko, das sich in seinen berechneten Daten widerspiegelt, muss aus seiner Sicht mit einer vorsichtigeren Unternehmensstrategie begegnet werden.

Das Konfliktfeld
Chinesische Ambiguitätstoleranz vs. deutsches Sicherheitsbedürfnis

Der Ausweg
Einen Ausweg, der dazu führt, dass beide Strategen sich von der Einstellung des jeweils anderen überzeugen lassen würden, scheint es nicht zu geben. Dazu sind die kulturellen Prägungen zu stark. Da sie jedoch einen respektvollen Umgang miteinander pflegen und somit auch keine Störungen in das Team hineintragen, bleibt lediglich, eine Lösung für

das am besten geeignete Szenario für die anstehende Strategieentwicklung zu finden. Da sowohl Herr Nihmeyer als auch Herr Yu die beiden extremen Positionen des Szenarios vertreten, bleibt entweder der Mittelweg, der ebenfalls einen Teil der Berechnungen ausmacht, oder die Einbeziehung weiterer fachkundiger Kollegen, mit denen sie diskutierend zu einer angemessenen Lösung kommen könnten.

Unsicherheitstoleranz: Unterpunkt Ambiguität in der Kommunikation

---

Fallbeispiel

An diesem Morgen wartet Guoming Lin aufgeregt im Besucherwarteraum eines deutschen Elektronikkonzerns. Gleich wird er zum Bewerbungsgespräch hereingerufen. Obwohl er mit einer Master-Bestnote aufwarten kann und auch mehrere Jahre Deutsch gelernt hat, ist er noch nie in Deutschland gewesen. – Schließlich sitzt er den beiden Personalverantwortlichen gegenüber. Das Gespräch läuft leichter als er dachte, bis Frau Weinrich noch eine weitere Frage an ihn hat: „Sie werden in der Position, die Sie anstreben, innerhalb kurzer Zeit viel Verantwortung tragen müssen. Trauen Sie sich das zu, Herr Lin?" Obwohl er sich sicher ist, der Verantwortung gewachsen zu sein, antwortet Guoming Lin: „Ich habe mich die letzten Jahre sehr bemüht, fleißig zu lernen. Sicher gibt es noch viel zu verbessern." – Leider klappt es mit der Stelle in diesem Unternehmen nicht.

Der chinesische Kulturstandard

Guoming Lin folgt einer Tugend, die in China noch immer viel zählt: Selbstbescheidenheit, die besonders dann in Erscheinung tritt, wenn Chinesen sich selbst bewerten sollen (Heine et al. 1999; Gaertner et al. 2008). Diese Art der Bescheidenheit gehört zum 礼貌 *lǐ mào*, dem höflichen Verhalten (s. Abschn. 1.6). Herr Lin hat sich aus seiner Sicht absolut korrekt verhalten, für ihn sind die beiden Personalchefs in der Hierarchie oben stehend, sodass respektvolles Verhalten zwingend ist.

Die deutsche Sicht

Den beiden Personalverantwortlichen war offenkundig die Mehrdeutigkeit der Antwort von Herrn Lin nicht bewusst. Da Deutsche direkt kommunizieren, haben die beiden Adressaten die Botschaft von Herrn Lin wortwörtlich genommen. Und das bedeutet: Ich habe mich bemüht, fleißig zu lernen (ich bin mir jedoch nicht sicher, ob es gelungen ist…) sowie: Sicher gibt es noch viel zu verbessern (ich habe so viele Wissenslücken und werde eine ganz Weile brauchen, um die alle zu füllen…). Die Konsequenz konnte – aus deutscher Sicht – nur eine Absage sein.

Das Konfliktfeld

Chinesische kommunikative Ambiguität vs. deutsche Direktheit und Sachorientierung

Der Ausweg

Für deutsche Personalverantwortliche wird sich in den nächsten Jahren sicher öfter die Situation ergeben, über die Einstellung eines chinesischen Bewerbers oder einer chinesischen Bewerberin entscheiden zu müssen. Schon aus diesem Grund ist eine interkulturelle Schulung sicher nützlich und würde dazu führen, gerechter mit den Bewerbern umzugehen. Andererseits wird auch Herr Lin dazulernen müssen. Nach unserer Erfahrung ist es für Chinesen sehr schwierig, sich mit der deutschen Direktheit auseinander zu setzen. Sie gilt immer noch als rüde Form des Umgangs. Chinesen stehen daher regelrecht im Spagat. Sie legen Wert auf höfliche Umgangsformen, müssten sie aber (aus ihrer Sicht) teilweise hinter sich lassen, um in der westlichen Welt ihren Platz einnehmen zu können.

4.4.5 Communal value – agentic value (Feminität- Maskulinität)

Fallbeispiel

An diesem Mittag ist die Kantine der Großdruckerei Satz&Mehr voll besetzt. Die Auszubildenden haben sich versammelt, um die Wahl des Auszubildenden-Sprechers zu organisieren. Auch die fünf chinesischen Auszubildenden sind anwesend. Vier von ihnen gehören der Abteilung Digitaldruck an, während Feng Liu als Einziger in der angegliederten Buchbinderei tätig ist. Zur Wahl stehen Clemens Sahlstein aus der Buchbinderei und Yiping Meng aus dem Digitaldruck. „Mensch, Feng, so wie es aussieht, wird deine Stimme den Ausschlag geben. Es steht genau 7:7!" ruft Alicia aus dem Digitaldruck. „Aber die Wahl ist doch erst morgen", wehrt Feng ab. „Ach, Drückeberger. Wir sind doch unter uns. Du kannst ruhig schon damit rausrücken, für wen du dich entschieden hast." Alle schauen ihn erwartungsvoll an. Und Feng würde am liebsten in einem Erdloch versinken.

Chinesischer Kulturstandard

Für Feng ist diese Situation, die für seine deutschen Freunde mit viel Gelassenheit verbunden zu sein scheint, schlicht eine Qual. Er muss sich zwischen zwei Kandidaten entscheiden, die beide zu je einer Gruppe gehören, zu denen auch Feng sich zugehörig fühlt. Seine Freunde aus der Buchbinderei bilden seine *In-Group*, der er sich verpflichtet fühlt. Auf der anderen Seite gibt es aber die Digitaldruck-Gruppe mit vier Chinesen, von denen einer für den Posten als Auszubildenden-Sprecher kandidiert. Auslandschinesen bilden *immer* eine *In-Group*, egal wo und unter welchen Umständen sie sich treffen. Das Dilemma für Feng ist die Entscheidung, wem er durch seine Stimme seine Loyalität geben soll. Das Dilemma wird noch verstärkt durch den Umstand, dass durch Alicias Frage eine Antwort in aller Öffentlichkeit von ihm erwartet wird.

Die deutsche Sicht

Alicia ahnt wahrscheinlich nicht im Geringsten, in welche Seelennöte sie Feng bringt. Für sie hat jeder und jede das Recht, zu wählen, welchen Kandidaten er oder sie auch immer wählen will. Hierin zeigt sich die individualistische Haltung, zusammen mit der Einstellung zur persönlichen Freiheit.

Das Konfliktfeld

Communal value gegenüber der *In-Group vs.* Individualismus

Der Ausweg

Der chinesische Weg aus dieser Klemme ist in der Regel eine Äußerung wie „Ich muss darüber nachdenken." Chinesen zeigen damit an, dass sie etwas entweder (noch) nicht entscheiden wollen oder nicht können. Leider haben wir es schon häufiger beobachtet, dass Deutsche diese Äußerungen als konfliktscheu oder Ähnliches ansehen (und somit einen Attribuierungsfehler begehen!). Dies ist keineswegs der Fall. Chinesen vermeiden damit ein „Nein" oder eine ablehnende Aussage und somit letztendlich eine Brüskierung ihres Gegenübers. Es handelt sich demnach um eine Gesicht gebende Taktik, mit der die bedrohte Harmonie „gerettet" werden soll. – Zurück zu unserem Beispiel: Unsere Erfahrung hat gezeigt, dass es für Feng sehr wahrscheinlich ist, Unterstützung von Yiping Meng zu bekommen. Dieser weiß um die Not seines Freundes und wird sich nun seinerseits, motiviert durch *In-Group*-Konventionen, um eine Lösung des Problems bemühen: „Vielleicht ist es besser, wenn Clemens Sprecher wird, er ist der Ältere." Oder: „Ich glaube, Clemens hat mehr Erfahrung, er sollte uns alle vertreten." Es ist sehr wahrscheinlich, dass Yiping Meng seinem Freund Feng mit einer solchen oder ähnlichen Äußerung aus der Klemme helfen wird.

4.4.6 Polychronismus – Monochronismus

Fallbeispiel

Laura Siemann und Tessa Brickler absolvieren zurzeit ein Praktikum in Shanghai. Vormittags besuchen sie die Tongji-Universität, um ihr Chinesisch zu verbessern. Ihr Chef, CEO Luo, lässt es sich nicht nehmen, die beiden jungen Frauen selbst zu betreuen und sich regelmäßig von ihren Fortschritten berichten zu lassen. Vereinbart ist ein Treffen jeden Donnerstagnachmittag im Büro von Herrn Luo. Wie abgesprochen erscheinen die beiden Praktikantinnen mit ihren Unterlagen vor dem Büro, hören allerdings, dass ihr Chef mit Telefonaten beschäftigt ist. Sie beschließen zu warten, um nicht zu stören. Als die Telefonate nach einer halben Stunde noch nicht beendet sind, gehen die beiden zurück in ihre Abteilung, um ihre begonnenen Arbeiten zu erledigen. Nach einer Dreiviertelstunde stellen sie fest, dass Frau Wang aus der Buchhaltung bei Herrn Luo sitzt und ziehen erneut unverrichteter Dinge ab. Abends beim Verlassen der Firma treffen Laura und Tessa auf ihren Chef. „Wieso seid ihr heute nicht in mein Büro gekommen? Habt ihr die Lust am Lernen etwa schon verloren?" Tessa schaut zu Boden und Laura fasst sich ein Herz: „ Bitte entschuldigen Sie. Aber wir waren mehrmals vor Ihrer Bürotür. Allerdings waren Sie sehr beschäftigt und wir wollten Sie nicht stören." „Nun, wenn ich euch sage, dass ich eure Fortschritte sehen möchte, dann gilt das auch. Kommt morgen um die gleiche Zeit in mein Büro. Und vergesst eure Unterlagen nicht!" Laura möchte Herrn Luo die Situation gern erklären: „Ich glaube, Direktor Luo, ich und Tessa haben heute einen Fehler begangen. Das geschah jedoch nur, weil wir schon bei der Erwähnung des Tigers ganz bleich werden." Nun muss Herr Luo doch lachen. „Das ist nicht nötig. Ich erwarte euch morgen."

Chinesischer Kulturstandard

Für Chinesen ist es zunächst kein Problem, bei der Arbeit unterbrochen zu werden. Als polychron handelnde Menschen sind sie es gewohnt, mehrere Dinge gleichzeitig zu handhaben. Ist eine Unterbrechung tatsächlich nicht möglich, wird das in der Regel auch höflich geäußert. Als Höflichkeitsfloskel kann man mit einem 打扰你了 dǎ rǎo nǐ le, „Ah, ich störe dich/Sie!", eintreten. Meist ist die Antwort 不打扰 bù dǎ rǎo, „Du störst/Sie stören nicht" i. S. v. „Ach was", und schon kann man mit seinem Begehr loslegen.

Die deutsche Sicht

Die beiden Praktikantinnen verhalten sich nach deutschem Kulturstandard. Da Deutsche monochron sind und in der Regel Handlungen sequenziell vornehmen, mögen sie Unterbrechungen nicht besonders. Diesen Standard haben Laura und Tessa (unbewusst) zugrunde gelegt, als sie beide Male vor Herrn Luos Tür standen und auf das Beenden der Telefonate bzw. des Gespräches mit Frau Wang hofften.

Das Konfliktfeld

Chinesischer Polychronismus vs. deutsches sequenzielles Arbeiten

Der Ausweg

Den Ausweg hat Laura Siemann bereits gefunden. Weil sie wusste, dass Herr Luo als ihr Chef über das Nichterscheinen zum Termin verärgert ist, hat sie versucht, ihm klarzumachen, dass dies aus Respekt vor ihm geschah. Das chinesische Sprichwort, das Laura hierzu verwendete, „bleich werden bei der Erwähnung des Tigers", bedeutet nichts anderes, als vor jemandem Angst oder großen Respekt zu haben. Laura dürfte es damit gelungen sein, den Ärger von Herrn Luo in Verständnis umzuwandeln.

4.4.7 Holistischer Reflektionsmodus – analytischer Reflektionsmodus

Fallbeispiel

Später Nachmittag in einer chinesisch-deutschen Studenten-WG. Sophie Winter ist stinksauer: „Ich warte seit vier Tagen auf mein Buch! Verflixt, ich brauche es zurück für meine Semesterarbeit. Na, Mia kann was erleben, wenn die hier aufschlägt!" Ihre chinesische Mitbewohnerin Meizhu versucht, Sophie zu beruhigen: „Du wirst sehen, Mia kommt bestimmt gleich." „Das wollte sie eigentlich schon am Montag und sie weiß, dass es dringend ist. Ich warte seit vier Tagen auf das Buch und komme mit meiner Arbeit nicht weiter. Sie ist einfach unzuverlässig. Von dem Satz Essenskarten, den ich ihr im letzten Monat gegeben habe, hat sie mir bisher nur die Hälfte zurückgegeben. Wie kann ein Mensch nur so unzuverlässig sein?" „Vielleicht gibt es dafür Gründe, die du noch nicht kennst? Möglicherweise will sie dir die Karten zurückgeben, ist aber knapp bei Kasse. Und jetzt ist sie krank und denkt nicht an das Buch." Doch Sophie lässt sich nicht überzeugen: „Für mich ist sie schlicht unzuverlässig!" Meizhu erwidert: „Hör dir erst die Gründe an, ehe du sie verurteilst."

Chinesischer Kulturstandard

Meizhu zieht für das Verhalten der Buchentleiherin auch mögliche situative Gründe in Betracht. Dieser Perspektivwechsel von der Person zur Situation, in der sich diese Person befindet, kennzeichnet das chinesische Denken. Für Chinesen sind Personen, Ereignisse und andere Aspekte nicht isoliert voneinander zu betrachten. Es existiert eine Beziehung „zwischen den Dingen", die bei der Beurteilung eines Ereignisses oder einer Person berücksichtigt wird.

Die deutsche Sicht

Für Sophie scheint der Fall klar. Es ist bereits das zweite Mal, dass sie entliehene Sachen von Mia nicht zurückbekommt. Und dass die Entleiherin ihres Buches um die Dringlichkeit der Rückgabe weiß, lässt für Sophie nur den Schluss zu, dass Mia unzuverlässig ist. Ihre Annahme sieht Sophie bestätigt, als ihr die nicht erstatteten Essensmarken wieder einfallen. Zudem ist sie nicht bereit, situative Gründe für das Verhalten in Betracht zu ziehen, da ihre Annahme – aus ihrer Sicht – korrekt zu sein scheint.

Das Konfliktfeld

Analytische Problembewertung vs. holistische Problembewertung

Der Ausweg

Das chinesische Vorgehen bei der Bewertung des Verhaltens einer Person ist in der Tat angemessener, weil hier sowohl die Person als auch die Situation berücksichtigt wird. Die Gefahr, internale Attribuierungsfehler zu machen, ist also für Chinesen sehr viel geringer. Sophie sollte die Chance nutzen und von Meizhu lernen.

4.4.8 *Guānxi*-Netzwerk

Fallbeispiel

Dr. Achim Schröter ist das erste Mal nach China gekommen. Sein Auftrag ist klar: eine behördliche Genehmigung für ein *Green Field Investment*. Leider schien die Sache schwieriger als gedacht. Erst gestern ist er auf taube Ohren gestoßen, obwohl er sich offenkundig in der richtigen Behörde befand. Auf die Vorlage der erforderlichen Schriftstücke erwiderte der Beamte mit undurchdringlicher Miene: „没有 *méi yǒu* (nicht vorhanden)." Auch wiederholte Bitten von Dr. Schröter blieben ohne Antwort. Unverrichteter Dinge verließ er die Behörde.

Chinesischer Kulturstandard

Der Umgang mit chinesischen Behörden erfordert viel Geduld und diplomatisches Geschick (selbiges soll ja gelegentlich auch auf deutsche Behörden zutreffen). Der Weg, an gewünschte Informationen zu kommen, führt häufig über ein gutes *guānxi*-Netzwerk. Die guten Beziehungen des Netzwerkes sind beziehungs- und nicht sachorientiert.

Die deutsche Sicht

Dr. Schröter ist sehr „deutsch" vorgegangen. Mit all den erforderlichen Papieren, Formularen, Genehmigungen hat er sich auf den Weg in die (vermeintlich) zuständige Behörde gemacht, um die Green-Field-Investment-Genehmigung ausstellen zu lassen. Dieses sachorientierte Vorgehen hat in der Regel bei deutschen Behörden auch Erfolg: Einhaltung der Vorschriften und Vorlage aller erforderlichen Formulare führt zur gewünschten behördlichen Genehmigung.

Das Konfliktfeld

Fehlendes *guānxi*-Netzwerk

Der Ausweg

Da Dr. Schröters Anfrage Dringlichkeit hat, wäre der Aufbau eines *guānxi*-Netzwerkes für ihn eher von mittel- und langfristigem Wert. In der akuten Situation kann er sich daher nur der Diplomatie bedienen und zusätzlich einen chinesischen Mittler bitten, ihn bei den erforderlichen Behördengängen zur Seite zu stehen. Denn nicht immer sind die Zuständigkeiten ganz klar geregelt. Ferner kann es durchaus vorkommen, dass eine Zusage, die heute gemacht worden ist, schon morgen ihre Gültigkeit verliert. Dann heißt es Geduld, Gesicht wahren und auf keinen Fall die Contenance verlieren! Verfolgt das Unternehmen von Dr. Schröter langfristige Ziele, sollten die China-Verantwortlichen unbedingt Zeit und Geld (Geschenke, Geschäftsessen usw.) in ein funktionierendes Netzwerk investieren. Es zahlt sich aus!

4.4.9   Gesicht und *rénqíng*-Gefallen

Fallbeispiel

Karin Unterbach ist Professorin an der Technischen Hochschule in Geiststadt und Lehrstuhlinhaberin für Baustoffkunde. Vor zwei Semestern hat sie an einer Shanghaier Universität eine Gastprofessur innegehabt und in der Zeit auch guten Kontakt zu ihren chinesischen Kollegen und Kolleginnen gefunden. Frau Prof. Yang hatte sie mit einigen wichtigen Persönlichkeiten bekannt gemacht, ihr ein komfortables Zimmer in Uninähe beschafft und ihr mit den Lehrplänen geholfen. Da Prof. Unterbach schon mehrere Monate nichts mehr von ihrer chinesischen Kollegin gehört hat, ist sie an diesem Morgen umso überraschter, als sie eine E-Mail von Prof. Yang erhält. Diese bittet sie, ihrem Sohn Guoming zu einem Auslandssemester zu verhelfen und fragt an, ob Guoming während dieser Zeit nicht bei ihr wohnen könne? Um keine falschen Hoffnungen bei ihrer Kollegin zu wecken, antwortet Prof. Unterbach umgehend, dass sie die Universitätsaufnahme leider nicht beeinflussen könne. Dies sei Sache der Verwaltung. Und was die Unterkunft beträfe, so würde sie gerne eine preiswerte Unterkunft in Universitätsnähe beschaffen. Einige Tage später erhält sie eine Mail von Prof. Yang, dass Guoming sich für ein Studium in England entschieden habe und die Bitten sich somit erledigt hätten. Zunächst ist Frau Unterbach erleichtert, bemerkt aber in den darauffolgenden Monaten, dass Frau Yang den Kontakt zu ihr offenkundig abgebrochen hat.

Chinesischer Kulturstandard

Für die chinesische Professorin war die Anfrage an Frau Prof. Unterbach eine Anfrage im Rahmen von *guānxi*. Durch den längeren Aufenthalt und die Gastprofessur in Shanghai sowie der eigenen Unterstützung der deutschen Kollegin in allen Belangen hat Frau Yang die deutsche Professorin als Teil ihres Netzwerkes wahrgenommen und akzeptiert. Als jetzt ihr Sohn Guoming für ein Auslandssemester nach Deutschland gehen möchte, ist die Zeit für Prof. Yang gekommen, um *rénqíng*, den Austausch von materiellen und immateriellen Ressourcen, zu bitten. Frau Yang vermutet, dass Frau Unterbach aufgrund ihres Status' auch Einfluss auf die Studierendenaufnahme an ihrer Universität hat. Und dass sie sich in den Monaten des Aufenthaltes um Guoming kümmern würde, ist – nach chinesischen Maßstäben – nahezu selbstverständlich. Der Konflikt bricht sich an zwei Stellen Bahn. Die ablehnende Antwort von Frau Unterbach bezüglich des Platzes für ein Auslandssemester empfindet die Chinesin als eine Verweigerung des *rénqíng*. Darüber hinaus hat Frau Prof. Yang durch die direkte Absage ihrer Bitte um Unterkunft des Sohnes ihr Gesicht verloren. Wir erinnern uns: ein direktes „Nein!" gilt in China nicht nur als rüpelhaft, sondern nimmt dem Bittsteller das Gesicht.

Die deutsche Sicht

Für Prof. Unterbach kommen beide Anfragen völlig überraschend. Zum einen weiß sie nicht, dass die Aufnahme an einer chinesischen Universität auch durch die richtigen

Beziehungen geschehen kann. Dies steht im krassen Gegensatz zum deutschen Verwaltungsakt. Zum anderen möchte sie keine wildfremde Person für sechs Monate bei sich aufnehmen. (Wir hatten auf die strikte Trennung von Privatsphäre und Arbeitsbereich bei Deutschen schon hingewiesen.) In ihren Augen ist es daher konstruktiv, der chinesischen Kollegin den Vorschlag einer preiswerten Studentenunterkunft zu machen, zumal diese Lösung für Guoming preiswerter wäre als ein gemietetes Zimmer vom Wohnungsmarkt. Aus ihrer (deutschen) Sicht ist Prof. Unterbach daher den Yangs entgegen gekommen.

Das Konfliktfeld
Verweigerung von *rénqíng*-Gefallen und Gesichtsverlust

Der Ausweg
Um ihre Teilhabe am *guānxi*-Netzwerk nicht zu verlieren, muss Prof. Unterbach zwei Dinge unbedingt beachten, keinesfalls direkt und unverblümt abzusagen, und sie muss sich in irgendeiner Art und Weise um Guoming kümmern. In diesem Fall wäre es ratsam, die Familie Yang darüber aufzuklären, dass deutsche Behörden „sehr viele Formulare" benötigen. Hier könnte sie Aufnahmeformulare und Bedingungen für ein Auslandssemester besorgen und mit dem Angebot nach China schicken, beim Antrag behilflich zu sein. Die zweite Bitte ist heikler: Sie könnte mit dem Hinweis auf beengte Wohnverhältnisse ihre Befürchtung äußern, Guoming hätte kaum Gelegenheit, in Ruhe zu lernen, und darauf hinweisen, dass ein Zimmer im Studentenwohnheim für den Lernerfolg besser wäre. Sie würde aber darauf bestehen, Guoming zum Abendessen bei sich haben zu wollen, seine Lernfortschritte zu kontrollieren und ihm an den Wochenenden ein bisschen von Deutschland und der deutschen Kultur zu zeigen. Außerdem könnte sie zusammen mit Guoming bei Interesse einen Praktikumsplatz suchen. Doch die beste Lösung ist in diesem Fall tatsächlich, Guoming für das Semester bei sich aufzunehmen.

Bitte bedenken Sie: Ohne eigene Anstrengung ist eine Teilhabe an einem *guānxi*-Netzwerk unmöglich! Im Gegenzug dazu können Sie aber jederzeit auf Hilfe hoffen, wenn Sie sie benötigen.

4.5 Chinesische Konfliktlösestrategien

Wer an der Frage interessiert ist, wie Chinesen Konflikte lösen, und hierzu die Forschungsliteratur durchsieht, stellt fest, dass sie andere Strategien wählen als ihre westlichen Geschäftspartner. Dieser Unterschied wird besonders dann sichtbar, wenn Chinesen und Westler zusammen in einem Unternehmen arbeiten. Chinesen nutzen unterschiedliche Strategien mit unterschiedlichen Präferenzen, und beides in Abhängigkeit von der jeweiligen Situation (dies deckt sich mit dem, was wir über das chinesische holistische Denken erfahren haben). Kooperative Strategien werden am häufigsten eingesetzt. Der Konflikt wird – unter Gesichtgebung und -wahrung für beide Seiten und Wahrung der Harmonie – angesprochen mit dem Ziel, oppositionelle Positionen zu integrieren und den Konflikt einer Lösung zuzuführen. Das konkrete Vorgehen wird uns in Kap. 5 näher beschäftigen. Doch bleiben wir vorerst bei den Strategien. Eine zweite, wenngleich auch weniger genutzte, Strategie ist die Konfliktlösung über Kontrollmechanismen. Diese Kontrollstrategien funktionieren deshalb so gut, weil die sozialen Strukturen wie *guānxi*-Netzwerke und die besehenden Hierarchien ideale Voraussetzungen sind für Kontrolle via Macht. Demnach finden wir speziell diese Form der Konfliktlösung bei chinesischen Managern, nicht aber bei weniger mächtigen Personen vor. Ein drittes großes Strategiegeflecht ist das non-konfrontative Vorgehen: Zu nennen ist hier eine rein psychologisch begründbare Strategie, nämlich das Reduzieren der Differenzen, indem ihnen weniger Wichtigkeit zugeschrieben wird („es ist ja alles halb so schlimm"). Zugeständnisse machen und generelle Vermeidung gehören ebenfalls zu den genutzten non-konfrontativen Vorgehensweisen. (s. a. Liu und Chen 2000). Westler sollten sich davor hüten, Chinesen deswegen als „konfliktscheu" zu sehen. Das genannte non-konfrontative Vorgehen ist ein proaktives Problemlösen, da es aus chinesischer Sicht der Harmonie und in der Folge dem weiteren erfolgreichen Arbeiten in der Gruppe dient. Hier wird ein weiterer krasser Unterschied zwischen den beiden Kulturen sichtbar: Während Westler Konfliktvermeider schlimmstenfalls als Feiglinge sehen (und hier erkennen wir sogar einen möglichen Attribuierungsfehler!), sehen Chinesen Konfliktvermeidung als dem Gruppenwohl dienend an.

Yuans Befunde (2010) bestätigen das Gesagte: Chinesen suchen eher nach integrierenden Maßnahmen, Kompromissen, schalten einen Vermittler ein, lösen die Geschäftsbeziehung auf oder vermeiden den Konflikt. Den Rahmen bilden die weiter oben dargestellten Kulturwerte. Doch wie setzen Chinesen diese konkret um? Durch **Höfliches Verhalten** (礼貌, *lǐ mào*) und **Höfliches Sprechen** (客气话, *kèqi huà*). Zum Höflichen Verhalten gehören unter anderem Respekt und Wertschätzung des anderen, besonders unter Beachtung von Status, Titel und Alter, und es zeigt sich auch im Gesicht geben. Taktgefühl gehört ebenfalls in diese Kategorie. Außerdem findet sich hier auch die Tugend der Selbstbescheidenheit, eine Verhaltensweise, die Westlern aus kulturellen Gründen eher schwer fällt.

Warum sind Kenntnisse der Höflichen Sprache für das deutsch-chinesische Business so wichtig? Kern dieser zentralen chinesischen Gesprächsstrategie (Lin-Huber 2006) ist, nur indirekt Bitten auszusprechen oder abzuschlagen, eigene Meinungen zu benennen sowie – ganz wichtig – Kritik nur indirekt zu äußern. Dies sind genau die Punkte, die Westler unter Umständen verzweifeln lassen. Chinesen sprächen in Rätseln, verklausuliert und unverständlich, heißt es oft bei deutschen Managern und Verhandlungsführern. Doch so kompliziert wie es scheint, ist es nicht. Sehen wir uns einige zentrale Aspekte genauer an.

Eine Bitte aussprechen

Mit der Tür ins Haus fallen ist eine Strategie, die für Chinesen nicht infrage kommt. Eine Bitte zu äußern, bedarf der Vorbereitung. Hierzu gehört das Erkundigen nach der Familie, ob es dem Ausländer in China gefällt usw. Die Bitte wird dann beiläufig und eher zum Ende des Gespräches eingeschoben. Ist sie für den Hörer unerfüllbar, kann er sie überhören. Dies ist Gesicht erhaltend – für beide Seiten.

Eine Bitte ablehnen

Um Taktgefühl und Gesicht des anderen zu wahren, kann unter Umständen eine Bitte angenommen werden, um die Anfrage hinterher im Sande verlaufen zu lassen oder sie zu „vergessen" (Lin-Huber 2006). Auch Notlügen sind erlaubt, denn das Gesicht des Hörers zu erhalten anstatt es durch ein krudes „Nein!" oder eine klare Absage „herunterzureißen" hat oberste Priorität.

Eigene Meinung, Stellungnahmen

Chinesen nutzen die Ausweitung eines Themas als „Nebelkerzen", um eigene Stellungnahmen vermeiden zu können. Auch Äußerungen, dass etwas „zu komplex" sei, dass man etwas „nicht genau übersetzen könne", dass man noch einmal „gründlich über etwas nachdenken müsse", gehen in dieselbe Richtung.

Konfliktpotenzial mit anderen und Kritik

Gesicht erhalten und geben sowie Harmonie wahren bilden hier den Rahmen des chinesischen Verhaltens. Dazu gehört eigenes *Understatement*, um dem Gesprächspartner diplomatisch eine Absage zu erteilen zum Beispiel der Hinweis, die eigenen Sprachkenntnisse seien viel zu schlecht, um eine gewünschte Übersetzung liefern zu können. In diese Richtung geht auch die Taktik, den anderen zu erhöhen. So hat einer von uns (MM) Privatunterricht für einen Sohn aus gutem Haus höflich abgelehnt mit der Begründung, den hohen Anforderungen der Erziehung nicht gewachsen zu sein.

Eine besondere Stellung nimmt das Kritikverhalten ein, denn auch Kritik wird in der Regel nur indirekt geäußert. Eine äußerst elegante und effektive Methode ist das Ummanteln der Kritik mit Sprichwörtern, um auf den zugrunde liegenden Konflikt anzuspielen. Auf diese indirekte Methode weist im Übrigen ein Sprichwort selbst hin: auf den Mandelbaum zeigen und die Akazie ausschimpfen. In der chinesischen Sprache finden sich unzählige dieser Anspielungen und Andeutungen. Sie eignen sich zum Äußern von Kritik, Hinlenken auf den eigenen Standpunkt (z. B. bei Strategieverhandlungen), Demonstration der Selbstbescheidenheit, Smalltalk zum Aufbau einer guten Geschäftsbeziehung u.v.m. Es ist unser Anliegen, Sie damit vertraut zu machen und Ihnen eine Möglichkeit aufzuzeigen, wie Sie mit Diplomatie und Eleganz Ihre geschäftlichen Ziele gemeinsam mit Ihren chinesischen Partnern erreichen können. In Kap. 7 finden Sie die praxisorientierte Ausarbeitung sowie zahlreiche Anwendungsbeispiele unserer Kooperativen Kommunikationsstrategie.

Literatur

Chan AM (2006) The Chinese Concepts of *Guanxi, Mianzi, Renqing* and *Bao*: Their Interrelationships and Implications for International Business. Conference Paper: ANZMAC 2006 Proceedings: Brisbane, Queensland 4–6 December 2006: Advancing Theory, Maintaining Relevance. http://smib.vuw.ac.rz:8081/WWW/ANZMAC2006/documents/Chan_Alvin.pdf, Zugriff 15.11.2014

Chang H, Holt GR (1991) The Concept of *Yuan* and Chinese interpersonal relationships. In: Ting-Toomeey S, Korzenny F (Hrsg): Cross-cultural Interpersonal Communication. Sage Publ., Newbury Park CA, S 28–57

Chen G-M (2014) Harmony as the Foundation of Chinese Communication. In: Hinner MB (Hrsg): Chinese Culture in Cross-Cultural Comparison. Bd. 8. Peter Lang Verlag, Frankfurt a. M. S 191–209

Chen G-M, Starosta WJ (2005) Foundations of Intercultural Communication. University Press of America, Lanham

Duden – Das Synonymwörterbuch. Bd. 8. Duden Verlag, Berlin 2014

Gaertner L, Sedikides C, Chang K (2008) On pancultural self-enhancement: Well-adjusted Taiwanese self-enhance on personally valued traits. Journal of Cross-Cultural Psychology 39(4):463–477

Heine SJ, Lehmann DR, Markus HR, Kitayama S (1999) Is there a universal need for self-regard? Psychological Review 106(4):766–794

Hofstede G, Hofstede GJ, Minkov M (2010) Cultures and organizations: Software of the mind. McGraw-Hill, New York, 3 Aufl

Hwang K-K (1987) Face and Favor: The Chinese Power Game. The American Journal of Sociology 92(4):944-974

Hwang K-K, Han K-H (2010) Face and morality in Confucian society. In: Bond MH (Hrsg) The Oxford Handbook of Chinese Psychology, Oxford University Press, Oxford, New York. S 479–498

Ji LJ, Lee A, Guo T (2010) The thinking styles of Chinese people. In: Bond MH (Hrsg) The Oxford Handbook of Chinese Psychology, Oxford University Press, Oxford, New York. S 155–167

Jia W (1997–8) Facework as a Chinese Conflict-Preventive Mechanism – A Cultural/Discourse Analysis. Intercultural Communication Studies VII:43. Link: www.trinity.edu/org/ics/ICS%20 Issues/ICS%20VII/ICS-VII-1-JIA.*pdf*

Leung K (2010) Beliefs in Chinese culture. In: Bond MH (Hrsg) The Oxford Handbook of Chinese Psychology. Oxford University Press, Oxford, New York. S 221–240

Lin-Huber M (2006) Chinesen verstehen lernen. Wir – die Andern: erfolgreich kommunizieren. Hans Huber Verlag, Bern, 2. Aufl

Liu S, Chen G-M (2000) Assessing Chinese Conflict Management Styles in Joint Ventures. Intercultural Communication Studies 9(2): 71–88

Pollock SM, Chen K (1986) Strive to conquer the Black Stink: Decision analysis in the People's Republic of China. Interface 16:31–37

Shi-xu, Feng-bing (2010) Chinese cultural psychology and contemporary communication. In: Bond MH (Hrsg) The Oxford Handbook of Chinese Psychology. Oxford University Press, Oxford, New York. S 555–562

Xu H (2005) Business Communication in China. In: Hinner MB (Hrsg) Chinese and Western Business Cultures. Bd. 2. Peter Lang Verlag, Frankfurt a. M. S 85–99

Yin C 殷旵 (2005) 老子为道。兰州：甘肃文化出版社。[Laozi wei dao. Lanzhou: Gansu chubanshe]

Yuan W (2010) Conflict Management Among American and Chinese Employees in Multinational Organizations in China. Cross-cultural Management: An International Journal 17(3): 299–311

Verhandlung – Die Deutschen

5

5.1 Definition

Unabhängig davon, ob wir unter Verhandeln die hohe Kunst der Diplomatie verstehen oder das zähe Schachern auf einem Bazar: Immer, wenn Menschen verhandeln, geht es um unterschiedliche Interessen bezogen auf ein und dasselbe Gut, denselben Gegenstand oder dieselben Ressourcen. Diese Interessengegensätze sind zum einen der Grund für die Verhandlung, zum anderen ihr verhandelbares Element (s. a. Pfetsch 2006). Verhandlungen liegt also stets ein potenzieller Konflikt zugrunde. Dem tragen Tries und Reinhardt (2008, S. 161) Rechnung, wenn sie eine Verhandlung als „… einen Prozess, bei dem zwei oder mehrere Personen bzw. Gruppen vor dem Hintergrund eines Konfliktes durch Austausch zwischen ihnen festlegen, was jeder geben und nehmen, ausführen oder bekommen wird" bezeichnen.

5.2 Wie andere Kulturen deutsche Verhandler wahrnehmen

Für Briten sind Deutsche humorlos, für Franzosen sind sie zu sehr auf ihre Arbeit fixiert und für Italiener mangelt es ihnen bedauerlicherweise an Temperament. So nehmen beispielsweise andere Kulturen die Aufgabenorientiertheit der Deutschen negativ wahr und stereotypisieren Deutsche als „kalt, unnahbar, arrogant oder gar aggressiv" (Schroll-Machl 2013, S. 62). Um Aussagen über deutsches Verhandlungsverhalten auf ein wissenschaftliches Fundament zu stellen, hat der Amerikaner William Smyser (2003) einen Ansatz gewählt, in dem er aufschlussreiche Zusammenhänge zwischen deutscher Kultur und Verhandlungsverhalten aufdeckt. Eines seiner wichtigsten Ergebnisse ist, dass Deutsche sich nicht ohne ein *Gesamtkonzept* (Smyser 2003) in die Verhandlung begeben, wobei Smyser den deutschen Ausdruck übernimmt und ihn charakterisiert als:

© Springer Fachmedien Wiesbaden 2015

J. Micholka-Metsch, M.-C. Metsch, *Strategien für die deutsch-chinesische Geschäftsbeziehung*, DOI 10.1007/978-3-658-06102-9_5

... a comprehensive or governing concept. It expresses the fundamental aim that they [die Deutschen] wish to achieve in any negotiation. It combines their own national interest and what they perceive to fit with the interest of others. It connects the elements of their position and provides intellectual coherence. It also gives the purpose of the negotiation as a whole – including the views and objectives of others. Detailed negotiating proposals then flow from it and seek to express it. (2003, S. 60).

Smyser (2003), lange Zeit als politischer Entscheidungsträger sowohl für die US-Regierung als auch für die Vereinten Nationen tätig, hat das deutsche Verhandlungsverhalten auf politischer wie auch auf Wirtschaftsebene untersucht und beschreibt das Verhandlungsverhalten der Deutschen als relativ stabiles Muster. Das *Gesamtkonzept* zieht sich wie ein roter Faden durch alle Phasen der Verhandlung. Es bestimmt die Vorbereitung, die strategischen Ausrichtungen, die möglichen Konzessionen. Und es enthält – als zusätzliche Verhandlungsstärke der Deutschen – einen sorgfältig ausgearbeiteten Entwurf möglicher Gegenargumente, oppositioneller Positionen und potenzieller Bedarfe der Verhandlungspartner. Mögliche Strategien und Konzessionen können Deutsche somit im Vorfeld gewissermaßen simulieren und sich während der Verhandlung gänzlich auf die Inhalte konzentrieren. Die eigenen Positionen werden in aller Gründlichkeit methodisch aufbereitet und logisch fundierte Argumente zu ihrer Begründung bereitgestellt. In den Verhandlungen selbst sind Deutsche durchaus zu Konzessionen bereit (das gilt für „weiche Verhandler" ebenso wie für die „harten Hunde") – vorausgesetzt, diese lassen sich mit ihren Hauptzielen des *Gesamtkonzeptes* vereinbaren.

Wie wir gleich sehen werden, decken sich Smysers Befunde zum Großteil mit den Ergebnissen anderer Autoren, die sich ebenfalls mit deutschen Kulturstandards und deutschem Verhandlungsverhalten beschäftigt haben. Ohne vereinfachen zu wollen, lässt sich in einer ersten Annäherung der deutsche Verhandler wie folgt beschreiben: Er ist sehr gut vorbereitet, kompromissbereit, logisch-analytisch bis in alle Einzelheiten, folgt einem im Vorfeld erstellten Plan und bedenkt im Voraus mögliche Ziele und Einwände des Verhandlungspartners.

5.3   Konstituierende Bedingungen einer Verhandlung

Den Unterschied zwischen einem typisch deutschen und einem typisch chinesischen Verhandlungsstil stellen wir am besten fest, indem wir uns anschauen, was eigentlich die übergeordneten Merkmale einer Verhandlung sind und wie diese Merkmale von deutschen respektive chinesischen Verhandlern ausgeformt werden. Setzen wir diese Ausformungen in Beziehung zueinander, ergibt sich eine interaktive Dynamik, die uns zeigt, an welcher Stelle es zu Stolperfallen, Missverständnissen und Konflikten kommen kann.

5.3.1 Übergeordnete Merkmale

Die vielschichtige Dynamik eines Verhandlungsprozesses erschwert das Aufstellen eines Modells. Hilfreich wäre eine übergeordnete **Struktur**, die wir auf internationale Verhandlungen – unabhängig von ihrem Kontext – anwenden könnten. Mit ihrer Hilfe könnten wir Vergleiche ziehen und prüfen, ob sich daraus konfliktträchtige Unterschiede ergeben. So haben beispielsweise deutsche Verhandler einen stringenten Zeitplan, während Chinesen in diesem Punkt pragmatischer vorgehen. Allerdings, und das ist gleich die Einschränkung, könnten wir daraus keineswegs Antworten generieren, wie einzelne Aspekte zusammenwirken, sich dynamisch weiterentwickeln (**Prozess**) und was wir letztendlich tun müssten, um eine Verhandlung zielführend zu gestalten. Ein gutes Modell müsste demnach auch diesem Punkt Rechnung tragen und uns vermitteln, wie wir unsere *Performance* noch effektiver ausgestalten sollten. Und – ehrlicherweise – müsste das Modell die Freiheitsgrade berücksichtigen, die sich schon allein aus der Tatsache ergeben, dass wir während einer Verhandlung Positionen, Forderungen, Angebote, Konzessionen und Verhandlungsgegenstände – angepasst an die Erfordernisse – kombinieren, verändern, eliminieren und ergänzen. Aus diesem integrativen Part folgt zwangsläufig, dass es keine Zauberformel für eine erfolgreiche Verhandlung geben kann. Aufbauend auf den genannten Überlegungen haben Zartman und Berman (1982) ein solches Rahmenmodell vorgeschlagen. Fairerweise möchten wir betonen, dass die Autoren ihr Modell keineswegs als „Gewinnerstrategie" anpreisen. Doch zweifellos sind Modelle dieser Art eine gute Möglichkeit, Verhandlungsprozesse transparenter zu machen. Allerdings bleiben dabei die **persönlichen Fähigkeiten des Verhandlers** unberücksichtigt, die unbestreitbar das Ergebnis einer Verhandlung mitbestimmen. Ausgehend von genau diesem Punkt stellten sich Fisher et al. (1991) die Frage, wie ein Verhandler mit seinem Gegenüber zu einer Übereinkunft gelangt. Aus ihrer Analyse ist das mittlerweile recht bekannte BATNA-Modell (*best alternative to negotiated agreement*) hervorgegangen, das dem Praktiker hilfreiche Überlegungen liefert.

Ausgehend von der Betrachtung, wie Verhandler im Verhandlungsprozess den Kuchen aufteilen (*value claiming*) oder gar vergrößern (*value creating*) können (Lax und Sebenius (1986), lässt sich der Verhandlungsprozess als Spannungsfeld zwischen den Polen des gemeinsamen Nutzens (*joint gains*) und kompetitiver Forderungen (*competitive claims*) analysieren und mit bestimmten **Strategien** in die gewünschte Richtung bringen.

5.3.2 Kernstrategien zum Erreichen eines agreements

Wir können unterschiedliche Wege einschlagen, um an ein und dasselbe Verhandlungsziel zu gelangen. So haben wir die Möglichkeit, unserem Verhandlungspartner kompetitiv zu begegnen (*contending*), nach gemeinsamen Lösungswegen zu suchen (*problem solving*) oder unsere eigenen Forderungen zurückzuschrauben (*yielding*) (Pruitt und Rubin 1986). *Contending* hat zum Ziel, den Verhandlungspartner zu Zugeständnissen zu bewegen und arbeitet mit offenen Taktiken (überzeugende Argumente, sich nachdrücklich auf die eigenen Forderungen festlegen, Drohungen, Druckmittel einsetzen oder die Verhandlung zu verlassen, falls der Verhandlungspartner nicht zu Zugeständnissen bereit ist, Drohungen des anderen mit Gegendrohungen beantworten). Auch die zweite Strategie, *problem solving*, ist offen sichtbar, beinhaltet sie doch das gemeinsame Bemühen der Verhandlungspartner, zusammenzuarbeiten, Informationen auszutauschen bezüglich der ihren jeweiligen Positionen zugrunde liegenden Bedürfnisse und Prioritäten, das Präzisieren und Restrukturieren der Verhandlungsbelange und die gemeinsame Suche nach weiteren akzeptablen Optionen. Der gewichtigste Grund für ein Scheitern der Strategie des Problemlösens ist Misstrauen. Ein Zurücknehmen oder Abschwächen eigener Ansprüche oder der eigenen Forderungen ist Kern der dritten Strategie *yielding*. Das Vorgehen wirkt auf den ersten Blick nachteilig, schafft aber ein größeres Feld für mögliche Problemlösungen (für eine detailliertere Diskussion: Pruitt 2002). Tendenziell setzt der deutsche Verhandler Problemlösestrategien ein, wenn diese zum Erreichen der Hauptziele des *Gesamtkonzeptes* dienlich sind.

Pfetsch (2006) nimmt eine ähnliche Strategieneinteilung vor, wenn er von konfrontativen bzw. distributivem, vom integrativem sowie vom lösungsorientiertem Verhandeln spricht. Konfrontatives Verhandeln kennen wir auch als „hartes" Verhandeln: Druck, Drohung, Bluff, List, „über den Tisch ziehen", während der Verhandler beim distributiven Vorgehen Rücksicht nimmt auf das Gesicht seines Kontrahenten und Konzessionsbereitschaft signalisiert. Integratives Verhandeln ist auch als „weiches" Verhandeln bekannt und zeigt, dass der Verhandler von vornherein die Interessen seines Verhandlungspartners berücksichtigt. Ein solcher Verhandler verfügt über ein reichhaltiges Repertoire an Techniken, da er die Akteure, Verhandlungsgegenstände, Prozesse sowie das Umfeld in seine Tätigkeit mit einbeziehen kann.

Die Eckpfeiler des deutschen Managementstils bilden den Rahmen für den Einsatz konkreter Verhandlungsstrategien, die jedoch unternehmensspezifisch und in Abhängigkeit von der jeweiligen Unternehmensstrategie in unterschiedlicher Gewichtung vorliegen. Dies sind: Produkte von hoher Qualität, niedrige Produktionskosten sowie sehr guter Service (Smyser 2003), die – je nach Branche – den Verhandlungszielen ihre Richtung geben. Der Autor bemerkte in seiner Analyse einen interessanten Sachverhalt. Traditionsorientierte Manager, den genannten Prinzipien verhaftet, verhalten sich in Verhandlungen eher konservativ und risikoavers. Diejenigen Manager, die tangiert sind von der amerikanischen „MBA-Kultur" (Master of Business Administration), pflegen einen „lebhaften und entscheidungsfreudigen Stil sowie die Bereitschaft, größere, wenngleich auch noch kalkulierbare Risiken einzugehen" (S. 149). Diese neue Managementkultur beeinflusst auch das Verhandlungsverhalten und kann beispielhaft studiert werden am Fall der Übernahme von Chrysler durch die Daimler-Benz AG mit dem damaligen Verhandlungsführer Jürgen Schrempp (S. 150 ff.).

5.3.3 Verhandlungsphasen und Verhalten bei deutschen Verhandlern

Die folgenden Ausführungen stützen sich auf die Ausführungen von Smyser (2003), Pfetsch (2006) sowie persönlicher Kommunikation der Autoren mit deutschen, in China tätigen Verhandlern.

Vorbereitungsphase
Wie oben bereits dargestellt, gehen Deutsche sehr gut vorbereitet in die Verhandlung. Wenn nicht ein Gesamtkonzept besteht, dann doch zumindest ein gut ausgearbeitetes Strategiepapier mit den eigenen unbedingt zu erreichenden Zielen, möglicherweise zu erreichenden Zielen, Möglichkeiten der Konzessionen. In der Regel sind Deutsche auch gut über ihre Verhandlungspartner informiert. Hierzu zählen neben dem Portfolio und Referenzen andere Geschäftspartner und ökonomische Eckdaten.

Eröffnungsphase
Smalltalk und Beziehungsherstellung hat bei deutschen Verhandlern nicht den hohen Stellenwert wie in anderen Kulturen, beispielsweise China. Je nach Art der Verhandlung und Verhandlungspartner werden sowohl das eigene Unternehmen als auch die eigenen Positionen dargestellt. Der Kommunikationsstil ist sehr direkt und klar.

Mittlere Phase – Re-Präsentation
In dieser Phase zeigen sich die Hauptziele, die die Deutschen verfolgen, für die Verhandlungspartner immer deutlicher. Je nach Erfordernis werden Strategien eingesetzt, die Tempo und Richtung der Verhandlung bestimmen. Konzeptziele (Hauptziele) geben Deutsche in der Regel nicht auf, wenngleich sie bezüglich ihrer sekundären Ziele beweglicher sind. Dies ist besonders dann der Fall, wenn für eine Konzession zu den sekundären Zielen ein Zugeständnis im Konzeptzielbereich errungen werden kann. Vorrangige Strategien sind eher kompetitiv, aber Deutsche sind durchaus auch für Problemlösestrategien offen.

Mittlere Phase – Revision
Während dieser Phase werden Deutsche als Verhandlungspartner wahrgenommen, die keine Einigung um der Einigung willen suchen, obwohl ein völliger Abbruch der Verhandlung nach Möglichkeit vermieden wird. Jede angebotene Konzession wird auf ihre logische Fundiertheit an den Fakten und nach Übereinstimmung mit den Konzeptzielen (Hauptzielen) geprüft.

Schlussphase
Praktische Lösungen, Kompromisse und Konzessionen finden in aller Regel nur die Zustimmung deutscher Verhandler, wenn diese sich logisch fundiert und passend zu den hauptsächlich verfolgten Zielen in das ursprüngliche *Gesamtkonzept* einbinden lassen.

Nach Pfetsch (2006) können wir den deutschen Verhandlungsstil wie folgt charakterisieren und zusammenfassen: Er folgt stets einer konzeptionellen Logik, als roter Fa-

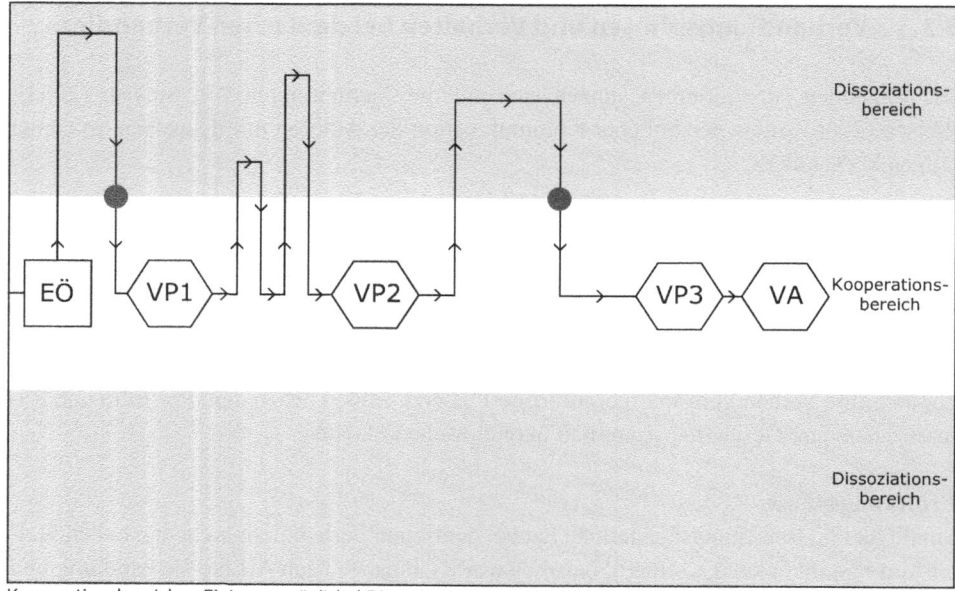

Abb. 5.1 Linearer Verhandlungsverlauf (vereinfacht)

den dienen Punkte-Listen, die einen relativ linearen Verhandlungsverlauf vorgeben (vgl. Abb. 5.1). Jeder Punkt steht in einem logisch begründeten Zusammenhang mit den Hauptzielen des Verhandlers. Die Ziele verfolgt der Verhandler mit Beharrlichkeit und Ausdauer. Er ist zwar zu Kompromissen bereit, jedoch nur unter der Bedingung, dass diese die Kohärenz der Logik nicht durchbrechen. Dies führt unter Umständen zu einer eingeschränkten Flexibilität, andererseits jedoch können deutsche Verhandler selbst bei eingegangenen Kompromissen sicherstellen, dass ihr allgemeines Konzept gewahrt bleibt und die Unternehmensstrategien kohärent bleiben.

Verknüpfen wir die Charakterisierung des deutschen Verhandlungsstiles mit den Eigenschaften, die einen erfolgreichen Verhandler ausmachen, und ziehen anschließend vor dem China-Kontext eine erste Bilanz. Folgende Verhandler-Eigenschaften haben sich bei internationalen Verhandlungen als Schlüsselerfolgsfaktoren herausgestellt:

- Stressresistenz
- Empathie; Verhalten des anderen in dessen System verstehen
- eigene Ideen für den anderen verstehbar darstellen
- Sensibilität, den kulturellen Kontext des anderen zu verstehen und eigene Vorschläge daran anzupassen

Ihre Verhandlungsziele verfolgen Deutsche mit Beharrlichkeit und Ausdauer und zeigen sich somit resilient (stressresistent). Da das deutsche Gesamtkonzept die Positionen des Verhandlungspartners in Betracht zieht, müsste zusätzlich (wenn nicht schon geschehen)

Kulturwissen mit berücksichtigt werden. Der letzte Punkt ist wahrhaft der schwierigste. Aus unserer Sicht ist die von Pfetsch (2006) angesprochene „Sensibilität" notwendig, aber nicht hinreichend. Denn sie muss für den chinesischen Geschäftspartner auch sicht- und hörbar zum Ausdruck kommen! Für diesen wichtigsten Schlüsselerfolgsfaktor benötigen wir daher nicht nur Informationen über die Verhandlungsstile der Chinesen, sondern auch eine konkrete Strategie, wie wir die Verhandlungstechniken strategisch-kommunikativ umsetzen müssen.

5.3.4   Fazit

Die oben genannten Merkmale einer Verhandlung werden kulturell überformt. Stimmen die jeweiligen Formen der beteiligten Verhandlungsparteien nicht überein, ergibt sich ein potenzielles Konfliktfeld. Darüber hinaus können weitere Spannungen in internationalen Verhandlungen entstehen, wenn die Parteien unter kooperativem und kompetitivem Verhalten jeweils etwas anderes verstehen (Faure 1999). Dies gilt im Übrigen auch für die in Verhandlungen innewohnenden Konflikte: Nicht immer bemerken deutsche Verhandler, dass sie mit ihren chinesischen Geschäftspartnern bereits einen Konflikt haben, weil sie deren Signale nicht korrekt interpretieren oder missdeuten. Dasselbe gilt selbstverständlich auch für den umgekehrten Fall. Doch konzentrieren wir uns zunächst auf deutsche Verhandler.

Um uns die Verbindung von Kultur und Verhandlungsverhalten im Detail zu verdeutlichen, greifen wir auf die deutschen Kulturstandards zurück, wie wir sie in Kap. 2 dargestellt haben.

5.4   Die Deutschen: Kulturstandards und Verhandlungsverhalten

5.4.1   *Low-context*-Kultur: direkte Kommunikation

Sachverhalt

Als Angehörige einer *Low-context*-Kultur kommen Deutsche explizit und ohne Umschweife auf den Punkt. Sie meiden Ambiguitäten. Präzise Formulierungen werden angestrebt, sodass der Gesprächspartner weiß, woran er ist und darüber hinaus das Problem klar und eindeutig benannt ist. Deutsche kommen in der Regel nicht auf die Idee, dass eine Kernbotschaft im Kontext „versteckt" ist oder das Ungesagte die Botschaft sein könnte.

Fallbeispiel

Mareike Oberschmidt sitzt mit ihren chinesischen Chefinnen in einer Projektbesprechung. Sie möchte über die Stelle als Projektleiterin verhandeln. „Ich arbeite nun schon knapp zwei Jahre für Sie. Sie konnten sich also ein Bild von meinen Leistungen machen. Die letzten Projekte, die ich mitbetreut habe, sind zu Ihrer Zufriedenheit ausge-

fallen. Ich möchte daher gern die Projektleitung für das *Dongxi*-Projekt übernehmen."
„Nun", erwidert Frau Liu, „wir werden darüber nachdenken."

Deutscher Kulturstandard

Frau Oberschmidt beginnt ihre Verhandlung sehr ungeschickt, indem sie direkt und freihe-
raus zur Sache kommt und ihre Chefinnen wissen lässt, was sie sich als künftiges Arbeitsgebiet erhofft. Sie begründet ihre Vorstellung mit Fakten und verweist darauf, dass sie ihre
beiden Vorgesetzten mit ihren bisherigen Leistungen überzeugen konnte.

Die chinesische Sicht

Die beiden chinesischen Chefinnen sind von Frau Oberschmidts Direktheit wenig angetan und empfinden die Unverblümtheit schlicht als unhöflich. Möchte man mit Chinesen
über etwas verhandeln, wird am Anfang des Gespräches eine Beziehung hergestellt. Das
Wichtigste kommt zum Schluss. Die Schlussbemerkung der Chefinnen ist ein chinesisches Nein!

Der Ausweg

Frau Oberschmidt täte gut daran, zunächst eine Beziehung herzustellen, ehe sie ihren
Wunsch im Kontext versteckt äußert: „Ich weiß, dass Sie viel Verantwortung tragen und
wenig Zeit haben. Trotzdem geben Sie mir Gelegenheit, über das *Dongxi*-Projekt zu sprechen. Dafür danke ich Ihnen! Ich würde Ihre Großzügigkeit gern erwidern, indem ich
mich noch mehr für unsere Firma einsetze. Und ich würde mich sehr freuen, wenn Sie
mir Gelegenheit geben würden, mich weiter zu verbessern." Im letzten Satz von Frau
Oberschmidt steckt der Wunsch bezüglich der Projektleitung. Frau Oberschmidt kann sich
völlig sicher sein, dass die Botschaft bei ihren Chefinnen ankommt.

Unterpunkt: Problemanalyse und direkte Kommunikation

Sachverhalt

Ergibt sich während der Geschäftätigkeit ein Problem, bemühen sich Deutsche um eine
– möglichst fundierte – Lösung. Da in aller Regel Zuständigkeiten, Verantwortungs- und
Entscheidungsbereiche genau definiert sind, können sie das Problem bis in die Details
analysieren. Ein solcher Lösungsweg setzt natürlich voraus, dass alle Fakten und Umstände benannt und berücksichtigt werden.

Fallbeispiel

Das deutsche Haushaltsgeräteunternehmen Supellex hat ein Treffen mit Jiadian, einem
chinesischen Haushaltsgerätevertreiber. Die Deutschen hatten um das Treffen gebeten,
da sie mit den gegenwärtigen Absatzzahlen nicht zufrieden sind. Gerade stellt Frau
Siegreich das Problem dar: „Herr Wang, Frau Zhong, wir haben vor einem Jahr unseren Vertrag ausgehandelt und Sie hatten Absatzzahlen von 12.000 Stück pro Quartal

zugesagt. Wir haben nun nach vier Quartalen die realen Absatzzahlen mit den Plan-
zahlen verglichen und mussten feststellen, dass wir nicht mal annähernd an Ihre Zusage herankommen. Wir fragen uns, wo das Problem liegt." Frau Zhong antwortet:
„Deutsche Produkte sind bei Chinesen sehr beliebt. Wir wissen um die gute Qualität.
Vielleicht müssen sich die Leute erst daran gewöhnen." „Das kann natürlich sein. Es
gibt jedoch noch weitere mögliche Gründe, die ich gern abklären möchte. Da wäre zum
Beispiel Ihr Marketing. Wird unser Produkt von Ihren denn ausreichend beworben,
sodass es im Markt bekannt ist? Oder wie wird es in den Geschäften präsentiert? Sind
die Verkäufer gut genug informiert, sodass sie Kundenanfragen beantworten können?"
Jetzt schaltet sich Herr Wang ein: „Jiadian gibt sich Mühe, Ihre Produkte zu verkaufen.
Ich bin allerdings auch der Meinung, dass Frau Zhong Recht hat. Die Leute müssen
sich erst daran gewöhnen. Und sie wissen, dass deutsche Produkte etwas Besonderes
sind. Vielleicht ist es eine gute Idee, ihnen noch Zeit zu geben." „Es mag ja zutreffen,
dass Sie beide mit Ihrer Vermutung Recht haben. Aber für Supellex wird es teuer, wenn
noch mehr Zeit verstreicht. Lassen Sie uns nochmal die Marketingstrategien, Verkaufs-
präsentation und Verkäuferschulungen besprechen."

Deutscher Kulturstandard

Frau Siegreich bezieht sich auf einen ausgehandelten Vertrag, der offenkundig nicht in
allen Punkten erfüllt wird. Für sie ist klar, dass dieser Umstand direkt angesprochen werden muss und zur Lösung des Problems alle potenziellen Ursachen in Betracht gezogen
werden müssen. Dabei geht sie explizit und strukturiert vor.

Die chinesische Sicht

Herr Wang und Frau Zhong fühlen sich aus mehreren Gründen überrollt. Zunächst einmal
ist es in China unüblich, eigene Maßgaben unverblümt und ohne Gesichtgebung des Partners vorzugeben. Zum anderen hat Frau Siegreich nicht verstanden, dass die Äußerung
von Frau Zhong und Herrn Wang, die Leute müssten sich erst an das Produkt gewöhnen,
auch der eigenen Gesichtswahrung dient. Durch ihre direkte, lösungsorientierte Art hat sie
es an dieser Stelle versäumt, die ausgestreckte Hand zu ergreifen und die Angelegenheit
konstruktiv auf diplomatischerem Parkett zu lösen.

Der Ausweg

Spulen wir das kleine Szenario zurück bis zu der Erklärung, dass die Leute sich erst an das
Produkt gewöhnen müssten. Frau Siegreich könnte erwidern: „Ja, das sehe ich auch so. Es
gibt sehr vieles, was sich momentan in China verändert. Und diese Veränderungen sind für
die Leute nicht einfach. Aber ich weiß, dass Chinesen klug sind und gut mit Veränderungen umgehen können. Was halten Sie davon, wenn wir ihnen dabei helfen? Wir könnten
ihnen Informationen über unsere Produkte geben und auch den Verkäufern vorführen, womit sie es zu tun haben. Dann haben sie selbst Gelegenheit, die Produkte auszuprobieren.
Aber was auch immer wir als Lösung finden, unsere Situation erinnert mich an etwas, das
man bei Ihnen in China sagt: Eine Hand kann schwerlich klatschen."

Kommentar

Der Lösungsvorschlag ist hier stark gerafft dargestellt. In einer realen Situation müsste den chinesischen Geschäftspartnern die Möglichkeit gegeben werden, zu antworten und zu kommentieren. Was Frau Siegreich hier aber gut gelungen ist, ist die Anwendung des Sprichwortes. Damit betont sie, dass die Lösung des Problems nur möglich ist, wenn beide Parteien an einem Strang ziehen. Dadurch erhält die Firma Jiadian jede Menge Gesicht und wird sich allein aus diesem Grund um Lösungen bemühen.

Unterpunkt: Kritik und direkte Kommunikation

Sachverhalt

Direkte Kommunikation ist für Deutsche auch in Kritikgesprächen normal. Kritik als solche dient einem übergeordneten Ziel (konstruktive Kritik) und dafür müssen die Fakten genannt werden. Die Spielregel hierfür heißt: die Sache kritisieren und nicht die Person. Den Stellenwert, den Deutsche konstruktiver (und methodisch einwandfreier) Kritik beimessen, zeigen die zahlreichen Personalentwicklungs- und Führungskräfteseminare, die dieses Thema anbieten.

Fallbeispiel

Zwei Verhandlungsteams einer deutschen Elektronikfirma und einer chinesischen Zuliefererfirma sitzen zusammen und verhandeln über den gewünschten Liefertermin. Verhandlungsführer Winfried Baumann hat den Verdacht, dass die Chinesen einen Termin nennen, den sie gar nicht einhalten können. „Ich habe mir den Zeitplan noch mal angesehen. Bei einer Stückzahl von 10.000 benötigen Sie bereits 14 Tage. Nun haben wir aber die Stückzahl auf 13.500 erhöht, Sie haben aber nur 15 Tage Zeit. Das kann doch gar nicht klappen. Ich habe langsam das Gefühl, dass Sie etwas zusagen, von dem Sie schon jetzt wissen, dass Sie es nicht einhalten können." Betretenes Schweigen auf der anderen Seite.

Deutscher Kulturstandard

Herr Baumann kritisiert nach deutschen Maßstäben: Er beanstandet direkt und er nennt die Gründe für seine Kritik. Und genauso direkt nennt er seine Vermutung, dass seine Geschäftspartner ihm offenbar einen nicht einzuhaltenden Liefertermin zusagen. Im deutschen Kontext wird von Herrn Baumann als Führungskraft ein lösungsorientiertes Verhalten erwartet. Im Falle auftretender Schwierigkeiten muss er diese umgehend anpacken und beheben.

Die chinesische Sicht

Angesichts derart direkter Kritik reagieren die chinesischen Geschäftspartner konsterniert. Selbstverständlich wissen sie, dass der Termin unhaltbar ist. Allerdings wurde von den Deutschen die Stückzahl kurzfristig erhöht, bei nahezu identischer Lieferzeit. Dennoch haben die Chinesen diesen Schritt nicht kritisiert, um ihren deutschen Partnern das Gesicht nicht zu nehmen.

Der Ausweg

Die Situation für Herrn Baumann ist ein wenig verzwickt. Fragt er seine chinesischen Geschäftspartner, ob sie den Termin oder einen zeitnahen anderen einhalten können, würde die Antwort immer „ja" heißen, um Gesicht zu wahren. Eine Möglichkeit für Herrn Baumann wäre der Vorschlag: „Vielleicht ist es wegen des knappen Termins schwierig, die höhere Stückzahl zu liefern. Ich überlege gerade, ob wir das Problem mit zwei Teillieferungen lösen können. Aber vielleicht haben Sie eine noch bessere Idee?" – Durch Anerkennen des Problems mit dem knappen Liefertermin gäbe Herr Baumann den Chinesen Gesicht und die Tür stünde offen für eine gemeinsame Lösungssuche.

5.4.2 Individualismus-Kollektivismus

Sachverhalt

Individualismus prägt westliche, und damit auch die deutsche, Kultur. Jeder ist bis zu einem gewissen Grad frei in seinen Entscheidungen, trägt aber auch die Verantwortung für sie. Ausprägungen findet der Individualismus unter anderem darin, dass Deutsche frei ihre Meinung vertreten, ihre Vorlieben, Abneigungen und Interessen kommunizieren. Spezialgebiete und Expertise werden als personengebunden anerkannt.

Fallbeispiel

Am Verhandlungstisch sitzen ein deutsches Team der NoordPolar Kältetechnik GmbH sowie Vertreter eines chinesischen Lebensmittelkonzerns. Die Chinesen beabsichtigen mithilfe einer neuen Kühltechnik ihre Fertigung zu modernisieren. CEO Yang hat gerade seinen Konzern und die Pläne hinsichtlich der Modernisierung vorgestellt. Er wendet sich an den deutschen Verhandlungsführer, Onno Burmeister. „Wir haben gehört, dass Ihr Unternehmen NoordPolar einen sehr guten Ruf hat. Wir sind sehr erfreut, dass Sie sich die Zeit nehmen, uns mehr über NoordPolar mitzuteilen." „Auch wir freuen uns über die Gelegenheit. Gerne geben wir Ihnen die gewünschten Informationen. Allerdings wird Herr Winterfeld diesen Part übernehmen. Er ist der Leitende Ingenieur und Prozesskühlungen sind sein Arbeitsfeld." Herr Yang lässt sich seine Irritation nicht anmerken, als Herr Winterfeld mit der Präsentation beginnt.

Deutscher Kulturstandard

Für das deutsche Verhandlungsteam ist es völlig normal, für die jeweiligen Verhandlungsparts die entsprechenden Experten einzusetzen. Daher erscheint es für sie logisch, einen Ingenieur die technischen Daten präsentieren zu lassen und ihn mit der Aufgabe zu betrauen, die technischen Belange der Verhandlungen zu übernehmen.

Die chinesische Sicht

Chinesen sehen während der Verhandlung in ihrem Gegenüber nicht einen beliebigen Vertreter einer Firma, sondern die Person. Und an diese werden Zugeständnisse, Abmachungen und Absprachen geknüpft. Daher ist es für sie irritierend, wenn ihnen für unterschiedliche Aspekte der Verhandlung verschiedene Personen, ausgestattet mit identischen Entscheidungsfreiheiten, gegenüber sitzen. Darüber hinaus ist Herr Yang verstimmt, da er als Ranghöchster sich nun nicht mit dem Ranghöchsten des deutschen Teams besprechen kann (Machtdistanz).

Der Ausweg

Herr Burmeister sollte nach seiner eigenen Präsentation des Unternehmens darauf verweisen, wie wichtig es für die NoordPolar wäre, den hohen technischen Ansprüchen der Chinesen zu genügen: „Deshalb habe ich unseren besten Ingenieur mitgebracht, der Ihnen für alle Fragen zur Verfügung steht. Damit Sie die Möglichkeiten von NoordPolar kennen lernen können, hat Herr Winterfeld ein wenig Material für Sie zusammengestellt."

Individualismus: Unterpunkt Privatsphäre
Sachverhalt

Individualismus als Kulturstandard zieht auch zwischen dem Arbeits- und Privatleben eine feine, aber hoch wirksame Demarkationslinie. Arbeit und Privates werden streng voneinander getrennt.

Fallbeispiel

Mitarbeiter einer deutschen und einer chinesischen IT-Firma treffen sich in Foshan, um im Rahmen einer Vorverhandlung herauszufinden, ob ein *Joint project* machbar ist. Nach einer Stadtrundfahrt setzen sich die Teams zusammen und präsentieren ihre Firmen. Da es bereits früher Abend geworden ist, schlägt Herr Ma vor, doch in eine Karaoke-Bar zu gehen. Die Deutschen sind von der Idee wenig begeistert und geben Herrn Ma zu verstehen, dass es doch recht spät geworden ist und sie sich gern zurückziehen möchten, „um für den nächsten Arbeitstag wieder fit zu sein".

Deutscher Kulturstandard

Individualismus als Kulturstandard führt unter anderem auch dazu, seine Freizeit beanspruchen zu können und sie nach eigenem Gusto zu verbringen.

Die chinesische Sicht

Für Chinesen gibt es keine klare Trennung zwischen Arbeit und Privatsphäre, dies gilt insbesondere für KMU. Zusätzlich ist hier der chinesische Kulturstandard wirksam, der nahezu konträr zum deutschen ausgeformt ist: die Relevanz der Gruppe, der Kollektivismus.

Der Ausweg

Der Gang in die Karaoke-Bar, gemeinsames Abendessen, Stadtrundfahrten usw. dienen in China auch dazu, eine Beziehung zum Geschäftspartner aufzubauen und ihn näher kennen zu lernen. Es empfiehlt sich, nicht jedes der Angebote abzulehnen, wenngleich auch Chinesen für *jetlag*-geplagte Geschäftspartner durchaus Verständnis haben.

5.4.3   Machtdistanz

Sachverhalt

Machtdistanz nach Hofstede beschreibt das Ausmaß, bis zu welchem weniger mächtige Mitglieder einer Organisation ungleiche Machtverteilung erwarten und akzeptieren (Hofstede und Hofstede 2009). Bei hoher Machtdistanz wie in China führt diese Akzeptanz zu einem ganz besonderen Entscheidungsstil: Die Entscheidung wird „nach oben" delegiert. Bei Diskrepanzen in der Wahrnehmung von Problemen und Problemlösungen halten sich Mitarbeiter mit hoher Machtdistanz mit der eigenen Meinung zurück, sollte diese von der des Vorgesetzten abweichen.

Fallbeispiel

Thilo Rautner und Amelie Hollstein sind zu einer dritten Verhandlungsrunde mit ihrem chinesischen Partner nach Guangzhou gekommen, um wichtige Eckpunkte der Verhandlungen über eine umfangreiche Oberhemdenlieferung zu verifizieren. Die beiden ersten Verhandlungsrunden liefen aus ihrer Sicht zäh, aber erfolgreich, die chinesischen Geschäftspartner haben die deutschen Entwürfe akzeptiert und Stückpreise sind ebenfalls ausgehandelt worden. Die beiden Deutschen sind zu einer weiteren Betriebsbesichtigung nach China gekommen und haben einen detaillierten Lieferplan mitgebracht, der noch besprochen werden muss. Frau Hollstein kommentiert den Plan: „Wir benötigen zwei Lieferungen pro Jahr, einmal die Sommer-, einmal die Winterkollektion. Die Entwürfe haben Sie ja bereits vorliegen und zugesagt, dass es keine Probleme geben würde. Wir würden Ihnen nun gern zeigen, an welche Filialen die Kollektionen geliefert werden sollen." Herr Meng, mit dem die Entwürfe bereits abgesprochen waren, reagiert zögerlich. „Nun ja, wir sollten uns die Entwürfe noch einmal ansehen. Und dann mit Ihren Wünschen vergleichen." Herr Rautner ist alarmiert: „Gibt es denn irgendwelche Probleme? Wir sind nach unserer letzten Verhandlung davon ausgegangen, dass mit den Kollektionen und Stückpreisen alles in Ordnung ist." „Jaja, alles in Ordnung. Nur sollten wir noch einmal alles überprüfen…" „Welchen Punkt sollen wir denn prüfen? Die Kollektionen können wir nun nicht mehr verändern. Und die Preise standen doch auch fest…"

Deutscher Kulturstandard

Thilo Rautner und Amelie Hollstein haben in gutem Glauben, den Entscheidungsträger vor sich zu haben, die bisherigen Verhandlungen geführt. Deshalb ist das Verhalten von Herrn Meng für sie ohne Weiteres nicht interpretierbar. Darüber hinaus haben die beiden sich darauf verlassen, die Verhandlungspunkte der Kollektionsentwürfe und der Stückpreise in beiderseitigem Einvernehmen vertragsreif ausgehandelt zu haben.

Die chinesische Sicht

Herr Meng sitzt in der Klemme. Er hat zwar die ersten beiden Verhandlungsgespräche geführt, aber nicht in Entscheidungsbefugnis. Seine Anweisungen hat er stets vom obersten Vorgesetzten bekommen, der sich bei den Verhandlungen im Hintergrund gehalten hat, und nun muss er in dessen Auftrag die Vertragsbedingungen ändern. Dies möchte Herr Meng so natürlich nicht sagen, um die Harmonie nicht zu stören. Also wendet er zirkuläres Verhandeln (eine Rückkehr zu einem vermeintlich bereits ausgehandelten Punkt) an, um den neuen Vorgaben gerecht zu werden. Ein Vermitteln zwischen den beiden Positionen ist für ihn schwierig, denn den Vorschlag der Deutschen dem Chef zu unterbreiten, hieße gleichzeitig, seine Autorität infrage zu stellen. Denn offenkundig ist es ihm nicht gelungen, dessen Vorgaben konfliktfrei umzusetzen.

Der Ausweg

Deutschen Verhandlern sei dringend geraten, im Vorfeld abzuklären, wer im Unternehmen des chinesischen Partners Entscheidungsbefugnis hat. Dies lässt sich auch auf Verhandlungsgespräche mit Behörden beziehen. Stellen Sie unbedingt sicher, dass Sie mit der für Ihre Belange zuständigen Behörde sprechen. Nicht immer sind die Zuständigkeiten eindeutig geklärt! In den chinesischen Sonderwirtschaftszonen finden Sie in aller Regel einen verantwortlichen Leiter (Direktor), der Sie mit den notwendigen Informationen versorgt. Auch ansässige Beraterfirmen können Sie mit Richtlinien, Vorschriften, Zuständigkeiten und Prozedere vertraut machen.

5.4.4 Unsicherheitsvermeidung

Sachverhalt

Unsicherheitsvermeidung ist keineswegs gleichbedeutend mit Risikovermeidung (Hofstede und Hofstede 2009). Vielmehr möchten Deutsche, sofern machbar, Ambiguitäten ausschließen. Damit Mehrdeutigkeiten gar nicht erst entstehen können, stellen sie Regeln auf und regulieren Abläufe, Prozesse und halten aus diesem Grund auch Verhandlungsergebnisse in detailliert ausgearbeiteten Verträgen fest.

Fallbeispiel

Der Kühlschränkehersteller Nivosus hat sein chinesisches Partnerunternehmen Liang-kuai zu einer Abschlussverhandlung in Deutschland zu Gast. Die Chinesen möchten Kühlschränke mit Zusatzfächern für bestimmte Lebensmittel, was mithilfe von Nivosus umgesetzt werden soll. In der Sache waren sich beide Unternehmen einig. Herr Liao hat fest damit gerechnet, heute den endgültigen Vertrag zu unterzeichnen, sodass die Kühlschranklieferung alsbald erfolgen kann. Julius Bottker, CEO bei Nivosus hat jedoch noch einige Probleme: „Also, ich bin den Vertragsentwurf durchgegangen. Die Eckpunkte sind alle genauso wie abgesprochen. Mir fehlen allerdings noch einige wichtige Punkte, die ich gern noch in den Vertrag aufnehmen würde." Er legt Xiaolong Hu ein gebundenes, mehrere Seiten umfassendes Schriftstück vor. „Ich habe mir erlaubt, die noch offenen Punkte zu notieren. Im Wesentlichen geht es hierbei um Lieferverzüge unsererseits, Zahlungsverzüge Ihrerseits, Wahl der Spedition und Berechnung einzelner Fristen." Herr Hu ist sprachlos. Er hat von der Regulierungsliebe der Deutschen bereits gehört, aber das...?

Deutscher Kulturstandard

Unsicherheit lässt sich vermeiden, indem bereits im Vorfeld jedes Detail bestimmt wird und jeder weiß, was zu tun ist, sollten unvorhergesehene Dinge geschehen. Deutsche orientieren sich, gerade im Geschäftsbereich, an Perfektion, Akkuratesse und Detailbeachtung. Auch gilt es, Fehler zu vermeiden.

Die chinesische Sicht

Chinesen können sehr gut mit Mehrdeutigkeiten umgehen (ihre Sprache ist voll davon). Auch Unsicherheit ist kein großes Problem für sie. Da Chinesen die Welt als ständig im Wandel begriffen erleben, macht für sie eine Planung bis ins allerkleinste Detail nicht viel Sinn.

Der Ausweg

Sicher weichen weder Herr Bottker noch Herr Hu von ihrem jeweiligen kulturbedingten Verhalten ab. Somit ist das Ziel, dass durch die Unterschiede die Geschäftsbeziehung nicht gefährdet wird. Dies ist nur zu erreichen, indem Herr Bottker Herrn Hu zeigt, wie verlässlich der deutsche Geschäftspartner ist (und umgekehrt selbstverständlich auch). Das schafft Vertrauen, sodass beide Seiten letztendlich entspannt mit ihren Unterschieden umgehen können.

Tipp

Wenn Sie ein solches Vertragspaket für notwendig erachten, sollten Sie sicherstellen, an anderer Stelle immer wieder Vertrauensarbeit zu leisten, um Ihre Geschäftsbeziehung auf Nachhaltigkeit und Langfristigkeit auslegen zu können

5.4.5   Monochronismus

Sachverhalt

Deutsche arbeiten eher monochron: Eine Aktivität steht zu einem bestimmten Zeitpunkt im Vordergrund, die dann konzentriert bearbeitet wird. Diese Haltung spiegelt sich in der Zeitplanung wider, auch bei Verhandlungen. Verhandlungspunkte werden durchstrukturiert und Zeitfenstern zugeordnet. Punkte, zu denen bereits eine Übereinkunft getroffen wurde, werden als erledigt angesehen. Die Folge ist ein „Sich-linear-durch-die Zeit-bewegen".

Fallbeispiel

Ein deutscher Süßwarenhersteller verhandelt mit einem chinesischen Weinvertrieb. Es soll eine exquisite Geschenkebox mit hochwertigen Waren entstehen, die auf dem chinesischen Markt vertrieben werden soll. Am gestrigen Verhandlungstag hatten Frau Dulsimann und ihr Team Herrn Hui und seinem Team die Pralinés präsentiert und Kostproben verteilt. Die Chinesen waren begeistert und hatten sich für bestimmte Richtungen entschieden. Am heutigen Verhandlungstag möchten die Deutschen nun die Verpackungsart verhandeln. Ihre Vorstellung ist, die traditionelle Verpackung als Markenidentität mit zu übernehmen. Frau Dulsimann reicht dem chinesischen Team die in blau und gelb gehaltenen Verpackungen. Herr Hui kommentiert: „Das verwendete Papier ist sehr hochwertig. Auch das Gelb ist sehr schön und leuchtet kräftig. Aber wir sollten das Blau durch ein Rot ersetzen." Frau Dulsimann erklärt, warum ihr Unternehmen so viel Wert auf die traditionelle Verpackung legt. Herr Hui nickt und sagt dann: „Wir haben nochmal über die dunklen Pralinen nachgedacht. Ich glaube, sie kommen eher infrage als die hellen." Frau Dulsimann ist verwirrt. Hatten sie das nicht gestern schon ausgehandelt? Und was ist jetzt mit den Verpackungen? Da aber Herr Hui genickt hat, nimmt sie an, dass die traditionelle Verpackung des Unternehmens für die chinesischen Geschäftspartner in Ordnung zu sein scheint. „Möchten Sie die hellen Pralinen zusätzlich in der Box haben, Herr Hui?" „Nein, nein, wir nehmen doch besser die helle Schokolade. Und vielleicht auch etwas mit Mandeln. Haben Sie auch Mandelpralinen?" „Selbstverständlich können Sie auch von unseren Mandelpralinen probieren. Es gibt mehrere zur Auswahl. Aber vielleicht sollten wir erst einmal die Sache mit der Verpackung unter Dach und Fach bringen, sonst verlieren wir am Ende noch ganz den Überblick…"

Deutscher Kulturstandard

Frau Dulsimann ist nach der Entscheidung der Chinesen für eine bestimmte Pralinenauswahl davon ausgegangen, dass dieser Verhandlungspunkt mit einem Konsens abgeschlossen wurde. Dass Herr Hui nun mitten im nächsten Verhandlungspunkt das Thema unterbricht und auf etwas für sie Erledigtes zurückkommt, verwirrt und verärgert sie, zumal auch der gegenwärtige Vertragspunkt nicht bis ans Ende durchverhandelt werden kann.

Die chinesische Sicht

Für Chinesen ist es nicht ungewöhnlich, mehrere Dinge simultan zu verhandeln oder auf Punkte zurückzukommen, die bereits besprochen waren. Für sie hat eine solche Absprache etwas Vorläufiges, das jederzeit modifiziert werden kann.

Der Ausweg

Hier ist Verständnis von beiden Seiten gefragt. Beide Kulturen haben einen grundverschiedenen Umgang mit der Zeit, der sich im jeweiligen Denken und Problemlösen niederschlägt. Für deutsche Verhandler empfiehlt es sich daher, die Zwischenschritte und Zwischenergebnisse einzelner Verhandlungspunkte zu notieren und dem chinesischen Geschäftspartner mitzuteilen. Und die nötige Geduld aufzubringen, wenn dieser sich in einzelnen Punkten doch noch anders entscheidet.

Tipp

Kommen Sie ruhig auf die Punkte, die Ihnen am Herzen liegen, immer wieder zu sprechen, bleiben Sie jedoch höflich dabei. Für Chinesen ist Wiederholung eine Möglichkeit, Wichtiges zu betonen.

Hinweis

Chinesen wissen um den deutschen linearen Umgang mit der Zeit. Und sie wissen auch, dass Deutsche nur ein bestimmtes Zeitkontingent für eine Verhandlung zur Verfügung haben. Mitunter wird dieser Umstand ausgenutzt, indem wichtige Entscheidungen „bis auf den letzten Drücker" hinausgeschoben werden, um Druck zu erzeugen. Hier richtet sich die deutsche Vorliebe für Ordnung, Abfolgen und knappe Terminierung gegen den deutschen Verhandler selbst. Somit bietet monochrone Affinität polychronen Verhandlern ein weites Feld für Verhandlungstaktiken!

5.4.6   Analytischer Denkstil

Sachverhalt

Deutschen werden analytisches Denken, logischer Aufbau von Argumenten und auch ein logisch-analytischer Verhandlungsstil nachgesagt, bei dem weder Emotionen noch persönlichen Beziehungen viel Platz eingeräumt werden. Smyser (2003) hält eine sorgfältige, sachlich-intellektuelle Vorbereitung für einen der Schlüsselfaktoren für eine erfolgreiche Verhandlung mit Deutschen. Analytisch-logisch vorzugehen bedeutet aber auch, Informationen nach einem bestimmten Muster zu strukturieren, das Wichtigste zu Beginn anzuführen, dann logisch zu begründen und mit Argumenten zu belegen.

Der Schreibwarenhersteller Epistula hat das chinesische Unternehmen Xiehao bei sich zu Gast. Beide sind an einer Kooperation interessiert, kennen sich offiziell jedoch noch nicht. Nun ist es an der Reihe der Deutschen, ihre Präsentation vorzustellen. Den Einstieg bildet das Unternehmen, seine Geschäftseinheiten, die technischen Möglichkeiten. Es folgt eine detaillierte Darstellung, welches Ziel die Epistula GmbH für die Kooperation mit Xiehao ins Auge gefasst hat. Die Deutschen haben sich sehr gut vorbereitet, selbst die Ergebnisse einer Trendberechnung sowie das wahrscheinlichste Szenario stellen sie vor. Alles ist logisch aufgebaut, mit objektivierbaren Argumenten untermauert und mit einem Fazit versehen. Die Chinesen sind verwirrt. Was ist nun das Wichtige an der Präsentation? Welches Ziel steckt dahinter?

Deutscher Kulturstandard

Nach deutschen Maßstäben folgt die Präsentation einem stringent-logischen Aufbau: zuerst informiert sie über das Unternehmen mit seinen operativen Möglichkeiten, dann über die neue Geschäftsfelderöffnung mit dem chinesischen Partner und die Berechnung der Erfolgsaussichten zur Untermauerung des eigenen Vorgehens sowie zum Aufdecken eventueller Schwachpunkte.

Die chinesische Sicht

Die Chinesen haben Schwierigkeiten, die Kernaussagen zu entdecken, da ihr Denken ganz anderen Mustern folgt. (Aufgrund der Relevanz finden Sie in Abschn. 6.7.5 diesen Sachverhalt aus chinesischer Sicht unter „holistischer Denkstil" in ausführlicherer Erklärung.)

Der Ausweg Es ist nicht sinnvoll, deutschen Verhandlern zu raten, einen anderen Präsentationsstil zu nutzen. Er charakterisiert nun einmal die deutschen Denkstrukturen. Aber es gibt einige Möglichkeiten, den chinesischen Partnern entgegenzukommen. Beginnen Sie mit einem positiven Aspekt. Das, was Sie für wichtig erachten, wiederholen Sie mehrmals. Dies ist ein Signal für Ihre Geschäftspartner: „Achtung, bitte unbedingt beachten, merken." Das Wichtigste fassen Sie am Ende noch einmal verknappt zusammen. Bringen Sie die Informationen, die Ihr chinesischer Geschäftspartner benötigt, kurz und knapp auf den Punkt. Das Wichtigste kommt bei Chinesen zuletzt.

Literatur

Faure GO (1999) Cultural Aspects of International Negotiation. In: Berton P, Kimura H, Zartman IW: International Negotiation – Actors, Structure/Process, Values. St Martin´s Press, New York, S 11–31

Fisher R, Ury W, Patton B (ed) (1991) Getting to Yes: Negotiating Agreement Without Giving In. Penguin Books, New York. 2 Aufl

Hofstede G, Hofstede GJ (2009) Lokales Denken, globales Handeln. Interkulturelle Zusammenarbeit und globales Management. Deutscher Taschenbuch Verlag, München, 4 Aufl

Lax DA, Sebenius JK (1986) The Manager as Negotiator: Bargaining for Cooperation and Competitive Gain. Free Press, New York

Pfetsch FR (2006) Verhandeln in Konflikten. Grundlagen – Theorie – Praxis. VS Verlag für Sozialwissenschaften, Wiesbaden

Pruitt DG (2002) Strategy in Negotiation. In: Kremenyuk VA: International Negotiation. Analysis, Approaches, Issues Jossey-Bass, San Francisco. 2 Aufl, S 85–96

Pruitt DG, Rubin JZ (1986) Social Conflict: Escalation, Stalemate, and Settlement. Random House, New York

Schroll-Machl S (2013) Doing Business with Germans – Their Perception, Our Perception. Verlag Vandenhoeck & Rupprecht, Göttingen, 5 Aufl

Smyser WR (2003) How Germans Negotiate – Logical Goals, Practical Solutions. United States Institute of Peace Press, Washington D.C.

Tries J, Reinhardt R (2008) Konflikt- und Verhandlungsmanagement – Konflikte konstruktiv nutzen, Springer-Verlag, Berlin Heidelberg

Zartman IW, Berman M (1982) The Practical Negotiator. Yale University Press, New Haven

Verhandlung – Die Chinesen

6

6.1 Internationale Verhandlung als Herausforderung

Selbst für „alte Hasen" auf nationalem Verhandlungsparkett ist eine Verhandlung im internationalen Kontext eine Herausforderung. So werden Verhandlungen von Deutschen eher unter der Maßgabe kurzer Laufzeiten angelegt, obwohl für den internationalen Geschäftspartner Langfristigkeit das Ziel ist oder der Verhandlungsprozess per se mitunter sogar Jahre in Anspruch nimmt, wie im Fall des *Joint Venture* von General Motors und Toyota. Für dieses JV vergingen viele Monate vom Erstkontakt im Dezember 1981 bis zum Unterzeichnen des Finalkontraktes im Februar 1984 (s. a. Weiss 1987)! Erfolgreiche Vertragsabschlüsse sind im internationalen Geschäft oft nur über eine gute persönliche Beziehung möglich. Wie wir festgestellt hatten, gehört gerade dies nicht zu den Primärzielen eines deutschen Verhandlers. Zusätzlich zwingen eine höhere Komplexität und eine hohe Unsicherheit den Entscheider, sein Entscheidungsverhalten anpassen. Dupont (2002) hat die häufigsten Fehler internationaler Verhandler untersucht und vier Bereiche identifiziert, die ihnen zugrunde liegen. Wir geben diese modifiziert wieder:

- Mangelnde Kenntnisse über die Eingebundenheit von Regierung und administrativen Vorgaben.
- Nicht ausreichende Berücksichtigung der Andersartigkeit der Entscheidungsprozesse beim Geschäftspartner: Entscheidungskriterien, Zeitlinien, Relevanz persönlicher Kontakte, unterschiedliche Grade der Einwilligung, Unterschiede im Prozedere Einwilligung → Implementierung.
- Fehlen von Empathie. Mangelnde Fähigkeit, die wahren Gründe für die Haltung des Verhandlungspartners zu erkennen, sowie das Nichtbeachten von *facework*. Unzureichende Kulturkenntnisse.

© Springer Fachmedien Wiesbaden 2015
J. Micholka-Metsch, M.-C. Metsch, *Strategien für die deutsch-chinesische Geschäftsbeziehung*, DOI 10.1007/978-3-658-06102-9_6

- Kein Anpassen des Verhandlungs„werkzeugs" an lokale Gepflogenheiten des Geschäftspartners: Verhandlungsplanung, Verhandlungsstruktur bezogen auf Zeitlinie und Kommunikationsprozesse, Fehlen angemessener Kommunikation.

Wir tragen dem Rechnung und schauen uns das chinesische Verhandlungsverhalten genauer an.

6.2 Wie die deutsche Kultur chinesische Verhandler wahrnimmt

In Kap. 2 haben wir die Grundzüge der Personenwahrnehmung dargestellt und darauf hingewiesen, dass wahrgenommenes Verhalten als Personeneigenschaft interpretiert (attribuiert) wird. Dieser psychologische Prozess ist selbstverständlich auch vor und während einer Verhandlung wirksam: Chinesen dehnen die Vorverhandlungs- oder Kennenlernphase zeitlich aus und füllen sie mit allerlei sozialen Aktivitäten, um eine Beziehung zu ihren Geschäftspartnern aufbauen zu können. Smalltalk, Besichtigungen, gemeinsame Mahlzeiten haben demnach zum Ziel, eine für beide Seiten erfolgreiche Transaktion durchführen und die Geschäftsbeziehung auf Dauer etablieren zu können. Da Deutsche sich ungern mit Präliminarien abgeben, sondern zum Verhandlungstisch drängen, nehmen sie eine ausgedehnte Kennenlernphase als Zeitvergeudung wahr und ihr Urteil steht fest: Die Chinesen sind ineffektiv. Auch die Gesicht gebende und um Harmoniewahrung bemühte Art der Kommunikation, die so gar nicht deutschen Gepflogenheiten entspricht, mündet in ein Urteil: Chinesen sind indirekt, unpräzise, hintenherum. Der non-lineare Prozess, der jeder chinesischen Kommunikation zugrunde liegt, entkommt der deutschen Beurteilung ebenfalls nicht: Chinesen sind unstrukturiert (für weitere Ausführungen s. Sebenius und Qian 2008).

6.3 Konstituierende Bedingungen einer Verhandlung

6.3.1 Übergeordnete Merkmale

Vorbereitungsphase

Eine Verhandlung beginnt für Chinesen, lange bevor sie am Verhandlungstisch sitzen. Um einschätzen zu können, was unsere chinesischen Geschäftspartner im Vorfeld umtreibt, brauchen wir nur eines ihrer berühmtesten (und auch heute noch gültigen) Werke lesen:

> Kennst du deinen Feind und kennst du dich selbst, brauchst du hundert Schlachten nicht zu fürchten. (Sunzi, *The Art of War*)

Chinesen richten sich noch immer nach diesem Stratagem des Militärstrategen Sunzi. Im Vorfeld von Verhandlungen bemühen sie sich, alles über ihren Geschäftspartner herauszubekommen. Wie ist das Unternehmen am Markt vertreten? Was sind seine strategischen

Ziele? Welche Erfahrungen und Qualifikationen bringen die Personen in leitenden Positionen mit? Welche Geschäftsverbindungen gibt es? Unternehmenszahlen? Aktivitäten am chinesischen Markt? Empathie, die Fähigkeit, sich in den anderen hineinversetzen zu können, wird so ergänzt durch wertvolle Informationen. Chinesen kennen ihren Verhandlungspartner also, lange bevor sie mit ihm am Tisch sitzen. Schauen wir die Implikationen an: Kennen die Chinesen ihren Verhandlungspartner, können sie eine Beziehung zu ihm aufbauen. Und sie können versuchen zu ergründen, welche Strategien er wahrscheinlich verfolgen wird.

Eröffnungsphase
Während deutsche Verhandler nach kurzem Smalltalk gern die Ärmel hochkrempeln und in den Verhandlungsprozess einsteigen wollen, nehmen sich die Chinesen für die Eröffnungsphase sehr viel mehr Zeit. Was steckt dahinter? Wir hatten bereits mehrmals darauf hingewiesen, dass der Beziehungsaspekt für Chinesen die Grundvoraussetzung für eine Geschäftsbeziehung ist. Diese Priorität bestimmt nun auch die Spielregeln für die Eröffnungsphase. Sie dient in erster Linie dazu, den deutschen Geschäftspartner kennen zu lernen. Gefällt ihm China? Wie erfolgreich ist er? Welche Einstellung hat er gegenüber der chinesischen Kultur? Ist er höflich und angenehm im Umgang, kultiviert und diplomatisch? Es ist durchaus üblich, dass Chinesen in diesem Kontext auch – für den deutschen Geschmack – recht private Fragen stellen: Wieviel verdient man in Ihrer Position? Sind Sie verheiratet und haben Sie Kinder? Für wie viele Menschen tragen Sie Verantwortung? All das dient dem Ziel zu prüfen, ob der deutsche Partner vertrauenswürdig und ein potenzieller Kandidat für eine langfristige Geschäftsbeziehung ist. Die mit den Fragen verbundenen „Grenzüberschreitungen" erscheinen vielen Deutschen ungewohnt, denn hier kommt der kulturelle Unterschied in der Trennung zwischen Arbeit und Privatsphäre zum Tragen. Aber: Auch Deutsche dürfen Fragen stellen! Einen wichtigen Hinweis möchten wir an dieser Stelle geben. Aussagen über die eigenen Verhältnisse werden unbedingt unter der Prämisse der Selbstbescheidenheit gemacht, während die Verhältnisse des Geschäftspartners emporgehoben werden. Dies gilt im Besonderen bei älteren chinesischen oder konservativen Geschäftspartnern. Alle gewonnenen Informationen dienen unter Umständen auch einer Nachbesserung des Verhandlungsplanes: Gibt es etwas, das zu Beginn über- oder unterschätzt wurde, muss modifiziert werden? Ist das geschehen und werden die Deutschen als vertrauenswürdig empfunden, können die eigentlichen Verhandlungen (aus deutscher Sicht) beginnen.

Weiterer Verlauf
Wer jetzt einen halbwegs linearen Phasenverlauf erwartet, wird enttäuscht. Chinesische Kommunikation verläuft zirkulär. Ergebnisse sind vorläufig und werden oft zu einem späteren Zeitpunkt erneut aufgegriffen und verhandelt. Lin-Huber (2006) nennt in diesem Zusammenhang 围棋, *wéi qí*, das „Umzingelungsspiel" (verwandt mit dem japanischen *go*). Es geht gerade nicht darum, direkt auf den anderen zuzumarschieren, um ihn zu „erobern". Chinesen nähern sich kreisförmig, zirkulär. Und das verleiht den Verhandlungen mit ihnen das charakteristische Zeitmuster.

Während für deutsche Verhandler die beidseitige Unterschrift auf dem endgültigen Vertrag und die Implementierung der vertraglich vereinbarten Punkte das Ende des Verhandlungsprozesses definieren, sehen Chinesen den unterzeichneten Vertrag lediglich als konkretisierte Zwischenstation eines lang andauernden Beziehungsprozesses an (s. a. Faure 2002, S. 408).

Struktur

Chinesische Verhandlungsdelegationen unterscheiden sich in der Regel allein wegen der oft wesentlich größeren Anzahl der Teilnehmer von ihren deutschen Kollegen. Nicht immer ist derjenige, der die Verhandlung offenbar führt, auch derjenige, der entscheidet. Nicht selten kommt es vor, dass unsichtbar Fäden gezogen werden. Manchmal sitzt der eigentliche Entscheider mit in der Delegation, manchmal auch nicht. Mitunter überlässt ein älterer Entscheider einem Jüngeren „den Vortritt", da dieser besser Englisch spricht oder sich profilieren soll. Als einzige Möglichkeit bleibt den Deutschen, die Delegation hinsichtlich ihrer Körpersprache zu beobachten. Mitunter gelingt es so, den wahren Entscheider zu identifizieren.

Prozess

Eine typische Besonderheit von Verhandlungen mit Chinesen ist, dass diese immer wieder auf bestimmte Punkte zu sprechen kommen und dabei auch unterschiedliche Teilnehmer der deutschen Delegation ansprechen. Diese Kommunikationstechnik führt dazu, zum einen Informationen zu verifizieren und sie zum anderen auszuweiten (was der eine nicht weiß oder sagt, weiß oder sagt der andere). Eine zweite Besonderheit ist das „*reopening old demands*" (Faure 2002). Dieses rekursive Verhandeln bedeutet nicht notwendigerweise, dass mit Tricks gearbeitet wird, es zeigt – gerade bei Chinesen – auch die Wichtigkeit des Verhandlungsgegenstandes. Generell sehen Chinesen Verträge als das vorläufige Ergebnis eines langen und sich wiederholenden Prozesses.

Gerade in internationalen Verhandlungsprozessen ist Kommunikation eine der relevanten Komponenten. Dies gilt im Besonderen im deutsch-chinesischen Kontext, da sie hier indirekt verläuft, mehrdeutig und oftmals ohne hilfreiches Feedback. Die zweite große Hürde in der deutsch-chinesischen Kommunikation im Allgemeinen und in deutsch-chinesischen Verhandlungen im Besonderen wird erst sichtbar, wenn wir uns Verhandlungen als Prozess ansehen. Während Deutsche einer Verhandlung durch festgelegte Abfolgen eine lineare Gestalt geben, scheint das chinesische Vorgehen auf den ersten Blick „durcheinander" zu laufen. Was ist der Grund dafür? Für Chinesen ist Kommunikation ein nonlinearer Prozess, der zum einen nicht endet und zum anderen in Zirkeln verläuft (Chen und Starosta 2003; Chen 2004). Die Folgen dieses Denkens sind für den deutschen Verhandler erfahrbar am Entscheidungs- und Verhandlungsverhalten ihrer chinesischen Geschäftspartner. Verhandlungspunkte, die bereits als ausgehandelt erschienen, werden von Chinesen immer wieder aufgegriffen, sodass eine chinesische Verhandlung sich in Kreisen zu bewegen scheint. Diesen Sachverhalt gibt Abb. 6.1 vereinfacht wieder.

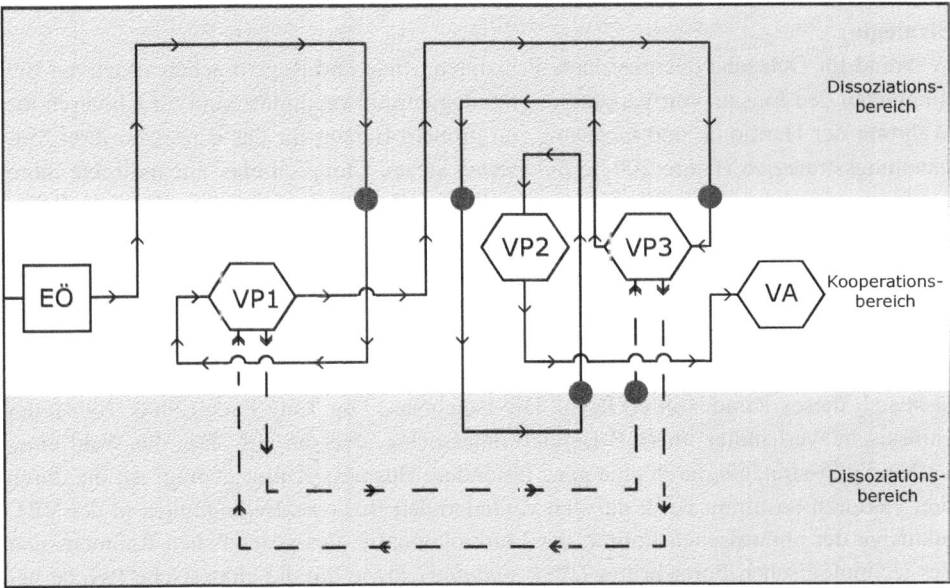

Kooperationsbereich = Einigung möglich / Dissoziationsbereich = keine Einigung möglich
EÖ = Eröffnung / VP = Verhandlungspunkt / VA = Vertragsabschluss / ● = Konzession
→ und ⇒ = Verhandlungsverlauf; im ersten Durchgang hat ⇒ Vorrang vor →

Abb. 6.1 Zirkulärer Verhandlungsverlauf (vereinfacht)

Zeit als Prozessvariable hat für Deutsche und Chinesen ebenfalls einen unterschiedlichen Wert. Während Deutsche nach dem Motto „Zeit ist Geld" verhandeln, hat Zeit für Ostasiaten den Wert einer beinahe unbegrenzten Ressource. Wichtig ist, in seinen Aufgaben erfolgreich zu sein. Das chinesische Sprichwort „Wenn du es eilig hast, gehe langsam" bringt diese Anschauung auf den Punkt. Dem deutschen Verhandler sollte klar sein, dass die chinesische Einstellung zur Zeit auch bewirkt, dass Zeitdruck als Verhandlungstaktik unter Umständen keine große Wirkung erzielt!

Von vielen Deutschen immer wieder als Marginalien abgetan werden Rituale während des gesamten Verhandlungsprozesses. Zwar überreichen selbst kulturresistente deutsche Verhandler ihre Visitenkarten mit beiden Händen, aber die Gründe dafür bleiben ihnen oft verborgen oder interessieren sie nicht weiter. Dabei sind es gerade jene Rituale, mit deren Hilfe Chinesen ihre Geschäftspartner als kultiviert oder nicht kultiviert einschätzen: Willkommensgeschenke (auch unter Beachtung der Hierarchie), formale Kleidung bei Banketten (hier haben Deutsche erfahrungsgemäß die wenigsten Schwierigkeiten, da die *Dress codes* sich ähneln), Reden und Toasts auf die Gastgeber bei Banketten (wichtig!), Prioritäten während eines Meetings, das Ansprechen von Personen (Rang/Status/Geschlecht), der Umgang mit Symbolen und Zahlen (Chinesen haben eine Abneigung gegen die Zahl vier, da sie silbenlautlich identisch ist mit dem Wort für „tot").

Strategie

Während für Deutsche übergeordnete Prinzipien, Ziele und Regeln neben situativen Bedingungen den Einsatz von Verhandlungsstrategien mitbestimmen, sind für Chinesen die Wahrung der Harmonie und *facework* von großem Belang für das Einsetzen ihrer Verhandlungsstrategien (Faure 2002). *Tendenziell* setzen Chinesen eher auf indirekte, non-konfrontative und passive Taktiken, was auch darin begründet liegt, dass sie als Kollektivisten eine stärkere Beziehungsorientierung haben (Peng 2003). (Das bedeutet nicht, dass sie keine List, unfaire Taktiken usw. einsetzen!) Aus unserer Sicht werden diese Studien dem chinesischen Strategieverhalten in Verhandlungen nicht vollumfänglich gerecht, implizieren eine Art *easy going*. Doch das ist nur die eine Seite, auf der anderen nutzen auch Chinesen Strategien, List und versuchen durch *dirty tricks* Vorteile zu erringen. Wie lässt sich dieses Paradoxon erklären? Die Ergebnisse von Tony Fang (2006, 2008), der chinesische Verhandler im B2B-Bereich untersuchte, deckten auf, dass die Wahl einer Verhandlungsstrategie durch eine ganz besondere Business-Kultur geprägt ist, die durch drei Faktoren bestimmt wird: die sich verändernden Business-Bedingungen in der VRC inklusive der chinesischen Politik, der Marktökonomie, des gesetzlichen Rahmens und des technologischen Fortschrittes (国情 *guóqíng*) sowie die die chinesische Psyche beeinflussenden Kräfte des Konfuzianismus (儒家 *rújiā*) und der chinesischen Strategeme (计谋 *jìmóu*). Somit begegnen dem westlichen Verhandler seine chinesischen Geschäftspartner in drei unterschiedlichen Rollen: als „stetig lernender maoistischer Bürokrat", „Konfuzianischer Gentleman" und „Sunzi ähnelnder Stratege" (Sunzi = berühmter chinesischer Militärstratege).

Wenden wir uns zuerst dem „Bürokraten" zu. Fang spielt damit an auf Manager der *SOE*s (*State-owned enterprises*), die nach politischen Vorgaben verhandeln: Sie handeln im nationalen Interesse und trennen somit Business nicht von Politik. Und das hat Folgen für ihren Verhandlungsstil: Sie sind forsch und bestimmend, der Spielraum für Konzessionen ist per se eng begrenzt. Dem Verhandlungspartner erscheinen die „bürokratischen" Verhandler aufgrund der unsichtbaren Fäden von oben „undurchsichtig". Fang (2006) beschreibt die gewählten Strategien als eine Mischung aus konfuzianischer Kooperation und Sunzi-ähnlichem Wettstreit. Die verfolgten Ziele bekommen Impulse durch den raschen Wandel Chinas. Bürokratismus und von der Politik vorgegebene Jahrespläne sind noch immer präsent und handlungsleitend, ebenso der enorme Wandel der Marktökonomie, die sich stetig ändernden gesetzlichen Rahmen und der technologische Fortschritt. Dieses „Gemisch" trägt auch zu einem Prioritäten-Wandel in Verhandlungen bei. Während früher Preis-Sensitivität der Knackpunkt war, kommt nun noch Technologie-Sensitivität hinzu, sodass sich technologische Expertise als kritischer Erfolgsfaktor in deutsch-chinesischen (SOE) Verhandlungen herausstellt (s. a. Fang 2008). Die Anpassung der eigenen Strategien dürfte für den deutschen Verhandler nicht ganz einfach sein, da SOEs nicht ausschließlich markt- und profitorientiert, sondern für die chinesische Regierung immer noch ein Instrumentarium zur Regelung des Arbeitsmarktes sind und für soziale Stabilität sorgen. Mit diesen Vorgaben im Gepäck sitzt der chinesische SOE-Manager seinem deutschen Verhandlungspartner gegenüber.

Zusätzlich zu diesen „neuen" Einflüssen ist jedoch die konfuzianische Erziehung auch in der Business-Kultur weiterhin wirksam, vor allem bei chinesischen Managern in privaten Unternehmen: Hier lebt Business von gegenseitigem Vertrauen, Reziprozität, Kooperation, Suche nach langfristigen Geschäftsbeziehungen und dem Ziel, *Win-win*-Situationen zu etablieren. Diese Form wirkt besonders dann strategieleitend, wenn das Vertrauen des chinesischen Verhandlers groß ist. In einem solchen Fall hat eine intakte, gute und vertrauensvolle Geschäftsbeziehung höhere Priorität als kurzfristiger Profit (Fang 2006). Verhandlung verstehen konfuzianisch orientierte Manager im chinesischen Wortsinne: 谈 判, *tán pàn*, was genau übersetzt „besprechen und urteilen" bedeutet, impliziert einen stetigen Prozess des gemeinsamen Problemlösens. Das englische Wort *negotiation* hat für Manager mit überwiegend konfuzianischer Einstellung einen Beigeschmack von Nicht-übereinstimmung und Betonung auf das Konflikthafte. Als erfolgreiche Maßnahmen zur Anregung kooperativer Strategien beim chinesischen Geschäftspartner haben sich nach Fang (2008) herausgestellt: eine gute persönliche Beziehung, Aufrichtigkeit, eine gute Vorbereitung, die technische Expertise eines Unternehmers, Geduld, Kenntnisse der chinesischen Businesspraxis. Es versteht sich von selbst, dass die Beachtung von Harmonie, Gesicht und *guānxi*-Regeln essenziell sind.

Der dritte Kernfaktor der chinesischen Business-Kultur kommt besonders dann zum Tragen, wenn der chinesische Verhandlungspartner nur geringes Vertrauen hat. Denn dann ist die Wahrscheinlichkeit hoch, dass er die Verhandlung als ein Null-Summen-Spiel ansieht und in Folge dessen kompetitive Strategien wählt. Er versucht, Vorteile durch den Einsatz von Strategemen zu erringen und zielt auf kurzfristigen Profit. Die Folge ist eine *Win-lose*-Situation – für den Westler. Die Maxime für den Strategieeinsatz in der Verhandlung rekrutiert sich aus den Schriften von Sunzi: den Feind ohne Kampf bezwingen. Nicht selten nutzt der „Sunzi-ähnliche Stratege" gegebene externe Faktoren wie Vorschriften oder Gesetze, um den Verhandlungspartner zu „bezwingen" – und folgt damit jenem jahrhundertealten Stratagem, das bereits Sunzi erfolgreich anwendete: „Töte mit einem geliehenen Messer" 借刀杀人, *jiè dāo shā rén* (Fang 2006). Der hier angedeutete Kampf beinhaltet selbstverständlich keine realen Verluste, sondern wird auf dem psychologischen Parkett ausgetragen. Welche Umstände befördern den Habitus eines Sunzi-ähnlichen Strategen? Fang (2008) ist der Frage nachgegangen, welche Misserfolgsfaktoren kompetitive Strategien herausfordern: Unvermögen zur Preissenkung, zu viele Wettbewerber für dasselbe Produkt, mangelnde Vorbereitung, mangelnde Übereinkunft bezüglich der Vertragsbedingungen, Störung in der Kommunikation, zu große Unterschiede in Geschäftspraktiken und sozialen Sitten. Als Gegenmaßnahme hat sich bewährt, die Schaffung von Vertrauen von Beginn an als ebenso wichtig zu erachten wie das Erreichen ökonomischer Ziele.

Die dargestellten Erkenntnisse vermitteln das Bild scheinbar klar definierbarer positiver oder negativer Faktoren. Dass dies keineswegs zutrifft und dass wir es hier mit einem äußerst komplexen Konstrukt zu tun haben, zeigen unsere nächsten, schließenden Erläuterungen. Überraschenderweise spielen nämlich die Kultur des nicht-chinesischen Verhandlungspartners sowie die Sprache, in der die Verhandlung läuft, in speziellen Konstel-

lationen eine Rolle. Gehört der Verhandlungspartner einer sehr unterschiedlichen Kultur
(Deutschland) an, geht es zusätzlich um einen verhältnismäßig einfach zu verhandelnden
Gegenstand und wird die Verhandlung in Englisch geführt, neigen Chinesen zu einer grö-
ßeren Anpassung als wenn die Kultur des Verhandlungspartners der chinesischen ähnelt
(Japan), die Verhandlung länger andauert, komplex ist und in Chinesisch mithilfe eines
Dolmetschers stattfindet – hier ist der Anpassungseffekt reduziert. (Die Gründe für diese
überaus spannenden Zusammenhänge müssen zukünftige wissenschaftliche Untersuchungen zeigen, s. a. Warden und Chen 2009.)

6.4   Chinesische Taktiken während der Verhandlung

Aus einer Mücke einen Elefanten machen
Diese Taktik wird gern genutzt, wenn der Verhandlungspartner sich unkooperativ verhält.
Chinesen greifen dann einen Fehler des anderen auf und blähen ihn immens auf. Dabei
können sie unter Umständen auch den Versuch unternehmen, ihren Opponenten zu be-
schämen. Halten Sie in einem solchen Fall dagegen, verlieren Sie aber nicht die Beherrschung, denn dann haben Sie mehr als nur Ihr Gesicht verloren.

Den General während der Schlacht austauschen
Den Verhandlungsführer auszutauschen kann zunächst einmal sehr wirkungsvoll sein,
wenn eine Verhandlung völlig festgefahren ist oder wenn der „General" sich als unzulänglich erwiesen hat. Chinesen greifen auf diese Taktik jedoch zurück, um dem Verhandlungspartner zu zeigen, dass sie sich an die bisherigen Abmachungen und Übereinkünfte
nicht mehr gebunden fühlen. Prüfen Sie in jedem Fall in alle Richtungen, um den wahren
Grund herauszufinden.

6.5   Schweigen in Verhandlungen

Chinesen setzen Schweigen in Verhandlungen gezielt ein und bringen damit ihren Verhandlungspartner in Deutungsschwierigkeiten, da Schweigen sowohl positive als auch negative Aspekte hat. Da Chinesen einer kollektivistischen Kultur angehören, kann Schweigen kulturbedingt Gruppenzusammenhalt signalisieren oder der Gesichtgebung dienen. Es
kann aber auch zweckdienlich Emotionen maskieren, da ihre emotionalen Empfindungen
von Chinesen als eine Privatangelegenheit angesehen werden. Diesen Sachverhalt finden
Sie unter Umständen durch Gesten, Körperhaltung oder Gesichtsausdruck bestätigt. Dem
gegenüber steht – ebenso wie in anderen Kulturen – Schweigen als Taktik. Schweigen
kann eine entwaffnende Wirkung entfalten und wird von Chinesen dann eingesetzt, wenn
der Verhandlungspartner „zum Reden gebracht" werden soll. Darüber hinaus kann auch
ein weiteres psychologisches Moment zum Tragen kommen: Schweigen schafft Aufmerksamkeit. Somit kann einem Verhandlungspartner, der die größeren Verhandlungsvorteile
oder die größere Macht hat, gewissermaßen die Stirn geboten werden. Im Einzelfall lässt

sich die Funktion des Schweigens nur unter Berücksichtigung der jeweiligen Situation und ihres spezifischen Kontextes deuten.

6.6 Vertrauen als Voraussetzung für ein gutes Verhandlungsergebnis

Vertrauen zu einem chinesischen Geschäftspartner aufzubauen, braucht – neben dem eigenen guten Willen – Zeit. Höflich und respektabel, so lassen sich die Eigenschaften zusammenfassen, die wir über die Zeit und diverse Geschäftsaktivitäten und auch harte Verhandlungen hinweg konstant zeigen sollten. Essenziell sind Gesicht wahren und geben, besonders bei Chinesen mit sehr hohem Status (Machtdistanz). Begründet in der chinesischen Historie haben Chinesen eine große Abneigung gegen arrogantes, selbstgerechtes und belehrendes Verhalten. Selbstbescheidenheit treibt den Vertrauensprozess voran. Chinesen sehen Selbstbescheidenheit nicht als „Sich-unter-Wert-Verkaufen" an (das wäre eine zugespitzte westliche Sicht), sondern sie ist in ihren Augen die Ausdrucksform einer sehr kultivierten Person.

In den Verhandlungen ist integres Verhalten wichtig, Zusagen sollten eingehalten werden. Als dritten Punkt führen Sebenius und Qian (2008) an, auch eine private Beziehung im Sinne eines *caring friend* aufzubauen. Aufrichtiges Interesse an der Familie des Geschäftspartners, an der Entwicklung seiner Kinder und seinem eigenen Befinden, Grußkarten mit persönlichen Wünschen zum chinesischen Neujahr lassen aus einer geschäftlichen Transaktion schließlich eine vertrauensvolle, nachhaltige Geschäftsbeziehung werden.

6.7 Die Chinesen: Kulturstandards und Verhandlungsverhalten

6.7.1 *High-context*-Kultur: indirekte Kommunikation

Sachverhalt
Indirekte Kommunikation dient Chinesen zur Wahrung der Harmonie. Die Botschaft muss vom Hörer dekodiert werden. Im Besonderen Kritik und eigene Wünsche drücken Chinesen grundsätzlich nur indirekt aus. Eine Person, die „eins hört und zehn versteht", gilt bei Chinesen als intelligent (de Mooij 2014).

Fallbeispiel

Der chinesische Lampenhersteller *Deng Gongsi* hat die deutsche Al-Strahl in Shenzhen zu Gast. Der deutsche Mittelständler soll die Aluminiumoberfläche einer Lampenserie mit Ornamenten strahlen. Während der Verhandlungsgespräche wird den Chinesen klar, dass die Deutschen die Anfrage eher bezogen auf eine kurzfristig angelegte Zusammenarbeit sehen. Herr Guo strebt jedoch eine langfristige Geschäftsbeziehung an. Um die Haltung der Deutschen zu dieser Frage zu eruieren, erläutert er: „In China hat sich vieles verändert. Viele meiner Landsleute sind heute erfolgreiche Geschäftsleute. Sie können sich teure Dinge leisten und umgeben sich gerne mit ihnen. *Deng Gongsi* möchte deshalb besonders edle Lampen verkaufen. Allerdings haben wir auch viel Konkurrenz. Wir müssen daher exquisite Lampen über einen langen Zeitraum verkaufen, weil wir mit ihnen den Tiger aus den Bergen locken."

Chinesischer Kulturstandard

„Den Tiger aus den Bergen locken" ist ein Strategem, das darauf anspielt, einem Widersacher den Boden unter den Füßen wegzuziehen, um ihn zu besiegen. Was Herr Guo wissen möchte ist, ob er auch langfristig auf Al-Strahl zählen kann, wenn die Konkurrenz beginnt, Druck auf *Deng Gongsi* auszuüben. Es ist indirekt eine Anfrage nach einer auf längere Dauer angelegten Geschäftsbeziehung. Der Gebrauch von Redewendungen (成语, *chéng yǔ*) und Sprichwörtern (言语, *yán yǔ)* ist ein „wesentlicher Bestandteil der chinesischen Umgangssprache" (Lin-Huber 2006, S. 106).

Die deutsche Sicht

Für deutsche Verhandler ist es im Allgemeinen nicht ganz einfach, solche Botschaften zu entschlüsseln, da sie sehr sachorientiert verhandeln und Geschäfte machen. Wir erinnern uns: Sachverhalte, Wünsche, Forderungen und Kritik werden direkt und eindeutig geäußert. In Fällen wie dem geschilderten führt allerdings ein reines Hören nur mit dem Sachohr nicht zum gewünschten Ergebnis.

Der Ausweg

Zweifellos sind sehr gute Kenntnisse über chinesische Kommunikation und idealerweise ein Repertoire an Sprichwörtern und Strategemen am nachhaltigsten. Behelfsmäßig können Deutsche versuchen zu analysieren, welche Botschaft der Chinese über sich selbst preisgibt (hier: „viel Konkurrenz", „müssen die Lampen über einen langen Zeitraum verkaufen"), um so die Kernbotschaft durch logische Schlüsse aufzudecken. Allerdings ist auch für diesen Lösungsweg Wissen um die „Spielregeln" der chinesischen Art zu kommunizieren unabdingbar (Beziehung, Gesicht, Harmonie).

High-context-Kultur: indirekte Kommunikation/Kritik
Sachverhalt

Für Chinesen ist es ein absoluter Fauxpas, Kritik direkt und offen zu äußern. Deswegen wird die Kritik in den Kontext einer Botschaft gesteckt. Eine gängige Methode ist das Nutzen von Sprichwörtern oder klassischen Zitaten.

Fallbeispiel

Im Vorfeld einer anstehenden Verhandlung hat die chinesische Delegation die deutsche Delegation zu einem Bankett eingeladen. Die Stimmung ist gut, es wurden bereits Reden gehalten und Toasts ausgesprochen. Gäste und Gastgeber sitzen in lockerer Runde beieinander. Auch die beiden CEOs Herr Zheng und Herr Lichtmann haben einen guten

Zugang zueinander gefunden. Da möchte Herr Lichtmann wissen: „Herr Zheng, ich weiß, Ihr Unternehmen ist sehr erfolgreich. Haben Sie nicht auch geschäftliche Kontakte zu Sesselmann & Co. aus München?" Herr Zheng antwortet ausweichend: „Nun, das ist schon lange her." „Naja", lacht Herr Lichtmann, „doch wohl erst zwei oder drei Jahre. Vielleicht können wir ihn für unser Großprojekt gewinnen? Was meinen Sie?" Herr Zheng wird plötzlich ernst: „Bei uns in China sagt man: Die Vögel werden durch den bloßen Klang der Bogensehne erschreckt." Herr Lichtmann ist sich ob des Sinns nicht sicher, bemerkt aber die Zurückhaltung, wechselt das Thema und fragt Herrn Zheng nach dessen Kindern.

Chinesischer Kulturstandard
Herr Zheng gibt Herrn Lichtmann mit dem Sprichwort zu verstehen, dass er zu einem früheren Zeitpunkt schlechte Erfahrungen mit Herrn Sesselmann gemacht hat. Dies möchte er jedoch aus mehreren Gründen nicht direkt tun: Zum einen ist direkte Kritik verpönt. Zum anderen würde er als Gastgeber damit Stimmung und Harmonie stören und außerdem weiß er nicht, in welchem Verhältnis Herr Lichtmann und Herr Sesselmann zueinander stehen.

Die deutsche Sicht
Herr Lichtmann hat völlig richtig gehandelt. Als er bemerkte, dass sein Gesprächspartner sich unwohl fühlte, hat er das Thema rasch auf etwas gelenkt, von dem er weiß, dass es bei Chinesen einen hohen Stellenwert hat: die Familie.

Der Ausweg
Da Herr Lichtmann sich sensibel genug verhalten hat, könnte er zusätzlich im Verlaufe des Abends die Dolmetscherin um Aufklärung über das benutzte Sprichwort bitten, um so seine China-Kompetenzen noch zu vergrößern.

6.7.2   Kollektivismus

Sachverhalt
In kollektivistischen Kulturen steht das Wohl der Gruppe über dem des Individuums. Umgekehrt gibt es eine starke Bindung der Personen zueinander, die einer Gruppe zugehörig sind.

Fallbeispiel

Auf einer von Chinesen ausgerichteten Firmenkontaktmesse wurde ein deutscher Hersteller von Axialventilatoren angesprochen und in die chinesische Sonderwirtschaftszone Guangdong eingeladen. Weil die Deutschen Interesse an einer Präsenz haben, war der leitende Geschäftsführer und Ingenieur Paul-Luca Thurmann bereits vier Mal in Shantou und hat einen „guten Draht" zu den Verantwortlichen Herrn He und Frau Yi gefunden. Die Verträge stehen kurz vor dem Abschluss und ein fünfter Aufenthalt steht an. Da Herr Thurmann zurzeit in Südeuropa verhandelt, wird der forsche Max Ringleb, zweiter Geschäftsführer, den Termin in China wahrnehmen. Doch die Sache scheint nicht richtig rund zu laufen, mit dem Vertrag gibt es angeblich Probleme, deren Hintergrund Herr Ringleb aber nur vage angedeutet bekommt. Als er energischer wird und Herrn He und Frau Yi darauf anspricht, bekommt er die Antwort: „Wir werden noch darüber sprechen." Auch hartnäckiges Nachbohren seinerseits bringt kein Ergebnis. Enttäuscht und verärgert reist er schließlich nach Deutschland zurück.

Chinesischer Kulturstandard

In kollektivistischen Kulturen wie China legen Geschäftsleute sehr großen Wert auf persönliche Beziehungen. Sie verhandeln nicht mit einer Firma, sondern mit der Person, die einer bestimmten Firma angehört. Diese Beziehung zu Frau Yi und Herrn He aufzubauen, ist Herrn Thurmann während seiner China-Aufenthalte gelungen. Umso enttäuschter haben die beiden Chinesen zur Kenntnis nehmen müssen, dass ihr deutscher Geschäftsfreund ausgerechnet bei einem so wichtigen Meeting wie dem anstehenden Vertragsabschluss nicht anwesend ist und eine völlig fremde Person an seiner statt schickt. Dies ist in ihren Augen nicht akzeptabel. Die Höflichkeitsregeln verbieten es den beiden jedoch, ihre Enttäuschung direkt mitzuteilen. Als Herr Ringleb sich dann durch sein direktes und energisches Drängen in ihren Augen disqualifiziert, geben sie ihm zu verstehen, dass von ihrer Seite aus die Geschäftsbeziehung beendet ist. Der Ausdruck „Wir sprechen noch darüber" 我们再说吧, *wǒmen zài shuō ba*, zeigt den chinesischen Unwillen, etwas zum Thema zu machen oder auszudiskutieren. In der Regel wird damit eine Absage erteilt.

Die deutsche Sicht

Für Herrn Thurmann war das Delegieren an Max Ringleb in Ordnung. Dies ist eine logische Entscheidung unter Einbeziehung sachlicher Gründe – sie entspricht den deutschen Gepflogenheiten. Max Ringleb handelt nach derselben Maxime. Der Vertragsabschluss nimmt einen problematischeren Verlauf als zu erwarten gewesen wäre. Deshalb versucht er, durch Klärung der Sachverhalte mit den Chinesen zu einem Konsens zu kommen, was letzten Endes nicht gelingt, da er das zugrunde liegende Problem nicht erkennt.

Der Ausweg

Paul-Luca Thurmann hätte unbedingt selbst nach China reisen müssen, um seinen Geschäftsfreunden zu zeigen, welchen Stellenwert diese Geschäftsbeziehung für ihn hat. In einem solchen Fall wie dem vorliegenden dürfte es nahezu unmöglich sein, das verloren gegangene Vertrauen wieder herzustellen und so die Geschäftsbeziehung zu retten.

Tipp

Wenn Sie geschäftliche Beziehungen zu Chinesen anbahnen oder aufrechterhalten wollen, sollten Sie unbedingt sicherstellen, dass diese immer ein und denselben Ansprechpartner haben! Dieser Ansprechpartner sollte auch in Phasen, in denen das Geschäft weniger aktiv ist, nie den Kontakt verlieren. Eine schön gestaltete und exquisite Karte zum chinesischen Neujahr unter Berücksichtigung des Chinesischen Tierkreises, eventuell eine Spezialität aus Deutschland zum Geburtstag oder einer ähnlichen Gelegenheit sorgen dafür, dass Ihr *guānxi*-Netzwerk bestehen bleibt.

6.7.3   Machtdistanz

Sachverhalt

In bestimmten Kulturen akzeptieren weniger mächtige Mitglieder eine Ungleichverteilung von Macht. Autoritäten werden respektiert, Entscheidungen oder Konfliktschlichtungen werden ihnen überantwortet und befolgt.

Fallbeispiel

Meng Wang, Repräsentant für das Großunternehmen *Yiyuan de dongxi,* und seine Delegation möchten Operationssäle mehrerer Krankenhäuser in Beijing mit medizinischen Bestecken und Defibrillatoren ausstatten. Jens Schroth, Verhandlungsführer der Schneidfreud GmbH für chirurgische Bestecke und Medizintechnik, sitzt mit mehreren deutschen Kollegen in der fünften Verhandlungsrunde in Beijing. Obwohl die Verhandlungen hart waren, haben sich beide Parteien bezüglich des Lieferumfanges und der Preise bereits geeinigt. Herr Wang ist mit dem erzielten Ergebnis zufrieden. Die Vorgaben von Direktor Liu hat er erfüllt. Wäre ihm das nicht gelungen, hätte nicht nur er sein Gesicht verloren, sondern auch sein Vater. Direktor Liu und der Alte Wang, Mengs Vater, haben zusammen ein Studium absolviert. Durch ihr *guānxi*-Netzwerk hat Meng die Stelle bei *Yiyuan de dongxi* bekommen – und stand wegen des Verhandlungsergebnisses sehr unter Druck, denn schließlich ist er beiden Männern gegenüber verpflichtet.

Gerade wendet sich Herr Schroth an Herrn Wang: „Ich würde noch heute Abend meine Firma kontaktieren, um zu erfahren, wann die technischen Prüfungen der Defibrillatoren abgeschlossen sind. Dann können wir Ihnen einen verbindlichen Liefertermin nennen. Selbstverständlich wird das so bald wie möglich geschehen." „Ja, bitte tun Sie das. Und ich werde derweil Direktor Liu von unserem vorläufigen Ergebnis berichten. Ich glaube, er wird zustimmen." Zustimmen? Herr Schroth traut seinen Ohren kaum. Hat er die ganze Zeit mit dem Falschen verhandelt?

Chinesischer Kulturstandard

In chinesischen Unternehmen kann es durchaus sein, dass ältere Direktoren die Jüngeren an die Verhandlungsfront schicken. Durch Chinas Öffnung sind die Jungen sehr gut ausgebildet, sie sprechen meist fließend Englisch und – sie müssen Erfahrung sammeln, darauf wird in China großen Wert gelegt. Führen sie dann im Namen des Direktors die Verhandlungen, sind sie meistens jedoch nicht mit Entscheidungsmacht ausgestattet. Mit anderen Worten: Sie bekommen Vorgaben und sind „auskunftspflichtig". Die endgültige Entscheidung trifft dann die oberste Leitung. In der Zwischenzeit wird der „Verhandlungsführer" keinerlei Zugeständnisse machen, die den späteren Verlauf der Verhandlung erschweren könnten. In unserem Fallbeispiel könnte es sein, dass Xiao Wang, der Kleine Wang, aufgrund des *guānxi* seines Vaters mit Direktor Liu von diesem eine Chance bekam, sich zu profilieren. Sollten sich bezüglich der Verhandlungsergebnisse Differenzen in den Meinungen zwischen dem jüngeren Verhandlungsführer und dem (in der Regel älteren) Direktor ergeben, wird der Jüngere sich mit seiner Meinung nicht dem Älteren entgegenstellen. Das gebietet zum einen das Senioritätsprinzip (das Alter ist zu respektieren!) und zum anderen die Machtdistanz (die Autorität wird aufgrund ihrer Macht respektiert).

Die deutsche Sicht
Für Jens Schroth kommt die Aussage, dass der endgültige Entscheider die ausgehandelten Bedingungen noch prüfen wird, völlig unerwartet. Er nahm an, dass Herr Wang als Verhandlungsführer auch die Entscheidungsmacht hat.

Der Ausweg
In diesem Fall kann Jens Schroth nur abwarten. Auf die Entscheidungskonstellation hat er keinen Einfluss. Vor den nächsten Verhandlungen kann er allerdings im Vorfeld prüfen, wem in dem infrage kommenden chinesischen Unternehmen die Entscheidungshoheit obliegt.

Hinweis
Wir haben im Beispiel vom „Alten Wang" und „Kleinen Wang" gesprochen, um Sie mit einer weiteren chinesischen Gepflogenheit vertraut zu machen. Der Ausdruck Lao Wang (老王) bedeutet tatsächlich Alter Wang. Jedoch anders als im Westen, ist dies ein Ausdruck allergrößten Respekts vor dem Alter. Hier kommt die konfuzianische Erziehung zum Tragen („respektiere die Alten"). Während unserer Sprachaufenthalte in Peking und Shanghai haben wir es selbst erlebt, dass sich Lehrerkollegen mit dieser respektvollen Anrede angesprochen haben. – Demgegenüber steht der Sohn: Xiao Wang (小王), „Kleiner Wang" oder auch die Tochter 小王, „Kleine Wang", da das Chinesische keine Geschlechterendungen kennt. Es ist durchaus üblich, dass Ältere jüngere Personen so rufen.

6.7.4 Polychronismus

Sachverhalt
Der chinesische Umgang mit Zeit hat für Deutsche oftmals etwas Irritierendes, denn Chinesen nutzen sie non-linear. Aktivitäten überlappen einander, Unterbrechungen des gegenwärtigen Tuns sind für sie kein Problem.

Fallbeispiel

Gernot Sinofil und Bernadette Velburg sind mehr als irritiert. Sorgfältig haben sie ihre Präsentation vorbereitet, die Daten ihrer Firmenpräsentationsmappe ins Chinesische übersetzen lassen, sich über die Sehenswürdigkeiten und Essgewohnheiten in Xiamen erkundigt. Eigentlich ist die Reihe an Bernadette Velburg. Als leitende Architektin soll sie den chinesischen Partnern die Baupläne erläutern. Doch – so kommt es ihr vor – im Minutentakt steht jemand aus der chinesischen Delegation auf, geht vor die Tür und kommt kurz darauf ohne ein weiteres Wort zurück. Ein anderer telefoniert ungeniert oder schreibt Kurznachrichten. Frau Velburg fühlt sich nicht ernst genommen und beginnt ärgerlich zu werden.

Chinesischer Kulturstandard

Das Verhalten der Chinesen ist keineswegs ungewöhnlich. Chinesen machen in der Tat vieles gleichzeitig. Dennoch scheinen sie dabei „alles im Blick" zu haben. Dieses Verhalten ist nicht gleichzusetzen mit mangelndem Respekt, vielmehr bekommen Aktivitäten in einer polychronen Kultur eine völlig andere Struktur.

Die deutsche Sicht

Auf Deutsche wirkt polychrones Verhalten chaotisch und desorganisiert. Da eine lineare Ordnung fehlt, entsteht bei ihnen Unsicherheit (bezüglich der Fertigstellung einer Aufgabe, der Einschätzung von Konzentrationsfähigkeit und Aufmerksamkeit des chinesischen Geschäftspartners). Attributionsfehler sind nicht selten: „Die sind völlig desinteressiert."

Der Ausweg

Deutsche Verhandler sollten sich bereits im Vorfeld darüber im Klaren sein, dass ihre chinesischen Partner einen anderen Zeitbegriff und eine andere Zeitnutzung haben. Eine zu enge Zeitplanung macht vor diesem Hintergrund wenig Sinn.

6.7.5 Holistischer Denkstil

Sachverhalt

Merkmal holistischen Denkens, das im Gegensatz zum analytischen steht, ist die Kontextgebundenheit. Nichts existiert isoliert. Damit ist auch das Wissen auf eine ganz besondere Art und Weise strukturiert. Chinesen denken themenübergreifend und relational. Knapp gesagt, denken Chinesen in Dynamiken, Veränderungen und Bezug der Dinge zueinander statt bis in alle Einzelheiten der Dinge an sich. Dieser Denkstil prägt selbstverständlich auch die Art, Informationen zu präsentieren.

Das chinesische Unternehmen Xiehao ist der Einladung eines potenziellen Partner-unternehmens aus Deutschland gefolgt, dem Schreibwarenhersteller Epistula. Da es sich um eine Vorverhandlung handelt, hat die Epistula GmbH ihr Unternehmen den Chinesen vorgestellt. Nun ist die Reihe an Xiehao, sich vorzustellen. Herr Xu beginnt seine Präsentation mit einem Dank an die Gastgeber und der Bemerkung, wie ange-nehm der Aufenthalt in Deutschland sei. Mit Beispielen des chinesischen Schreib-warenmarktes fährt Herr Xu fort, während die Deutschen allmählich unruhig werden. Dann geht er dazu über, Xiehao in Beziehung zu dem Gesagten zu setzen und kommt schließlich auf den Wunsch nach der Zusammenarbeit mit Epistula zu sprechen.

Chinesischer Kulturstandard

Für Herrn Xu ist es zwingend, zunächst einmal eine gute Beziehung zu den deutschen Partnern von Epistula herzustellen. Dies tut er, indem er den Aufenthalt in Deutschland als sehr angenehme Erfahrung betont. Damit verschafft er seinen Gastgebern Gesicht und das ist für Chinesen essenziell. Es müssen zunächst Beziehung und Harmonie hergestellt werden, sonst ist eine gute und erfolgreiche Geschäftsbeziehung undenkbar. Das weitere Vorgehen in der Präsentation entspricht dem chinesischen Denkstil: Beginn mit etwas Konkreten, am besten einem Beispiel. Dann wird ein Bezug zum Thema (hier zeigt sich das Relationale des holistischen Denkens) hergestellt und ganz zum Schluss werden die relevanten Dinge aufgeführt. Die Chinesen wiederholen diese in der Regel mehrmals, um deren Wichtigkeit zu betonen.

Die deutsche Sicht

Für deutsche Geschäftspartner kann gerade die Einleitung zu einer Geduldsprobe werden. Sie sind es gewohnt, schnell auf den Punkt zu kommen und den Kern, das Wesentliche zu benennen. Ein Problem ist unter anderem, dass es durch die unterschiedliche Positio-nierung der relevanten Information geschehen kann, dass Deutsche nach einem „ereignis-losen" Einstieg vermuten, nun käme auch nichts Wichtiges mehr. Aber wie wir gerade gesehen haben, ist das ein großer Irrtum.

Der Ausweg

Es ist sicher von großem Nutzen, wenn Sie mit Struktur, Aufbau und dem typischen Ar-gumentationsgang einer chinesischen Präsentation vertraut sind. Dies hilft Ihnen, rasch zu erkennen, auf welche Aspekte Ihre Geschäftspartner besonderen Wert legen. Umgekehrt erleichtern Sie die Kommunikation, wenn Sie in Ihrer Präsentation die für Sie relevanten Punkte am Schluss noch einmal wiederholen. So signalisieren Sie Ihrerseits, wo Ihre Pri-oritäten liegen.

6.8 Fazit aller theoretischen Ausführungen

Der Weg, den wir bis hierher gegangen sind, war weit. Begonnen haben wir mit den Grundlagen der Kommunikation und haben uns vor Augen geführt, warum es im interkulturellen Kontext zu Schwierigkeiten kommen kann. Wir haben uns bewusst gemacht, was Denken und Verhalten prägt und wo die Unterschiede zur chinesischen Kultur liegen. Gesicht wahren und geben, auf Harmonie achten, die Regeln des *guānxi*-Netzwerkes kennen und auf derselben Klaviatur spielen können sind die essenziellen Forderungen, die wir ableiten konnten. Damit diese kein substanzloser Anspruch bleiben, werden wir im folgenden Teil die Umsetzung in die Praxis vorstellen. Um Gesicht zu wahren und geben zu können, um Kritik ohne Gesichtsverlust zu üben oder trotz zwischenmenschlicher Konflikte die Harmonie zu erhalten oder wieder herzustellen, bedienen sich Chinesen der indirekten Kommunikation, indem sie ihrem Gesprächspartner durch geflügelte Worte und Redewendungen ihre Botschaft übermitteln. Unsere Methode der Kooperativen Kommunikationsstrategie greift diesen Gedanken auf und ist so gesehen nicht neu, da sie von den Chinesen seit Jahrtausenden erfolgreich praktiziert wird. Neu daran ist, sie Westlern vorzuschlagen.

Literatur

Chen G-M (2004) The Two Faces of Chinese Communication. Human Communication 7:25–36

Chen G-M, Starosta WJ (2003) Asian Approaches to Human Communication: A Dialogue. Intercultural Communication Studies 12(4):1–15

De Mooij M (2014) Introduction to Chinese Communication – Theory and Practice. In: Hinner M (Hrsg) Chinese Culture in a Cross-Cultural Comparison. PL Academic Research, Frankfurt/Main

Dupont Ch (2002) International Business Negotiation. In: Kremenyuk VA (Hrsg) International Negotiation. Analysis, Approaches, Issues. Jossey-Bass, San Francisco, 2 Aufl

Fang T (2006) Negotiation: the Chinese Style. Journal of Business & Industrial Marketing 21(1):50–60

Fang T (2008) Changing Success and Failure Factors in Business Negotiations with the PRC. International Business Review 17(2):159–169

Faure G-O (2002) International Negotiation: The Cultural Dimension. In: Kremnyuk VA (Hrsg) International Negotiation. Analysis, Approaches, Issues. Jossey-Bass, San Francisco, 2 Aufl

Lin-Huber M (2006) Chinesen verstehen lernen. Wir – die Andern: erfolgreich kommunizieren. Verlag Hans Huber, Bern, 2 Aufl

Peng S (2003) Culture and Conflict Management in Foreign-invested Enterprises in China – An Intercultural Communication Perspective. Verlag Peter Lang, Bern

Sebenius JK, Qian C (2008) Cultural Notes on Chinese Negotiating Behavior. Harvard Business School, Boston

Warden CA, Chen JF (2009) Journal of Business Ethics 88(3):529–537

Weiss SE (1987) Creating the GM-Toyota Joint Venture: A Case in Complex Negotiation. Columbia Journal of World Business, Summer 1987

Kooperative Kommunikationsstrategeme – Praktischer Teil

7

Montag, 18. August 2014, Büro Direktor Feng Lin, Peking:

Hennes Loewenstein, Juniorchef der Loewenstein & Söhne Maschinenbau GmbH, hatte nach seinem ersten Aufenthalt in Peking ein ernstes Gespräch mit seinem Vater. Zu keiner Zeit wäre ihm bewusst gewesen, wie unangemessen er sich verhalten habe, versicherte er. Froh darüber, durch guānxi und rénqíng zwischen Feng Lin und Karl Loewenstein noch eine zweite Chance zu bekommen, beginnt Hennes sich mit chinesischen Werten, Kommunikations- und Konfliktverhalten sowie den Verhandlungsstilen auseinander zu setzen, um Herrn Lin erneut zu treffen. Und er ist fest entschlossen, seine Sache dieses Mal zu einem guten Abschluss zu bringen.

Nachdem sich die beiden Männer begrüßt haben, beginnt Hennes: „Mein werter Vater lässt Sie herzlich grüßen. Er bedauert es außerordentlich, heute nicht dabei sein zu können." Er erkundigt sich ausgiebig nach der Familie von Herrn Lin, besonders auch nach den Studienfortschritten der Tochter. Schließlich eröffnet Hennes sein Anliegen: „Direktor Lin, ich weiß, Sie sind sehr beschäftigt und Ihr Unternehmen braucht Sie. Umso mehr danke ich Ihnen für die Einladung in Ihr Büro und dass Sie meinem Anliegen Zeit widmen. Beim letzten Mal verlief der Aufenthalt nicht gut. Ich hatte ein viel zu kurzes Seil für den tiefen Brunnen. In der Zwischenzeit habe ich mich bemüht, das zu ändern und hoffe auf Ihr Wohlwollen." Herr Lin nickt eine Weile schweigend und antwortet: „In China sagt man auch: Ein Mensch kann beim Gehen stolpern, ein Pferd beim Galoppieren." „Nun, ich werde mich beim Trinken des Wassers stets an die Quellen erinnern." Damit ist vorerst alles gesagt und Hennes Loewenstein öffnet die mitgebrachte Präsentationsmappe.

© Springer Fachmedien Wiesbaden 2015
J. Micholka-Metsch, M.-C. Metsch, *Strategien für die deutsch-chinesische Geschäftsbeziehung*, DOI 10.1007/978-3-658-06102-9_7

7.1   Der Gebrauch von festen Redewendungen in der chinesischen Kommunikation

Für Chinesen gehört der Gebrauch von Redewendungen (成语, *chéng yǔ*) zur alltäglichen Kommunikation dazu. Sie stellen ein exzellentes Instrument für *Facework* bereit und dabei sind ihre Anwendungsbereiche äußerst vielseitig: Der Sprecher vermittelt seine Botschaft über die Bedeutung einer Redewendung oder eines Sprichwortes und kann sicher sein, dass der Hörer ihn versteht, da Chinesen – wie wir zuvor erfahren haben – einer *High-context*-Kultur angehören. Unter Zuhilfenahme der Redewendungen wird Kritik geübt, eine eigene abweichende Meinung geäußert, eine Peinlichkeit behoben, auf Fehler hingewiesen oder Fehler zugegeben und auch ideales/wünschenswertes Verhalten genannt. Mit anderen Worten: Überall dort, wo Gesichtsverlust droht oder die Harmonie gefährdet ist, werden Redewendungen und Sprichwörter eingesetzt, um das zu schützen, was Chinesen am wichtigsten ist – die soziale Beziehung zu anderen.

7.2   Kommentar zum Gespräch von Hennes Loewenstein und Direktor Feng Lin

Hennes Loewenstein bedenkt bei seinem Gesprächseinstieg das Senioritätsprinzip und die Gesichtgebung. Zum einen nennt er Karl Loewenstein seinen „werten Vater". Zum anderen beachtet er den Status seines chinesischen Geschäftspartners, indem er ihn mit seinem Titel anspricht. „Direktor" plus Familienname ist eine übliche Anrede für Personen mit diesem Status. Außerdem verschafft er Herrn Lin Gesicht, indem er dessen Unabkömmlichkeit betont („Ihr Unternehmen braucht Sie"). Auch beachtet er den Stellenwert der Familie, indem er sich eingehend über das Studium der Tochter informiert. Mit dem Gebrauch der Sprichwörter übermittelt Hennes Loewenstein mehrere Botschaften. „Kurzes Seil und tiefer Brunnen" meint nichts anderes, als dass jemandes Fähigkeiten für die Bewältigung einer Aufgabe unzureichend sind. Damit gesteht Hennes seine Fehler vom ersten Besuch ein. Und dass er „sich beim Trinken des Wassers an die Quellen erinnert" steht für: „Ich habe sowohl von meinem Vater als auch von Ihnen dazugelernt". Zusätzlich erfährt Herr Lin, dass sich Hennes mit den chinesischen Gepflogenheiten eines kultivierten Umganges (Gesichtgebung, Harmonie) auseinander gesetzt und sich diese angeeignet hat. Ein weiterer Pluspunkt für den jungen Loewenstein ist, dass er sich bemüht, aus seinem Fehler zu lernen. Die Konfuzianische Regel „Wer einen Fehler gemacht hat und nicht daraus lernt, begeht einen zweiten" hat in China noch immer Bestand. Herr Lin geht auf Hennes Loewenstein ein, nutzt seinerseits ebenfalls eine Redewendung, die besagt, dass jeder einmal Fehler macht. Damit bedeutet er Hennes, dass die Geschäftsbeziehung weiterlaufen kann.

7.3   Einsatz von Redewendungen 成语, *chéng yǔ*: Wagnis oder Herausforderung für Westler?

Westler gehen kein Wagnis ein, wenn sie chinesische Sprichwörter und Redewendungen nutzen. Im Gegenteil: Kulturell gesehen können sie nur gewinnen. Die Herausforderung ist psychologischer Natur und lohnenswert.

Nutzen wir während der Kommunikation mit einem chinesischen Geschäftspartner ein chinesisches Sprichwort oder eine Redewendung, besteht die Herausforderung darin, uns für einen Moment auf einen unsicheren psychologischen Kontext einzulassen. Der sichere psychologische Kontext wäre, uns nach den Regeln unserer eigenen Kultur zu verhalten – die vielen Verhaltensregeln in unserem psychologischen Gepäck liefern uns hierfür Vorgaben (Codes) und damit Sicherheit: Wenn ..., dann ... Im heimatlichen Gefilde wissen wir im Grunde, was zu tun ist. Nutzen wir dagegen ein *chéng yǔ* 成语 und verschlüsseln unsere Botschaft damit, überschreiben wir für einen Moment unsere eigene Kultur, durch die wir es gewohnt sind, direkt zu sagen, was Sache ist. Dadurch werden wir, um es mit dem Psychologen Andrew Molinsky (2007) zu sagen, zu *cross-cultural code-switchern*, d. h. beim Wechsel von unserer eigenen Kultur zur chinesischen wechseln wir auch den Kodierungsschlüssel für das, was wir dem anderen mitteilen wollen. Größer ist unsere Herausforderung jedoch nicht, denn Chinesen nehmen unser westliches Interesse an ihrer Kultur stets mit großem Wohlwollen auf und sind bemüht, uns mit fehlenden Informationen zu versorgen. Dass unser Gebrauch eines *chéng yǔ* 成语 nicht nur ein interessantes und beziehungsförderndes Gespräch nach sich zieht, sondern auch Vertrauen schafft, ist demnach sehr wahrscheinlich.

7.4   Unsere Methode – Chinesische Redewendungen und Sprichwörter als kooperative Kommunikationsstrategeme

Primäres Ziel unserer Methode ist eine langfristige deutsch-chinesische Geschäftsbeziehung, in der sich sowohl potenzielle Konflikte (Verhandlung) als auch Konflikte des alltäglichen Business konstruktiv und zu beiderseitigem Gewinn beheben oder gar gänzlich vermeiden lassen. Da westliche Konfliktmodelle samt und sonders aus individualistisch geprägten Kulturen heraus entwickelt wurden, sind sie für den Einsatz im deutsch-chinesischen Miteinander absolut ungeeignet (u. a. Hwang 1997–1998; Trompenaars und Hampden-Turner 2012). Beachten Westler den Wert nicht, den Harmonie für Chinesen hat, und werden sie den besonderen Anforderungen an interpersonale Beziehungen (Gesicht, *guānxi*) nicht gerecht, bleiben Konflikte in der Regel ungelöst und die Geschäftsbeziehung ist nach kurzer Zeit oder schlimmstenfalls sofort beendet. Unsere Methode trägt diesen Fakten Rechnung und verbindet umfassendes interkulturelles Wissen mit der chinesischen Konfliktlösestrategie resp. Konfliktvermeidungsstrategie. Die Vorteile sind klar ersichtlich:

- umfassende Kenntnisse über den Zusammenhang chinesischer kultureller Werte und Konfliktpotenziale
- Berücksichtigung von Harmonie und relevanten Aspekten der interpersonalen Geschäftsbeziehung (z. B. *guānxi*)
- Vermeidung von Unsicherheit
- Konfliktprophylaxe
- Planung konstruktiver strategischer Kommunikation durch Simulation konfliktträchtiger Situationen (Damit haben wir gute Erfahrungen gemacht. Das gedankliche Durchspielen „Wie werde ich reagieren/was werde ich sagen, wenn der chinesische Geschäftspartner XY tut/sagt?" wirkt sich, vor allem in der Verhandlungsführung, besonders hilfreich aus.)
- Schaffung einer Rahmenstruktur für ungewohnte Situationen durch Simulationen

7.5 Zur Nutzung der 成语 *chéng yǔ*

Die Redewendungen und Sprichwörter haben wir in ein Kategoriensystem eingeteilt. Anhand der Stichwörter im Kategoriensystem können Sie rasch die Anwendungsbereiche erschließen und die 成语 *chéng yǔ* gezielt anwenden. Um Ihnen ein besseres Gefühl zu vermitteln und um Ihnen zusätzliche Informationen zu geben, haben wir die einzelnen Redewendungen und Sprichwörter kommentiert, mit Beispielen versehen und, wenn es möglich war, noch Hintergrundinformationen angefügt.

7.6 Kategoriensystem

Hinweis auf Aussprache der Töne

Das Chinesische hat **vier Töne** (ā á ǎ à). Der **erste** Ton wird in der natürlichen Stimmlage gleichmäßig hoch gesprochen (Wir singen jetzt ein *Liiieed.*). Der **zweite** Ton beginnt in der Mitte der natürlichen Stimmlage und steigt zum Ende an, ähnlich einer Frage (*Lied?*). Der **dritte** Ton fällt von der Mitte der natürlichen Stimmlage zunächst ab und steigt dann wieder an, ähnlich einer Tal- und Bergfahrt. Der **vierte** Ton fällt von der oberen Stimmlage ab und klingt wie ein Befehl (Sing ein *Lied!*).

Der diplomatic gap der Kooperativen Kommunikationsstrategie

Um eine diplomatische und elegante Anwendung der Idiome zu gewährleisten, empfehlen wir einen diplomatischen Spalt, *diplomatic gap*, durch feste Floskeln zu schaffen. Diese sind: „Ich meine…", „meiner Meinung nach …", „ich befürchte, dass …", „ich habe Bedenken, dass …", „ich sorge mich, weil …" und andere. Warum dieser Umweg? Der Sprecher bleibt bei sich selbst und vermeidet einen „Angriff" auf den Hörer. Im Klartext: der anklagende Zeigefinger entfällt und damit die angreifende Direktheit, die im Umgang mit Chinesen kontraproduktiv ist. Außerdem macht sich der Sprecher damit anfechtbar, denn immerhin kann er sich ja irren. Dies erhält aus chinesischer Sicht die Harmonie oder stellt sie wieder her, wahrt und gibt Gesicht. Damit kommt dem *diplomatic gap* eine wichtige Stellung beim Einsatz der Schlüsselerfolgsfaktoren Harmonie und Gesicht zu.

Absprache
geheim halten
Keinen einzigen Tropfen Wasser durchsickern lassen.
滴水不露 dī shuǐ bù lù.
Sinn: (im Gespräch) kein Geheimnis durchsickern lassen; kein Leck haben.
Beispiel: „… damit haben wir eine gute Strategie festgelegt. Ich schlage vor, wir lassen keinen einzigen Tropfen Wasser durchsickern. Dann werden wir erfolgreich sein."
Kommentar: Der Sprecher benutzt die Gesicht gebende Wendung „ich schlage vor", um seinen Appell an die Geschäftspartner zu richten, um sie zum Schweigen zu verpflichten, und erhöht damit deren Commitment.

Allianz
mit chinesischem Geschäftspartner gegen dritte Partei
Zhou (*dschau*) Yu (*üh*) schlägt Huang (*hu-ang*) Gai (*gei*).
周瑜打黄盖 Zhōu Yú dǎ Huáng Gài. [...]
Sinn: Beide Geschäftspartner sind sich über eine geschäftliche Angelegenheit einig.
Background: In diesem Idiom ging es um eine knallharte Strategie: Huang und Zhou verbündeten sich durch eine List gegen Cao Cao, um diesen dann gemeinsam zu besiegen. Um das Vertrauen von Cao Cao zu gewinnen, ließ sich Huang von Zhou in gegenseitigem Einvernehmen verletzen. Es ist diese gegenseitige Absprache, auf die das Idiom rekurriert.
Beispiel: „Ich bin überzeugt, dass wir das Unternehmen *Haomai* vom Markt verdrängen können. Allerdings nur, wenn wir es Zhou, Yu und Huang, Gai gleichtun."
Kommentar: Dies ist das Angebot einer strategischen Allianz, um einem gemeinsamen Konkurrenten auf dem Markt den Rang abzulaufen.

Alternative
blitzschnell die richtige Alternative wählen
Ein guter Mann schneidet sich den Arm ab.
壮士解腕 zhuàng shì jiě wàn.
Sinn: bei Entscheidungen mit nur zwei Alternativen blitzschnell die richtige wählen.
Background: Geht zurück auf eine Geschichte der Drei Königreiche: Ein Mann wurde von einer hochgiftigen Viper gebissen und – um zu überleben – schnitt er sich ohne zu zögern den Arm ab. Noch heute gilt der Adressat dieser Redewendung als schneller und tougher Entscheider!
Beispiel: „Ich bin mir nicht sicher, ob Herr Zheng der richtige Verhandlungsführer für uns ist. Herr Guo hingegen ist bekannt dafür, sich den Arm abschneiden zu können."
weder vor noch zurück
Der Widder rammt den Zaun
羝羊触藩 dī yáng chù fān.
Sinn: nicht vor und nicht zurück können; eine Alternative ist so schlecht wie die andere.

Background: Das Original findet sich im *Buch der Wandlungen*. Es beschreibt die ausweglose Situation eines Widders, der einen Zaun rammt und sich in einer Lage wiederfindet, in der er aufgrund seiner festsitzenden Hörner im Holz des Zaunes weder vor noch zurück kann.

Tipp: Das Sprichwort beschreibt sehr anschaulich ein Dilemma, aus dem weder ein Vorankommen noch ein Zurückweichen möglich erscheint. – Sie können diese Metapher nutzen, um Ihrem Geschäftspartner zu veranschaulichen, dass Sie sich in einer Klemme fühlen und von ihm Zusatzinformationen oder Konzessionen erwarten.

Beispiel: „Wir haben Ihre angebotenen Optionen geprüft. Ihre erste Variante könnte unter Umständen für uns interessant werden. Allerdings ist es im Augenblick noch so, als habe ein Widder den Zaun gerammt…"

Anpassung

an jeweilige Erfordernisse/Gegebenheiten

Ein integrer Mann kann sich beugen oder aufrichten.

大丈夫能屈能伸 dà zhàngfu néng qū néng shēn.

Sinn: sich den Erfordernissen anpassen.

Tipp: Die Anwendungsmöglichkeit liegt auf der Hand: Dieses Idiom spiegelt die enorme Anpassungsfähigkeit der Chinesen wider. Zwar können Verhandlungen sehr hart und Nerven aufreibend in der Sache verlaufen. Wenn es allerdings um Konflikte geht, wird jedoch meistens noch der Weg des Stehens und Beugens gewählt. Seien Sie sich aber im Klaren darüber, dass ein höfliches kommunikatives Auftreten nicht notwendigerweise eine Konzession in der Sache an sich bedeuten muss.

Beispiel: Das o.a. Beugen findet sich auch in sprachlichen Floskeln wieder. Wenn Chinesen Ihnen eine Absage erteilen wollen, tun sie das oft mit der Floskel „wir werden darüber nochmals reden"– 我们再说吧 – *wǒmen zài shuō ba*. Hier beugt man sich um der Höflichkeit willen, nicht der Sache wegen, denn die ist längst entschieden: nein!

Atmosphäre

dynamisch und neu, Betonen von

Die Morgensonne erhebt sich im Osten.

旭日初升 xù rì chū shēng.

Sinn: voll Energie und wachsender Kraft.

Tipp: Die Redensart beschreibt eine neue und dynamische Atmosphäre, entsprechend können Sie sie als Motivator gegenüber Ihren chinesischen Mitarbeitern oder Geschäftspartnern nutzen.

erhitzte Atmosphäre

Sobald man die gespannte Bogensehne loslöst, schnellt der Pfeil nach vorn.

一触即发 yī chù jí fā.

Sinn: höchst angespannt (Gefühl, Zorn, Ärger); plötzlich ausgelöst werden.

Tipp: Das Idiom benennt eine explosive Stimmung, die zu kippen droht. In Verhandlungen können Sie es anwenden, um „Dampf aus dem Kessel" zu lassen.

Beispiel: „Wir sind alle sehr engagiert. Wir sollten auf unsere gespannten Bogensehnen achtgeben, damit die Pfeile nicht losschnellen. Ich schlage vor, dass wir eine Pause einlegen, um zu essen."

Tipp: Da gemeinsames Essen einen sehr großen Stellenwert im chinesischen Leben einnimmt, kann es Ihnen mit einem solchen Vorschlag gelingen, ein vorzeitiges Scheitern der Verhandlung zu verhindern. Das Idiom unterstützt die Gesichtswahrung.

Stimmung, beklemmend

10.000 Pferde stehen stumm da.

万马齐喑 wàn mǎ qí yīn.

Sinn: bedrückende Atmosphäre; beklemmende Stille.

Beispiel: „Mein Eindruck unseres gemeinsamen Meetings ist, dass wir zwar sehr gute Absichten haben. Aber im Augenblick scheint es, als stünden 10.000 Pferde stumm da. Ich frage mich, was wir tun können, damit sie wieder vorwärtsgaloppieren."

Tipp: Die Wendung „mein Eindruck ist" gilt als höflich und Gesicht gebend. Der Sprecher gibt dem Hörer zu verstehen, dass er (der Sprecher) sich ja schließlich im Irrtum befinden könnte. Außerdem beschreibt er das Meeting als zäh und unlebendig, ohne Schuldzuweisungen vorzunehmen. Gleichzeitig fordert er zu Vorschlägen auf.

Stimmung, positiv

Wie 10.000 Pferde vorwärtsgaloppieren

万马奔腾 wàn mǎ bēn téng.

Sinn: stürmischer Aufschwung; schwungvoll.

Beispiel: Nach einer extrem schwierigen und zähen Verhandlung sind sich ein deutscher und ein chinesischer Unternehmer einig geworden. Beiden ist es zudem gelungen, den Kuchen zu vergrößern. Herr Chen findet die passenden Abschlussworte: „Ich bin überzeugt, dass uns ein gutes Geschäft bevorsteht. Lassen Sie uns vorwärtsgaloppieren wie 10.000 Pferde, um unsere Unternehmen zum Erfolg zu führen!"

Aufgabe

freiwillig eine schwierige Aufgabe übernehmen

Mao Sui empfiehlt sich selbst.

毛遂自荐 Máo Suì zì jiàn.

Sinn: seine Dienste anbieten.

Background: Während der Belagerung der Hauptstadt des Staates Qin wurde Prinz Pingyuan ins Reich Chu geschickt, um dort um Unterstützung zu bitten. Mao Sui bat darum, den Prinzen begleiten zu dürfen. Zunächst gab es in den Verhandlungen keinerlei Ergebnisse. Letztlich waren es Mao Suis überzeugende Worte, die schließlich zu einer militärischen Allianz der beiden Reiche führten.

Tipp: Dieses Idiom beschreibt keineswegs ein einfaches „Anbiedern". Das Ungewöhnliche an dem Vorgang zur damaligen Zeit war, dass Mao Sui (sprich: swej) für sich selbst gesprochen hat und erfolgreich in seiner Mission war. Es ist dieser Erfolg, auf den Sie mit dem Sprichwort anspielen können, z. B. dann, wenn Sie auf der Suche nach einem geeigneten chinesischen Geschäftspartner sind. Sie zeigen so mit wenigen Worten, dass

Sie leistungsstark und erfolgsmotiviert sind (und sich nebenbei auch ein wenig mit chinesischer Kultur auskennen.)

Beispiel: „… Herr Lu und Frau Zhong, das waren zunächst die Eckdaten unseres Unternehmens. Lassen Sie mich mit einem Sprichwort schließen, von dem ich glaube, dass es bei Ihnen in China recht bekannt ist: Wir möchten es gerne halten wie Mao Sui, der sich selbst empfohlen hat."

unter Einsatz von viel Kraft und Anstrengung lösen
Mit der Kraft von neun Ochsen und zwei Tigern.
九牛二虎之力 jiŭ niú èr hŭ zhī lì.
Sinn: unter Einsatz von viel Anstrengung und Kraft.

Tipp: Dieses Idiom lässt sich als Emphase nutzen, wenn eine Person für die Bewältigung einer Aufgabe oder eine Problemlösung alle ihr zur Verfügung stehenden Fähigkeiten und Kräfte mobilisieren muss.

Beispiel: Der CEO eines großen chinesischen Kleinmotorenherstellers schwört seine Führungsspitze auf einen beginnenden Konkurrenzkampf ein: „Mit *MoTuo Gongsi* wird es zu einem starken Wettbewerb kommen. Aber bereits unsere Väter haben in dieser Firma gearbeitet und sie an die Spitze gebracht. Und mit der Kraft von neun Ochsen und zwei Tigern wird uns das auch gelingen!"

Bedenken
dem Geschäftspartner schlechte Erfahrungen signalisieren
Die Vögel mit dem bloßen Klang der Bogensehne erschrecken.
惊弓之鸟 jīng gōng zhī niăo.
Sinn: entspricht unserem „Gebranntes Kind scheut das Feuer".

Background: In der Zeit der Streitenden Reiche lebte im Reich Wei ein Kämpfer namens Geng Lei. Vor dem König behauptete er, er könne mit dem bloßen Schwirren der Bogensehne Vögel erjagen. Natürlich war der König skeptisch, als Geng Lei einer herannahenden Wildgans seinen Bogen zeigte und die Sehne schwirren ließ. Doch die Gans fiel zu Boden. Geng Lei erklärte: „Diese Gans wurde in der Vergangenheit verletzt. Durch diese Erfahrung hatte sie nun nicht mehr den Willen zu überleben." Diese Metapher wird heute benutzt, wenn schlechte Erfahrungen in der Vergangenheit die jetzige Handlungsfähigkeit einschränken.

Tipp: Ist gut einsetzbar, wenn Ihnen von Ihrem chinesischen Geschäftspartner ein Vorgehen vorgeschlagen wird, mit dem Sie bereits schlechte Erfahrungen gemacht haben. Denken Sie an die Formulierungen „Ein chinesisches Sprichwort sagt" oder „In China sagt man". Damit stellen Sie (gesichtsschonend) klar, dass der Vorschlag für Sie inakzeptabel ist.

Beispiel: „Dieser Vorschlag mag gut sein. Uns aber erinnert er an ein Sprichwort aus China: Die Vögel erschrecken beim Klang der Bogensehne."

große Bedenken gegenüber einem bestimmten Vorhaben
Ein Blinder auf einem blinden Pferd.
盲人瞎马 máng rén xiā mă.

Sinn: sich in Gefahr oder in ein Desaster begeben.

Tipp: Mit diesem Idiom können Sie Bedenken über einen Vorschlag oder ein Vorgehen äußern, ohne dass Sie Gefahr laufen, Ihrem Gegenüber das Gesicht zu nehmen oder die Harmonie zu gefährden. Lassen Sie Ihrem Gesprächspartner dabei jedoch eine Hintertür offen durch die Floskel „ich befürchte" o. ä. Sie zeigen damit, dass es sich um Ihre Befürchtung, Meinung usw. handelt und Sie sich auch irren könnten.

Beispiel: „Ich befürchte, mit einer aggressiven Strategie sind wir wie ein Blinder auf einem blinden Pferd."

sich Bedenken entgegenstellen und auflösen

Die Reflektion eines Bogens fälschlicherweise für eine Schlange halten.

杯弓蛇影 bēi gōng shé yǐng.

Sinn: Gespenster sehen.

Background: In den Chroniken der Jin-Dynastie: Yue Guang lud einen Freund ein, Wein mit ihm zu trinken. Der Freund sah daraufhin in seinem Weinglas eine kleine Schlange und wurde durch den Widerwillen regelrecht krank. Yue Guang lud den Freund erneut ein und machte ihn darauf aufmerksam, dass dieser lediglich die Reflektion eines Kriegsbogens im Wein gesehen hatte.

Tipp: Das Sprichwort warnt vor unangemessenen Ängsten und zeigt die daraus entstehende Handlungsunfähigkeit. Diplomatisch angewendet, können Sie damit zum Ausdruck bringen, dass Sie die Ansicht eines Bedenkenträgers nicht teilen und die Meinung vertreten, diese Bedenken seien unnötig.

Beispiel: „Wir halten Konkurrenzunternehmen X für keineswegs gut aufgestellt. Wenn wir jetzt die Reflektion eines Bogens für eine Schlange halten, werden wir den Markteintritt verschlafen."

Bedenken zerstreuen

Hinter jedem Grasbüschel und jedem Baum einen Gegner vermuten.

草木皆兵 cǎo mù jiē bīng.

Sinn: an allen Ecken und Enden Gefahr wittern; Fehlannahme.

Background: Im Jahr 383 führte Fu Jian eine große Armee gegen das Östliche Jin. Nach einer erlittenen Niederlage stand Fu auf dem Stadtwall und bemerkte die gut aufgestellte und positionierte Armee des Feindes. Selbst die Buschgruppen der nahen Berge hielt er für getarnte Feinde. Verunsichert und nervös durch diese Fehlannahme unterlag er in der darauffolgenden Schlacht.

Tipp: Das Idiom beschreibt sehr eindrücklich, wie Fehlannahmen und negative Einstellungen den Erfolg einer Handlung beeinträchtigen können. Sie können es demnach dann anwenden, wenn Ihr Gesprächspartner aus Ihrer Sicht heraus übermäßige Befürchtungen hegt.

Beispiel: „Hinter jedem Grasbüschel und Baum einen Gegner vermuten hieße, sich unnötig zu sorgen. Unser Unternehmen wird sowohl Lieferumfang als auch Liefertermin einhalten."

Bedenken zerstreuen

Aus Angst, sich zu verschlucken, das Essen aufgeben.

因噎废食 yīn yē fèi shí.

Sinn: aus Angst vor möglichem Rückschlag/Fehlschlag nichts wagen; nach kleinem Rückschlag ein großes Unternehmen aufgeben.

Tipp: Das Sprichwort dient als Motivator oder als Warnung, nach einem kleineren Rückschlag den großen Masterplan nicht zu früh fallenzulassen.

Beispiel: „Wir würden den Auftrag gern an Ihr Unternehmen vergeben. Wir sind uns aber wegen Ihrer Maschinenkapazität nicht ganz sicher. Doch bevor wir aus Angst, uns zu verschlucken, das Essen ganz aufgeben, lassen Sie uns bitte noch einmal über die Kapazitäten sprechen."

zu viele Bedenken

Vorn den Wolf, hinten den Tiger fürchten.

前怕狼, 后怕虎 qián pà láng, hòu pà hǔ.

Sinn: zu viele Bedenken gegen etwas hegen.

Tipp: Das Idiom kann angewendet werden, um ganz konkrete Bedenken des Geschäftspartners zu zerstreuen oder als Motivator, um Zauderer von einer Idee/einem Vorgehen zu überzeugen.

Beispiel: „Natürlich gibt es bereits viele Unternehmen für erneuerbare Energien auf dem chinesischen Markt. Ich meine jedoch, dass unser *Joint Venture* eine sehr gute Aufstellung hat. Wenn wir aber vorn den Wolf und hinten den Tiger fürchten, erreichen wir gar nichts!"

Bedingung

Betonen einer günstigen Bedingung

Ein Pavillon am Flussufer bekommt zuerst das Mondlicht ab, der Frühling kommt zuerst zu den Blumen, die sich dem Sonnenlicht entgegenstrecken.

近水楼台先得月, 向阳花木早逢春 jìn shuǐ lóutái xiān dé yuè, xiàng yàng huā mù zǎo féng chūn.

Sinn: Günstige Bedingungen führen zum Erfolg.

Background: Geht zurück auf einen Vers aus der Song-Dynastie: Fan Zhongyan hatte den Auftrag, den Ort Hangzhou (nahe des heutigen Shanghai) mit seinen Truppen zu schützen. Offiziere und Truppen wurden ihm empfohlen, nur Su Lin wurde als Inspektor auf einen Posten außerhalb berufen. Dieser sah sich in einer strategisch guten Position und schrieb seine Gedanken hierzu in Form eines Gedichts an den Kommandanten Fan Zhongyan nieder.

Tipp: Jemand in einer begünstigten Position kann daraus spezielle Vorteile generieren. Die Redewendung ist vielseitig einsetzbar. Unter anderem können Sie damit die Vorteile eines Vertragsabschlusses betonen.

Beispiel: „Ich halte eine strategische Allianz unser beider Unternehmen für sehr sinnvoll, weil die Konkurrenz noch nicht erwacht ist. Und da der Pavillon am Flussufer das Mondlicht zuerst abbekommt, können wir sogar Marktführer werden."

Befürchtung

Verschlechterung einer Situation/Lage

Der Wind scheint bald Regen zu bringen.

山雨欲来风满楼 shān yǔ yù lái fēng mǎn lóu.

Sinn: erste Anzeichen für eine künftige Entwicklung.

Tipp: Ist in solchen Situationen einsetzbar, in denen Sie aufgrund wahrgenommener Variablen befürchten, eine Lage könnte sich verschlechtern. – Eine diplomatische Anwendung wäre, wenn Ihr Geschäftspartner etwas vorschlägt, von dem Sie vermuten, es könnte Ihre (gemeinsame) Lage in eine negative Richtung steuern. Die Diplomatie liegt hierin, dass Sie Ihr Gegenüber nicht direkt kritisieren, sondern Ihre differierende Meinung Gesicht gebend nach außen projizieren.

Beispiel: „Die Investition, die Sie vorgeschlagen haben, ist nicht gerade gering. Das ist aus meiner Sicht allerdings das kleinere Problem. Denn es herrscht in diesem Sektor sehr viel Wind, der alsbald Regen zu bringen scheint."

Verschlechterung einer Situation/Lage

Den Tiger zur Vordertür hinaustreiben, während der Wolf durch die Hintertür hereinkommt.

前门拒虎后门进狼 qián mén jù hǔ, hòumén jìn láng.

Sinn: eine Gefahr abwenden, während man in die nächste gerät.

Tipp: Dieses Sprichwort beschreibt die Klemme, die sich ergibt, wenn man durch Abwenden einer unangenehmen Situation unabänderlich in eine zweite gerät. Es ist demnach überall dort anwendbar, wenn Sie für eine unternehmerische Handlung unangenehme Folgen befürchten und unterstützt Ihre Argumentation.

Beispiel: „Ja, Herr Wang, es wäre eine Möglichkeit, die Gelder für das Projekt zu kürzen. Allerdings treiben wir damit meiner Meinung nach den Tiger zur Vordertür hinaus, während der Wolf durch die Hintertür hereinkommt."

Verschlechterung einer Situation durch blinden Aktionismus

Mit verbundenen Augen Spatzen fangen.

闭塞眼睛捉麻雀 bì sè yǎn jīng zhuō má què.

Sinn: sich in eine Arbeit stürzen, ohne sich Klarheit über die Situation verschafft zu haben.

Tipp: Chinesen folgen in der Regel – gerade im Business und in der allgemeinen wirtschaftlichen Entwicklung – langfristig angelegten Plänen, bleiben jedoch für Unerwartetes offen und flexibel. Demnach wirkt auf sie ein Loslegen ohne rechte Überlegung wenig kompetent.

Beispiel: Herr Schmid zu seinem chinesischen *Joint-Venture*-Partner: „Herr Yu, Sie haben vollkommen Recht – die Leistung unseres Teams bleibt deutlich hinter unseren Erwartungen zurück. Aber gerade deshalb sollten wir alle nun keineswegs mit verbundenen Augen Spatzen fangen."

Zerstreuen von Befürchtungen

Wie der Mann von Qi, der fürchtete, der Himmel könnte einstürzen.

杞人忧天 qǐ rén yōu tiān.

Sinn: sich grundlos Sorgen machen.

Background: Das Sprichwort hat seine literarischen Wurzeln im *Liezi*: Über den Mann aus Qi, der befürchtete, der Himmel könnte auf ihn herabfallen. Seine Furcht war so groß, dass er weder essen noch schlafen konnte. Erst viel später wurde er durch andere von der Grundlosigkeit seiner Sorgen überzeugt.

Beispiel: „Die anberaumten drei Jahre für das Projekt sind meiner Ansicht nach mehr als ausreichend, um unser Ziel zu erreichen. Deshalb müssen wir nicht befürchten, der Himmel könnte einstürzen."

Zerstreuen von Befürchtungen

Sai Weng verliert ein Pferd.

塞翁失马 Sài Wēng shī mǎ.

Sinn: ein anfängliches Unglück entpuppt sich als Glück.

Background: Das Sprichwort geht zurück auf eine alte, sehr bekannte Geschichte aus China. Vor langer Zeit lebte ein alter Mann namens Sai Weng. Eines Tages bemerkte er, dass eines seiner Pferde fehlte. Er vermutete, dass das Pferd über die Grenzen des Landes hinaus gelaufen war und somit verloren sei. Als die Nachbarn von dem Unglück hörten, kamen alle, um Sai Weng zu bedauern. Dieser aber blieb gelassen: „Das macht nichts. Wer weiß, wozu das gut ist." Eines Tages trat Sai Weng vor die Tür, und siehe da: Sein Pferd kam zurück und brachte eine schöne Stute mit. Wieder kamen die Nachbarn, diesmal, um den alten Mann zu beglückwünschen. „Wir werden sehen, wer weiß, wozu das gut ist", entgegnete der alte Weng. Der Sohn von Sai Weng wollte nun das neue Pferd zähmen. Dieses aber war sehr wild, warf den Sohn ab und verletzte ihn schwer am Bein. Wieder kamen die Nachbarn und bedauerten die beiden. Sai Weng blieb erneut gelassen: „Es scheint ein Unglück zu sein. Aber wer weiß, wozu es gut ist." Wenige Monate später wurden alle jungen Männer für einen Krieg rekrutiert. Nur Sai Wengs Sohn blieb verschont: Niemand wollte einen Soldaten mit einem verletzten Bein.

Tipp: Die Botschaft dieser Sprichwortes ist klar: Ein scheinbarer Verlust kann sich später als Gewinn herausstellen. Infolgedessen können Sie es gemäß dieser Aussage in diversen Kontexten einsetzen.

Beispiel: Dongmao Han ist geknickt. Gerade hat ein potenzieller deutscher Geschäftspartner ein Angebot zurückgezogen. Ein Freund muntert Herrn Han auf: „Du erwartest doch noch ein weiteres Angebot aus Frankreich. Ich finde, das zurückgezogene Angebot der Deutschen ist wie das verlorene Pferd von Sai Weng!"

Beharrlichkeit

eiserner Wille

Jing Wei füllt den See auf.

精卫填海 Jīng Wèi tián hǎi.

Sinn: mit einem eisernen Willen das eigene Ziel verfolgen und sich durch die Schwierigkeiten nicht davon abbringen lassen.

Background: Zurückgehend auf das ShanHaiJing (Berg-und See Bibel) erzählt dieser Mythos von Jing Wei, der Tochter des Königs Yan, die in einem See ertrank und sich in einen schönen Vogel verwandelte. Dieser Vogel trägt Tag für Tag Steine in seinem Schnabel und lässt sie in den See fallen, um die Wassertiefe zu verringern. Eine weithin bekannte Metapher für einen unbeugsamen Willen und Beharrlichkeit, sein Ziel trotz widriger Umstände erreichen zu wollen.

Tipp: Verwendung als Kompliment für Beharrlichkeit im Smalltalk. Denkbar wäre auch, wenn Sie mit Ihrem *Joint-Venture*-Geschäftspartner eine Strategie diskutieren, von der Sie annehmen, dass große Anstrengungen für die Umsetzung vonnöten wären.

Beispiel: „Ihren Vorschlag, mit unserem *Joint Venture* zum Kostenführer zu avancieren, unterstütze ich vollkommen. Was mir im Augenblick Unbehagen bereitet ist, dass wir mit unseren effizienzsteigernden Maßnahmen den See auffüllen müssten wie Jing Wei."

Kommentar: Der Sprecher gibt seinem Geschäftspartner zu verstehen, dass beide Geschäftspartner über einen längeren Zeitraum beharrlich investieren müssten, um das schlussendliche Ziel erreichen zu können.

Beharrlichkeit und Überwindung von Ängsten

Auf der Welt gibt es nichts Schwieriges, nur ängstliche Menschen.

天不无难事, 只怕有心人 tiān bù wú nán shì, zhǐ pà yǒu xīn rén.

Sinn: Eine Person mit Vorsätzen und Beharrlichkeit kann auch das schwierigste Problem lösen.

Tipp: Dieses Idiom sollten Sie besser nicht als Untermauerung der eigenen Planung benutzen, dies könnte als Arroganz missverstanden werden. Gut eignet es sich als „Motivator" für ein gemeinsames Projekt.

Beispiel: „Die Innovations-Ideen, die wir zusammengetragen haben, sind wirklich gut. Wir sollten sie unbedingt umsetzen. Denn wie sagt man bei Ihnen in China? Es gibt nichts Schwieriges auf der Welt, nur ängstliche Menschen."

Tipp: Die Wirkung und Überzeugungskraft, die ein chinesisches Sprichwort auf Ihren chinesischen Geschäftspartner ausübt, sollten Sie keineswegs unterschätzen. Zum einen sind Chinesen nicht durch „flammende Reden" mit ausgefeilter Rhetorik zu überzeugen. Zum anderen schafft das *Code-switching* Vertrauen – die essenzielle Basis für jede langfristige Geschäftsbeziehung.

Beharrlichkeit trotz Rückschlägen

Eine gelungene (gute) Sache, viele Mühlsteine.

好事多磨 hǎo shì duō mó.

Sinn: Es geht nicht immer alles glatt.

Tipp: Der Inhalt entspricht in etwa unserem deutschen „keine Rose ohne Dornen" und ist vielseitig einsetzbar, z. B. als Motivator oder als entlastender Gesichtgeber.

Beispiel: Ein chinesisches Unternehmen ist dabei, ein Change Management einzuführen. Während die Implementierung des *Change Boards* reibungslos vonstatten ging und jedes der Mitglieder hinter dem angestrebten Wandel steht, haben die beiden IT-Beauftragten Mühe, die EDV ohne große Zeitverluste in die Umstrukturierung mit einzubinden. Yide Zheng ist besonders frustriert. Meizhu Xu, Koordinatorin für Implementierung des Change, hat den Unmut des Mitarbeiters bemerkt: „Herr Zheng, wir sind mit Ihrer bisher geleisteten Arbeit sehr zufrieden. Dann sollten Sie das auch sein. Schließlich helfen Sie uns dabei, unser Unternehmen in eine gute Zukunft zu führen. Und wir alle sollten dabei nicht vergessen: Eine gelungene Sache bringt viele Mühlsteine mit sich!"

Beispiel: Eine Verhandlung zwischen einem deutschen und einem chinesischen Unternehmen verläuft dissoziativ. So richtig ist keine der Seiten bereit, Konzessionen zu machen. In einer der Pausen treffen sich Hanno Jillich und Dongmao Yu. „Wenn das so weitergeht", meint Herr Jillich lächelnd, „dann werden wir mit weißen Bärten nach Hause gehen." „Nun", erwidert Herr Yu freundlich, „Sie machen uns die Sache nicht ganz leicht. Bei uns in China sagt man: Eine gelungene Sache, viele Mühlsteine."

Bescheidenheit (siehe auch Selbstbescheidenheit)
Anmahnen zur Bescheidenheit

So wie es hinter dem Himmel noch einen weiteren Himmel gibt, so gibt es auch immer einen Menschen, der besser ist als ein anderer.

天外有天，人上有人 tiān wài yǒu tiān, rén shàng yǒu rén.

Sinn: Mahnt an, nicht arrogant oder eitel zu sein.

Tipp: Dieses Sprichwort zeigt den enormen Stellenwert der Bescheidenheit. Arrogantes und selbstgefälliges Auftreten kommt nicht gut an.

Beispiel: Wenn Ihnen Ihr Geschäftspartner ein Kompliment hinsichtlich Ihres fachlichen Könnens macht, könnten Sie mit dem Gebrauch des Idioms Bescheidenheit demonstrieren und Ihrem Gegenüber und sich selbst Gesicht verschaffen, eine hervorragende Bedingung für eine weiterführende Geschäftsbeziehung.

Erwiderung auf Bescheidenheit des Geschäftspartners

Eine Schildkröte, die ein Glühwürmchen verschluckt hat.

乌龟吃萤火虫 wū guī chī yíng huǒ chóng.

Sinn: viel Wissen haben, aber (bescheidenes) Stillschweigen darüber bewahren und so „von innen leuchten".

Tipp: Hierin zeigt sich eine Charakterhaltung, die die Chinesen sehr bewundern: eine Person mit viel Wissen, die aber darauf verzichtet, alles arrogant und laut nach außen zu tragen. Deshalb wundern Sie sich nicht, wenn Ihr Geschäftspartner Bescheidenheit zeigt, obwohl offenkundig ist, dass er ein erfolgreicher und gewiefter Unternehmer ist. Direkte Komplimente wehren Chinesen i. d. R. ab (was nicht heißen soll, dass sie sich nicht darüber freuen!). Weist Ihr Geschäftspartner ein Kompliment bescheiden zurück, können Sie in diesem Zusammenhang das Sprichwort zur Anwendung bringen.

Beispiel: „Ich glaube, Herr Liu, in einem solchen Fall sagt ein chinesisches Sprichwort: Sie sind vergleichbar mit einer Schildkröte, die ein Glühwürmchen verschluckt hat."

Hinweis: Unserer Erfahrung nach gibt es bezüglich des bescheidenen Auftretens gewaltige Kulturunterschiede: Westliche Führungskräfte und Entscheider sind es gewohnt, klar und präzise zu kommunizieren; ein Führungshabitus wird erwartet. Und genau an dieser Stelle kollidiert das westliche mit dem östlichen Denken. Wenn westliche Entscheider in China auf Dauer erfolgreich sein wollen, müssen sie sich diesem Problem stellen.

Beziehungspflege

Anerkennung der Leistung des Geschäftspartners

100 Schüsse, 100 Treffer.

百发百中 bǎi fā bǎi zhōng.

Sinn: etwas mit großer Präzision und großer Sicherheit tun.

Background: zurückgehend auf den Bogenschützen Youji Yang der Frühlings- und Herbstperiode. Yang wurde herausgefordert, auf große Entfernung drei Baumblätter in einer bestimmten Reihenfolge zu treffen, was ihm exzellent gelang. Zunächst stand das Sprichwort lediglich für Treffsicherheit, heutzutage beschreibt es Personen, die mit großer Sicherheit und Präzision eine Aufgabe erfüllen.

Tipp: Sie können es in Ihrem Beziehungsaufbau als Kompliment verwenden. Haben Sie chinesische Mitarbeiter, können Sie es als Leistungsansporn anwenden, indem Sie betonen, dass die Mitarbeiter „schon beinahe" (siehe feste Wendungen, Abschn. 7.7) mit 100 Schüssen 100 Treffer erzielen. Sie vermeiden somit direkte Kritik und durch die Wahl dieses Gesicht gebenden Verfahrens wird man sich noch mehr anstrengen, um Ihre Vorgaben zu erfüllen.

Beispiel: „Ich habe über den Werdegang Ihres Unternehmens gelesen. Mir scheint, Sie sind ein Mann, der mit 100 Schüssen 100 Treffer erzielt."

Anerkennung der Vorleistung anderer

Das Wasser trinken und sich an die Quelle erinnern.

饮水思源 yǐn shuǐ sī yuán.

Sinn: nicht vergessen, woher das Gute kommt; über eine empfangene Wohltat den Wohltäter nicht vergessen.

Tipp: In diesem Idiom spiegelt sich die chinesische Kultur wider: Man erkennt die Leistungen seiner früheren Lehrer, Ausbilder, aber auch der Eltern an, die durch Wissensweitergabe zum eigenen Erfolg beigetragen haben. Somit ergeben sich Anwendungsmöglichkeiten in jenen Situationen, in denen man Ihre Leistungen wohlwollend zum Ausdruck bringt.

Beispiel: In einer deutsch-chinesischen Verhandlung bemerkt der chinesische Verhandlungsführer, dass sein deutscher Gegenspieler taktisch sehr klug agiert. Nach erfolgreichem Abschluss sagt er beim Essen zu ihm: „Obwohl Sie noch sehr jung sind, haben Sie ein beachtliches Ergebnis erzielt. Wo haben Sie Ihre Erfahrungen gesammelt?" „Meine Erfahrungen sind noch sehr gering. Aber wenn ich verhandle, erinnere ich mich an die Quelle beim Trinken des Wassers. Dann ist vieles leichter."

Hinweis: Der deutsche Verhandlungsführer zeigt seinem Gesprächspartner, dass er sich an seinen Mentor erinnert und er diesem viel verdankt. Damit verschafft er sich Respekt und Gesicht.

Ausbau der Geschäftsbeziehung wünschenswert

Sesam(pflanzen) in Blüte.

芝麻开花 zhīma kāi huā.

Sinn: beständiger Fortschritt.

Background: Wenn Sesam in Blüte steht, wächst die nachfolgende Blüte höher als die vorhergehende. Der Stamm verlängert sich so Stück für Stück. Der blühende Sesam steht somit als Metapher für beständigen Fortschritt – auch im Denken und den Fähigkeiten.

Beispiel: „Herr Lin, Frau Wang, ich freue mich über unseren Vertragsabschluss und hoffe, dass unsere gemeinsamen Geschäfte gedeihen wie die Sesampflanze, die in Blüte steht!"

Gemeinsamkeit, Betonen von

Eine einzige Stütze trägt kein Haus.

一木难支 yī mù nán zhī.

Sinn: Eine einzelne Person kann wenig ausrichten.

Beispiel: Ein chinesischer *Joint-Venture*-Chef zu seinem deutschen Mitarbeiter: „Ich sehe, Sie sind in Vorbereitung für die Abteilungspräsentation. Doch wie können Sie Ihr Haus auf nur einer einzigen Stütze bauen?"

Tipp: Der chinesische Vorgesetzte im Beispiel mahnt zur Teamarbeit an. In vielen chinesischen Unternehmen (besonders den kleineren Familienunternehmen) ist es noch üblich, dass jeder für (fast) alles zuständig ist. Genau definierte Zuständigkeiten, wie sie in deutschen Organisationen vorzufinden sind, sind hier eher (noch) die Ausnahme.

Gemeinsamkeit, Betonen von

Hilfst du den anderen, helfen die anderen dir auch.

与人方便, 自己方便 yǔ rén fāng biàn, zì jǐ fāng biàn.

Sinn: Anderen helfen bedeutet, sich selbst zu helfen.

Tipp: Hier findet sich das Prinzip des *guānxi*: In einem solchen Beziehungsgeflecht hat der Einzelne Verpflichtungen gegenüber der Gemeinschaft, der er angehört, kann aber dafür im Falle einer Zwangslage mit Unterstützung rechnen.

Beispiel: Qiang Wen und Julian Brunke sind befreundet. Julian absolviert ein mehrmonatiges Praktikum in Shanghai, kennt die Stadt aber noch nicht gut. Deshalb hat Qiang ihn für heute Abend eingeladen. Zur vereinbarten Zeit macht sich der Deutsche auf den Weg zum Studentenwohnheim, um Qiang dort zu treffen. Dieser sitzt am Schreibtisch, einen Stapel eng beschriebene Seiten vor sich. Als Julian fragt, was er denn da tue, antwortet sein Freund: „Ich übertrage einige Geschäftspapiere vom Englischen ins Chinesische. Ein guter Freund meines Vaters braucht bis zum Samstag die chinesische Übersetzung." „Hm, und was wird aus unserer Verabredung?" „Es tut mir sehr leid, Julian. Aber bei uns heißt es: Hilfst du den anderen, helfen die anderen dir auch." „Na, wenn das so ist: Hast du noch einen zweiten Schreibtischstuhl?"

Hinweis: Julian hat gerade zwei wichtige Dinge über das chinesische Sozialleben erfahren: Erstens erlebt er das *guānxi*-Prinzip aus erster Hand. Zweitens zeigt ihm die Reaktion seines Freundes, dass das Wohl des Kollektivs (des *guānxi*-Netzwerks) über dem eigenen Wohl steht. Würde Qiang Wen seinem Vater die Hilfe verwehren, würde dieser in seinem Netzwerk an Ansehen und Gesicht verlieren, ein Umstand, den ein chinesischer Sohn seinem Vater in aller Regel nicht zumuten würde.

Commitment
Anreizsystem für Mitarbeiter in *Joint Venture, Joint Project*
Der Kaiser schickt keine hungrigen Soldaten, um einen Auftrag zu erledigen.
皇帝不差饿兵 huáng dì bù chāi è bīng.
Sinn: Gefolgschaft sicherstellen.
Tipp: Modern ausgedrückt, geht es hier um Mitarbeiter-*Commitment*. Und Sie wissen,
wie man (westliche) Mitarbeiter führt. Die goldene Regel für das Führen chinesischer
Mitarbeiter ist *Facework*. Direkte Kritik, womöglich noch vor anderen, bedeutet totalen
Gesichtsverlust, und zwar auch für Sie. Nutzen Sie deshalb ein chinesisches Sprichwort.
Ihre Mitarbeiter erhalten dabei zwei Botschaften, nämlich dass Sie die chinesische Kultur
respektieren und dass Sie (als eine der wenigen Langnasen) indirekt und damit nach dem
chinesischen *lǐ mào* -Prinzip kommunizieren, beides unabdingbar für ein erfolgreiches
Personalmanagement.
Beispiel: Guoming zu seinem deutschen Kollegen Reinhard: „Wenn du sicherstellen
willst, dass dein Team gute Arbeit leistet, halte es wie ein kluger Kaiser, der sich niemals
hungriger Soldaten bedient.“
Motivation chinesischer Mitarbeiter
Die Kraft des Windes prüft die Stärke des Grases.
疾风知劲草 jí fēng zhī jìng cǎo.
Sinn: Die Stärke eines Charakters zeigt sich in der Krise.
Background: aus der Chroniken der Späten Han-Dynastie. Guang Wu sagt zu Wang Ba:
„Die, die mir in Yingchuan gefolgt sind, haben mich nun verlassen, du bist der Einzige,
der blieb. Die Kraft des Windes prüft die Stärke des Grases.“ – Das Idiom wird in diesem
Sinn auch heute noch verwendet.
Tipp: Eine exzellente Anwendung für die Motivation chinesischer Mitarbeiter. Sollten Sie
aufgrund äußerer Umstände Ihren chinesischen Mitarbeitern mehr als gewöhnlich abver-
langen müssen, nutzen Sie dieses Idiom. *Commitment* ist Ihnen somit gesichert. Gerade
in Zeiten, in denen deutsche Unternehmen zunehmend um gut qualifizierte chinesische
Arbeitskräfte in Konkurrenz zueinander gehen, ist eine Berücksichtigung des Mitarbeiter-
Commitments eine gute Investition.
Beispiel: Ein deutscher Vorgesetzter zu seinen chinesischen Mitarbeitern: „Unsere Auftragslage ist sehr gut Unser Unternehmen wächst. Wir alle dürfen jetzt nicht nachlassen.
Denn der kraftvolle Wind prüft nun die Stärke des Grases. Und ich bin sehr sicher, es wird
bestehen!“

Eloquenz
keine Eloquenz haben
Jiǎozi [Dampfbrötchen] in einem Teekessel kochen – und keine Möglichkeit haben, sie
herauszubekommen.
茶壶里煮饺子倒不出来 chá hú lǐ zhǔ jiǎo zi - dào bù chū lái.
Sinn: schlechter Redner, der trotz guter Ideen seine Argumente nicht eloquent vortragen
kann.

Background: *Jiǎozi* sind im Grunde Teigtaschen mit wirklich köstlichen Füllungen (die Sie unbedingt probieren sollten). Die Vorstellung, *Jiǎozi* in einem Teekessel zu kochen, um sie dann über die Tülle auszugießen, ist genauso absurd, als versuche man dieselbe Aktion mit kleinen Hefeklößchen. Sie würden buchstäblich in der Tülle steckenbleiben. – Und genau das ist die Metapher für einen wenig begabten Redner: Die guten Ideen und cleveren Worte finden nicht den Weg über die Lippen.

Tipp: Wie Sie unschwer erkennen können, erfordert die Anwendung viel Fingerspitzen- und Taktgefühl, wenn Sie damit andere Personen beschreiben wollen (am besten, Sie nutzen es nur bei guten chinesischen Freunden zum Beschreiben von Dritten). Anders sieht die Sache aus, wenn Sie *sich selbst* so beschreiben. Und wenn Sie dann noch ein eloquenter Redner sind, ist die Wirkung perfekt: Ihr Understatement (das für alle ja offenkundig ist) wird sofort als solches erkannt und Sie gelten als „Schildkröte, die ein Glühwürmchen verschluckt hat"… Wir können gar nicht oft genug betonen, wie sehr Ihnen solche Understatements nutzen. Und keine Sorge: Understatements werden immer als solche erkannt, bringen jede Menge Gesicht, Respekt und Gewinn bringende Geschäftsbeziehungen.

Emphase geben
Betonen der Abhängigkeit von der Basis
Wenn die Haut fort ist, woran soll das Haar sich heften?

皮之不存毛将焉附 pí zhī bù cún, máo jiāng yān fù.

Sinn: betont, dass nichts ohne seine Basis existieren kann.

Tipp: Sehr gut verwendbar, um argumentativ für etwas zu plädieren, dass man selbst für unabdingbar hält.

Beispiel: Ein deutsch-chinesisches Unternehmen. Um „die Disziplin zu wahren", ist ein deutscher Produktionsleiter sehr streng mit seinen chinesichen Mitarbeitern. Dies gilt insbesondere für einen pünktlichen Arbeitsbeginn und das Einhalten der Pausenzeiten. Dong Zhong, mittlerweile ein guter Bekannter des Produktionsleiters, nimmt diesen beiseite und spricht ihn auf das sich anbahnende Problem an: „Du bist streng mit den Leuten. Für das Unternehmen ist das sicher nicht das Schlechteste. Aber die Leute beginnen zu murren. Wenn sie auf dem Esel reiten und sich nach einem Pferd umsehen, dann wird es zu spät sein. Denn woran soll das Haar sich heften, wenn die Haut fort ist?"

Hinweis: Dong Zhon verbindet für seine Kritik zwei Redewendungen. Die erste steht für Jobsuche – Sie werden das Sprichwort noch kenen lernen. Mit der zweiten warnt er den Produktionsleiter davor, dass ihm die Mitarbeiter kündigen könnten.

Ende/Beendigung
begonnen, aber nicht zu Ende gebracht
Einen Kopf, aber keinen Schwanz haben.

有头无尾 yǒu tóu wú wěi.

Sinn: etwas hat einen guten Anfang, aber kein Ende; etwas aufgeben, bevor es geendet hat.

Tipp: Die Redewendung kann gut als Plädoyer eingesetzt werden, nicht vor der Zielgeraden aufzugeben. Oder auch als Einleitung, wenn Sie eine Kurskorrektur in einem Projekt wünschen. Beginnen Sie dabei mit dem Loben des gut gelungenen „Kopfes" und leiten dann motivierend zum Weiterführen des Projektes (Schwanz) über.

Beispiel: „Die Produktion ist gut angelaufen. Sie alle haben hart dafür gearbeitet. Der Kopf ist gut gelungen, doch der Schwanz passt nicht zum Kopf. Wir müssen ihn verändern. Ich schlage deshalb vor…"

etwas als beendet betrachten

Das Holz ist schon zum Boot geworden.

木已成舟 mù yī chéng zhōu.

Sinn: eine Sache ist abgeschlossen, keine Möglichkeit zur Änderung, „Die Würfel sind gefallen"

Tipp: Dieses Sprichwort zeigt, dass Sie etwas als endgültig betrachten. Wenn Sie während Ihrer Gespräche/Verhandlungen allerdings noch Gesprächsbereitschaft signalisieren wollen, schwächen Sie das Idiom ab, indem Sie vorwegstellen, dass Sie glauben, annehmen oder befürchten, dass das Holz zum Boot geworden ist. Dann stellen Sie die Frage, ob Ihr Geschäftspartner das genauso sieht. So können Sie gesichtsschonend Ihre Meinung kundtun, ohne gleich die Brücken abzubrechen.

Bsp: „Es tut uns leid, aber wir können Ihren Liefertermin nicht mehr nach hinten schieben. Für unseren wichtigen Kunden ist das Holz bereit zum Boot geworden. Wir können es ihm nun nicht mehr entreißen."

Entschuldigung
bei eigenem Verschulden

Birkenzweige bringen und ums Auspeitschen bitten.

负荆请罪 fù jīng qǐng zuì.

Sinn: Asche auf das eigene Haupt streuen.

Background: Geht zurück auf eine Zwistigkeit zwischen Fo Lian und Xiangru Lin. Letzterer bat für ein Vorkommnis um Verzeihung, indem er sich eine Birke auf den Rücken band und um Züchtigung bat. Da die beiden Männer anschließend treue Weggefährten wurden, hat das Ganze eine positive Konnotation.

Tipp: Wenn Ihnen ein schwerer Fehler unterlaufen sein sollte und Sie ihn um Ihrer Geschäftsbeziehung willen geradebiegen wollen, ist dieses Idiom das Mittel der Wahl. Kein Chinese wird durch solche Worte unbeeindruckt bleiben.

Beispiel: „Herr Zhang, leider muss ich Ihnen mitteilen, dass die Änderungswünsche Ihres Entwurfes nicht in unserer F&E-Abteilung angekommen sind. Ich werde das sofort veranlassen. Und wenn wir uns am 15. sehen, werde ich Birkenzweige mitbringen und ums Auspeitschen bitten!"

Hinweis: Die Worte dieser Redewendung haben für Chinesen eine ungeheure Wucht, mehr als durch die einfache Übersetzung anklingt. Im Chinesischen gibt es mehrere Abstufungen für das Wort „Entschuldigung", je nachdem, wie schuldig und unglücklich sich der Sprecher fühlt. Diese Nuancen sind nicht ohne Weiteres ins Deutsche übertragbar.

Erbsenzählerei (siehe auch Fehler)

Ereignis/Eigenschaften

seltene(s) und wertvolle(s) Ereignis/Eigenschaften

Phönix-Federn und Einhorn-Horn

凤毛麟角 fèng máo lín jiǎo.

Sinn: etwas, das selten und überaus wertvoll ist.

Tipp: Das Sprichwort kann auch auf Charaktereigenschaften von Personen verwendet werden, wenn diese – im positiven Sinne – besonders hervorgehoben werden sollen.

Bsp: „Frau Li, Ihnen ist es in außerordentlicher Weise gelungen, Deutsche und Chinesen unserer Entwicklungsabteilung zu einem leistungsstarken Team zu entwickeln. Da wir mit Ihnen als Personalmanagerin Phönix-Federn und Einhorn-Horn in unserem Unternehmen haben, hoffen wir, dass Sie uns auch weiterhin zur Verfügung stehen werden."

sehr geringe Wahrscheinlichkeit

Der Baum aus Eisen treibt Blüten.

铁树开花 tiě shù kāi huā.

Sinn: etwas kann kaum erreicht werden/passieren.

Tipp: Sie können mit diesem Sprichwort Ihre Bedenken gegenüber einer Strategie oder eines bestimmten Vorgehens äußern. Idealerweise leiten Sie ein mit: „Ich befürchte", „Ich vermute" usw. – Eine weitere feine Anwendung ist im Smalltalk möglich, wenn man Ihnen Komplimente macht, z. B. weil Sie einige chinesische Sätze gesprochen haben; hier könnten Sie erwidern, dass die Möglichkeit für Sie, irgendwann Chinesisch sprechen zu können, einem Baum aus Eisen gleicht, der Blüten treibt. (Bitte verlieren Sie nicht aus dem Sinn, dass Bescheidenheit und Understatement zur höflichen Konversation gehören.)

Beispiel: „Wenn wir unsere gemeinsamen Investitionen nicht erhöhen, befürchte ich, dass der Erfolg unseres *Joint Project* vergleichbar sein wird mit einem Baum aus Eisen, der Blüten treibt."

Erfahrung

Betonung der Erfahrung des Geschäftspartners

Ein altes Pferd kennt den Weg.

老马识途 lǎo mǎ shí tú.

Sinn: positive Äußerung über reiche Erfahrung.

Background: Während der Frühlings- und Herbstperiode machte sich der militärische Führer Huan des Reiches Qi auf, um mit seiner Armee ein kleineres Reich im Norden zu überfallen. Der Aufbruch fand im Frühling statt, zurück zogen sich die Truppen im Winter. Unglücklicherweise fanden sie den Weg zurück jedoch nicht. Auf Vorschlag eines Ministers wurden die ältesten Pferde der Truppe freigelassen, die schließlich alle nach Hause führten. – Das Idiom drückt Achtung und Respekt für den Wert von Erfahrung aus.

Beispiel: „Der Aufstieg Ihres Unternehmens unter Ihrer Leitung ist beachtlich, Herr Gu! Ich glaube, bei Ihnen in China sagt man auch: Ein altes Pferd kennt den Weg."

Hinweis: Jemanden indirekt mit einem alten Pferd zu vergleichen, mag Westlern eigentümlich vorkommen. Wir erinnern in diesem Zusammenhang an das Senioritätsprinzip. Der Respekt vor dem Alter ist in China immer noch präsent, da Alter mit viel Erfahrung gleichgesetzt wird. Chinesische Senioren erwarten von Jüngeren eine entsprechende Behandlung. In Peking hatten wir das Vergnügen, eine resolute alte Dame kennenzulernen, die wir dementsprechend mit „*nín hǎo* 您好" statt „*nǐ hǎo* 你好" ansprachen. Das „*nín*" ist eine respektvolle Anrede für alte Menschen und Personen mit hohem Status. Die alte Dame war sehr erfreut, ließ es sich dann aber nicht nehmen, uns trotzdem wiederholt darauf hinzuweisen, wie wichtig das „*nín*" sei und dass alte Menschen in der chinesischen Gesellschaft eine wichtige Rolle spielen, weil sie ihr Wissen an die Jüngeren weitergäben. Die stetige Wiederholung zeigt die Relevanz an, die die alte Dame der Information beigemessen hat.

Bitte um Rückgriff auf die Erfahrung des Geschäftspartners

Ein altes Pferd kennt den Weg.

老马识途 lǎo mǎ shí tú.

Sinn: positive Äußerung über reiche Erfahrung.

Background: siehe Erfahrung.

Beispiel: Holger Wetterstein leitet zum ersten Mal ein deutsch-chinesisches Team. Allerdings stößt er bei Xiaolong Wang an seine Grenzen, der eher eine zurückgezogene Außenseiterrolle einnimmt. Er beschließt, den 55-jährigen Herrn Zhong anzusprechen und ihn um Hilfe zu bitten. Da Bitten in China eher indirekt formuliert werden (*High-context-Kultur!*), geht er folgendermaßen vor: „Der Zusammenschluss unserer Firmen war eine sehr gute Maßnahme. Wir können viel voneinander lernen und viel erreichen. Dazu müssen wir einander verstehen, was nicht immer einfach ist. Ich denke, ein altes Pferd würde den Weg besser finden als ich."

Hinweis: Hier sehen Sie die Gesichtgebung. Hätte Herr Zhong keine Zeit o. ä., könnte er die indirekte Bitte „überhören", ohne Holger Wetterstein direkt abzusagen.

Erfolg

durch Gemeinsamkeit

Das Feuer lodert höher, wenn viele dafür Holz sammeln.

众人拾柴火焰高 zhòng rén shí chái huǒ yàn gāo.

Sinn: Der Erfolg wird größer, wenn alle mitmachen/dazu beitragen.

Beispiel: Herr Wetterstein (siehe auch Erfahrung) hat einen Tipp von Herrn Zhong bekommen und erfahren, dass Xiaolong Wang einfach noch unsicher ist im Umgang mit seinen westlichen Kollegen. In einer ruhigen Minute wendet er sich an Herrn Wang: „Wir haben den Auftrag von Futurexx bekommen. Bitte schauen Sie sich die Pläne noch mal an. Wenn alles soweit in Ordnung ist, können wir loslegen. Und wenn wir alle Holz sammeln, wird unser Feuer nachher umso höher lodern!"

nebenbei (zwei Fliegen mit einer Klappe)

Heu harken und dabei einen Hasen fangen.

搂草打兔子 lǒu cǎo dǎ tùzi.

Sinn: während der Ausführung einer Aufgabe ohne Anstrengung eine zweite bewältigen.

Tipp: Nach Vorstellung der Chinesen ist es relativ einfach, beim Heuharken einen Hasen zu fangen, da dieser sich gern im Gras aufhält und man die Arbeit des Harkens ohnehin erledigt. Der Hase lässt sich somit en passant einfangen. – Es ist das Unangestrengte dieser Tätigkeit, auf das das Sprichwort zielt, das in etwa dem deutschen „zwei Fliegen mit einer Klappe" entspricht. Wenn Sie also eine Idee oder Strategie vertreten, die Ihrer Meinung nach diese Bedingung erfüllt, verwenden Sie es, um Ihren Argumenten auf elegante Art Nachdruck zu verleihen.

Beispiel: „Ich habe mit allen Bewerbern gesprochen und halte Frau Li für die geeignete Person. Sie hat viele Weiterbildungen absolviert und könnte für unser Unternehmen beim Heuharken noch viele Hasen fangen."

dem Erfolg des Geschäftspartners Respekt zollen

Sich durch Disteln und Dorngestrüpp seinen Weg bahnen.

披荆斩棘 pī jīng zhǎn jí.

Sinn: unter Überwindung großer Schwierigkeiten seinen Weg bahnen.

Tipp: Dieses Idiom eignet sich bestens für Smalltalk, wenn Sie über den bisherigen geschäftlichen Erfolg Ihres chinesischen Geschäftspartners reden. Sie erkennen damit die Leistung und den Erfolg dieses Unternehmens an. Mit Sicherheit wird Ihr Gegenüber seinerseits ähnliche Worte über Ihr Unternehmen finden. Damit hätten Sie den ersten und notwendigen Schritt zu einer guten persönlichen Beziehung, dem A und O für China-Business, getan. Und falls Sie Bedenken haben: Ein solcher Schritt ist keineswegs ein Anbiedern, sondern eine Präliminarie zum Erreichen Ihres Ziels!

Beispiel: „Frau Guo, wir danken Ihnen für Ihre Einladung. Wir haben im Vorfeld schon viel über Sie gehört. Man sagt, dass Sie sich durch Disteln und Dorngestrüpp Ihren Weg gebahnt haben. Wir freuen uns auf die Zusammenarbeit."

Input = Output

Aus gepflanzten Melonen werden Melonen, aus gepflanzten Bohnen werden Bohnen.

种瓜得瓜, 种豆得豆 zhǒng guā dé guā, zhǒng dòu dé dòu.

Sinn: Man erntet, was man sät.

Beispiel: Eine deutsch-chinesische F&E-Abteilung. Robert Wiese beklagt sich bei seinem Freund und Kollegen Dongbin Chen über einen dritten chinesischen Kollegen: „Er ist ziemlich arrogant. Jedes Mal, wenn ich ihm eine Aufgabe gebe, nickt er nur und tut dann doch etwas anderes!" „Hm, mein Eindruck ist, dass euer Start nicht so gut war. Aus gepflanzten Melonen werden Melonen, aus Bohnen werden Bohnen. Aber ihr könnt sicher noch etwas daran ändern."

Hinweis: Herr Chen nutzt das Sprichwort, um Robert Wiese den Hinweis zu geben, sein eigenes Verhalten zu überprüfen. Er hat den Verdacht, dass Wieses Verhalten auf den dritten Kollegen ähnlich arrogant wirkt und macht ihn indirekt darauf aufmerksam (*Facework*).

Extreme

Selbstgefälligkeit/Eitelkeit

So wie es hinter dem Himmel noch einen weiteren Himmel gibt, so gibt es auch immer einen Menschen, der besser ist als ein anderer.

天外有天, 人上有人 tiān wài yǒu tiān, rén shàng yǒu rén.

Sinn: mahnt an, nicht arrogant oder eitel zu sein.

Tipp: Hier zeigt sich der soziale Stellenwert der Bescheidenheit. Arrogantes und selbstgefälliges Auftreten kommt nicht gut an und wird als extreme Verhaltensausprägung angesehen.

Beispiel: Wenn Ihnen Ihr Geschäftspartner ein Kompliment hinsichtlich Ihres fachlichen Könnens macht, könnten Sie mit dem Gebrauch des Idioms Bescheidenheit demonstrieren und Ihrem Gegenüber und sich selbst Gesicht verschaffen, eine hervorragende Bedingung für die weiterführende Geschäftsbeziehung.

überzogenes Selbstbewusstsein

So mächtig du auch bist, es gibt doch einen Mächtigeren.

强中更有强中手, 能人背后有能人 qiáng zhōng gèng yǒu qiáng zhōng shǒu, néng rén bèi hòu yǒu nèng rén.

Sinn: Es ist keiner so stark, dass er nicht einen Stärkeren findet; ermahnt zur Bescheidenheit.

Beispiel: Ein deutsches und ein chinesisches Unternehmen diskutieren eine gemeinsame strategische Allianz. Die Deutschen sind mit ihren Produktlinien eines der marktführenden Unternehmen in Europa und planen einen Markteintritt über die Allianz. Der Chef des chinesischen Unternehmens warnt seine deutschen Geschäftspartner: „Ihr seid die Stärke des Tigers gewohnt. Aber bei uns sagt man: Auch wenn du sehr mächtig bist, es gibt immer noch einen Mächtigeren."

Vermeiden von Extremen

Der Mond nimmt nur zu, um abzunehmen, das Wasser steigt nur an, um überzufließen.

月满则亏, 水满则溢 yuè mǎn zé kuī, shuǐ mǎn zé yì.

Sinn: Dinge kehren sich in ihr Gegenteil, wenn sie ein Extrem erreichen.

Tipp: Chinesen vermeiden Extreme und wählen in der Regel den Mittelweg (*zhōng yōng* 中庸, Kap. 6). Oberstes Gebot sind dabei Harmonie und das Wohl des Kollektivs.

Beispiel: Frau Ma betreut einen deutschen Praktikanten. Dieser ist eifrig und möchte unbedingt Kundenkontakt, was Frau Ma für verfrüht hält: „Du bist sehr eifrig und willst viel lernen. Das ist gut. Aber bedenke: Der Mond nimmt nur zu, um abzunehmen, und das Wasser steigt nur an, um schließlich überzufließen."

Vermeiden von Extremen in Emotionen

So wie es in der Natur unerwartete Stürme gibt, gibt es im Leben unvorhergesehene Unbeständigkeiten.

天有不测风云, 人有旦夕祸福 tiān yǒu bù cè fēng yún, rén yǒu dàn xī huò fú.

Sinn: mahnt an, sich keine extremen Sorgen zu machen, wenn es Schwierigkeiten gibt, sowie keine übertriebene Selbstzufriedenheit in glücklichen Phasen zu haben

Tipp: Dieses Sprichwort spiegelt einen chinesischen Lebensgrundsatz wider: *méi bànfǎ*, 没办法 (wörtlich: es gibt keine Methode). Gemeint ist, dass man die Kalamitäten des Lebens zu akzeptieren hat, da man sie sowieso nicht ändern kann. Die westliche Art, sich über unabänderliche Dinge zu echauffieren, stößt bei Chinesen auf Unverständnis.

Beispiel: Die Personalabteilung eines deutsch-chinesisch geführten Unternehmens sucht potenzielle Kandidaten für das mittlere Management. Während Guoming Li relativ gelassen ist, bekommt Jens Steinmann seine Nervosität kaum in den Griff. Herr Li versucht Jens Steinmann zu beruhigen: „Mensch Jens, wir wollen doch alle etwas erreichen. Das Assessment liegt hinter uns. Sollte es nun unvorhergesehene Unbeständigkeiten geben, können wir es nicht ändern, genauso wenig, wie wir die unerwarteten Stürme der Natur ändern können. Konzentriere dich darauf, dich weiter zu verbessern."

Fehler

aus gemachten Fehlern lernen

Ein umgekippter Wagen mahnt zur Vorsicht.

前车之鉴 qián chē zhī jiàn.

Sinn: aus bereits gemachten Fehlern lernen.

Anmerkung: Gemeint sind mit diesem älteren Sprichwort Holzwagen und Karren, auf denen im ländlichen China noch immer landwirtschaftliche Erzeugnisse transportiert werden. Kippen sie um, warnen sie nachfolgende Wagenlenker zwangsläufig vor Schlaglöchern und ähnlichem.

Beispiel: „Was das Trinken anbelangt, so ist er für uns wie ein umgekippter Wagen."

kleine Fehler (für *Facework*)

Ein Makel trübt den warmen Glanz des Jadesteins nicht.

瑕不掩瑜 xiá bù yǎn yú.

Sinn: großer Tugend/Integrität können kleine Schwächen nichts anhaben.

Beispiel: Bei einem Geschäftsessen erzählt Herr Yu vom Werdegang seines Unternehmens, das mittlerweile eine recht beachtliche Größe erreicht hat. Dabei verschweigt er nicht, dass er mit seiner ersten Geschäftsidee gescheitert ist. Rüdiger Wolff weiß die Situation Gesicht gebend zu überbrücken. „Wenn man bedenkt, wie Ihr Unternehmen heute aufgestellt ist, so sieht man, dass ein kleiner Makel den warmen Glanz des Jadesteins keineswegs trübt."

Entschuldigung für eigenen Fehler

Birkenzweige bringen und ums Auspeitschen bitten.

负荆请罪 fù jīng qǐng zuì.

Sinn: Asche auf das eigene Haupt streuen.

Background: Geht zurück auf eine Zwistigkeit zwischen Lian Po und Lin Xiangru. Letzterer bat für ein Vorkommnis um Verzeihung, indem er sich eine Birke auf den Rücken band und um Züchtigung bat. Da die beiden Männer anschließend treue Weggefährten wurden, hat das Ganze eine positive Konnotation.

Beispiel: Konstanze Weber und Xiaomei Li arbeiten in der Marketing-Abteilung eines deutsch-chinesischen *Joint Ventures*. Gerade eben hat Frau Weber versehentlich eine Layout-Skizze von Frau Li gelöscht. Beklommen geht sie zu ihr und sagt: „Xiaomei, ich komme zu dir mit einigen Birkenzweigen und bitte dich ums Auspeitschen – ich habe deinen Layout-Entwurf versehentlich gelöscht." „Keine Sorge, ich werde die Zweige nicht benötigen, es gibt eine Sicherheitskopie auf der Externen …"

Suche nach noch so kleinen Fehlern

Die Haare eines Tierfelles fortblasen, um eine schadhafte Stelle zu entdecken.

吹毛求疵 chuī máo qiú cī.

Sinn: Haare in der Suppe suchen.

Background: Das Sprichwort hat seine Wurzeln in einer Anekdote aus dem alten China, in der es um einen Erbsenzähler ging. Dieser wollte eines Tages einen Pelz kaufen und untersuchte ihn gründlichst, indem er Haar für Haar auseinanderblies, um jede noch so kleine schadhafte Stelle in der Haut zu entdecken.

Beispiel: Ein chinesisches und ein deutsches Verhandlerteam sind dabei, den Vertragsentwurf der deutschen Rechtsabteilung durchzusprechen. Es hat den Anschein, als hätten die Juristen jede erdenkliche Eventualität berücksichtigt. Herr Guan findet das recht ungewöhnlich: „Wie kann eine Geschäftsbeziehung wachsen, wenn einer die Haare des Fells auseinander bläst und fehlerhafte Stellen sucht?"

Suche nach noch so kleinen Fehlern

Im Ei stochern, um Knochen zu finden.

鸡蛋里挑骨头 jī dàn li tiāo gǔ tou.

Sinn: an allem herummäkeln; Erbsenzählerei.

Beispiel: Jing Li erzählt von ihrer Entsendung in ein deutsches Unternehmen: „Meine Vorgesetzte war mit mir recht zufrieden. Nur bei meinen Schreibfehlern hat sie wie in einem Ei gestochert, um die Knochen zu finden."

Fortschritt

Betonen von Fortschritt

Die Sonne kommt und der Mond folgt.

日就月将 rì jiù yuè jiāng.

Sinn: stetigen Fortschritt machen.

Tipp: Hier sind mehrere Anwendungen möglich. Als Motivator eignet sich das Sprichwort, wenn Sie die Anstrengungen Ihrer chinesischen Mitarbeiter honorieren und sie gleichzeitig anspornen wollen, nicht nachzulassen. In Strategieverhandlungen oder Jahresberichten eignet es sich, um die Aufmerksamkeit auf die Fortschritte zu lenken und gleichzeitig Ihr Statement für ein bestimmtes Vorgehen abzugeben.

Beispiel: „Wie Sie sich alle sicher erinnern, hatten wir uns vor 18 Monaten zur jetzigen Geschäftsfeldstrategie entschlossen. Ich habe eine gute Nachricht für alle, die damals Bedenken hatten. Seit wir implementiert haben, ist die Sonne stets gekommen, gefolgt vom Mond. Wir sollten meiner Meinung nach unbedingt weitermachen. Hier zeige ich Ihnen die Zahlen…"

Freundschaft

Betonen tiefer Freundschaft

Freundschaft zwischen Guan, Zhong und Bao, Shuya.

管鲍之交 Guǎn Bào zhī jiāo.

Sinn: echte, tiefe Freundestreue.

Beispiel: Bei einem Wirtschaftstreffen in Shanghai wird Uwe Kahmann von einem chinesischen Kollegen auf die CEOs der beiden marktführenden Unternehmen aufmerksam gemacht: „Die beiden sind verbunden wie Zhong Guan und Shuya Bao. Das macht es für die Konkurrenz nicht einfach."

Anmerkung: Bei Guan und Bao handelt es sich um chinesische Nachnamen.

Funktion

perfekte Erscheinung, aber keine Funktion

Die Ohren eines tauben Mannes.

聋子的耳朵 lóngzi de ěr duǒ.

Sinn: Etwas scheint nach außen gut, hat aber kein Gehalt.

Tipp: Die Ohren eines tauben Mannes sind optisch perfekt, erfüllen aber ihre Funktion offenkundig nicht. Entsprechend bezeichnet das Idiom etwas, das eine ausgezeichnete Erscheinung hat, aber ohne substanziellen Gehalt ist.

Bsp: Ein chinesischer Ingenieur leitet ein junges, deutsch-chinesisches Entwickler-Team. Bei einem Rundgang fällt ihm auf, dass Anke Hartmann und Xuzheng Gu ein Detail in einem Schaltkreis einzuzeichnen vergessen haben. „Sie beide sind wirklich sehr engagiert. Aber sehen Sie sich die Schaltkreise nochmal an. Es hat den Anschein, als gleichen sie den Ohren eines tauben Mannes."

Hinweis: Wie Sie bemerkt haben, wird in China „political correctness" anders definiert. Der Gebrauch des Idioms gilt daher keineswegs als anstößig.

Gān bēi („das Glas trocknen") (siehe Trinksprüche).

Gastgeschenk (siehe auch Kontaktaufnahme/Smalltalk).

Überreichen des Gastgeschenks

1000 Meilen reisen, um eine Gänsefeder zu überreichen.

千里送鹅毛 qiān lǐ sòng é máo.

Sinn: Ausdruck aufrichtiger Freundschaft, die sich nicht am Geld messen lässt.

Tipp: Ein ausgezeichneter Anlass für die Anwendung des Sprichworts ist der Augenblick, wenn Sie aufgrund der Einladung Ihres (bereits bekannten) Geschäftspartners in China sind und ein Gastgeschenk überreichen. Mit dem Idiom vermitteln Sie zwei Botschaften: die in China so hoch geschätzte zurückhaltende Bescheidenheit (bei dem Geschenk wird es sich ja nicht um eine Gänsefeder handeln, nicht wahr?) und den Hinweis, dass Sie die chinesische Kultur kennen und respektieren. Beides wird Ihnen das Tor zu anstehenden Verhandlungen weit öffnen.

Geduld

Geduld als Eigenschaft

Wenn du nur hart genug arbeitest, kannst du aus einem Eisenstab eine Nadel machen.

只要功夫深, 铁杵磨成针 zhǐ yào gōng fu shēn, tiě chǔ mó chéng zhēn.

Sinn: nicht aufgeben, hart zu arbeiten; hartnäckig weiterarbeiten.

Tipp: Dieses Idiom spiegelt den hohen Stellenwert wider, der der Eigenschaft der Geduld und des „langen Atems" beigemessen wird. Bei der Aufnahme von geschäftlichen Beziehungen kann Geduld als Eigenschaft und Verhaltensmerkmal gar nicht hoch genug geschätzt werden.

Beispiel: Ein deutsches und ein chinesisches Unternehmen haben ihren ersten großen Auftrag abgewickelt. Nicht alles ist glatt gegangen, aber man ist sich sympathisch. Der chinesische Manager wendet sich an seinen deutschen Kollegen: „Wir alle haben ein paar kleine Fehler gemacht und daraus gelernt. Ich glaube, es wird uns im Laufe der Zeit gelingen, aus einem Eisenstab eine Nadel zu machen."

Schritt, unüberlegter

Ein einziger unüberlegter Schachzug kann das ganze Spiel zunichte machen.

一着不深, 满盘皆输 yī zhāo bù shēn, mǎn pán jiē shū.

Sinn: Ein unvorsichtiger Schritt kann das gesamte Unternehmen scheitern lassen.

Tipp: Hierin spiegeln sich zwei chinesische Kulturaspekte: die Berücksichtigung einer langfristigen Strategie, um sein Ziel zu erreichen und geduldiges Abwägen einzelner Schritte.

Beispiel: In einem Meeting ist die Stimmung aufgrund konträrer Ansichten sehr angespannt. Nele Berger betont, sie hätte noch sehr viel Arbeit und droht, das Meeting zu verlassen, falls weiterhin kein Fortkommen zu verbuchen sei. Herr Gao entgegnet ruhig: „Wir alle wollen doch erfolgreich sein. Aber mit dem Business ist es wie beim Schachspielen: Ein einziger unüberlegter Zug kann unter Umständen das ganze Spiel zunichte machen."

Gefahr

bei gemeinsamer Durchführung

Tief ins Bergland vordringen, wohl wissend, dass dort der Tiger haust.

明知山有虎, 偏向虎山行 míng zhī shān yǒu hǔ, piān xiàng hǔ shān xíng.

Sinn: trotz Gefahr vor Augen unbeirrt weitermachen.

Tipp: Das Idiom wird in zwei Bedeutungen gebraucht. Zum einen benennt es den menschlichen Antrieb, genau solche Situationen aufzusuchen, in denen größere Herausforderungen stecken und bezeichnet somit Menschen, die scheinbar vor nichts Angst haben. Zum anderen charakterisiert es Menschen, die zwar genau um eine Gefahr wissen, sich ihr aber trotzdem stellen.

Beispiel: Strategiebesprechung in einem *Joint Project*. Herr Xu vertritt eine aggressive Wettbewerbsstrategie. „Unsere Unternehmen sind gut aufgestellt. Wir vereinigen sehr viel Wissen und Erfahrung. Was also spricht dagegen, tief ins Bergland vorzudringen, obwohl dort der Tiger haust?'

sich behaupten

Gefestigt im Fischerboot sitzen, wenn Wind und Wellen aufkommen.

任凭风浪起，稳坐钓鱼船 rèn píng fēng làng qǐ, wěn zuò diào yú chuán.

Sinn: hartnäckig bleiben, auch wenn Schwierigkeiten auftauchen.

Tipp: Gebraucht werden kann das Idiom, um Bereitschaft anzuzeigen, den eigenen Kurs auch im Fall konträrer Ansichten zu halten. Beachten Sie unbedingt, dass hiermit nicht die sozialen Erfordernisse des Gesichtwahrens und der Höflichkeit außer Kraft gesetzt sind! Beispiel: Personalbesprechung eines chinesisch-deutschen *Joint Ventures*. Zu besetzen sind drei Stellen in der Marketing-Abteilung. Während Katharina Krämer die Stellen mit drei Deutschen besetzen möchte, stellt sich Jiancheng Xiang drei chinesische Kandidaten vor. Herr Xiang richtet sich an Frau Krämer: „In den anderen Abteilungen sind nur wenige Chinesen. Aber das spielt eine kleinere Rolle. Uns geht es nicht nur darum, bei Wind und Wellen gefestigt im Fischerboot zu sitzen. Wir wollen uns für unser aller Ziel einsetzen. Wenn das Marketing in die verkehrte Richtung läuft, ist die Gefahr, dass wir unnötige Kosten verursachen. Und chinesische Marketing-Experten kennen nun einmal den hiesigen Geschmack der Leute."

Gelassenheit (siehe auch *méi bàn fǎ* 没办法)

Gelassenheit und Zuversicht

Ein Boot fährt geradeaus, wenn es zu einer Brücke kommt.

船到桥头自然直 chuán dào qiáo tóu zì rán zhí.

Sinn: Dinge ergeben sich von selbst, man sollte unbesorgt sein.

Tipp: Gemeint ist, im Vorfeld die Besorgnis nicht überhand nehmen zu lassen. Das Idiom zeigt sehr schön eines der Lebensprinzipien in China: *méi bànfǎ* 没办法, das „Keine-Methode-haben", also alles, was man nicht ändern kann, zu akzeptieren. Und dies ist keineswegs leeres Gerede, Chinesen leben diesen Grundsatz! Wir können Ihnen nur empfehlen, diese Haltung (versuchsweise?) einzunehmen. Denn mit westlicher Hast und sachlicher Zielstrebigkeit möglichst ohne Zeitverlust werden Ihre Pläne in China wahrscheinlich zum Scheitern verurteilt sein. Dies gilt insbesondere für Geschäftsanbahnungen.

Beispiel: Ende einer Verhandlungsrunde. Der deutsche Verhandlungsführer hat noch eine letzte Frage: „Was werden Sie tun, wenn Sie einmal nicht genügend Personal für die Fertigung zur Verfügung haben? Wir haben gehört, dass qualifiziertes Personal auch in China nicht immer einfach zu bekommen ist." Der chinesische Kollege entgegnet ihm: „Sie machen sich sehr viele Gedanken. Bei uns in China sagt man, dass ein Boot immer geradeaus fährt, wenn es zu einer Brücke kommt."

Unerwartetes

So wie es in der Natur unerwartete Stürme gibt, gibt es im Leben unvorhergesehene Unbeständigkeiten.

天有不测风云，人有旦夕祸福 tiān yǒu bù cè fēng yún, rén yǒu dàn xī huò fú.

Sinn: fordert auf, alle Facetten des Lebens zu akzeptieren.

Tipp: Chinesen haben, was die Unbilden des Lebens anbelangt, eine höhere Toleranz als Deutsche. Für sie sind Grübeleien über Dinge, die noch gar nicht geschehen sind (und vielleicht auch gar nicht geschehen werden) mitunter schlicht unverständlich.

Bsp: Sophie und Wenjiao studieren gemeinsam an der Pekinger Universität. Nach einer Klausur ist Sophie mit ihren Nerven am Ende: „Ich weiß wirklich nicht, ob ich bestanden habe. Wenn nicht, werde ich meinen Aufenthalt in China wohl beenden müssen. Nur, was mache ich dann?" Wenjiao antwortet in der typischen chinesischen Gelassenheit: „Du kennst das Prüfungsergebnis doch noch gar nicht! Außerdem gibt es in der Natur ständig unerwartete Stürme und im Leben Unbeständigkeiten, es wird schon alles gut."

Gemeinsamkeit
starkes Betonen von Gemeinsamkeit
Im selben Boot den Fluss überqueren.

同舟共济 tóng zhōu gòng jì.

Sinn: zusammenhalten, um Schwierigkeiten gemeinsam durchzustehen.

Hintergrund: Wird Sunzi zugeschrieben: Die Völker der Staaten Wu und Yue standen sich einst feindselig gegenüber. Doch säßen sie im selben Boot und ein großer Sturm würde sich nähern, würden alle zusammenhalten.

Beispiel: Vorverhandlung zu einer strategischen Allianz. In einer eigentlich hochkompetetiven Branche tauschen sich die Geschäftsführer Bauer und Ma, die sich schon einige Male zum Essen nach Messebesuchen getroffen haben, in einem lockeren Gespräch miteinander aus. Herr Bauer: „Für die mittelfristige Zukunft glaube ich, dass unsere Rentabilität stetig sinken wird. Möglicherweise kann es aber hilfreich sein, wenn wir zusammen in turbulenten Zeiten im selben Boot den Fluss überqueren, was unsere Cash Cows angeht."

starkes Betonen von Gemeinsamkeit
Ein Zaun braucht mehrere Pfosten um zu stehen, ein anständiger Mann mehrmals Hilfe, egal, wie gut er ist.

一个篱笆三个桩, 一个好汉三个帮 yī gè lí bā sān gè zhuāng, yī gè hǎo hàn sān gè bāng.

Sinn: Niemand schafft alles allein.

Tipp: Hier zeigt sich die tiefe Verwurzelung der Gemeinschaftlichkeit. Einzelkämpfer haben in der chinesischen Gesellschaft kaum Aussicht auf Erfolg (was jedoch keineswegs heißt, dass Chinesen nicht am Erfolg orientiert wären), da Erfolg in den meisten Fällen auch auf ein gut etabliertes *guanxi*-Netzwerk zurückzuführen ist.

Beispiel: Ein chinesischer Abteilungsleiter steht einem deutsch-chinesischen Team vor. Ihm fällt auf, dass Karsten Wachsmann seine Aufgaben sehr gut, aber im Alleingang löst. Er sucht das Gespräch: „Alle wissen, dass Sie sehr gute Arbeit leisten. Aber berücksichtigen Sie, dass ein Zaun immer mehrere Pfosten benötigt, um solide stehen zu können."

Gerede
viel Gerede, keine Umsetzung
Heftiger Donner, aber wenig Regen.

雷声大, 雨点小 léi shēng dà, yǔ diǎn xiǎo.

Sinn: viel Gerede, wenig Taten.

Beispiel: Hans Schröder und Dongbin Wang, beide Personalmanager in einem *Joint-Venture*-Unternehmen, beraten nach Bewerbergesprächen über die Besetzung einer IT-Stelle. Hans Schröder schlägt Gerald Schneider vor, Dongbin Wang entgegnet: „Herr Schneider hat gewiss einige Vorzüge. Aber meinem Gefühl nach gibt es bei ihm heftigen Donner, aber nur sehr wenig Regen."

viel Gerede, keine Klarheit

Die Berge sind in Nebel gehüllt.

云山雾罩 yún shān wù zhào.

Sinn: etwas andeutend äußern; weitschweifend; den wahren Sinn seiner Worte verschleiern.

Tipp: Mit dieser Redewendung können Sie indirekt und für den Hörer Gesicht wahrend um Klarheit bitten.

Beispiel: Eine große deutsche, mittelständische Firma möchte über ein *Joint Project* den chinesischen Markt betreten. Man befindet sich in den ersten Sondierungsgesprächen. Iris Thurm und Ingo Ruhland möchten vom Geschäftsführer des chinesischen Unternehmens mehr darüber erfahren, mit welchen Verfahren dieser Termintreue gewährleistet. Herr Zhou antwortet sehr ausführlich, kommt aber nicht richtig auf den Punkt. Iris Thurm entgegnet: „Ja, Herr Zhou, es stimmt, dass Ihr Unternehmen mittlerweile auch in Deutschland bekannt ist. Und Sie haben einen guten Ruf. Deshalb würden wir auch gern mit Ihnen zusammenarbeiten. Allerdings sind noch einige Berge in Nebel gehüllt und wir sind darauf angewiesen, diese noch klarer zu sehen."

Hinweis: Beachten Sie, dass Iris Thurm mit keiner Silbe Vorwürfe gegen Herrn Zhou erhebt. Ist Ihnen an einem Vertragsabschluss wirklich etwas gelegen, ist eine solche Vorgehensweise als erster Schritt unbedingt zu empfehlen.

Gerüchte

Gerüchten keinen Glauben schenken

Ein Auge findet mehr Wahrheit als das Ohr.

耳闻不如目见 ěr wén bù rú mù jiàn.

Sinn: Gerüchten keinen Glauben schenken; sich selbst überzeugen.

Tipp: Chinesen sind in der Tat misstrauisch, Hörensagen Glauben zu schenken. Dies liegt zum Teil sicher auch darin begründet, dass sie als *High-context*-Kultur für Vorkommnisse auch immer die entsprechende Situation bzw. wechselseitige Abhängigkeiten berücksichtigen. Und Gerüchte zielen eher spekulativ auf Personen und ihre Eigenschaften ab.

Beispiel: „Dongmao, hast du schon gehört? Abteilungsleiter Gu hat sich wahrscheinlich bei Haokan beworben!" „Nun, wir sollten abwarten. Die Augen finden mehr Wahrheit als die Ohren."

Hinweis: Auch wenn Chinesen Gerüchten nicht schnell Glauben schenken, heißt das keineswegs, dass sie sich ihnen gegenüber verschließen. Seien Sie deshalb stets auf Ihren Ruf bedacht.

Geschäftsbeziehung
Wachsen der Geschäftsbeziehung
Sesam(pflanzen) in Blüte.

芝麻开花 zhī ma kāi huā.

Sinn: beständiger Fortschritt im Denken/in Fähigkeiten.

Background: Wenn Sesam in Blüte steht, wächst die nachfolgende Blüte höher als die vorhergehende. Der Stamm verlängert sich so Stück für Stück. Der blühende Sesam steht somit als Metapher für beständigen Fortschritt, auch im Denken und den Fähigkeiten.

Beispiel: Gemeinsames Essen nach einem Vertragsabschluss. Der chinesische Gastgeber wendet sich an seine deutschen Geschäftspartner: „Wir sind sehr erfreut, was wir alle gemeinsam erreicht haben. Ich erhebe mein Glas auf Sie und: Auf dass unsere sich unsere Geschäftsbeziehung wie eine Sesampflanze in Blüte verhalten möge. *Gān bēi!*"

Hinweis: *gān bēi*, wörtlich: das Glas trocknen, entspricht dem deutschen „Prost". Dazu wird ein Trinkspruch (siehe Trinksprüche) erwartet.

Geschenk
Gastgeschenk, Überreichen
1000 Meilen reisen, um eine Gänsefeder zu überreichen.

千里送鹅毛 qiān lǐ sòng é máo.

Sinn: Ausdruck aufrichtiger Freundschaft, die sich nicht am Geld messen lässt.

Tipp: Das Idiom können Sie in dem Augenblick verwenden, wenn Sie Ihr Gastgeschenk überreichen. Als Gastgeschenke eignen sich ein sehr guter Wein oder ein besonderes alkoholisches Getränk, ein Bildband über Deutschland oder andere exquisite Dinge. Allerdings sollten diese nicht übertrieben teuer sein, damit Sie sich nicht dem Vorwurf der Bestechung ausgesetzt sehen. Jedoch sind Chinesen markenbewusst. Das Geschenkpapier sollte idealerweise in Rot und/oder Gelb gehalten sein. Wenn Ihr Geschäftspartner ein Kind hat, sollten Sie auch dieses nicht vergessen (z. B. ein T-Shirt, das die deutsche Herkunft verrät). Messer sollten Sie keinesfalls verschenken, sie zertrennen die Freundschaft. Ausnahmen bilden hierbei die guten multifunktionalen Offiziersmesser, sie sind bei Herren recht beliebt.

Beispiel: „Frau Ren, ich freue mich, Sie gesund wiederzusehen. Tausend Meilen bin ich gereist, um Ihnen eine Gänsefeder zu überreichen."

Gesicht
Äußern über reichhaltige Erfahrung (siehe Erfahrung).
Ein altes Pferd kennt den Weg.

老马识途 lǎo mǎ shí tú.

Sinn: positive Äußerung über reiche Erfahrung

Background: Während der Frühlings- und Herbstperiode machte sich der militärische Führer Huan des Reiches Qi auf, um mit seiner Armee ein kleineres Reich im Norden zu überfallen. Der Aufbruch fand im Frühling statt, zurück zogen sich die Truppen im Winter.

Unglücklicherweise fanden sie den Weg zurück jedoch nicht. Auf Vorschlag eines Ministers wurden die ältesten Pferde der Truppe freigelassen, die schließlich die Truppe nach Hause führten. – Das Idiom drückt Achtung und Respekt für den Wert von Erfahrung aus. Beispiel: Eine deutsch-chinesische Verhandlung stagniert. Die Deutschen möchten einige Detaillösungen in den Vertrag aufnehmen, die Chinesen weigern sich. Lukas Stürmer wird allmählich ungeduldig: „Wir sind Ihnen bezüglich der Preise schon ein großes Stück entgegengekommen. Nun sind Sie an der Reihe. Es wäre doch schade, den Verhandlungstisch ohne Ergebnis verlassen zu müssen." Herr Chen „überhört" die versteckte Drohung und gibt seinem Verhandlungspartner mit einem Angebot Gesicht: „Wir alle sind noch jung. Ich schlage vor, Herrn Jian um Rat zu fragen, denn ein altes Pferd kennt den Weg."
Hinweis: Dadurch, dass Herr Chen die Ungeduld von Lukas Stürmer auf dessen „Jugend" bezieht und sich durch den Gebrauch des Plurals ausdrücklich mit einbezieht, gibt er ihm Gesicht. Gleichzeitig schlägt er ein Verfahren vor, dass in China durchaus gängig ist: die Einbeziehung einer schlichtenden dritten Partei. Üblicherweise werden hierfür ältere Personen eingesetzt, denen aufgrund ihres Alters und ihrer Erfahrung Kompetenz zugesprochen wird. In der Regel akzeptieren Chinesen die Ratschläge eines solchen Schlichters. (Beachten Sie bitte, dass chinesische Schlichter nichts mit einem juristischen Schlichtungsverfahren zu tun haben. Normalerweise handelt es sich um ältere Personen, die dem chinesischen Unternehmen bekannt sind und dessen Vertrauen genießen.)

Entlastung des Geschäftspartners nach Fehler/Rückschlag
Eine gute Sache, viele Mühlsteine.
好事多磨 hǎo shí duō mò.
Sinn: ein positives Vorhaben stößt auf viele Hindernisse.
Tipp: Mit diesem Idiom können Sie auf elegante Art Ihrem Geschäftspartner Gesicht verschaffen, wenn in seinem Verantwortungsbereich etwas nicht optimal verlaufen ist und einer Korrektur bedarf. Es erspart Ihrem Gegenüber die Blamage des Bloßgestelltseins und verstärkt eine vertrauensvolle und auf Langfristigkeit angelegte Geschäftsbeziehung. – Übrigens: Bezeichnenderweise bedeutet das Schriftzeichen 磨(mò) sowohl „sich plagen" (im 2. Ton gesprochen) als auch „Mühlstein" (im vierten Ton gesprochen)!
Beispiel: In der Marketing-Abteilung eines deutsch-chinesischen *Joint Ventures*. Uwe Reckhausen soll den Entwurf einer Werbestrategie für die neue Produktlinie präsentieren. Frau Maschburg-Zheng gibt Herrn Reckhausen zu verstehen, dass der Entwurf nicht ganz dem chinesischen Konsumentengeschmack entspräche. Der stellvertretende Direktor Xiang versucht, den sich anbahnenden Konflikt zu vermeiden: „Für uns alle ist die Zusammenarbeit neu. Trotzdem bemühen sich alle. Wir in China sagen dazu auch: eine gelungene Sache, viele Mühlsteine!"

Gewinn
kaum Gewinn einbringen
Ein Gewinn, so klein wie ein Fliegenkopf.
蝇头微利 yíng tóu wēi lì.
Sinn: keinen/kaum Gewinn abwerfen.

Tipp: Die Bildsprache dieses Sprichworts ist wohl nahezu universell. Wenn Sie es im Rahmen eines kritisierenden Argumentes einsetzen möchten, wäre eine Einbettung in „Mir scheint, dass…", „Ich glaube, dass…" wünschenswert. Solche einleitenden Floskeln lassen Interpretationsspielraum für einen möglichen Irrtum Ihrerseits, ein direkter „Angriff" wird somit vermieden.

Beispiel: Eine chinesische und eine deutsche Mittelständlerin der Textilbranche sind sich über den Kauf von Stoffballen einig, verhandeln jedoch noch den Preis im Detail. Während Frau Sommer einen Preis nennt, verdreht Frau Ma spielerisch die Augen und hält dagegen: „Meine Angestellten werden ihre Familien nicht satt bekommen, wenn die Gewinne so klein sind wie Fliegenköpfe."

Grund
einer Sache auf den Grund gehen
Einen irdenen Topf (Tontopf) zerbrechen.
打破沙锅 – 问到底 dǎ pò shā guō – wèn dào dǐ.
Sinn: einer Sache restlos auf den Grund gehen, um eine schlussendliche Antwort zu einem Problem zu finden.

Background: Das Sprichwort geht zurück auf ein Sprachspiel: Ein Sprung in Glas oder Keramik (璺 wèn) wird genauso ausgesprochen wie das Wort für fragen (问 wèn). Demnach klingen „ein Sprung bis auf den Grund" und „fragen bis auf den Grund" genau gleich. Die Chinesen verwenden es sehr gern, um Personen zu bezeichnen, die den Dingen auf den Grund gehen, um schlussendliche und befriedigende Antworten zu erhalten.

Beispiel: Hajo Mayer ist nicht nur Maschinenbau-Ingenieur, sondern auch ein Tüftler. Zusammen mit Dongmao Zhong ist er in einem Maschinenbau-Unternehmen tätig. Ihr Teamleiter Fang Zheng hat gerade an beide den Auftrag weitergeleitet, für einen Lebensmittelkonzern eine Maschine umzurüsten. Herr Zheng wendet sich an Herrn Mayer: „Diese Aufgabe ist für Sie bestimmt eine gute Sache. Im ganzen Unternehmen spricht man schon davon, dass Sie ständig Tontöpfe zerbrechen."

Tipp: Die Anwendung erzielt die beste Wirkung, wenn Sie das Sprichwort auf Chinesisch bringen. Aber auch ein Hinweis, dass es „bei Ihnen in China doch ein Sprichwort gibt, das…", gelingt. Unserer Erfahrung nach ergibt sich sofort ein angeregtes Gespräch über dieses Sprichwort, Sprichwörter im Allgemeinen, und was man eigentlich in Deutschland für diesen Sachverhalt für Sprichwörter hat. Wir haben es dabei mehr als einmal erlebt, dass während eines Essens die ganze Runde sehr gesellig und gut gelaunt über diese und jene Sprichwörter gestaunt und gelacht hat. Nicht zuletzt deshalb, weil die Silbe *wen* für Nicht-Chinesen gewisse Tücken birgt. So hat die Autorin bei ihrem allerersten Aufenthalt in Peking einen Herrn nach dem Weg fragen wollen, leider jedoch den Ton nicht richtig getroffen. Dadurch wurde aus einem „Entschuldigung, darf ich Sie fragen…?" ein „Entschuldigung, darf ich Sie küssen…?"

Hinweis: Lassen Sie sich die Gelegenheit nicht entgehen, es mit Chinesisch zu versuchen (falls Sie es nicht ohnehin schon sprechen). Kommt es dann noch ein wenig ungeübt daher, kein Problem: Man lacht dann nämlich nicht über Sie, sondern gerne mit Ihnen. Und wo gelacht wird, geht es mit den Geschäften gleich viel leichter!

Guānxi 关系 (siehe Beziehungspflege).

Handlung
vergebliche Handlung
Wasser in einem Bambuskorb holen.
竹篮打水一场空 zhú lán dǎ shuǐ yī chǎng kōng.
Sinn: eine vergebliche Handlung/Anstrengung.
Tipp: Die Metapher spricht bereits für sich: Bambuskörbe sind selbstverständlich nicht wasserdicht und somit ist der Transport des Wassers darin vergebliche Liebesmüh. Demnach können Sie die Redewendung in allen entsprechenden Situationen anwenden.
Beispiel: Während einer Verhandlung können sich Deutsche und Chinesen nicht auf einen Mengenrabatt einigen. Einige Konzessionen haben die Deutschen bereits erreicht, doch nun gibt der chinesische Verhandlungsführer zu verstehen, dass keine weiteren mehr erfolgen werden: „Wir sind Ihnen schon sehr entgegengekommen. Eine weitere Forderung Ihrerseits käme dem Versuch gleich, Wasser in einem Bambuskorb zu holen."

Herausforderung
Annehmen einer schwierigen Herausforderung
Mao Sui empfiehlt sich selbst.
毛遂自荐 Máo Suì zì jiàn.
Sinn: seine Dienste anbieten.
Background: Aus den historischen Aufzeichnungen des Prinzen Pingyuan: Während der Belagerung der Hauptstadt des Staates Qin wurde Prinz Pingyuan ins Reich Chu geschickt, um dort um Unterstützung zu bitten. Mao Sui bat darum, den Prinzen begleiten zu dürfen. Obwohl seine Teilnahme eigentlich nicht vorgesehen war, waren es letztlich Mao Suis überzeugenden Worte, die schließlich zu einer militärischen Allianz der beiden Reiche führten.
Tipp: Dies Idiom beschreibt keineswegs ein einfaches „Anbiedern". Das Ungewöhnliche an dem Vorgang ist, dass Mao Sui (sprich: swej) für sich selbst gesprochen hat, freiwillig eine schwierige Aufgabe übernahm und erfolgreich in seiner Mission war. Es ist dieser Erfolg, auf den Sie mit dem Sprichwort anspielen können, z. B. dann, wenn Sie auf der Suche nach einem geeigneten chinesischen Geschäftspartner sind. Sie zeigen so mit wenigen Worten, dass Sie leistungsstark und erfolgsmotiviert sind (… und sich nebenbei auch ein wenig mit chinesischer Kultur auskennen).
Beispiel: Dr. Hannes Kannengießer, Inhaber eines Elektrotechnik-Unternehmens, trifft sich zum ersten Mal mit einem potenziellen Geschäftspartner. Seine Firmenpräsentation schließt er mit den Worten: „Wir wissen, dass Ihr Unternehmen sehr anspruchsvoll ist. Aber wir würden gern versuchen, uns wie Mao Sui selbst zu empfehlen."

Hinweis: Der Hinweis auf Mao Sui löst bei Chinesen positive Assoziationen aus, da Mao seine Aufgabe erfolgreich abgeschlossen hat. Und die Einleitung mit „wir würden gern versuchen" trägt der Forderung nach angemessener Zurückhaltung Rechnung.

mutiges Annehmen von Herausforderungen

Tief ins Bergland vordringen, wohl wissend, dass dort der Tiger haust.

明知山有虎, 偏向虎山行 míng zhī shān yǒu hǔ, piān xiàng hǔ shān xíng.

Sinn: trotz Gefahr vor Augen unbeirrt weitermachen.

Tipp: Das Idiom wird in zwei Bedeutungen gebraucht. Zum einen benennt es den menschlichen Antrieb, genau solche Situationen aufzusuchen, in denen größere Herausforderungen stecken und bezeichnet somit Menschen, die sich vor Herausforderungen nicht scheuen. Zum anderen charakterisiert es Menschen, die zwar genau um eine Gefahr wissen, sich ihr aber trotzdem stellen.

Beispiel: Im Controlling-Team eines multinationalen Unternehmens herrscht Unmut. Das Team hat einige Ineffizienzen entdeckt, die aufgrund mangelhafter Organisationsplanung zustande gekommen sind. Da die Geschäftsleitung einst federführend für diese Planung war, bekommt die Berichterstattung eine heikle Note. Als das Team diskutiert, wie weiter zu verfahren sei, hat Frau Li einen Vorschlag: „Herr Niehaus, Sie sind ein guter Controller und kennen die Organisationszusammenhänge am besten. Auch sonst dringen Sie immer ins Bergland vor, obwohl Sie wissen, dass es dort Tiger gibt. Deshalb sind Sie die richtige Person, der Geschäftsleitung unseren Bericht vorzutragen."

Höflichkeit (siehe auch Selbstbescheidenheit)

feste Wendung – Understatement

Spärliches Talent und geringe Kenntnisse.

才疏学浅 cái shū xué qiǎn.

Sinn: Feststehende Höflichkeitswendung, Anzeige für Selbstbescheidenheit.

Beispiel: Auf einem Kongress der Logistikbranche: Herr Freyberg und Herr Guo, beide CEOs großer Logistikunternehmen, tauschen die Visitenkarten. Herr Guo studiert Herrn Freybergs Karte eingehend und bittet um mehr Informationen. Wie viele Mitarbeiter denn Freyberg beschäftige und ob diese gut verdienen und ob er, Freyberg, schon längere Zeit im Ausland tätig war und was man denn in seiner Position so verdiene. Nachdem er die gewünschten Information von Herrn Freyberg bekommen hat, sagt Herr Guo: „Dann sind Sie ein sehr wohlhabender und erfolgreicher Mann, Herr Freyberg." Dieser erwidert: „Nicht doch. Ich bin nur ein Mann mit sehr wenig Talent und geringen Kenntnissen."

Hinweis: Visitenkarten sind für Chinesen eine wichtige Orientierung, wieviel Respekt ihrem Gegenüber gemäß der sozialen Regeln gebührt. Denn einem Ranghöheren keinen Respekt zu erweisen, bedeutet aus chinesischer Sicht, dass beide Gesprächspartner ihr Gesicht verlieren würden. Die Frage nach dem Verdienst ist üblich in China, um den Status festzumachen. Herr Freyberg hat sich mit seiner Antwort nach chinesischen Maßstäben aller Regeln der Höflichkeit bedient. Das Understatement ist eine Form der Selbstbescheidenheit und löst höchste Anerkennung aus – ein perfekter Einstieg beim Kennenlernen.

Zusatzhinweis: Haben Sie es mit einem jungen chinesischen Geschäftspartner zu tun, der beispielsweise sein Studium im Ausland (z. B. Deutschland, USA) absolviert hat, benötigen Sie ein wenig Feingefühl für diese Wendungen. Denn Chinesen passen sich in der Regel örtlichen Gepflogenheiten an. So spielt es eine ganz erhebliche Rolle, wo Ihre Geschäftstreffen oder Verhandlungen stattfinden. Studien haben gezeigt, dass Treffen in China eher nach chinesischen Kulturvorgaben ablaufen (hier erwartet man Anpassung von Ihnen), während ein Ort im Ausland (aus chinesischer Sicht) eher zu einer (mäßigen) Anpassung seitens der Chinesen führt. Generell gilt jedoch: Bemerkt Ihr Gegenüber, dass Sie sich mit Taktgefühl und Diplomatie durch die Gespräche bewegen, wird er (oder sie) sich ziemlich sicher anpassen.

feste Wendung – höfliches Einleiten eines Vorschlags

Meine noch nicht ausgereifte Idee.

一得之愚 yī dé zhī yú.

Sinn: als Einleitung beim Vortragen einer Idee, eines Vorschlags, einer Anregung.

Tipp: Diese Wendung gilt als äußerst höflich und eignet sich am besten bei konservativen und/oder älteren Geschäftspartnern, die viel Wert auf höflichen Umgang miteinander legen.

Informationen

Bitte um mehr Informationen

Die Tasse nach einem winzigen Schluck beiseite stellen.

浅尝辄止 qiǎn cháng zhé zhǐ.

Sinn: oberflächliches Wissen über eine Sache/Angelegenheit haben.

Tipp: Immer dann, wenn Sie die Meinung vertreten, sich für Ihre Entscheidungen mehr Daten oder Fakten verschaffen zu müssen, ist dieses Idiom ideal. Denn damit zeigen Sie klar, dass Ihr gegenwärtiges Wissen lediglich an der Oberfläche kratzt.

Beispiel: Ein deutsches Unternehmen plant eine Niederlassung in einer chinesischen Sonderwirtschaftszone. Es findet ein erstes Sondierungsgespräch statt. Dieter Müller, CFO, möchte sich bei den Chinesen über das Steuersystem informieren. Die erstgenannten Fakten waren ihm zu oberflächlich: „Nun, wie Sie wissen, bin ich für die Finanzkreisläufe unseres Unternehmens verantwortlich. Wir hatten vorhin ganz kurz über die hier fälligen Steuern gesprochen, haben aber die Tasse nach einem winzigen Schluck beiseite gestellt. Ich glaube es ist an der Zeit, noch weitere Schlucke zu nehmen."

Hinweis: Mit dieser Wendung vermeiden Sie es, jemanden direkt für die spärlichen Informationen „in die Zange zu nehmen". Sie wahrt und gibt Gesicht und folgt den Regeln der Höflichkeit. Ihre Gesprächspartner werden dadurch auch sanft gezwungen, ihrerseits höflich zu sein und Ihnen mehr Informationen zu geben.

Bitte um mehr Informationen

Einzelne Schuppen, halbe Krallen eines Drachen.

一鳞半爪 yī lín bàn zhǎo.

Sinn: unvollständige Details, kleine Bruchstücke (auch von Informationen).

Beispiel: „Ich fürchte, ich kann meinen Teil des Vertrages kaum erfüllen, wenn ich lediglich einzelne Schuppen und halbe Krallen des Drachen habe."

Gewinnen von Informationen/Stellenwert

Kenne dich, kenne deinen Feind, und von 100 Kämpfen wirst du 100 Siege erringen.

知己知彼，百战百胜 zhī jǐ zhī bǐ, bǎi zhàn bǎi shèng.

Tipp: Dieses Idiom geht zurück auf ein Stratagem des Militärstrategen Sunzi. Es hat nach wie vor Gültigkeit und gewährt einen tiefen Einblick in das chinesische Denken: Chinesen lassen sich beim Aufnehmen einer geschäftlichen Beziehung (für westliche Verhältnisse) viel Zeit. Die Fragen und der Umgang über eine längere Zeitspanne hinweg dienen dazu, Sie in Ihren Stärken, aber auch in Ihren Schwächen, einschätzen zu lernen. Da Westler – anders als Chinesen – Berufliches und Privates voneinander trennen, haben *After-job*-Aktivitäten einen inoffiziellen Charakter für sie. Somit kann auch das Verhalten sich lockern. Wir geben zu bedenken, dass, gleichgültig, welchen Aktivitäten Sie in Ihrer „Freizeit" in China nachgehen, Sie sich im Klaren darüber sein sollten, dass Ihr Geschäftspartner davon erfahren wird. Alle gesammelten Informationen werden als Gesamtpaket genutzt und erst auf dessen Basis kommt die „wahre", langfristige Geschäftsbeziehung für Chinesen infrage.

implizite Informationen, Bedeutung von

Der Klang folgt dem Streichen der Saite.

弦外之音 xián wài zhī yīn.

Sinn: Bedeutung von Gesagtem; das, was gemeint, aber nicht explizit gesagt wird.

Background: Seinen Ursprung hat das Sprichwort in den Schriften von Fan Ye (Reich Song der Südlichen Dynastien), der seinen Neffen aus dem Gefängnis schrieb.

Tipp: Wir selbst haben dieses Idiom angewandt, als wir von Chinesen gefragt wurden, ob es in China etwas gäbe, was für uns schwierig sei. Wir antworteten, dass Chinesen viel besser bemerken würden, welcher Klang dem Streichen der Saite folgt. Damit haben wir zum einen die Fähigkeiten gewürdigt, unseren Geschäftspartnern aber zu verstehen gegeben, dass wir nicht alles „mitbekommen" würden. Man hat uns sofort verstanden. – Hierbei sollten Sie beachten, dass Chinesen Ihnen dann hilfreich zur Seite stehen wollen, Sie also „Lehrer" bekommen.

negative Emotionen durch Informationen

Sieben Eimer nach oben, acht nach unten.

七上八下 qī shàng bā xià.

Sinn: gedanklicher Tumult; Aufregung.

Beispiel: „Bei Xiao Wang gehen sieben Eimer nach oben, acht nach unten. Er soll den Führungskräften die Daten präsentieren."

unvollständige Informationen

Blinde betasten einen Elefanten.

盲人摸象 máng rén mō xiàng.

Sinn: eine Sache aufgrund unvollständiger Kenntnis nicht einschätzen können.

Background: Das Sprichwort geht zurück auf eine Fabel buddhistischer Klassiker und ist sehr bekannt. Einige blinde Männer glaubten einst, sie könnten nur durch Betasten erfahren, wie ein Elefant genau aussieht. Der Erste betastete das Bein und verglich das Tier mit einer Säule. Der Zweite tastete den Leib ab und beschrieb den Elefanten als Wand. Ein Weiterer bekam den Schwanz zu fassen und stellte die Ähnlichkeit mit einer Schlange fest... und so ging der Disput weiter.

Tipp: Dieses bekannte Idiom warnt davor, aus unvollständigen Informationen eine voreilige Schlussfolgerung zu ziehen. Achten Sie darauf, Ihren Geschäftspartner nicht damit zu brüskieren, ihn direkt mit einem der Blinden zu vergleichen. „Ich befürchte, wir machen es wie die blinden Männer, die...“ ist die diplomatische und geschickte Art, das Idiom anzuwenden.

Beispiel: „Guoming, das von Dir vorgeschlagene Vorgehen ist wirklich gut. Damit wir nicht wie blinde Männer einen Elefanten abtasten, sollten wir die Techniker fragen, wie sie uns unterstützen können.“

Innovation

Fordern von Innovation (bei *Joint Venture*, strategischer Allianz, *Joint Project*). Sich vor neuen Schritten verschließen.

固步自封 gù bù zì fēng.

Sinn: keine Veränderungen wollen.

Background: Als Bild diente ein um einen Baum laufender Mann, der nach einiger Zeit bemerkt, dass er sich wieder am Ausgangspunkt befindet.

Tipp: Einsetzen können Sie das Idiom (und auch die Beschreibung des Bildes), wenn Sie beispielsweise in Strategieverhandlungen für eine Veränderung plädieren wollen.

Beispiel: Ein deutsches bildet mit einem chinesischen Unternehmen eine strategische Allianz zum Vertrieb von Kühlschränken. Die Deutschen sind mit ihrer Produktlinie auf dem deutschen Markt einer der Marktführer. Die Chinesen möchten allerdings einige Anpassungen am Modell vornehmen. Frau Gao, CEO, empfindet die Strategie der Deutschen als zu unflexibel. „Sehen Sie, die Essgewohnheiten von uns unterscheiden sich von denen der Deutschen. Der gut verdienende Mittelstand beginnt, auch zu Hause für Gäste zu kochen. Allerdings essen wir viel mehr Gemüse. Wenn wir das bei unserer Modifikation des Modells nicht berücksichtigen, laufen wir Gefahr, immer um denselben Baum herumzulaufen.“

gutes timing für passende Maßnahmen (bei *Joint Venture*, strategischer Allianz, *Joint Project*)

Wenn die Melone reif ist, fällt die Blüte von allein.

瓜熟蒂落 guā shú dì luò.

Sinn: Zur rechten Zeit fällt alles leicht.

Tipp: Immer dann, wenn Sie die Zeit für ein Projekt, eine Strategieumsetzung oder Ähnliches für reif halten, können Sie das Melonen-Idiom als Emphase für Ihre Argumentation einsetzen.

Beispiel: Während eines Meetings in einem *Joint-Project*-Prozess soll der Zeitplan für diverse strategische Maßnahmen erstellt werden. Die Deutschen gehen dabei besonders gründlich und akribisch vor. Gernot Ferber ist dafür, acht Wochen nach der ersten Maßnahme die zweite einzuleiten. Lang Zheng entgegnet: „Ich bin nicht sicher, ob wir so kurzfristig mit Erfolg rechnen können. Wenn die Melone reif ist, dann fällt die Blüte von ganz allein."

Interdependenz
positive Interdependenz
Wenn das Wasser steigt, steigen auch die Boote.
水涨船高 shuǐ zhǎng chuán gāo.
Sinn: Bestimmte Dinge verbessern sich, wenn sich die generelle Situation verbessert; das eine bedingt das andere; Interdependenz.
Tipp: Überall dort anwendbar, wo es auf der Sachebene um Interdependenzen geht, Sie solche vermuten oder – wenn es sich um Ihre Konkurrenz handelt – eventuell befürchten.
Beispiel: In einem chinesisch-deutschen *Joint-Venture*-Unternehmen soll die Marketing-Abteilung an die Unternehmensstrategie angepasst werden. Frau Liu plädiert dafür, eine zusätzliche, sehr erfolgreiche Werbefachfrau einzustellen. Herr Kies, leitender Controller, sieht in erster Linie die Kosten: „Durch den Zusammenschluss haben wir gemäß unseres Finanzplanes kaum noch Spielraum. Unsere Marketing-Leute sind alle vom Fach. Die kriegen das hin." „Sie sind sicher alle kompetent, aber nur auf westlichen Märkten. Wenn wir Frau Xu einstellen, haben wir das benötigte Know-how für den chinesischen Markt. Selbstverständlich müssen wir zunächst investieren. Aber: Wenn das Wasser steigt, steigen auch die Boote!"
Hinweis: Frau Liu denkt und argumentiert kontextgebunden und in wechselseitigen Abhängigkeiten: Wenn das Wasser steigt (wenn die Werbung bei den chinesischen Kunden greift), steigen auch die Boote (und damit der Gewinn für das *Joint-Venture*-Unternehmen).

Jobsuche
Hinweis von chinesischen Mitarbeitern
Auf einem Esel reiten und ein Pferd suchen.
骑驴找马 qí lǘ zhǎo mǎ.
Sinn: beschreibt Jobsuche.
Hinweis: Dieses Sprichwort kommt in der Anwendung für Sie wohl eher weniger infrage. Wir haben es trotzdem mit aufgenommen, da seine Bedeutung für Sie u. U. relevant sein könnte: Wenn nämlich Ihre chinesischen Mitarbeiter es nutzen, ist nichts anderes gemeint, als dass sie auf der Suche nach einem besseren Job sind. Eine direkte Frage danach wird man Ihnen jedoch nicht wahrheitsgemäß beantworten (damit nähme man Ihnen das Gesicht, beinhaltet eine Kündigung doch Kritik an Job und/oder Chef!).
Tipp: Um das *Commitment* Ihrer chinesischen Mitarbeiter zu steigern, fragen Sie nach dem Befinden der Familie (sofern die Größe Ihres Unternehmens dies erlaubt). In China gilt gerade für KMU, dass der Chef auch Sorge für die Familien seiner Mitarbeiter trägt. Ein halber freier Tag für den angestellten Sohn oder die Tochter, die kranke und alte Eltern

zu versorgen haben, verschafft Ihnen jede Menge Gesicht und garantiert die Loyalität der Mitarbeiter.

Kenntnisse, mangelnde
aufgrund mangelnder Kenntnis das Falsche tun
Lu Hou zieht einen Seevogel groß.

鲁侯养鸟 Lǔ Hóu yǎng niǎo.

Sinn: aufgrund mangelnder Kenntnisse das Falsche tun.

Background: In der Hauptstadt des Reiches Lu ließ sich eines Tages ein Seevogel auf der Stadtmauer nieder. Niemand hatte je einen solchen Vogel gesehen, und Lu Hou beschloss, ihn zu fangen und zu pflegen. Um das Wohlbefinden des Vogels besorgt, ließ Lu jeden Tag die feinsten Banketts auftischen und Musik spielen. Der Vogel jedoch wurde immer ängstlicher und trauriger, sodass er schließlich starb. Lu Hou war jedoch überzeugt, ein guter Gastgeber gewesen zu sein.

Tipp: Die Anekdote warnt vor Handlungen ohne Kenntnisse und davor, die wirklichen Erfordernisse unbeachtet zu lassen. Sie können es beispielsweise nutzen, wenn Sie in eine Situation geraten, in der Ihnen die kulturellen Kenntnisse fehlen. Oder auch um Ihrem Gegenüber zu zeigen, dass er/sie auf den Holzweg zu geraten droht. Ein „bei Ihnen in China gibt es eine kluge Geschichte…" wirkt Wunder und hilft beiden Seiten, Gesicht zu wahren und zu geben.

Beispiel (i.S.v. Bitte um Rat): Ein chinesischer Geschäftspartner möchte Reinhard Gerhard mit einigen Verantwortlichen einer Sonderwirtschaftszone bekannt machen. Da Herr Gerhard sich nicht sicher ist, in welcher Rangfolge der Status jeder einzelnen Person steht und ob Mitbringsel angemessen sind, wendet er sich an seinen Geschäftspartner: „Ich freue mich darauf, alle kennenlernen zu können. Aber ich fürchte, es wird mir ohne Unterstützung wie Lu Hou gehen bei dem Versuch, einen Seevogel großzuziehen."

Beispiel (i.S.v. Kritik): Sabine Kolckhoffe ist Teamleiterin und mit der Leistung eines chinesischen Mitarbeiters nicht zufrieden. Sie spricht mit ihm über die Gründe, während seine beiden anwesenden Kollegen betreten zur Seite schauen. In den darauffolgenden Tagen bemerkt sie, dass der Mitarbeiter ihr aus dem Weg geht. Schließlich fragt sie einen der chinesischen Kollegen nach den Gründen. „Dongmao weiß, dass ihm ein Fehler unterlaufen ist. Aber wir Chinesen sind anders. Und auch für Sie ist das bestimmt nicht einfach und gleicht dem Versuch von Lu Hou, einen Seevogel großzuziehen."

Hinweis: Die Antwort des chinesischen Kollegen zeigt zweierlei: Er versetzt sich in die Lage von Frau Kolckhoffe. Wir hatten in den vorangegangenen Kapiteln gezeigt, dass Chinesen in Konflikten holistisch denken und somit die Situation wie auch die andere Konfliktpartei berücksichtigen. Zum anderen gibt er Frau Kolckhoffe jede Menge Gesicht, indem er ihre Schwierigkeiten mit der chinesischen Kultur anerkennt, sie aber trotzdem auf ihre mangelnden Kenntnisse hinweist.

Kompromissbereitschaft

Einfordern von Kompromissbereitschaft

Solange alle eines Herzens sind, wird selbst aus gelber Erde Gold.

三人一条心, 黄土变成金 sān rén yī tiáo xīn, huáng tǔ biàn chéng jīn.

Sinn: Solange man zusammenhält, kann das Ziel erreicht werden.

Tipp: In diesem und vielen anderen Sprichwörtern zeigt sich der Stellenwert der Gemeinschaft. Chinesen lernen von Kindesbeinen an, dass sie einer Gemeinschaft zugehörig und dieser verpflichtet sind, aber auch durch sie profitieren.

Beispiel: Bei einem chinesischen *Joint-Venture*-Unternehmen absolvieren Jens Södermann und Dongbin Wang nach ihrem erfolgreich abgeschlossenen Studium ein Praktikum. Während Jens versucht, seine Vorstellungen durchzusetzen und die Führung zu übernehmen, leistet Dongbin passiven Widerstand. Da die Stimmung der beiden mittlerweile ein wenig angespannt ist, ruft der Praktikumsleiter Herr Zhong beide zu sich ins Büro. „Sie beide haben einen Praktikumsplatz bei uns erhalten, da wir um Ihre guten Leistungen wissen. Unser Unternehmen ist nur deshalb international aufgestellt, weil alle Mitarbeiter, egal ob Chinese oder Deutscher, eines Herzens sind und es so schaffen, aus gelber Erde Gold zu machen."

Konflikt/Konfrontation

Vermeiden von Konflikten/Konfrontation

Wenn zwei Tiger kämpfen, wird einer verlieren.

两虎相斗, 必有一伤 liǎng hǔ xiāng dòu, bì yǒu yī shāng.

Sinn: Besser die Konfrontation meiden!

Tipp: Das Idiom zeigt die chinesische Einstellung zur Konfliktlösung. In der Regel erfolgt keine direkte Konfrontation. Für Chinesen gibt es zur Beilegung zwei Königswege: zum einen durch indirekte Kommunikation oder zum anderen durch Einbindung einer dritten Person. Diese sollte idealerweise in der Hierarchie höher stehen, aber trotzdem eine Konfliktlösung unter Gesichtswahrung anstreben!

Beispiel: Die Abteilungsleiter Marketing und Controlling eines Unternehmens haben hinsichtlich einer geplanten Marketing-Strategie einen schwelenden Konflikt miteinander. Da dieser auch den anderen Abteilungen nicht verborgen geblieben ist, bittet Frau Zhou die beiden Abteilungsleiter in ihr Personalbüro. „Wir wissen, dass Sie beide für unsere Firma nur Ihr Bestes geben. Aber wenn zwei Tiger kämpfen, wird einer zwangsläufig verlieren. Und in diesem Fall hat das auch Auswirkungen auf die Umgebung!"

Hinweis: Warnung und Appell der Personalchefin sind offenkundig: Wenn sich Marketing- und Controlling-Abteilung nicht einigen, wird durch den Konflikt schlussendlich das Unternehmen leiden. Sie erwartet, dass sich beide um des Unternehmens willen kompromissbereit zeigen.

Vermeiden von Konflikten/Konfrontation

Sich 90 *Li* [chin. Längeneinheit] zurückziehen.

退避三舍 tuì bì sān shè.

Sinn: wissen, wann man jemandem aus dem Weg gehen sollte, um einen Konflikt zu vermeiden, und wann man in Opposition gehen sollte.

Background: Chong'er, ein Militär des Staates Jin, schlug während einer Auseinandersetzung einen Handel vor: „Wenn mir der Rückweg in meinen eigenen Staat Jin nun offen steht, würde ich im Falle einer militärischen Konfrontation mit Euch meine Truppen ohne Gegenwehr 90 *Li* zurückziehen." – Die Chinesen verbinden damit die Weisheit zu wissen, wann es einer Situation auszuweichen gilt und wann Gegenwehr angezeigt ist.

Beispiel: Während einer Verhandlung haben die Deutschen einen zu hohen Stückpreis für ihre Ware genannt. Die Chinesen reagieren daraufhin mit der Drohung, die Verhandlungsrunde platzen zu lassen. Während der Unterbrechung macht der chinesische Verhandlungsführer seinem deutschen Kollegen folgenden Vorschlag: „Unser geplantes Geschäft ist im Grunde ein ertragreiches Geschäft für beide Seiten. Vielleicht wäre es eine gute Sache, wenn beide Seiten sich 90 *Li* zurückziehen würden."

Konkretheit
Konkretheit, mangelnde

Mit gemaltem Kuchen den Hunger stillen.

画饼充饥 huà bǐng chōng jī.

Sinn: sich selbst mit schwammigen Gedanken beruhigen.

Background: Zurückgehend auf die Zeit der Drei Reiche: Der König von Wei suchte einen talentierten Mann, um einen Posten zu besetzen. Er instruierte seine Minister: „Wenn ihr einen Talentierten sucht, nehmt euch vor einem falschen Ruf in Acht! Ein falscher Ruf ist wie wie ein gemalter Kuchen, der keinen Hunger stillen kann." – Später wurde daraus ein Sprichwort, das davor warnt, sich mit behaglichen und unrealistischen Gedanken zu beruhigen, die für die praktische Lösung eines Problems völlig unbrauchbar sind.

Tipp: Wenn Sie das Idiom gebrauchen, empfehlen wir die Wendung „mir scheint als ob…" Sie wirkt wie ein Weichzeichner und lässt Ihrem Gesprächspartner das Gesicht (denn es könnte ja durchaus sein, dass Sie sich irren).

Beispiel: Reinhard Hunne möchte sich mit seinem Mittelstandsunternehmen in einer chinesischen Sonderwirtschaftszone ansiedeln. Jedoch ist aus seiner Sicht die Rechtssicherheit noch nicht vollständig geklärt. Um seinen chinesischen Berater nicht zu brüskieren, wendet er sich mit den Worten an ihn: „Herr Zhao, die von Ihnen angebotene Förderung ist für uns wirklich sehr interessant. Da wir aber noch nicht über Erfahrung mit China und der Produktion hierzulande verfügen, möchte ich bezüglich der Rechtssicherheit meinen Hunger nicht mit einem gemalten Kuchen stillen. Sicherlich können Sie uns auch in diesem Punkt sehr kompetent beraten."

Konkurrenz
harte Konkurrenz zwischen zwei ebenbürtigen Unternehmen

Erbittertes Ringen zwischen Drache und Tiger.

龙争虎斗 lóng zhēng hǔ dòu.

Sinn (modern): heftiger Wettbewerb/harte Konkurrenz zwischen zwei gleichstarken Unternehmen.

Beispiel: Ein deutscher Konzern trägt sich mit dem Gedanken, den chinesischen Markt zu betreten. Zur Zeit ist es dabei, sich Expertenmeinungen dazu einzuholen. In einem Meeting bittet der CEO deshalb Herrn Ma um seine Einschätzung. „Ich hatte in den letzten Wochen viele Gelegenheiten, Ihr Unternehmen kennenzulernen. Ihre Produkte sind von hoher Qualität und werden in China viele Abnehmer finden, besonders im gehobenen Mittelstand. Aber Ihre Strategie sollten Sie prüfen. Denn wegen *Haomai Gongsi* wird es zu einem erbitterten Kampf zwischen Drache und Tiger kommen."

Schulterschluss mit chinesischem Geschäftspartner gegen Dritte

Ein großer Baum zieht den Wind an.

树大招风 shù dà zhāo fēng.

Sinn: Hohe Positionen/erfolgreiche Menschen sind Angriffen ausgesetzt.

Tipp: Wenn Sie auf dem Markt bereits erfolgreich vertreten sind und jetzt mit Ihrem chinesischen Geschäftspartner weitere Strategien unter Berücksichtigung Ihrer gemeinsamen Konkurrenz aufstellen wollen und sollte Ihr Vorschlag sich auf eine aggressivere Strategie beziehen, dann bietet sich dieses Idiom ideal als Emphase an, da Sie sich eindeutig positionieren.

Beispiel: „Ich habe Ihnen meine Position dargestellt. Wir sind ein starkes Unternehmen. Und wie wir alle wissen, zieht ein großer Baum den Wind an. Aber wenn wir alle eines Herzens sind, können wir aus gelber Erde Gold machen!"

Hinweis: Der Sprecher hat hier zwei Idiome verknüpft. Er zeigt an, dass er sich des anstehenden Konkurrenzkampfes voll bewusst ist, gibt aber gleichzeitig Emphase auf das große Potenzial seines Unternehmens. – Kategorie Kompromissbereitschaft beschreibt das zweite Idiom im Detail.

Schulterschluss mit chinesischem Geschäftspartner gegen Dritte

Den Tiger aus den Bergen locken.

调虎离山 diào hǔ lí shān.

Sinn: jemanden aus seiner sicheren Position locken, um ihn zu besiegen.

Tipp: Das Sprichwort hat seine Wurzeln in einem sehr bekannten Stratagem. Im Grunde geht es darum, einem Widersacher den Boden unter den Füßen zu entziehen, um sich aus seiner instabilen Lage Vorteile zu verschaffen. Entsprechend bietet sich die Anwendung in *Joint-Venture*-Verhandlungen an, wenn es um Strategien gegen gemeinsame Konkurrenten geht.

Beispiel: „Die Zahlen für dieses Geschäftsjahr sehen äußerst vielversprechend aus. Wir sollten eine Reinvestition vornehmen und uns um unseren Wettbewerber kümmern. Ich halte den Zeitpunkt für gekommen, den Tiger endlich aus den Bergen zu locken!"

Konkurrenz unvorsichtigerweise warnen

Auf das Gras schlagen und die Schlange aufscheuchen.

打草惊蛇 dǎ cǎo jīng shé.

Sinn: unnötiges Aufsehen erregen, unvorsichtigerweise sein eigenes Ziel preisgeben

Background: Das Idiom stammt wohl aus einer sehr alten Erzählung, in der es ursprünglich um Bestechung ging: Ein richterlicher Beamter nahm Bestechungsgelder an und bestach auch selbst. Eines Tages erhielt er ein Schreiben, in dem sein Sekretär der Bestechung beschuldigt wurde. Der Richter schrieb auf die eingereichte Petition: „Du hast auf das Gras geschlagen und dabei die Schlange aufgescheucht."

Hinweis: Heutzutage findet das Sprichwort Anwendung, wenn jemand ohne Not und nur durch Unvorsichtigkeit sein Ziel preisgibt.

Tipp: Wenn Sie gemeinsam mit einem chinesischen *Joint-Venture*-Partner mit einer dritten Partei in Verhandlung treten und vor den Gesprächen festlegen, welche Informationen diese dritte Partei bekommen bzw. nicht bekommen soll. Mit diesem Sprichwort können Sie eventuelle Befürchtungen neutral, d. h. gesichtsschonend, ausdrücken.

Beispiel: „Wenn ich Sie richtig verstanden habe, sollten wir unter bestimmten Voraussetzungen mit *Iceland Machines & Industries* in Verhandlung treten. Meiner Ansicht nach besteht die Gefahr, dass wir auf das Gras schlagen und die Schlange aufscheuchen."

zu mächtig

Eier gegen Steine werfen.

以卵投石 yǐ luǎn tóu shí.

Sinn: es mit einem weitaus Stärkerem aufnehmen wollen und dadurch seinen Untergang heraufbeschwören.

Tipp: Gut einsetzbar immer dann, wenn Sie eine Geschäftsidee/eine Strategie o. ä. wegen der Stärke der Konkurrenzunternehmen für zu gewagt halten und Ihre Kritik diplomatisch anbringen wollen.

Beispiel: „Nun, wie wir von CFO Mayer gerade gehört haben, sehen unsere Zahlen wirklich gut aus. Sicher ist das eine gute Ausgangslage, um sich im Markt stärker zu positionieren. Aber dort gibt es immer noch *Iceland Machines & Industries*. Eine Strategie gegen sie zu fahren heißt doch wohl, Eier gegen Steine zu werfen!"

Kontaktaufnahme/Smalltalk

Wichtiger Hinweis: Es gibt drei Punkte, die anzusprechen Sie unbedingt vermeiden sollten. Wir nennen sie die *Forbidden Three T*: Taiwan, Tibet und Tiananmen-Unruhen. Taiwan wird von den Festland-Chinesen als abtrünnige Provinz betrachtet, mit Tibet verhält es sich ähnlich, und auch das Vorgehen der chinesischen Regierung gegen die protestierenden Studenten auf dem Tiananmen-Platz sollte für deutsche Geschäftsleute tabu sein.

Betonung großer Erfahrung des Geschäftspartners

Ein altes Pferd kennt den Weg.

老马识途 lǎo mǎ shí tú.

Sinn: positive Äußerung über reiche Erfahrung.

Background: Während der Frühlings- und Herbstperiode machte sich der militärische Führer Huan des Reiches Qi auf, um mit seiner Armee ein kleineres Reich im Norden zu überfallen. Der Aufbruch fand im Frühling statt, zurück zogen sich die Truppen im Winter. Unglücklicherweise fanden sie den Weg zurück jedoch nicht. Auf Vorschlag eines

Ministers wurden die ältesten Pferde der Truppe freigelassen, die schließlich alle nach Hause führten.

Beispiel: Hans Schröder folgt auf Betreiben seines ehemaligen Praktikanten, Xiaolong Wang, mittlerweile leitender Ingenieur eines Maschinenbauunternehmens, einer Einladung nach China. Dort macht Herr Wang ihn mit dem Chef seines Unternehmens, Ziyang Ma, bekannt. Herr Schröder dankt für die Einladung und wendet sich an Herrn Ma: „Herr Wang war ein Gewinn für mein Unternehmen. Ich glaube aber, seine Talente konnten sich nur entfalten, weil jemand sie erkannt und gefördert hat. Wie sagt man bei Ihnen in China: Ein altes Pferd kennt genau den Weg?"

Hinweis: Hans Schröder findet die richtigen Worte für seinen Einstieg, indem er seinem Gastgeber jede Menge Gesicht gibt. Nicht nur, dass er die Leistungen von dessen Zögling anerkennt. Er gibt darüber hinaus auch zu verstehen, dass dieser ohne die Unterstützung seines Mentors nun nicht einen verantwortungsvollen Posten bekleiden würde.

dem Erfolg des Geschäftspartners Respekt zollen

Sich durch Disteln und Dornengestrüpp seinen Weg bahnen.

披荆斩棘 pī jīng zhǎn jí.

Sinn: sich unter Überwindung großer Schwierigkeiten seinen Weg bahnen.

Tipp: Dies Idiom eignet sich bestens für Smalltalk, wenn Sie über den bisherigen geschäftlichen Erfolg Ihres chinesischen Geschäftspartners reden. Sie erkennen damit die Leistung und den Erfolg seines Unternehmens an. Mit Sicherheit wird Ihr Gegenüber seinerseits ähnliche Worte über Ihr Unternehmen finden. Damit hätten Sie den ersten und notwendigen Schritt zu einer guten persönlichen Beziehung, dem A und O für China-Business, getan.

Beispiel: Hans Schröder und Ziyang Ma, beide Maschinenbauunternehmer, sind soeben einander vorgestellt worden. Herr Ma erwidert eine Gesicht gebende Äußerung von Hans Schröder: „Hier in China haben wir gehört, dass die Zeiten in Europa in den letzten Jahren nicht einfach waren. Dass Sie Ihr Unternehmen trotzdem vergrößert haben, zeigt, dass Sie ein Mann sind, der es versteht, sich durch Disteln und Dornengestrüpp seinen Weg zu bahnen."

dem Erfolg des Geschäftspartners Respekt zollen

Versteckte Drachen, liegende Tiger.

藏龙卧虎 cáng lóng wò hǔ.

Sinn: unentdeckte Talente; zurückgezogen lebende, sehr fähige Personen.

Beispiel: Eine deutsche Wirtschaftsdelegation besucht auf Einladung eine Sonderwirtschaftszone. Nach einer Rundfahrt wendet sich die Leiterin der Delegation an ihren Gastgeber, Herrn Lu; „Direktor Lu, China ist lange Zeit das Land der versteckten Drachen und liegenden Tiger gewesen. Nun können wir gemeinsam erleben, wie sich Drache und Tiger erheben. Wir freuen uns auf die Zusammenarbeit."

Hinweis: Die Leiterin gibt dem chinesischen Partner durch ihre Äußerung jede Menge Gesicht – ein kluger Beginn für eine kooperative Zusammenarbeit.

Frage nach Wirtschaftssituation Europas (Antwort)

Unter einem umgekippten Vogelnest bleibt kein Ei heil.

覆巢无完卵 fù cháo wú wán luǎn.

Sinn: Bei Katastrophen/Desastern kommt niemand ungeschoren davon.

Tipp: Wir haben die Erfahrung gemacht, dass Chinesen mitunter nach der wirtschaftlichen Situation Europas fragen. Mit diesem Idiom sagen Sie auf diplomatische Art alles und nichts und laufen nicht in Gefahr, sich in einer rechtfertigenden Position wiederzufinden.

Beispiel: „Wir haben gehört, dass die Situation in Europa für manche Länder nicht einfach ist und dass es manchmal um die Finanzen nicht gut stehen soll." „Nun, wie sagt man bei Ihnen in China: Unter einem umgekippten Vogelnest bleibt im Grunde kein Ei heil."

Gastgeschenk, Überreichen des (siehe Gastgeschenk)

Kompliment an Geschäftspartner

100 Schüsse, 100 Treffer.

百发百中 bǎi fā bǎi zhōng.

Sinn: etwas mit großer Präzision und großer Sicherheit tun.

Background: zurückgehend auf den Bogenschützen Yang Youji der Frühlings- und Herbstperiode. Yang wurde herausgefordert, auf große Entfernung drei Baumblätter in einer bestimmten Reihenfolge zu treffen, was ihm exzellent gelang. Zunächst stand das Sprichwort lediglich für Treffsicherheit, heutzutage beschreibt es Personen, die mit großer Sicherheit und Präzision eine Aufgabe erfüllen.

Beispiel: Treffen zum Neujahrsfest des Deutsch-Chinesischen Wirtschaftsvereins. Der Präsident der deutschen Vertretung, Heiner Lindemann, richtet Dankesworte an den Präsidenten der chinesischen Vertretung: „… Dass unsere Zusammenarbeit überhaupt entstehen konnte, haben wir Herrn Zhou zu verdanken. Er hat mit 100 Schüssen 100 Treffer gelandet und uns alle zusammengeführt."

Kompliment an Geschäftspartner

Jing Wei füllt den See auf.

精卫填海 jīng wèi tián hǎi.

Sinn: mit einem eisernen Willen das eigene Ziel verfolgen und sich durch die Schwierigkeiten nicht abbringen lassen.

Background: Zurückgehend auf das ShanHaiJing (Berg-und-See-Bibel) erzählt dieser Mythos von Jing Wei, der Tochter des Königs Yan, die in einem See ertrank und sich in einen schönen Vogel verwandelte. Dieser Vogel trägt Tag für Tag Steine in seinem Schnabel und lässt sie in den See fallen, um die Wassertiefe zu verringern. – Eine weithin bekannte Metapher für einen unbeugsamen Willen und die Beharrlichkeit, sein Ziel trotz widriger Umstände erreichen zu wollen.

Tipp: Das Idiom ist sehr geeignet als Kompliment für Beharrlichkeit im Smalltalk.

Bsp: Treffen zum Neujahrsfest des Deutsch-Chinesischen Wirtschaftsvereins. Der Präsident der deutschen Vertretung hat dem Präsidenten der chinesischen Vertretung soeben für seinen Einsatz gedankt. Herr Zhou erwidert: „Dass wir heute so erfolgreich in unserem Wirtschaftsverein tätig sein können, ist keineswegs mein Verdienst. Die deutschen Unternehmer benötigten Argumente, um von der für sie ungewohnten Sache überzeugt zu werden. Herr Lindemann hat sich nicht von seinem Ziel abbringen lassen und wie Jing Wei den See aufgefüllt!"

Kompliment an Geschäftspartner

Das Gold des Südens und Pfeile des Ostens.

南金东箭 nán jīn dōng jiàn.

Sinn: eine Person mit hervorragenden Persönlichkeitseigenschaften.

Tipp: Das Sprichwort eignet sich besonders, wenn Sie eine Person loben oder lobend erwähnen wollen. – Achtung: Auf sich selbst angewendet, geht der Schuss allerdings nach hinten los – dies würde als arrogant aufgefasst werden.

Beispiel: Frank Mayer, Betriebswirt aus Deutschland, hat gerade seinen Arbeitsvertrag bei einem großen chinesischen Unternehmen unterzeichnet. Der Personalmanager ist überrascht über Herrn Mayers fließendes Chinesisch und macht ihm ein Kompliment. Doch Frank Mayer wehrt ab: „Ich habe bei Yizhang Wang gelernt, einen Lehrer, den ich sehr verehre. Er hat nicht nur großes Wissen, sondern vereint auch das Gold des Südens und die Pfeile des Ostens in sich."

Hinweis: Respektvoll über die eigenen Lehrer zu sprechen, verschafft Gesicht. Lehrer (lǎo shī 老师) sind in China Respektspersonen.

Kompliment an Geschäftspartner

Eine Laterne hängt am Fahnenmast.

旗杆上挂灯笼 qí gān shàng guà dēng lóng.

Sinn: bezeichnet Personen als weise/talentiert; Wortspiel: eine Laterne hängt in der Regel hoch (高) und strahlt (明) (= gāo míng: klug).

Tipp: Hier zeigt sich ein kulturimmanentes Phänomen: Die Chinesen lieben Wortspiele. Das Chinesische ist für diese prädestiniert und voll davon. Eine „hoch" hängende und „leuchtende" Laterne wird mit den gleichen Silben und Schriftzeichen belegt wie eine „kluge" Person. Probieren Sie es während des Smalltalks oder beim gemeinsamen Essen einfach aus: gaoming ist einfach zu sprechen (gaumin-g, das g ist stumm und min wird genäselt wie im Französischen). Und eine Blamage haben Sie überhaupt nicht zu befürchten, man wird Ihre Bemühungen zu schätzen wissen und Ihnen Gesicht geben. Darüber hinaus haben Sie gleich ein unverfängliches Thema, das sich bestens eignet, Ihre Geschäftsbeziehung zu vertiefen.

Kompliment an Geschäftspartner

Eine Schildkröte, die ein Glühwürmchen verschluckt hat.

乌龟吃萤火虫 wū guī chī yíng huǒ chóng.

Sinn: viel Wissen haben, aber (bescheidenes) Stillschweigen darüber bewahren und so „von innen leuchten".

Tipp: Hierin zeigt sich eine Charakterhaltung, die die Chinesen sehr bewundern: Eine Person mit viel Wissen, die aber darauf verzichtet, alles arrogant und laut nach außen zu tragen. – Unserer Erfahrung nach gibt es hier gewaltige Kulturdifferenzen: Westliche Führungskräfte und Entscheider sind es gewohnt, klar und präzise zu kommunizieren; ein Führungshabitus wird erwartet. Und genau an dieser Stelle kollidiert das westliche mit dem östlichen Denken. Wenn westliche Manager in China auf Dauer erfolgreich sein wollen, müssen sie sich diesem Problem stellen.

Beispiel: Ein chinesischer Konzern hat Geschäftskontakte zu einem Großunternehmen in Deutschland. Die Kontaktanbahnung lief über Maximilian Fröhlich. Einen weiteren Kontakt stellte Ludwig Neumann her. Eines Tages bekommt die Chefsekretärin, Ann-Kathrin Burger, in Deutschland einen Anruf der Geschäftsassistenz des chinesischen Konzerns. Ob nicht die Möglichkeit bestünde, wieder mit Herrn Fröhlich sprechen zu können? Frau Burger fragt nach dem Grund und bekommt zur Antwort: „Direktor Hu hatte sehr angenehme Kontakte mit Herrn Fröhlich. Er hält ihn für eine Schildkröte, die ein Glühwürmchen verschluckt hat."

Hinweis: In diesem Zusammenhang möchten wir Sie noch auf eine relevante Sache aufmerksam machen. Chinesen schätzen es, wenn sie einen konstanten Ansprechpartner haben, da sie eine Geschäftsbeziehung hauptsächlich zu den Personen aufbauen und nicht zu den dahinterstehenden Unternehmen. Deutsche sehen aufgrund ihrer Sachorientierung eher das Unternehmen. Hier zeigt sich einmal mehr die Auswirkung von Kulturdifferenzen.

Kompliment über die Kinder des Geschäftspartners

Allgemeiner Hinweis: Im Smalltalk werden Sie erleben, das Chinesen ihre Kinder „schlechtreden". Selbst wenn diese 12 h täglich lernen, sind sie „wenig fleißig". Dieses für Westler ungewöhnliche Verhalten entspringt der chinesischen Höflichkeit, der Bescheidenheit und der Ablehnung, sich selbst in einem guten Licht darzustellen. Seien Sie deshalb nicht überrascht, wenn Sie die Kinder Ihres Geschäftspartners loben und er daraufhin versucht, Ihr Lob abzuwehren. Selbstverständlich freuen sich chinesische Eltern über ihre Kinder und sind stolz auf sie. Bestätigen Sie also keinesfalls die abwehrenden Argumente!

Kompliment über die Kinder des Geschäftspartners

Wie die nachfolgenden Wellen des Yangtse (Chang-jiang-Fluss) über die vorausgehenden hinwegschlagen, so überrollt jede neue Generation die alte.

长江后浪翠前浪, 世上信任赶旧人 cháng jiāng hòu làng cuì qián làng, shì shàng xìn rèn gǎn jiù rén.

Sinn: Die Zeit bringt es zwangsläufig mit sich, dass die neue Generation in einem Metier besser ist als die alte.

Beispiel: Zwei Manager der Logistikbranche treffen sich bei einem Meeting wieder. Der Chinese erzählt dem Deutschen, dass seine Tochter zur Zeit gar nicht in China sei, sondern versuche, mit einem Studium in Deutschland ihre Leistungen zu verbessern. Der Deutsche antwortet: „Ich bin überzeugt, das wird ihr gelingen. Und sie wird eines Tages ein Gewinn für Ihre Firma. Denn so wie die Wellen des Yangtse über die vorausrollenden hinwegschlagen, so überrollt jede neue Generation die alte."

Kompliment über die Kinder des Geschäftspartners

Jing Wei füllt den See auf.

精卫填海 Jīng Wèi tián hǎi.

Sinn: mit einem eisernen Willen das eigene Ziel verfolgen und sich durch die Schwierigkeiten nicht davon abbringen lassen.

Hinweis: Dieses Idiom ist Ihnen bereits aus der Unterkategorie „Kompliment an Geschäftspartner" bekannt. Selbstverständlich können Sie es auch auf die Kinder Ihres Geschäftspartners anwenden, wenn Sie deren Fleiß und Beharrlichkeit hervorheben möchten

Kompliment über die Kinder des Geschäftspartners

Sich durch Disteln und Dornengestrüpp seinen Weg bahnen.

披荆斩棘 pī jīng zhǎn jí.

Sinn: sich unter Überwindung großer Schwierigkeiten seinen Weg bahnen.

Tipp: Auch dieses Idiom ist Ihnen bekannt. In diesem Kontext kommt es zur Anwendung, wenn Ihr Geschäftspartner durchblicken lässt, dass seine Tochter oder sein Sohn mit echten Schwierigkeiten zu kämpfen hat, wie beispielsweise Heimweh während eines Auslandsaufenthaltes. Da es die Stärke einer Person betont, laufen Sie nicht Gefahr, dass im Gespräch eine negative Stimmung entsteht (denn dafür würde sich Ihr Geschäftspartner verantwortlich fühlen).

Kompliment über die Kinder des Geschäftspartner

Ein großer Topf benötigt viel Zeit für die Herstellung.

大器晚成 dà qì wǎn chéng.

Sinn: Eine große Aufgabe kann nicht eilig erfüllt werden, Talent und Können entwickeln sich langsam.

Background: Ursprünglich von Laozi stammend: „Er ist zu edel, als dass es seinesgleichen gäbe, so wie ein wertvolles Gefäß lange für seine Vollendung benötigt."

Tipp: Das Idiom eignet sich ausgezeichnet für Smalltalk, wenn Ihr Geschäftspartner von seinem Sohn/seiner Tochter erzählt und – ganz nach chinesischer Sitte – sein Kind schlechtredet. Fällt Ihnen hierzu diese Redewendung von Laozi ein, haben Sie einen Meilenschritt in Richtung einer guten Geschäftsbeziehung getan. Und wir können gar nicht oft genug darauf hinweisen, dass diese Art des Umgangs nichts mit Anbiedern zu tun hat! Es sind dies die Spielregeln für eine höfliche Konversation auf sehr hohem Niveau.

Kompliment an jemandes Wissen

Einmal mit dem Edlen (dir) diskutieren ist so lohnenswert wie 10 Jahre Studium.

与君一夕话，胜读十年书 yǔ jūn yī xī huà, shèng dú shí nián shū.

Sinn: zeigen, dass man von jemandes Wissen sehr beeindruckt ist.

Tipp: Das Können, beruflicher und privater Erfolg eines Mitmenschen ist für Chinesen kein Anlass zum Neid. Ein solcher Mensch dient als Vorbild, dem es nachzueifern gilt. Und wenn Chinesen das entsprechende Niveau erreicht haben, trachten sie danach, ihre Leistung nochmals zu steigern. Diese Einstellung sollte uns, von einem wirtschaftlichen Standpunkt aus betrachtet, zu denken geben.

Beispiel: Sehr geeignet ist das Sprichwort für Smalltalk, wenn Ihr Geschäftspartner Ihnen umfangreiche Informationen über chinesische Kultur zukommen lässt. Sie könnte einleiten mit: „Sagt man bei Ihnen in China nicht…?"

Beispiel: Da Chinesen normalerweise keine Änderung ihres Ansprechpartners mögen, könnte dieses Sprichwort angewandt werden, wenn ein langjähriger Ansprech- oder Verhandlungspartner aus firmeninternen oder Altersgründen ausscheidet und ein Nachfolger dessen Aufgabe übernimmt. Dieser könnte seine Beziehung zu den chinesischen Geschäftspartnern folgendermaßen aufbauen: „Direktor Schmidt musste sich aus Altersgründen leider zurückziehen. Ich bedaure das sehr. Er ist für mich wie ein Lehrer gewesen. Mit ihm einmal zu diskutieren war für mich so lohnenswert wie 10 Jahre Studium."

Hinweis: Diese Äußerung verschafft dem Nachfolger Respekt und Gesicht, da er – wie in China üblich – das Verdienst seines Mentors hervorhebt.

Schönheit der chinesischen Landschaft/Architektur/Kultur, Betonen von

Der Frosch im Brunnen.

井底之蛙 jǐng dǐ zhī wā.

Sinn: engstirnig und nicht offen sein.

Background: Die Geschichte geht zurück auf Zhuangzi, einen geachteten Gelehrten: Ein Frosch lebt selbstzufrieden in einem Brunnen. Eines Tages kommt die Schildkröte der Östlichen See vorbei und erzählt von ihrem Zuhause, von der Weite und Tiefe der See. Erstaunt und bestürzt gesteht der Frosch seine Geringfügigkeit ein.

Tipp: Schaut man vom Grund eines Brunnen nach oben, hat man zwangsläufig eine eingeengte Perspektive, und auf solche Personen zielt das Idiom ab. Wir haben es aufgenommen, weil es sich als exzellenter Einstieg in den Smalltalk eignet. Wenn man Sie während des Erstkontakts nach Ihren Eindrücken von China fragt, könnten Sie mit diesem Sprichwort zeigen, dass die chinesische Kultur Ihre eigene Perspektive erweitert hat. Ein gelungener Einstieg, denn Chinesen rechnen keinesfalls damit, dass eine „Langnase" mit Aspekten der chinesischen Kultur vertraut ist. Sie punkten also doppelt.

Beispiel: „Mein erster Aufenthalt bei Ihnen in China erinnert mich an die Geschichte des Frosches im Brunnen. Die chinesische Kultur ist wirklich sehr beeindruckend."

Schönheit der chinesischen Landschaft/Architektur/Kultur, Betonen von

Wie ein Fisch, der vom Trockenen ins Wasser kommt.

如鱼得水 rú yú dé shuǐ.

Sinn: sich voller Wohlbehagen in einer angenehmen Umgebung einfinden.

Background: In der Zeit der Drei Königreiche bat der berühmte Liu Bei den Strategen Zhuge Liang um Unterstützung. Die Zusammenarbeit der beiden war so erfolgreich, dass Liu Bei äußerte: „Mit Zhuge Liang an meiner Seite fühle ich mich wie ein gestrandeter Fisch, der zurück ins Wasser gesetzt wurde." – Das Idiom wird daher entweder genutzt, um auszudrücken, einen hervorragenden „Weggefährten" gefunden zu haben, oder um anzuzeigen, sich in einer sehr angenehmen Situation zu befinden.

Tipp: Die Anwendung ergibt sich aus dem oben Gesagten. Da die beiden Protagonisten in China sehr bekannt sind, wird man Ihre positive Äußerung sofort verstehen und richtig zu deuten wissen.

Beispiel: „Ich interessiere mich ein wenig für Architektur und habe mir in Europa einige Sehenswürdigkeiten angesehen. Aber als ich die Große Mauer und die Verbotene Stadt besuchte, fühlte ich mich wie ein Fisch, der vom Trockenen ins Wasser kommt."

Sitten, Fragen nach

Bevor man den Boden eines fremden Landes betritt, frage man nach den Sitten und Gebräuchen.

入境问俗 rù jìng wèn sú.

Sinn: mahnt die Anpassungsfähigkeit während eines Auslandsaufenthaltes an.

Beispiel: Frau Wolff ist für ihr Unternehmen das erste Mal nach China gereist. Auf einem Bankett weiß sie nicht so richtig, was von ihr erwartet wird. Sie wendet sich an ihren Gastgeber: „Für mich ist alles neu. Vielleicht mache ich nicht alles so, wie man es von mir erwartet. Allerdings erinnere ich mich an eines Ihrer Sprichwörter: Wenn man den Boden eines fremden Landes betritt, frage man nach den Sitten und Gebräuchen." Ihr Gastgeber versteht die indirekte Bitte und erklärt ihr den Ablauf.

Hinweis: Für Chinesen ist allein das Bemühen eines Ausländers, sich auf die chinesische Kultur einzulassen, ein positiver Beziehungsauftakt. In einem Fall wie dem oben geschilderten werden sich die chinesischen Gastgeber darum bemühen, Frau Wolff mit vielen Informationen durch alle Situationen und Prozedere zu „leiten".

Abwehr von Komplimenten

Das Wasser trinken und sich an die Quelle erinnern.

饮水思源 yǐn shuǐ sī yuán.

Sinn: nicht vergessen, woher das Gute kommt; über eine empfangene Wohltat den Wohltäter nicht vergessen.

Tipp: In diesem Sprichwort spiegelt sich die chinesische Kultur wider: Man erkennt die Leistungen seiner früheren Lehrer, Ausbilder, aber auch der Eltern an, die durch Wissensweitergabe zum eigenen Erfolg beigetragen haben. Somit ergibt sich eine Anwendungsmöglichkeit während des Smalltalks, wenn man Ihnen ein Kompliment bezüglich Ihrer Leistungen macht. Ein „Ich erinnere mich an die Quelle beim Trinken des Wassers" wird Ihnen jede Menge Respekt einbringen und ist somit eine unerlässliche Basis für eine vertrauensvolle und erfolgreiche Geschäftsbeziehung.

Kritik

Kritik an unvollständiger Strategie des Geschäftspartners (bei *Joint Venture*, strategischer Allianz, *Joint Project*).

10.000 Dinge sind vorbereitet, nur der Ostwind fehlt.

万事俱备, 只欠东风 wàn shì jù bèi, zhǐ qiàn dōng fēng.

Sinn: ein entscheidendes Detail fehlt.

Background: Geht zurück auf die Zeit der Drei Reiche: Die verbündeten Streitkräfte der Reiche *Wu* und *Shu* überstanden einen Angriff des Reiches *Wei* unter dem Kommando des berühmten Strategen Cao Cao. Das Reich *Wu* schickte sich an, Feuerschiffe zu Cao Caos Flotte zu schicken, um diese niederzubrennen. Der Plan war gut ausgeklügelt, konnte allerdings nicht in die Tat umgesetzt werden: um die Feuerschiffe in Bewegung zu setzen, fehlte der Ostwind!

Tipp: Sie können das Sprichwort überall dort verwenden, wo Ihrer Meinung nach die schlussendliche Bedingung für etwas fehlt: ein entscheidendes Detail in einer Strategie, Geschäftsidee, einer Verhandlungskonzession oder einem sonstigen Plan.

Beispiel: In einem deutsch-chinesischen *Joint-Venture*-Unternehmen soll die Unternehmensstrategie aufgestellt werden. Geschäftsfelder und Produktlinien sind verhandelt, aber noch steht die Besetzung der PE-Leitung nicht fest. Bisher waren die Deutschen davon ausgegangen, die Stelle würde Frau Dr. Hamann übernehmen. Herr Liu ergreift das Wort: „Wir haben viel vor. Und der chinesische Markt hat große Tücken. Man muss sich darin sehr gut auskennen. Und man benötigt Mitarbeiter, die darüber viel gelernt haben. Ich sehe, dass für uns alles vorbereitet ist, aber der Ostwind fehlt noch."

Kommentar: Herr Lin gibt zu verstehen, dass Frau Dr. Hamann aus seiner Sicht nicht die ideale Stellenbesetzung ist. Seine Hinweise deuten an, dass er einen chinesischen Mitarbeiter als PE-Leitung einsetzen möchte.

Kritik an unvollständiger Strategie des Geschäftspartners (bei *Joint Venture, Joint Project*)

Ein Ochsenmesser benutzen, um das Huhn zu schlachten.

杀鸡用牛刀 shā jī yòng niú dāo.

Sinn: aufwendigere Mittel für ein geringeres Ergebnis einsetzen.

Tipp: Sie können das Sprichwort immer dann einsetzen, wenn Sie geringfügigere Mittel für ein zu erzielendes Ergebnis als ausreichend erachten.

Beispiel: Ein deutsch-chinesisches Kooperationsunternehmen. Es geht um die Diskussion des Jahresabschlusses. Die deutschen Geschäftspartner möchten noch mehr Wirtschaftlichkeitsanalysen durchführen, der chinesische Partner hält das für überzogen: „Die Ergebnisse haben keinen Einfluss auf unser weiteres Vorgehen. Wir würden lediglich ein Ochsenmesser nutzen, um ein Huhn zu schlachten."

Beachten von Belanglosigkeiten

Beim Aufheben eines Sesamsamens die Wassermelone fallen lassen.

捡了芝麻，丢了西瓜 jiǎn le zhī ma, diū le xī guā.

Sinn: Belanglosigkeiten große Aufmerksamkeit schenken, aber das Wesentliche aus den Augen verlieren.

Tipp: Das Idiom wird benutzt, um Personen zu kritisieren, die zugunsten von eher unwichtigen Details das große Ganze aus den Augen verlieren.

Beispiel: Ein deutsch-chinesisches Kooperationsunternehmen. Es wird noch immer über den Jahresabschluss diskutiert. Die Deutschen haben sich an einem Detail zur Bewertung der stillen Reserven festgebissen, was bei den Chinesen auf Unverständnis stößt: „Wir wissen, Sie sind sehr gründlich. Aber unserer Meinung nach laufen wir Gefahr, beim Aufheben eines Sesamsamens unsere große Wassermelone fallen zu lassen."

Beispiel: Ein chinesischer Konzern hat ein deutsches Großunternehmen bei sich zu Gast. Für ein gemeinsames Projekt steht eine Beurteilung an. Für die Deutschen lief bisher alles reibungslos: Technische Aspekte, Marketingspezifikationen, eine technische Machbarkeitsstudie, Entwicklung und Tests liegen vor. Ausgehandelt war, dass die Entwicklung in China vorgenommen werden sollte. Während der Verhandlung bezieht sich Herr Lindemann auf ein potenzielles Risiko bezüglich der Komponentenkosten. Hierdurch sieht er die Produktprofitabilität möglicherweise in Gefahr. Für Herrn Zhong ist die Lindemann'sche Analyse des potenziellen Risikos nicht nachvollziehbar, rekurriert sie doch zum Großteil auf einem Detail: „Ihre Berechnungen wirken sehr elegant, Herr Lindemann. Aber wir haben bei unseren Überprüfungen und Analysen nichts Derartiges bestätigen können. Ich hege nun die große Befürchtung, dass wir beim Aufheben eines Sesamsamens die Wassermelone fallenlassen."

Tipp: Bitte leiten Sie ein mit: „Ich habe das Gefühl, dass …"; „was mich angeht …", „meiner Meinung nach …" Sie signalisieren Ihrem Gesprächspartner damit, dass Sie die Möglichkeit anerkennen, sich zu irren.

Bitte um Gespräch mit ranghöheren Vorgesetzten

Ein altes Pferd kennt den Weg.

老马识途 lǎo mǎ shí tú.

Sinn: positive Äußerung über reiche Erfahrung.

Background: Während der Frühlings- und Herbstperiode machte sich der militärische Führer Huan des Reiches Qi auf, um mit seiner Armee ein kleineres Reich im Norden zu überfallen. Der Aufbruch fand im Frühling statt, zurück zogen sich die Truppen im Winter. Unglücklicherweise fanden sie den Weg zurück jedoch nicht. Auf Vorschlag eines Ministers wurden die ältesten Pferde der Truppe freigelassen, die schließlich alle nach Hause führten. – Das Idiom drückt Achtung und Respekt für den Wert von Erfahrung aus.

Tipp: Das Idiom haben Sie an anderer Stelle bereits kennen gelernt. In diesem Fall kommt es zum Einsatz, wenn Sie mit einem Jüngeren nicht weiterkommen oder dieser offenkundig keine Entscheidungsbefugnisse hat.

Beispiel: „Das ist jetzt eine schwierige Situation für uns beide. Doch bei Ihnen sagt man: Ein altes Pferd kennt den Weg. Wer könnte das sein?" – Dieses Vorgehen ist sicherlich kein Garant dafür, mit dem Sprichwort auch den anvisierten Erfolg zu haben. Aber es ist auf jeden Fall Gesicht gebend für Ihr momentanes Gegenüber und wird seine Kooperationsbereitschaft erhöhen.

Bitte um hilfreiche Kritik

Sich beim Feueranzünden selbst verbrennen.

引火烧身 yǐn huǒ shāo shēn.

Sinn: Der Sprecher gibt einen Hinweis auf einen eigenen Fehler und bittet mit dieser Anmerkung um hilfreiche Kritik.

Beispiel: „Ich bin nicht zufrieden mit der Ausarbeitung meiner Präsentation und muss sie noch verbessern. Manchmal hilft es, sich beim Feuermachen selbst zu verbrennen."

Hinweis: Diese Form ist für Westler absolut ungewohnt. Wenn wir jedoch daran denken, dass Kritikgeber einer strengen, Gesicht gebenden Form unterliegen, macht diese „Spielregel" durchaus Sinn. Sie ist ein Signal für die anderen, ohne Gesichtsverlust für beide Seiten ihre Meinung äußern zu können.

Einleitung von Kritik

Es braucht bittere Medizin, um eine Krankheit zu heilen, genauso wie es ehrlichen Ratschlags bedarf, um auf den rechten Weg zu kommen.

良药苦口利于病, 忠言逆耳利于行 liáng yào kǔ kǒu lì yú bìng, zhōng yán nì ěr lì yú xíng.

Sinn: Ehrlicher Rat und Kritik sind zwar sehr unangenehm, helfen uns jedoch, unsere Unzulänglichkeiten zu überwinden.

Background: Das Idiom geht zurück auf einen alten Kaiser des Reiches Chu, der nicht auf seinen Berater Qu Yuan hörte. Der Kaiser nahm entgegen des Ratschlags an einem Treffen in Wuguan teil und wurde prompt gefangengenommen.

Beispiel: Matthias Schmidtke arbeitet seit einigen Wochen in einem chinesischen Unternehmen. Mit seinem Kollegen Dongmao Chen hat er sich angefreundet. Herrn Chen ist aufgefallen, dass Matthias Schmidtke stets direkt seine Meinung äußert. Darauf möchte er ihn hinweisen: „Du bist erst kurze Zeit in China. Dafür hast Du bereits große Fortschritte gemacht. Doch so wie es bittere Medizin braucht, um eine Krankheit zu heilen, bedarf es manchmal eines ehrlichen Ratschlags, um auf dem rechten Weg zu bleiben. ...“

Hinweis: Beachten Sie, dass Herr Chen nicht sagt „auf den rechten Weg zu kommen“, sondern „auf dem rechten Weg zu bleiben“. Damit erkennt er die von Herrn Schmidtke bereits erworbene Kompetenz an und zeigt ihm, dass es nur noch einer kleinen Korrektur bedarf.

Methode inadäquat (bei *Joint Venture*, strategischer Allianz, *Joint Project*)

Sand kochen in der Hoffnung, dass daraus Reis wird.

蒸沙成饭 zhēng shā chéng fàn.

Sinn: bezeichnet einen nutz-, frucht-, oder sinnlosen Versuch.

Tipp: Der Inhalt ist selbstredend. Wenn Sie es, z. B. in Strategiediskussionen oder Verhandlungen, verwenden wollen, geben Sie nicht nur durch die Verwendung Gesicht, sondern auch durch ein einleitendes „Ich habe die Befürchtung, dass...“, „Mir scheint, dass...“ oder sprechen Sie von „Wir“.

Beispiel: „Ich befürchte, dass wir mit dem Verzicht auf eine ausbalancierte Strategie Sand kochen und hoffen, dass daraus Reis wird.“

Methode inadäquat (bei *Joint Venture*, strategischer Allianz, *Joint Project*)

Auf einem Baum nach Fischen suchen.

缘木求鱼 yuán mù qiú yú.

Sinn: weist auf einen nutzlosen Ansatz hin.

Tipp: Mit diesem Idiom verhält es sich genau wie mit „Sand kochen...“ Auch diese Redewendung wird erst richtig elegant in der Anwendung mit einem einleitenden Satz wie „Ich habe das Gefühl, dass...“, „Mir scheint, dass...“ usw.

Beispiel: Ein deutscher und ein chinesischer Spielzeughersteller gehen in Vorverhandlungen, um die Möglichkeiten einer gemeinsamen Produktion zu prüfen. Während man sich schnell einig darüber ist, ein Produkt entwickeln zu können, das auf beiden Märkten Absatz finden wird, kommt man mit dem Produktionsstandort nicht weiter. Herr Yi vertritt die chinesische Forderung, die Entwicklung aus ökonomischen Gründen in China zu betreiben: „Sie haben vorhin selbst darauf hingewiesen, dass Kostenführerschaft unser gemeinsames Ziel sein soll. Wir haben das Gefühl, dass der Standort Deutschland angesichts dieses Ziels einer Suche nach Fischen auf einem Baum gleicht.“

Methode inadäquat/Desaster (bei *Joint Venture*, strategischer Allianz, *Joint Project*)

Den Wolf ins Haus holen.

引狼入室 yǐn láng rù shì.

Sinn: sich in ein Desaster begeben.

Tipp: Der Wolf hat in der chinesischen Kultur kein gutes Ansehen. Jemand, der „einen Wolf ins eigene Haus lässt", begibt sich sehenden Auges in ein Desaster. Somit können Sie es als Emphase nutzen, wenn Sie vor einer bestimmten Situation/Strategie usw. warnen wollen.

Beispiel: In einem chinesischen Unternehmen sitzt die Führungsspitze zusammen und bespricht die zu besetzende Stelle des CFO. „Bedenken Sie, ob wir Herrn Zhao die Stelle wirklich geben sollten. Er hat mit dem CFO unseres größten Konkurrenten Simang *guānxi*. Meine Befürchtung ist, dass wir uns den Wolf ins Haus holen."

Nichtbeachtung veränderter Umstände

Eine Kerbe ins Boot machen, um das Schwert zu finden.

刻舟求剑 kè zhōu qiú jiàn.

Sinn: Maßnahmen ergreifen ohne Rücksicht auf Veränderungen der Situation.

Background: In der Zeit der Streitenden Reiche fiel einem Mann während einer Flussüberfahrt ein kostbares Schwert in den Fluss. Sofort ritzte der Mann eine Kerbe in sein Boot genau an der Stelle, in der das Schwert in den Fluten versunken war. Am Ufer ankommend, suchte er dann die Flussstelle ab, auf die die Kerbe zeigte. – Die Anekdote verspöttelt Personen, die sich starr an Regeln halten und die sich ändernden Umstände dabei völlig ignorieren.

Tipp: Denkbar ist u. a. eine Anwendung in Verhandlungen, in denen Sie Umstände, die beispielsweise zu veränderten Lieferterminen führen könnten, mit aufnehmen wollen.

Beispiel: Der Produktionsleiter Herr Biss ruft einen wichtigen Lieferanten an, um nach der nächsten Lieferung zu fragen und gleichzeitig besser planen zu können. Nach einer Begrüßung sagt er: „Herr Guo, wir sollten uns gemeinsam ansehen, welche Änderungen sich an Ihren Lieferterminen durch die chinesischen Feiertage ergeben könnten. Wenn wir das rechtzeitig einplanen können, haben wir die Chance, mit unseren Kunden entsprechende Liefertermine zu vereinbaren. Dies wäre kein Problem. Doch ohne solche Informationen müssten wir uns eine Kerbe ins Boot machen, um das Schwert zu finden!"

Hinweis: Während der chinesischen Feiertage, besonders des Chinesischen Neujahrsfestes (variabler Termin zu Beginn des Jahres), des nationalen Feiertages am ersten Mai (Dauer: eine Woche) und des Nationalfeiertages am ersten Oktober (Dauer: eine Woche), ist ganz China auf den Beinen. Zugtickets sind so gut wie gar nicht mehr zu bekommen (außer mithilfe eines *guānxi*-Netzwerkes!). Wenn Sie Waren aus China importieren, sollten Sie zur Sicherheit einige Tage Kulanz einplanen. Wenn Ihr Geschäftspartner Sie zu einem solchen Ereignis einlädt, sollten Sie sich das Fest nicht entgehen lassen!

überflüssiges Handeln

Eine Schlange malen und Füße ergänzen.

画蛇添足 huà shé tiān zú.

Sinn: etwas völlig Unnötiges tun.

Background: Aus der Zeit der Streitenden Reiche im Reich Qi: Mehrere Männer stritten sich um einen Kelch Wein. Also beschlossen sie, dass jeder eine Schlange in den Sand malen sollte. Derjenige, der als Erster seine Zeichnung fertigstellen würde, sollte den Wein bekommen. Während die anderen noch malten, wurde einer fertig, beschloss aber, noch

Füße zu ergänzen. Derweil er noch dabei war, wurde ein Zweiter fertig und bekam den Wein. – Das Idiom warnt davor, ein gelungenes Vorhaben durch unnötige Aktionen zu ruinieren.

Tipp: Dieses Idiom können Sie nutzen, wenn Sie die Meinung vertreten, ein Vorhaben/ Plan könnte auch „schlanker" umgesetzt werden.

Beispiel: In einer letzten Verhandlungsrunde möchte ein deutscher Unternehmer noch ein Detail zu einem bereits ausgehandelten Passus ergänzt haben. Als er seinen Vorschlag unterbreitet hat, erwidert sein chinesischer Verhandlungspartner: „Herr Mohnmann, Ihr Vorschlag kommt für uns ein wenig überraschend. Wir dachten, wir seien uns in allen Punkten einig. Nun stellt sich heraus, dass Sie unserer gemalten Schlange noch Füße ergänzen wollen."

überflüssiges Handeln

Ein blinder Mann trägt eine Brille.

瞎子戴眼镜 xiā zi dài yǎn jing.

Sinn: etwas Unnötiges und Überflüssiges tun.

Tipp: Hiermit gelingt ein höfliches Aufzeigen einer unnötigen Handlung oder eines überflüssigen Schrittes.

Beispiel: Während eines Meetings in einem deutsch-chinesischen Unternehmen beginnt Max Färber eine Mitschrift anzufertigen. Sein Kollege Guoming Meng will ihn entlasten: „Das ist hier eher nicht üblich. Du brauchst Dir bei Deiner knappen Zeit diese Mühe also nicht zu machen – denn es ist, als trüge ein blinder Mann eine Brille. Wichtige Informationen bekommst Du durch den E-Mail-Verteiler."

Überschätzung eigener Kräfte

Die Gottesanbeterin versucht den Wagen aufzuhalten.

螳臂当车 táng bì dāng chē.

Sinn: mit dem Kopf durch die Wand wollen; sich zu viel zutrauen.

Background: Das Original findet sich in Zhuangzi: The Human World. Zhuangzi ist ein angesehener Gelehrter und wenn es Ihnen gelingt, ihn im passenden Kontext zu zitieren, wird man Ihnen von chinesischer Seite dafür viel Anerkennung zollen.

Tipp: Das Idiom warnt davor, sich selbst und seine Fähigkeiten so zu überschätzen, dass Handlungen per se zum Scheitern verurteilt sind. Unbedenklich ist die Anwendung, wenn Sie es auf sich selbst beziehen. Wollen Sie damit die Pläne Ihres Geschäftspartners kritisieren, gehen Sie behutsam vor. Sprechen Sie ihn nicht direkt an, sondern äußern, dass Sie sich an ein chinesisches Sprichwort erinnern.

Beispiel: „Herr Zhou, Sie haben bereits drei Projekte, die Sie mit großem Erfolg betreuen. Ein viertes Projekt käme meiner Meinung nach dem Versuch einer Gottesanbeterin gleich, den Wagen aufzuhalten."

Hinweis: Da es sich hierbei um ein sehr bekanntes, aber altes Sprichwort handelt, ist mit Wagen ein ländlicher Karren gemeint.

Überschätzung eigener Kräfte

Eine Ameise, die an einem großen Baum rütteln will.

蚂蚁撼树 mǎ yǐ hàn shù.

Sinn: sich selbst überschätzen.

Tipp: Gute Anwendung bei Strategieverhandlungen in einem *Joint Venture*, wenn Ihnen eine vorgeschlagene Strategie Ihres chinesischen Geschäftspartners beispielsweise angesichts einer gut aufgestellten Konkurrenz zu riskant erscheint. Gesicht gebend ist hier selbstverständlich die Nutzung der Wir-Form: „Wenn wir langfristig diese Diversifikationsstrategie durchführen, muss ich an ein chinesisches Sprichwort denken …" Ihr Geschäftspartner wird sofort verstehen, dass Ihrerseits große Bedenken bestehen und Sie kommen ohne knirschende Zwischentöne in Diskussion.

Vorbereitung in allerletzter Minute

Einen Brunnen erst graben, wenn der Durst kommt.

临渴掘井 lín kě jué jǐng.

Sinn: die Dinge erst in letzter Minute anpacken; mangelhafte langfristige Planung.

Background: Aus der Schriften von Su Wen: „Ein Mann ging zum Arzt, nachdem er krank war. Einem Staat wurde Frieden gegeben, nachdem das Chaos regiert hatte. Das ist wie einen Brunnen zu graben, nachdem der Durst eingesetzt hat oder die Waffen zu schmieden, wenn der Kampf schon längst begonnen hat. – Ist es dann nicht schon zu spät?"

Tipp: Wenn Sie dafür plädieren, Vorbereitungen oder Planungen noch genauer zu treffen oder es Ihrer Ansicht nach essenzielle Lücken in einer Planung/in bestimmten Verhandlungspunkten gibt, die später enorme Nachteile nach sich ziehen würden, können Sie ohne Weiteres „die Brunnen" zitieren.

Beispiel: „Frau Ma, Herr Xu, wir sollten uns eine Datenbank potenzieller Zuliefererfirmen erstellen und Preise für unsere zwei Hauptproduktgruppen erfragen. Denn falls während unseres Produktionsprozesses eine Firma – aus welchen Gründen auch immer – nicht liefern kann, graben wir unseren Brunnen erst, wenn wir bereits durstig sind!"

zu hohes Risiko (bei *Joint Venture*, strategischer Allianz, *Joint Project*).

Die Läuse vom Kopf des Tigers fangen.

虎头捉虱 hǔ tóu zhuō shī.

Sinn: nicht über die Konsequenzen oder Gefahren einer Handlung nachdenken.

Tipp: Dieses Idiom hat zwei kontextabhängige Lesarten. Zum einen steht es für „eine Person in mächtigerer Stellung als man selbst sie innehat, herausfordern" (mit entsprechenden Konsequenzen). Zum anderen lässt sich damit auf unbedachte Handlungen hinweisen, die nach Meinung des Sprechers unangenehme Folgen haben werden. In beiden Fällen können Sie es verwenden und Gesicht gebend Kritik üben.

Beispiel: „Ich gebe Ihnen völlig Recht, Herr Yu, unser Unternehmen ist gut aufgestellt und mit unserer Marktposition können wir zufrieden sein. Meine Bedenken gelten unserem großen Konkurrenten. Angesichts seiner Position stellt sich die Frage, ob wir beim Anvisieren der Marktführerschaft nicht Gefahr laufen, die Läuse vom Kopf des Tigers zu fangen?"

Kritikgespräch (Vorgesetzter-Mitarbeiter)
bei wiederholten Fehlern

Viele Federn bringen das Boot zum Sinken.

积羽沉舟 jī yǔ chén zhōu.

Sinn: Viele Tropfen Wasser bringen das Fass zum Überlaufen.

Tipp: Seine Verwendung findet das Idiom immer dann, wenn der Sprecher ausdrücken möchte, dass die schiere Anzahl von Kleinigkeiten sich schließlich zu einem großen Nachteil entwickelt.

Beispiel: Ein kleines deutsch-chinesisches Unternehmen. Frau Zheng sind in einem Produktionsablauf schon mehrere Fehler unterlaufen. Die Personalmanagerin Susanne Wildemann ist dieser Umstand aufgefallen und sie bittet eine chinesische Kollegin von Frau Zheng in ihr Büro: „Frau Yi, ich möchte Sie bitten, mich in einer Sache zu unterstützen. Frau Zheng arbeitet zur Zeit nicht ganz zu meiner Zufriedenheit. Wir laufen Gefahr, dass viele Federn unser Boot zum Sinken bringen könnten. Bitte sprechen Sie in Ruhe mit Frau Zheng und fragen, ob es ihren alten Eltern gutgeht. Wenn nicht, werden wir eine Lösung finden."

Hinweis: Frau Wildemann verhält sich exzellent. Zunächst verzichtet sie darauf, die Mitarbeiterin direkt anzusprechen und lässt die Angelegenheit über eine Mittlerin laufen, was in China durchaus üblich ist. Auch ist es Usus, dass die Leitung von KMU sich auch um die persönlichen Probleme der Angestellten kümmert. Gerade die Pflege sehr betagter Eltern führt dazu, dass gelegentlich einige Stunden frei gegeben werden. Dies verschafft dem *lǎo bàn* 老伴 (Chef) jede Menge Gesicht (und damit *Commitment*).

Hinweis: Generell sollten Sie darauf achten, die Mitarbeiter nicht vor anderen „herunterzuputzen". Dies bedeutet den absoluten Gesichtsverlust (auch für Sie!) und ist der Super-GAU für jeden Chinesen.

Motivator bei aufgetretenem Fehler

Es ist unmöglich, einen Unfehlbaren zu finden, so wie es unmöglich ist, Gold zu finden, das hundertprozentig rein ist.

人无完人, 金无足赤 rén wú wán rén, jīn wú zú chì.

Tipp: Ebenfalls bestens geeignet zur Gesichtswahrung. Und wenn Sie sich selbst auch in die Liste der Fehlbaren einreihen, umso besser.

Beispiel: „Wenjiao, ich bin mit Ihrer Leistung wirklich zufrieden. Dass Ihnen gestern ein Missgeschick passiert ist, ändert nichts daran. Schließlich ist es unmöglich, einen Unfehlbaren zu finden, so wie es unmöglich ist, Gold zu finden, das hundertprozentig rein ist."

Hinweis: Ein solches Vorgehen unter Wahrung des Gesichts wird Ihr Ansehen erhöhen und dafür sorgen, dass Ihre Mitarbeiter sich künftig noch mehr um Fehlervermeidung bemühen.

Langfristigkeit
Langfristigkeit von (Geschäfts)Beziehungen

Eine lange Strecke testet die Stärke des Pferdes, die Zeit einen Menschen auf seinen Charakter.

路遥知马力, 日久见人心 lù yáo zhī mǎ lì, rì jiǔ jiàn rén xīn.

Sinn: verweist auf die bei Chinesen angestrebte Langfristigkeit von Beziehungen.

Tipp: Mit diesem Idiom ist alles gesagt, was über die Langfristigkeit von Geschäftsbeziehungen mit Chinesen bekannt ist. Chinesen nehmen sich (für deutsche Manager manchmal qualvoll lange) Zeit, um zu eruieren, welchen Menschen sie vor sich haben: Wie verhält sich dieser über die Zeit hinweg? Ist er integer, zurückhaltend die eigene Person betreffend, der chinesischen Kultur gegenüber aufgeschlossen? Achtet er auf Gesichtgeben?

Beispiel: Die deutsche Geschäftsführerin eines Maschinenbaubetriebes beklagt sich bei einer chinesischen Freundin: „Wir hatten bereits zwei Meetings mit Herrn Ma und Herrn Gao aus Guangzhou. Eigentlich fand ich die Gespräche höflich, aber trotzdem noch immer distanziert." Xiaomei Yu antwortet: „Mach dir keine Gedanken. Bei uns in China sagt man: Eine lange Strecke testet die Stärke des Pferdes, die Zeit einen Menschen auf seinen Charakter."

Hinweis: Der größte Fehler, der einem geschäftswilligen deutschen Unternehmer unterlaufen kann, ist, dass er schon nach kurzer Zeit versucht, seinen neuen Geschäftspartner zeitlich unter Druck zu setzen. Gerade bei einer Geschäftsanbahnung sind zwei Tugenden vonnöten: Geduld und Geduld!

Leistung
Leistung nicht erfüllen können
Enten auf Hühnerstangen setzen wollen.

赶鸭子上架 gǎn yāzi shàng jia.

Sinn: von jemandem etwas verlangen, was er nicht erfüllen kann.

Tipp: Mit dem Enten-Sprichwort können Sie sich im Schulterschluss mit Ihrem chinesischen Geschäftspartner gegen eine dritte Person aussprechen, von der Sie glauben, sie sei einer Sache nicht gewachsen. Bitte vermeiden Sie den Gebrauch, wenn Sie mit einer Person sprechen, die Sie für unzulänglich halten.

Beispiel: „Herr Wang, ich wollte Sie noch einmal sprechen wegen der Leitung unseres Gamma-Projektes. Was halten Sie davon, Herrn Niemöller die Stelle zu geben?" „Ihr Vorschlag kommt sehr überraschend für mich, Herr Salzberg. Herr Niemöller hat im Assessment die geringste Punktzahl erreicht. Die Besetzung der Stelle mit ihm könnte daher dem Versuch gleichkommen, Enten auf Hühnerstangen setzen zu wollen."

Macht
gemeinsamer Konkurrent profitiert von Stärke eines anderen (bei *Joint Venture*, strategischer Allianz, *Joint Project*).

Der Fuchs leiht sich die Macht des Tigers. Oder auch: sich das Fell eines Tigers leihen.

狐假虎威 hú jiǎ hǔ wēi.

Sinn: die Macht eines Höheren für die eigenen Zwecke missbrauchen.

Background: Die dahinterstehende Geschichte möchten wir Ihnen nicht vorenthalten. Sie ist typisch für die Art chinesischer Erzählungen, um psychologische Zusammenhänge aufzuzeigen. Einst fing ein Tiger im Wald einen Fuchs. Der Fuchs sagte ruhig: „Du darfst mich keinesfalls fressen, denn ich bin vom Himmel gesandt, um über die Tiere zu herrschen. Wenn du mich frisst, verletzt du die Gesetze des Himmels. Und wenn du mir nicht glaubst, folge mir." Wie nicht anders zu erwarten, nahmen alle Tiere bei ihrem Anblick Reißaus. Der Tiger glaubte nun an die Macht des Fuchses und ließ ihn frei. – Die Metapher steht für Personen, die die Macht eines anderen nutzen, um weitere Personen einzuschüchtern oder zu ängstigen.

Kommunikationstipp: Einer von uns (MM) hat die Anwendung direkt erlebt. Eine Person „drohte" mit einem einflussreichen Verwandten, der ein Arbeitsverhältnis verhindern könne. Eine dritte Person entkräftete dies mit den Worten: Sorge dich nicht über seine dicken Reden, er leiht sich nur das Fell eines Tigers.

Beispiel: Frau Zheng, leitende Ingenieurin bei HouseTekk, sucht einen der Geschäftsführer in dessen Büro auf. „Herr Baumann, ich habe wenig gute Neuigkeiten. Der Inhaber unseres Konkurrenzunternehmens wird die Tochter des Marktführers heiraten. Ich befürchte, nun wird er sich das Fell des Tigers leihen!"

zusätzliche Macht

Ein Tiger bekommt Flügel.

如虎添翼 rú hǔ tiān yì.

Sinn: Durch zusätzliche Hilfe/Unterstützung noch mächtiger werden.

Tipp: Einsetzen können Sie dieses Idiom, wenn Sie betonen möchten, dass eine Person entweder durch äußere Umstände oder durch die Hilfe einer weiteren Person an Macht gewinnt. Denkbar sind demnach Strategiebesprechungen, wenn Sie davor warnen möchten, dass sich ein Konkurrent mit einem weiteren Unternehmen zusammenschließen könnte oder wenn Sie im Rahmen einer strategischen Allianz dafür plädieren wollen, ein drittes Unternehmen für sich zu gewinnen.

Beispiel: Strategiebesprechung eines deutsch-chinesischem *Joint Venture*. Als Tagesordnungspunkt ist das weitere Vorgehen für die Marktpositionierung vorgesehen. Thure Ohlenkamp sieht größere Chancen für das Wachstum des Unternehmens, wenn die Allianz vorerst nicht vergrößert wird. Herr Zhong vertritt die gegenteilige Meinung: „Natürlich ist unser Unternehmen stark. Aber das ist unsere Konkurrenz auch. Um die Wettbewerber zu besiegen, müssen wir dafür sorgen, dass unser Tiger Flügel bekommt."

Markteintritt (bei *Joint Venture*, strategischer Allianz, *Joint Project*).
Strategieverhandlung mit Geschäftspartner

Wenn das Wasser fließt, wird der Kanal geformt.

水到渠成 shuǐ dào qú chéng.

Sinn: wenn die Bedingungen/Umstände reif sind, kommt der Erfolg.

Tipp: Hervorragend einsetzbar in Strategieverhandlungen, wenn Sie einen Markteintritt planen und Ihre Analysen hierfür beste Voraussetzungen ergeben haben.

Beispiel: In einem erfolgreichen *Joint-Venture*-Unternehmen trifft sich die Führungsspitze, um die mittel- und langfristige Strategie zu diskutieren. Während Klaas Mehrmann für einen aggressiven Markteintritt plädiert, will CEO Gao den Eintritt besonnener gestalten: „Die Mittelschicht in China bildet sich langsam aus. Und sie ist kaufkräftig. Wir sollten den Markt dahingehend beobachten und sehen, wie sich der Wettbewerb verhält.

Ich denke, unsere Zeit ist dann gekommen, wenn das Wasser erst einmal fließt und der Kanal geformt wird."

Maßnahme
effektive Maßnahme, zu spät eingeleitet
Den Schafstall reparieren, wenn die Schafe fort sind.

亡羊补牢 wáng yáng bǔ láo.

Sinn: sinnvolle und effektive Maßnahmen erst einleiten, nachdem Nachteile bereits eingetreten sind.

Tipp: Das Sprichwort ist prädestiniert für solche Situationen, in denen Sie für einen bestimmten Zeitpunkt plädieren, um spezielle Maßnahmen einzuleiten. Hiermit betonen Sie die negativen Konsequenzen, wenn dieser Zeitpunkt verpasst wird.

Beispiel: Ein chinesisches Hochtechnologie-Unternehmen strebt eine Kooperative mit einem deutschen Unternehmen an. Sondierungsgespräche sind unter der Leitung von Dongbin Mao bereits gelaufen. Dieser war sehr überrascht, wie detailliert die Vorbereitung der Deutschen war und wie sie mit Argumenten und Kritik umgehen. Er wendet sich an den CEO: „Direktor Li, bitte geben Sie mir Gelegenheit, mit Shan Zhong zu sprechen. Er hat sehr viel Erfahrung über den Umgang mit den Deutschen. Ich befürchte, wenn ich keine Informationen habe, werde ich den Schafstall reparieren müssen, nachdem die Schafe fort sind."

sofortige Wirkung
Sobald der Pfahl in der Sonne aufgestellt ist, wirft er einen Schatten.

立竿见影 lì gān jiàn yǐng.

Sinn: raschen Effekt/Wirkung erzielen.

Background: Aus einem Text von Wei Baiyang in der Han Dynastie: „Ein Schattten wird geworfen, sobald der Pfahl aufgestellt ist, so wie der Ruf in einem tiefen Tal ein Echo hervorruft." – Gemeint ist, dass eine Handlung eine sofortige und feststellbare Wirkung erzielt.

Beispiel: In einem deutsch-chinesischen Unternehmen präsentiert der leitende Controller Robert Hahn der chinesischen Führungsspitze die aktuellen Zahlen, die hinter dem Vorjahresergebnis zurückbleiben. Um der Führungsspitze die Notwendigkeit von Gegenmaßnahmen aufzuzeigen, ohne ihr das Gesicht zu nehmen, schließt er seinen Bericht: „Unsere Mitarbeiter arbeiten sehr fleißig und fühlen sich Ihnen und dem Unternehmen verpflichtet. Das ist ein guter Anfang. Nun muss nur noch ein Pfahl in der Sonne aufgestellt werden, damit er einen Schatten wirft."

Hinweis: Herr Hahn nennt zunächst etwas Positives, so wie es in China üblich ist. Die Aussage, auf die es ihm ankommt, verpackt er mit einem „nur", sodass sie wie eine Marginalie erscheint. Die Dringlichkeit der Botschaft kommt trotzdem an. Erinnern Sie sich? Chinesen nennen das Wichtigste zuletzt.

Méi bàn fǎ 没办法 (siehe Gelassenheit)

Meinung

Anregung zur Äußerung eigener Meinung

Einen Ziegelstein hinwerfen, um Jade anzuziehen.

抛砖引玉 pāo zhuān yǐn yù.

Sinn: mit seinen Bemerkungen jemandes wertvolle Meinungsäußerung anregen.

Tipp: Die Redewendung beschreibt die Gesprächsstrategie, durch Weitergabe harmloser Informationen wertvollere zu bekommen, allerdings nicht notwendigerweise, um jemandem zu schaden. Gemeint ist hiermit ebenso der persönliche (ideelle) Gewinn.

Beispiel: Ein großes chinesisches Unternehmen hat Professor Jürgen Weißviel, Wissenschaftler auf dem Gebiet der Organisationsentwicklung, zu sich nach China eingeladen. Nach dem Essen und einem kleinen Kulturprogramm setzt man sich zum Gespräch zusammen. Der Gastgeber, Herr Han, kommt langsam (gemäß chinesischer Sitte) auf den eigentlichen Grund der Einladung zu sprechen: „Wir fühlen uns sehr geehrt, Professor Weißviel, dass Sie die Zeit erübrigen konnten, unserer Einladung nach China zu folgen. Wir hoffen, unser bescheidenes Programm hat Ihnen gefallen. Ich frage mich, ob es nun angemessen ist, einen Ziegelstein zu werfen, um die Jade anzuziehen?"

Hinweis: In der kleinen Ansprache findet sich sehr viel Understatement. Besonders wenn Gäste von hohem Rang anwesend sind, sind solche Äußerungen durchaus noch üblich. Das „bescheidene Programm", von dem hier die Rede ist, kann daher fraglos ein Programm mit sehr seltenen Elementen sein. Und bei einem „bescheidenen Essen" werden Sie höchstwahrscheinlich eine festlich gedeckte Tafel mit allerhand kulinarischen Spezialitäten vorfinden. Selbstverständlich ist es angebracht, dem Gastgeber dafür Komplimente zu machen.

unterschiedliche, mit Geschäftspartner

Der Tempel des Drachenkönigs wird von der Flut davongerissen.

大水冲倒龙王庙 dà shuǐ chōng dào lóng wáng miào.

Sinn: Bei Partnern derselben Seite gibt es Missverständnisse oder Konflikte.

Background: Seinen Ursprung hat das Idiom in der chinesischen Mythologie. Der Gott des Wassers war der Drachenkönig. Für Chinesen ist es daher ein unauflösbarer Widerspruch, wenn ausgerechnet ein Tempel des Drachenkönigs von einer Flut mitgerissen werden würde.

Tipp: Die Chinesen selbst nutzen das Sprichwort, wenn Personen, die auf derselben Seite stehen oder für dasselbe Unternehmen arbeiten, sich missverstehen oder in Konflikt zueinander stehen. Sie können es daher hervorragend einsetzen, wenn Sie als Chef einen schwelenden Konflikt zwischen Ihren chinesischen Mitarbeitern beilegen wollen. Oder auch, wenn Sie und Ihr chinesischer Geschäftspartner unterschiedliche Ansichten in einer Sache haben. Mit dem Sprichwort zeigen Sie klar, dass Sie die gegenwärtige Situation beilegen wollen.

Beispiel: „Herr Zhou, wir beide arbeiten für dasselbe Unternehmen. Wir haben deshalb dieselben Ziele. Ich habe das Gefühl, dass gerade der Tempel des Drachenkönigs von einer Flut davongerissen werden könnte. Wir sollten das verhindern!"

Methode
nach alter Methode verfahren

Eine Arznei nach altem Rezept herstellen.

如法炮制 rú fǎ páo zhì.

Sinn: nach alter Methode verfahren.

Tipp: Gemeint sind mit diesem Idiom zum einen Methoden, die eine Person selbst schon einmal angewandt hat. Zum anderen lassen sich damit Methoden benennen, die durch andere Personen zum Einsatz gekommen sind. Die getroffenen Aussagen können sowohl eine positive als auch eine negative Konnotation haben.

Beispiel (positive Konnotation): „Um diesen Konkurrenten aus dem Wettbewerb zu drängen, sollten wir unsere Arznei nach altem Rezept herstellen!"

Beispiel (negative Konnotation): „Der Wettbewerber arbeitet mit äußerst modernen Management-Methoden. Wir haben Bedenken, ob unsere nach altem Rezept hergestellte Arznei wirksam sein wird."

Verschlimmerung durch falsche Methode

Mit Reisig auf dem Rücken das Feuer löschen wollen.

负薪救火 fù xīn jiù huǒ.

Sinn: unter Einsatz falscher Mittel eine Sache verschlimmern.

Tipp: Aus Ihrem Managementalltag wissen Sie, dass die Gefahr einer Anwendung falscher Mittel sich auf eine Vielzahl von Situationen beziehen kann. Dementsprechend breit ist die Anwendungsmöglichkeit der Redewendung. Möchten Sie den „Falschanwender" selbst mit Ihrer Kritik adressieren, sollten Sie auf Gesichtwahrung achten, mit einleitenden Floskeln wie „ich befürchte, dass …", „meiner Meinung nach …", „ich habe Bedenken, dass …". Ein solches Vorgehen wahrt nicht nur das Gesicht Ihres Gegenübers, sondern gibt auch Ihnen Gesicht, da Sie nach den Spielregeln der Höflichkeit verfahren.

Beispiel: Xiaolong Wang weiß, dass sein deutscher Teamleiter mit der Arbeit eines weiteren chinesischen Kollegen unzufrieden ist und ihn darauf ansprechen will. Da der Teamleiter für seine unverblümte Kritik bekannt ist, möchte Herr Wang schlichtend eingreifen: „Herr Schneider, wir alle wissen, dass Xiao Ma im Augenblick nicht zu Ihrer vollen Zufriedenheit arbeitet. Er ist nervös und hat Angst davor, noch mehr Fehler zu machen. Aber er versucht, sich zu verbessern. Vielleicht können wir ihm die Möglichkeit dazu geben? Meine Befürchtung ist, dass wir andernfalls mit Reisig auf dem Rücken das Feuer löschen wollen."

Vogel-Strauß-Methode

Sich beim Stehlen der Glocke die Ohren zuhalten.

掩耳盗铃 yǎn ěr dào líng.

Sinn: den Kopf in den Sand stecken; sich selbst belügen.

Background: Ein Dieb drang einst in das Haus eines reichen Mannes ein und fand lediglich eine Glocke vor. Zum Transportieren auf dem Rücken war sie zu schwer, deshalb nahm er einen Hammer, um die Glocke zu zerschlagen. Als ein lauter Ton erscholl, hielt sich der Dieb die Ohren zu, um den Lärm nicht zu hören. Noch bevor er das Haus verlassen konnte, wurde der Dieb gestellt.

Tipp: Das Sprichwort bezieht sich darauf, sich den Fakten nicht zu stellen und die ungeeignetste Methode zu wählen: gar keine.

Beispiel: Meeting in einer deutsch-chinesischen Allianz. Die Strategen des deutschen Unternehmens haben in ihrem Frühwarnsystem bemerkt, dass möglicherweise die gemeinsame Strategie modifiziert werden müsste. Herr Zhou steht der Analyse skeptisch gegenüber: „Ich kann Ihre Argumente und Berechnungen nachvollziehen, komme jedoch nicht zu demselben Schluss. Ich finde, wir sollten noch abwarten." Frau Grunewald antwortet: „Bis zu einem gewissen Grad kann ich Ihre Skepsis teilen. Die Datenlage ist zurzeit noch dünn. Wir würden jedoch weiter beobachten. Meine große Befürchtung ist aber, dass wir Gefahr laufen würden, uns beim Stehlen der Glocke die Ohren zuzuhalten, wenn wir zu lange warten."

Warten auf glückliche Fügung

An einem Baumstumpf auf einen Hasen warten.

守株待兔 shǒu zhū dài tù.

Sinn: warten, dass einem die gebratenen Tauben in den Mund fliegen.

Background: Den Ursprung hat dieses Idiom in einer Geschichte aus dem alten China: Ein Bauer arbeitete auf seinem Feld, als ein Hase an ihm vorbeischoss und versehentlich gegen einen Baumstumpf prallte. Dabei brach sich das Tier das Genick. Der Bauer trug den Hasen nach Hause und bereitete sich eine festliche Mahlzeit zu. Fortan beschloss er, die Feldarbeit aufzugeben und setzte sich jeden Tag neben den Baumstumpf, um auf Hasen zu warten.

Tipp: Die Redewendung eignet sich, wenn Sie betonen möchten, dass es an der Zeit ist, aktiv zu werden.

Beispiel: In einem deutsch-chinesischen Unternehmen plädiert der Personalentwickler Yide Xu für mehr Fortbildungsmaßnahmen, speziell für die chinesischen Mitarbeiter: „Alle Personen der Verkaufsabteilung haben mittlerweile zahlreiche Kundenkontakte. Wir Chinesen sind den Umgang mit unzufriedenen Kunden noch nicht so gewohnt und benötigen Schulungen, um die Kundenzufriedenheit zu steigern. Jetzt keine Maßnahmen einzuleiten hieße, neben einem Baumstumpf auf Hasen zu warten."

Miànzi (siehe Gesicht)

Misstrauen
kein Grund für Misstrauen

Hinter jedem Grasbüschel und jedem Baum einen Gegner vermuten.

草木皆兵 cǎo mù jiē bīng.

Sinn: an allen Ecken und Enden Gefahr wittern.

Background: Im Jahr 383 führte Fu Jian eine große Armee gegen das Östliche Jin. Nach einer erlittenen Niederlage stand Fu auf dem Stadtwall und bemerkte die gut aufgestellte Armee des Feindes. Selbst die Buschgruppen der nahen Berge hielt er für getarnte Feinde. Verunsichert und nervös durch die Fehlannahme unterlag er in der darauffolgenden Schlacht.

Tipp: Das Idiom beschreibt sehr eindrücklich, wie eine negative Einstellung und psychische Verfassung den Erfolg einer Handlung beeinträchtigen können. Sie können es demnach auch dann anwenden, wenn Ihr Gesprächspartner aus Ihrer Sicht heraus übermäßige Befürchtungen hegt.

Beispiel: Dongmao Chen und Sophia Cors wurden von ihrem chinesischen Vorgesetzten für ein Assessment vorgeschlagen. Während Frau Cors die Angelegenheit relativ gelassen nimmt, wird Herr Chen immer nervöser: „Er hat mich heute morgen gefragt, ob ich die Projektassistenz übernehmen möchte. Ich habe aber das Gefühl, es geht nicht um das Projekt. Er will mich prüfen." „Nein, Dongmao, das glaube ich nicht. Das Projekt muss wirklich beendet werden, das sieht der Zeitplan so vor. Ich befürchte, du vermutest schon hinter jedem Grasbüschel und jedem Baum einen Gegner."

Möglichkeiten
Möglichkeit nicht ergriffen haben und scheitern
Die Hühner sind fortgeflogen und die Eier zerbrochen.
鸡飞蛋打 jī fēi dàn dǎ.
Sinn: sämtliche Gelegenheiten verpasst haben; mit leeren Händen aus einer Sache herauskommen.

Tipp: Wird benutzt, wenn wirklich alles verloren ist. Sie können es in Gesprächen mit Ihrem chinesischen Geschäftspartner anwenden, wenn Sie ein *Worst-case*-Szenario untermauern wollen.

Beispiel: Zwei Unternehmer in einer deutsch-chinesischen Allianz sind dabei, diverse Szenarien für die zukünftige Unternehmensstrategie zu prüfen. Gerade hat Herr Li sein Szenario vorgestellt, seine Berechnungen erläutert und daraus den Schluss gezogen, in einen aggressiven Wettbewerb einzusteigen. Frau Rathmann mag sich den Schlussfolgerungen nicht anschließen: „Ihr Ziel, Herr Li, die Nische zu besetzen, finde ich sehr Erfolg versprechend. Das Szenario setzt allerdings eine ganze Reihe von Umstrukturierungsmaßnahmen innerhalb der Organisation voraus. Ich bin da skeptisch." „Sie haben Recht, Frau Rathmann, wir müssten umstrukturieren. Aber unsere Marktanalyse hat ergeben, dass sich die Nische schon ein wenig andeutet. Ich hege deshalb die große Befürchtung, dass, wenn wir nicht bald handeln, letzten Endes alle Hühner fortgeflogen sein werden und alle Eier zerbrochen sind."

Motivation
Betonen dynamischer Atmosphäre
Die Morgensonne erhebt sich im Osten.
旭日初升 xù rì chū shēng.
Sinn: voll Energie und wachsender Kraft.

Tipp: Die Redensart beschreibt eine neue und dynamische Atmosphäre, entsprechend können Sie sie als Motivator gegenüber Ihren chinesischen Mitarbeitern oder Geschäftspartnern nutzen.

Beispiel: Zwei Unternehmen einer deutsch-chinesischen Allianz haben im Rahmen ihrer Strategieausrichtung beschlossen, Umstrukturierungsmaßnahmen einzuleiten. Um das

Commitment der Mitarbeiter und Führungskräfte zu sichern, hat die Leitung eine Versammlung anberaumt. Der CEO wendet sich an seine Zuhörer: „Wie Sie alle wissen, starten wir in eine neue Zukunft. An unseren Produktlinien wird sich einiges ändern. Aber wir haben einen Vorteil. Wir haben gute Vorgesetzte und Mitarbeiter! Lassen Sie uns gemeinsam aufbrechen, denn die Morgensonne erhebt sich bereits im Osten!"

Mutmacher

Ein Mensch sucht die Höhe, das Wasser die Tiefe.

人往高处走，水往低处流 rén wǎng gāo chù zǒu, shuǐ wǎng dī chù liú.

Sinn: Motivator und Mutmacher zum Befolgen der eigenen natürlichen Neigung, um erfolgreich zu sein.

Tipp: Hintergrund dieser Redewendung ist die Annahme, dass Menschen von Haus aus ambitioniert sind und diesen Ambitionen auch folgen sollten.

Beispiel: Karsten Naumann steht kurz vor dem Ende seines mehrmonatigen Praktikums in Shanghai. Zwei Tage vor seiner Heimreise wird er vom Firmeninhaber in dessen Büro gerufen. „Karsten, wie ich weiß, werden Sie uns bald verlassen. Sie waren fleißig und Ihr Chinesisch ist sehr gut geworden. Wenn Sie wieder in Deutschland sind, möchte ich, dass Sie etwas Wichtiges nicht vergessen, was wir hier in China sagen: Ein Mensch sucht die Höhe, das Wasser die Tiefe!"

Hinweis: Der Firmeninhaber erkennt die Leistungen von Karsten Naumann nicht nur in vollem Umfang an, sondern ermutigt ihn auch, in seinen Bemühungen nicht nachzulassen.

Ziel fast erreicht haben

Ein Geschäft/eine Leistung wegen eines Korbvolls nicht erreichen.

功亏一篑 gōng kuī yī kuì.

Sinn: wegen eines letzten Versuchs nicht erfolgreich sein und kurz vor dem Ziel scheitern.

Background: Das Original findet sich im *Book of History [尚书]*: Mehrere Personen bemühten sich darum, einen Erdwall aufzuschütten. Als nur noch ein Korb voll hätte angeschüttet werden müssen, gaben sie auf, ohne den Erdwall zu vollenden.

Tipp: Gemeint ist, dass tatsächlich wegen eines letzten fehlenden Schrittes oder einer letzten kleinen Anstrengung das schlussendliche Ziel knapp verfehlt wird. – Entsprechend kann es als Motivator dienen, oder in entsprechendem Kontext als Warnung, so kurz vor erfolgreichem Abschluss nicht aufzugeben.

Beispiel: Eine deutsch-chinesische Vertragsverhandlung. Alle Punkte schienen soweit verhandelt zu sein, da greifen die Chinesen noch einmal einen der Punkte auf und beginnen neue Forderungen zu stellen. Herr Donner reagiert gereizt: „Wir hatten doch bereits alles in trockenen Tüchern. Weshalb sollten wir diesen Punkt nochmal neu verhandeln?" Herr Zhao erwidert: „Nun, die Bedingungen haben sich geändert." „Was, bitte schön, sollte sich von gestern auf heute verändert haben? Ich weiß nicht, welcher Trick dahinter stehen soll, aber ehrlich, mit mir läuft das so nicht." Jetzt mischt sich Herr Gu ein: „Ich bitte Sie. Wir haben doch bereits gute Ergebnisse erzielt. Und bisher waren diese auch fair für beide Seiten. Wir sollten nun auf keinen Fall wegen eines Korbvolls den Vertrag nicht zur Unterzeichnung bringen."

Nachahmung/Nachahmer

durch Nachahmung keine eigene (Marken)Identität aufbauen

Jemand läuft wie das Volk der HanDan.

邯郸学步 hán dān xué bù.

Sinn: andere nachahmen und die eigene Identität verlieren.

Background: Die Geschichte hierzu stammt aus der Zeit der Streitenden Reiche. Einem jungen Mann im Staat Yan fehlte es an Selbstvertrauen bezüglich seiner eigenen Art, sich elegant zu bewegen und zu gehen. Eines Tages hörte er vom Volk der HanDan, dem ein sehr eleganter Fortbewegungsstil nachgesagt wurde. Er reiste dort hin und richtig: Die jungen Männer schritten energisch und doch elegant, die älteren hatten eine feste und beeindruckende Gehweise. Der junge Mann machte sich alles zu eigen, um dann jedoch festzustellen, dass er sich nicht mehr daran erinnerte, wie er selbst sich einst bewegt hatte. Der Legende nach blieb ihm nun nichts anderes übrig, als nach Hause zu kriechen.

Tipp: Diese Metapher ist hervorragend für Strategiediskussionen geeignet, denn wer andere nur nachahmt, kann keine eigene Identität (Marke!) aufbauen. Und genau in diesem Sinne können Sie es als Argument oder Emphase einsetzen.

Beispiel: In einer Forschungs- und Entwicklungsabteilung eines multinationalen Konzerns. Diskutiert werden soll, mit welchen künftigen Methoden die Oberfläche von Aluminium geschützt werden soll. Gerade stellt Fang Liu ein vielversprechendes Verfahren zur Verdickung oxidischer Deckschichten vor, da platzt Ingo Wagner heraus: „Aber dabei werden uns die Kosten davonlaufen. Und damit wären wir nie im Leben konkurrenzfähig." Fang Liu lässt sich nicht beirren: „Naja, billig ist es nicht. Kurzfristig betrachtet. Aber wenn es uns gelingt, die Schicht zu verdicken…" „… dann sollten wir uns bald nach einem anderen Job umsehen, weil die Kosten explodiert sind. Lasst uns eine der herkömmlichen Methoden nehmen", ergänzt Ingo Wagner. Fang Liu wartet, bis sich die Gemüter beruhigt haben und entgegnet: „Wenn es uns nicht gelingt, ein eigenes Profil zu entwickeln, werden wir lediglich herumlaufen wie das Volk der HanDan."

Person

klug, aber trotzdem bescheiden

Ein Pott voll Wasser macht kein Geräusch, ein halbvoller ist laut.

满壶全不响,半壶响叮当 mǎn hú quán bù xiǎng, bàn hú xiǎng dīng dāng.

Sinn: ein stiller Mensch mit großem Wissen und Weisheit.

Tipp: In diesem Idiom spiegelt sich „Bescheidenheit im Verhalten" im sozialen Umgang wider. Sein Wissen, und sei auch viel davon vorhanden, ungebremst und womöglich ungefragt unter die Leute zu bringen, löst Befremden bei Chinesen aus. Das heißt natürlich nicht, dass Sie mit Ihrem Know-how hinter dem Berg halten müssen. Doch mit einem offenen Ohr und ein wenig Zurückhaltung erhalten Sie Ihre Überzeugungskraft für Ihre Unternehmung in China.

Beispiel: Zwei chinesische Personalchefinnen diskutieren, welchem deutschen Bewerber sie die Stelle der Deutschlandvertretung anbieten sollten. Frau Xu setzt sich für Konrad

Osterloh ein: „Sein Chinesisch ist zwar nicht so gut wie das von Peter Funke. Viel wichtiger ist aber, dass er wie ein Pott voll Wasser ist, der keine Geräusche macht."

klug, aber trotzdem bescheiden

Eine Schildkröte, die ein Glühwürmchen verschluckt hat.

乌龟吃萤火虫 wū guī chī yíng huǒ chóng.

Sinn: viel Wissen haben, aber (bescheidenes) Stillschweigen darüber bewahren und so „von innen leuchten".

Tipp: Hierin zeigt sich eine Charakterhaltung, die die Chinesen sehr bewundern: eine Person mit viel Wissen, die aber darauf verzichtet, alles arrogant und laut nach außen zu tragen.

Beispiel: Szenario identisch mit dem vorherigen Beispiel. Frau Xu hätte ihre Wahl ebenso mit der „Schildkröte, die ein Glühwürmchen verschluckt hat", begründen können.

Person mit hervorragenden Eigenschaften

Das Gold des Südens und Pfeile des Ostens.

南金东箭 nán jīn dōng jiàn.

Sinn: eine Person mit hervorragenden Persönlichkeitseigenschaften.

Tipp: Eignet sich besonders, wenn Sie eine Person loben oder lobend erwähnen wollen. Bitte wenden Sie es nicht auf sich selbst an, dies würde als arrogant aufgefasst werden.

Beispiel: Ein vor vielen Jahren gegründetes deutsch-chinesisches Unternehmen verabschiedet den alten Direktor Zhou in den Ruhestand. Sein Nachfolger, Dr. Reinhard Ostermann, hält die Laudatio und schließt mit den Worten: „Direktor Zhou ist eine der ganz wenigen Personen, die ich kenne und die beides in sich vereinen: das Gold des Südens und die Pfeile des Ostens."

Planung

langfristige Planung

Das Ganze vor Augen haben und die kleinen Dinge täglich anpacken.

大处着眼, 小处着手 dà chù zhuó yǎn, xiǎo chù zhuó shǒu.

Sinn: konstant und stetig sein Ziel verfolgen.

Tipp: Chinesisches Denken und Handeln ist in der Regel auf Langfristigkeit ausgelegt. Chinesen sind sehr strategieorientiert, reagieren zwar pragmatisch auf sich plötzlich ergebende Erfordernisse, behalten aber das übergeordnete Ziel im Auge, um nach Bewältigung von kleineren Problemen sofort wieder „auf Kurs" zu gehen.

Beispiel: Bettina Herwig, Masterabsolventin für Internationales Strategisches Management, hat ihre erste Stelle in einem chinesischen Unternehmen angetreten. Da das Unternehmen sehr erfolgreich ist, werden die Geschäftsfelder erweitert. Bettina soll eine umfassende Konsumentenanalyse erstellen, damit die Zahlen in der Geschäftsfeldstrategie berücksichtigt werden können. Sie ist sehr engagiert und beginnt während der Besprechung zu erläutern, was an der Analyse noch verbessert werden könnte. Ihr Chef erinnert sie an das eigentliche Thema der Besprechung: „Ihre Arbeit ist hilfreich für uns. Aber unsere Aufgabe besteht darin, das Ganze vor Augen zu haben und die kleineren Dinge täglich anzupacken."

langfristige Planung

Ein kluger Hase hat drei Eingänge zu seinem Bau.

狡兔三窟 jiǎo tù sān kū.

Sinn: vorausschauend handeln.

Tipp: Sehr gut einsetzbar, wenn Sie mit Ihrem Geschäftspartner einen Plan B entwickeln wollen. Oder auch während einer Verhandlung, wenn die Erfüllung einer Bedingung Ihnen als nicht absolut gesichert erscheint und Sie von Ihrem Gegenüber die Alternativen erfahren wollen.

Beispiel: In einer Verhandlung haben sich deutsche und chinesische Geschäftspartner auf Produktpreise und Lieferzeiten geeinigt. Da Herr Klever um die chinesischen Feiertage weiß und befürchtet, dass es zu bestimmten Zeiten zu Lieferengpässen kommen könnte, will er von seinem chinesischen Geschäftspartner wissen, wie dieser Termintreue gewährleisten wird: „Wie Sie wissen, Herr Meng, sind unsere Kunden mit den Produkten äußerst zufrieden. Die Nachfrage ist konstant. Das bedeutet natürlich, dass wir auf regelmäßige Lieferungen angewiesen sind, auch im Mai und im Oktober. Ich bin überzeugt, dass Sie ein kluger Hase sind, der drei Eingänge zu seinem Bau hat."

Kommentar: Herr Klever macht mit seiner Äußerung unmissverständlich klar, dass er auf eine regelmäßige Lieferung auch in den Zeiten chinesischer Feiertage angewiesen ist. Gleichzeitig gibt er seinem Geschäftspartner Gesicht, indem er ihm sein Vertrauen ausspricht, dass dieser einen Plan B für den Fall von Lieferengpässen hat.

langfristige Planung

Ehe die Truppen in Gang gesetzt werden, muss erst der Proviant vorausgehen.

兵马未动, 粮草先行 bīng mǎ wèi dòng, liáng cǎo xiān xíng.

Sinn: um Erfolg zu haben, muss alles vorausschauend und gut vorbereitet sein.

Beispiel: In einem deutsch-chinesischen Unternehmen wird die Wettbewerbsstrategie an die Markterfordernisse angepasst. Die Brüder Ma, Cousins des Firmeninhabers, treten für aggressiven Wettbewerb ein. Helmut Klausewitz will zur Besonnenheit mahnen, möchte aber wegen der Familienkonstellation diplomatisch vorgehen: „Aufgrund unserer Marktposition können wir uns sicher einem aggressiven Wettbewerb stellen. Ich freue mich darauf, Ihre detaillierte Meinung dazu zu hören. Doch ich habe von Ihnen hier in China ein sehr kluges Sprichwort gelernt: Ehe die Truppen in Gang gesetzt werden, muss der Proviant vorausgehen. Ich frage mich nun, wie wir unseren Proviant gewährleisten können?"

Hinweis: Mit der Betonung auf „unsere" Marktposition und „wir" können „uns" dem Wettbewerb stellen, betont Herr Klausewitz die *In-Group* (siehe vorangegangene Kapitel). Eine prophylaktische Maßnahme, um dem sich möglicherweise abzeichnenden Konflikt vorzubeugen. Des Weiteren gibt er durch „ich habe von Ihnen in China gelernt" den beiden Brüdern viel Gesicht und lenkt gleichzeitig mit dem Sprichwort auf den wichtigen zu klärenden Punkt, nämlich die eigentliche Vorbereitung innerhalb der Organisation.

langfristige Planung

Eine lange Angelschnur auswerfen, um einen großen Fisch zu fangen.

放长线, 钓大鱼 fàng cháng xiàn, diào dà yú.

Sinn: einen langfristigen Plan verfolgen und dann auf eine Erfolg versprechende Gelegenheit warten.

Beispiel: Ein deutsch-chinesisches Wirtschaftstreffen in einer deutschen Stadt. Firmen beider Länder präsentieren sich und knüpfen untereinander Kontakte. Ein deutscher und ein chinesischer Firmenchef kommen miteinander ins Gespräch. Der Deutsche bemerkt sofort, dass das Portfolio des chinesischen Unternehmens für ihn durchaus interessant ist und möchte sich ein mögliches Geschäft noch vor der Konkurrenz sichern. Doch für den Chinesen ist das Tempo zu forsch: „Wir haben Ihre Präsentation sehr interessiert zur Kenntnis genommen. Außerdem habe ich Ihre Visitenkarte und Ihre aussagekräftigen Flyer. Das ist sehr gut, da wir extra aus China gekommen sind, um mit einer sehr langen Angelschnur einen dicken Fisch zu fangen."

Kommentar: Es wäre für den deutschen Firmenchef äußerst wichtig, die indirekte Botschaft zu verstehen. Platt gesagt bedeutet sie: Hab Geduld, sonst wird aus der möglichen Geschäftsanbahnung nichts.

mangelhafte langfristige Planung

Einen Brunnen erst graben, wenn der Durst kommt.

临渴掘井 lín kě jué jǐng.

Sinn: die Dinge erst in letzter Minute anpacken; mangelhafte langfristige Planung.

Background: Aus den Schriften von Su Wen: „Ein Mann ging zum Arzt, nachdem er krank war. Einem Staat wurde Frieden gegeben, nachdem das Chaos regiert hatte. Das ist wie einen Brunnen zu graben, nachdem der Durst eingesetzt hat oder die Waffen zu schmieden, wenn der Kampf schon längst begonnen hat. – Ist es dann nicht schon zu spät?"

Beispiel: Song Lin und Finn Möller sollen eine Firmenpräsentation für ein Wirtschaftsmeeting erstellen. Song Lin macht den Vorschlag, sich am kommenden Samstag zu treffen. Finn Möller erwidert: „Können wir das nicht die Woche darauf tun? Ich habe jetzt am Wochenende bereits einen Termin." „Vielleicht kannst du deinen Termin ändern? Wir sollten auf keinen Fall unseren Brunnen erst graben, wenn wir bereits durstig sind!"

mangelnde Flexibilität

Weit entferntes Wasser löscht kein hiesiges Feuer und ein weit entfernt lebender Verwandter ist nicht so hilfreich wie der nächste Nachbar.

远水不救近火, 远亲不如近邻 yuǎn shuǐ bù jiù jìn huǒ, yuán qīn bù rú jìn lín.

Sinn: dringende Probleme lassen sich nicht durch langfristige Maßnahmen beheben.

Tipp: Dieses Idiom veranschaulicht, dass auch die besten Pläne und Ideale an der Wirklichkeit zu scheitern drohen, wenn keine Flexibilität (beim Planer) vorhanden ist.

Beispiel: Trotz intensiver Planungen und mehrerer Analysen zur Erneuerung der Geschäftsfeldstrategie läuft die entsprechende Umstrukturierung eines chinesisch-deutschen *Joint Venture* nur schleppend. Frau Wang vom Personalmanagement nennt den aus ihrer Sicht möglichen Grund: „Ich bin sicher, dass Ihre Strategie alle Marktanalysen berücksichtigt hat. Aber unsere Teams befinden sich noch in der *Forming*-Phase. Wenn wir uns für die Umstrukturierung nicht genug Zeit lassen, wie sollen wir dann mit dem weit entfernten Wasser das nahe Feuer löschen?"

Problem (siehe auch Schwierigkeiten)

Problem erzeugen, wo keines ist

Ohne Sturm gehen die Wellen hoch.

无风起浪 wú fēng qǐ làng.

Sinn: Probleme erzeugen, wo keine sind.

Beispiel: Finn Möller hat die vorläufige Leitung eines deutsch-chinesischen Ingenieur-Teams übernommen. Durch seine Unerfahrenheit ist er jedoch mit der Führung teilweise überfordert. Hauke Grasshof und sein Freund und Kollege Fang Wen unterhalten sich darüber. „Ich glaube, Finn ist dem nicht gewachsen. Er möchte alles perfekt machen, widerspricht sich aber immer wieder in seinen Anweisungen. Ich glaube, ich werde mit ihm sprechen", meint Hauke. Fang Wen warnt: „Ich glaube, er muss nur mehr Erfahrungen sammeln. Wenn du ihn darauf ansprichst, schlagen womöglich ohne Sturm die Wellen hoch."

Lösen von Problemen zur rechten Zeit

Der Mond nimmt nur zu, um abzunehmen, das Wasser steigt nur an, um überzufließen.

月满则亏，水满则溢 yuè mǎn zé kuī, shuǐ mǎn zé yì.

Sinn: Dinge kehren sich in ihr Gegenteil, wenn sie ein Extrem erreichen.

Beispiel: Fortsetzung Szenario des vorherigen Beispiels: „Einerseits hast du völlig recht, Fang Wen. Er muss erst erfahrener werden. Andererseits hängt aber die Effizienz der Teamarbeit von seiner Führung ab. Und gibt es nicht noch ein kluges chinesisches Sprichwort: Der Mond nimmt nur zu, am abzunehmen und das Wasser steigt nur an, um abzufließen?"

Kommentar: Hauke äußert mit dem Sprichwort seine Befürchtung, dass Finn zwar im Laufe der Zeit mehr Führungserfahrung sammeln würde, gleichzeitig aber die Ineffizienz der Teamarbeit einen problematischen Punkt erreichen würde, ab dem dann die Teamarbeit aus dem Ruder laufen könnte.

Lösen von Problemen zur rechten Zeit

Ein kleines Leck, nicht beachtet, wird zu einem großen Leck und bringt Schwierigkeiten.

小洞不补，大洞叫苦 xiǎo dòng bù bǔ, dà dòng jiào kǔ.

Sinn: die Probleme lösen, solange sie klein sind.

Tipp: Beim Lösen „kleiner Probleme" sind unbedingt die chinesischen Spielregeln zu beachten, z. B. bei Problemen in der Interaktion stets auf die Gesichtswahrung des Gegenübers achten. Westliche Manager packen Probleme an und nennen das Kind beim Namen. Dies ist kontraindiziert!

Beispiel: Ein deutsch-chinesisches Unternehmen hat seine Team-Assistenz aufgestockt. Frau Li ist nun seit vier Wochen im Team. Während sie die Einarbeitung der neuen Kollegin vornimmt, fällt Kristin Lange auf, dass Frau Li am Telefon sprachlich noch ein wenig verunsichert ist. In einer ruhigen Minute wendet sie sich an sie: „Frau Li, ich habe eine Bitte an Sie. Ich arbeite schon einige Monate mit Chinesen zusammen, habe aber noch immer nicht Chinesisch gelernt. Was würden Sie davon halten, mir ein paar Sätze beizubringen, sodass ich mich am Telefon richtig melden kann? Denn wie sagt man bei Ihnen: Ein kleines Leck, nicht beachtet, wird zu einem großen Leck und bringt Schwierigkeiten."

Frau Li versteht sofort und entgegnet: „Das tue ich gern. Vielleicht könnte ich Sie bitten, dasselbe für mich zu tun?"

Mut zusprechen

Ein positives Vorhaben stößt auf viele Hindernisse.

好事多磨 hǎo shì duō mó.

Sinn: Es geht nicht alles glatt.

Tipp: Mit diesem Idiom können Sie auf elegante Art Ihrem Geschäftspartner Gesicht verschaffen, wenn in seinem Verantwortungsbereich etwas nicht optimal verlaufen ist und einer Korrektur bedarf. Es erspart Ihrem Gegenüber die Blamage des Bloßgestelltseins und verstärkt eine vertrauensvolle und auf Langfristigkeit angelegte Geschäftsbeziehung. – Übrigens: bezeichnenderweise bedeutet das Schriftzeichen 磨 (mo) sowohl „sich plagen" (mó) als auch „Mühlstein" (mò)!

Beispiel: Fortsetzung Szenario des vorherigen Beispiels: Frau Li hat mittlerweile sehr gute Fortschritte gemacht und kann die Kundengespräche auch auf Deutsch führen. Frau Lange hingegen hat sich die Sache mit dem Chinesisch-Lernen einfacher vorgestellt. Besonders die vier Töne bereiten ihr noch Schwierigkeiten. Als sie kurz vor dem Aufgeben ist, sagt Frau Li: „Ein positives Vorhaben stößt auf viele Hindernisse. Aber diese werden bald von ganz allein verschwinden!"

unvorhergesehenes Problem, durch äußere Schwierigkeiten

Wenn das Stadttor Feuer fängt, leiden die Fische des Festungsgrabens.

城门失火, 殃及池鱼 chéng mén shī huǒ, yāng jí chí yú.

Sinn: unvorhergesehen durch äußere Umstände in Kalamitäten geraten.

Background: Das Original stammt aus der Han-Dynastie und beschreibt ein großes Feuer der Stadtbefestigungsanlagen. Um das Feuer zu löschen, bedienten sich die Bewohner des Wassers im Festungsgraben. Nicht ohne Folgen: ihres Wassers beraubt, starben die darin befindlichen Fische.

Tipp: Das Idiom wird genutzt, um Personen zu beschreiben, die nicht nur unvorhergesehen, sondern auch unschuldig in Schwierigkeiten geraten. Es eignet sich somit sehr gut, wenn Sie durch Aktivitäten Ihres Geschäftspartners für sich Nachteile befürchten und diese Befürchtungen gesichtswahrend ansprechen wollen.

Beispiel: In einer deutsch-chinesischen Allianz erfährt der deutsche Partner, dass der chinesische Geschäftspartner Kontakt zu einem weiteren deutschen Unternehmen derselben Branche aufgenommen hat. Pikanterweise handelt es sich dabei um ein Unternehmen, mit dem man vor einigen Jahren eine juristische Auseinandersetzung hatte. CEO Bernhard Klinge wendet sich deshalb an den chinesischen Partner: „Herr Guo, wir arbeiten nun schon fünf Jahre sehr erfolgreich zusammen. Wir haben viel geschafft. Sie hatten mich vor einigen Monaten gefragt, ob wir unsere Allianz nicht erweitern sollten. Ich habe darüber nachgedacht. Da wir gemeinsam im Boot sitzen, sollten wir gemeinsam überlegen, wer dafür infrage käme. Meine Befürchtung ist, wenn sich einer allein zu diesem Schritt entschließt, dass das Stadttor Feuer fängt und die Fische des Festungsgrabens leiden werden."

Projekt

Projekt verliert an Schwung

Tigerkopf und Schlangenschwanz.

虎头蛇尾 hǔ tóu she wěi.

Sinn: groß anfangen, aber mit nichts enden.

Tipp: Dieses Idiom ist goldrichtig dort, wo ein Projekt voller Energie und Tatkraft begonnen wird, aber im Lauf der Zeit sehr an Schwung verliert, denn genau dies ist seine Aussage: der Tigerkopf steht in diesem Fall als Sinnbild für einen großen, verheißungsvollen Beginn, der Schlangenschwanz für ein mattes, kraftloses Ausschleichen. Wenn Sie sich also mehr Schwung für ein laufendes Projekt wünschen, dann bedienen Sie sich des Schlangenschwanzes!

Beispiel: Die Personalabteilung eines großen deutschen Konzerns mit Produktionsstätte in China hat ein PE-Programm gestartet. In der Produktion sind gemischte Tandems eingeteilt worden. Ziel der Maßnahme war, Kultur- und Sprachkenntnisse eines jeden Mitarbeiters zu erweitern. Was zu Beginn euphorisch aufgenommen wurde, scheint nun jedoch im Sande zu verlaufen. Immer öfter verbringen die Deutschen ihre Pause miteinander, während die Chinesen in größeren Gruppen gemeinsam zu Tisch gehen. Die Personalverantwortliche spricht ihre chinesische Kollegin darauf an: „Unser Tandem-Projekt läuft zur Zeit nicht besonders gut. Ich glaube, wir haben es hier mit Tigerkopf und Schlangenschwanz zu tun."

Prüfung

Prüfung eines Sachverhaltes

Ein besticktes Kissen – mit Stroh gefüllt.

秀花枕头一肚草 xiu huā zhěn tou yī dù cǎo.

Sinn: was von außen gut erscheint, kann sich als schlecht herausstellen.

Tipp: Immer dann, wenn Sie für eine eingehendere Prüfung eines Sachverhaltes o. ä. plädieren, kann dieses Idiom nützlich sein, denn auch hier können Sie kritisieren, ohne in einen persönlichen „Angriff" überzugehen.

Beispiel: Wolfgang Huber und Liping Guo sind Freunde, die gemeinsam für ein chinesisches Unternehmen arbeiten. Während Herr Guo sich wohl fühlt, ist Herr Huber von dem chinesischen Führungsstil nicht ganz überzeugt. Eines Tages zieht er Herrn Guo beiseite und eröffnet ihm: „Liping, ich habe ein Angebot eines anderen Unternehmens bekommen. Der CEO ist Amerikaner und sein Führungsstil lässt Entscheidungsfreiräume. Ich bin wirklich am überlegen, ob ich wechsele." Liping Guo ist besorgt: „Du bist unzufrieden, mit dem, was du eben hast. Ich sehe daher die Gefahr, dass du Wichtiges übersehen könntest. Zum Beispiel könnte das bestickte Kissen nur mit Stroh gefüllt sein!"

Quantität

zu vernachlässigende kleine Menge

Ein einzelnes Haar von 9 Ochsen (Wie ein Härchen von 9 Ochsen).

九牛一毛 jiǔ niú yī máo.

Sinn: ein Tropfen im Meer.

Background: Zurückgehend auf Sima Qian in der Han-Dynastie, der sich in einer wenig komfortablen Lage befand. Er soll gesagt haben: „Wenn ich selbst hingerichtet werde, so ist das wie ein einzelnes Haar von neun Ochsen…" – Das Idiom bezeichnet seitdem eine vernachlässigbar kleine Menge.

Tipp: Das Idiom können Sie sehr gut in Verhandlungen einsetzen, in denen Ihnen angebotene Quantitäten zu gering erscheinen. Es ist äußerst Gesicht gebend und wahrend und Sie bleiben somit in einer souveränen Position.

Beispiel: In einer Preisverhandlung. Die Chinesen verhandeln hart um einen Preisnachlass. Der deutsche Verhandlungsführer möchte die Sache zu einem Abschluss bringen: „Wir sind Ihnen bereits mit den Frachtkosten sehr entgegengekommen. Ich sehe keinen Spielraum für einen weiteren Nachlass." Der chinesische Geschäftspartner erwidert: „Dafür bekommen Sie über uns weitere Kunden. Das wird für Sie ein profitables Geschäft. Angesichts einer so komfortablen Lage gleicht der bisher gewährte Preisnachlass einem einzelnen Härchen von neun Ochsen."

Nachteil durch zu viele Kleinigkeiten

Viele Federn bringen das Boot zum Sinken.

积羽沉舟 jī yǔ chén zhōu.

Sinn: Viele Tropfen Wasser bringen das Fass zum Überlaufen.

Tipp: Seine Verwendung findet das Idiom immer dann, wenn der Sprecher ausdrücken möchte, dass die schiere Anzahl von Kleinigkeiten sich schließlich zu einem großen Nachteil entwickelt. Auch in Kritikgesprächen (siehe Kritikgespräch) mit chinesischen Mitarbeitern ist es gut anwendbar, wenn wiederholt Fehler aufgetreten sind.

Beispiel: Fortsetzung Szenario Quantität: zu vernachlässigende kleine Menge: Der deutsche Verhandlungsführer erkennt, dass sein chinesischer Opponent Recht hat und unterbreitet folgenden Vorschlag: „Zu viele Preisnachlässe sind wie viele Federn, die das Boot zum Sinken bringen. Aber ich komme Ihnen entgegen: Für jeden Kunden, den wir durch Sie bekommen, gewähren wir Ihnen einen neu zu verhandelnden Preisnachlass, je nach Auftragsgröße des Neukunden."

Kommentar: Der deutsche Verhandler gibt mit dem Sprichwort zu verstehen, dass bei ihm keine weitere Konzession ohne Gegenleitung zu erwarten ist. Gleichzeitig erweitert er den Kuchen, sodass die Verhandlung nicht zum Stillstand kommt.

Risiko

ausweglose Lage

Wenn man den Tiger reitet, ist es schwer, abzusteigen.

骑虎难下 qí hǔ nán xià.

Sinn: sich in einer Lage befinden, aus der es schwierig ist herauszukommen.

Background: In einer aussichtslosen Lage bekam der letzte Regent Yang Jian des Reiches Nördliches Zhou von seiner Ehefrau folgenden Rat: „Das Nördliche Zhou wird untergehen. Nun ist es so, als würdest du auf dem Rücken eines Tigers reiten. Es ist gefährlich, abzusteigen. Du kannst nichts weiter tun, als fortzufahren." – Offensichtlich erfolgreich in seinem Tun, gründete Yang Jian später die Sui Dynastie und vereinte China noch einmal.

Tipp: Dieses Idiom ist, nicht zuletzt wegen seines geschichtlichen Hintergrundes, sehr bekannt. Es beschreibt eine schwierige Situation, in der man, will man nicht erhebliche Nachteile erleiden, nichts weiter tun kann, als in seiner Tätigkeit fortzufahren. Entsprechend können Sie es für Ihre Zwecke als sehr eindringliche Emphase nutzen.

Beispiel: Die beiden Leiter eines *Joint Project* unterhalten sich: „Yiping, hast du einen Moment Zeit? Du hattest Recht, der Großkunde, den ich akquirieren konnte, macht uns nichts als Schwierigkeiten. Am liebsten würde ich den Vertrag auflösen." „Nun, ich befürchte, das würde sich herumsprechen und wir unser Gesicht verlieren. Lass uns sehen, wie wir das Problem beheben. Denn da wir jetzt auf dem Tiger reiten, werden wir schwerlich wieder absteigen können."

Hinweis: Der Deutsche nutzt die in Deutschland übliche Floskel „Hast du Zeit?", und verhält sich damit monochron, denn wer Zeit hat, hat gerade nichts anderes oder wichtiges zu tun. Sie erinnern sich, dass Chinesen mehrere Dinge gleichzeitig tun, also polychron sind? Bezeichnenderweise spiegelt das Chinesische genau diesen Umstand wider: Hier fragt man nicht „hast du Zeit?", sondern – frei übersetzt – „ist es für dich gerade bequem/ angenehm?" 你现在方便吗？ *nǐ xiàn zài fāng biàn ma?*

Besorgnis ausdrücken

Beim Versuch, eine Henne zu stehlen, auch noch eine Handvoll Reis verlieren.

偷鸡不着蚀把米 tōu jī bù zháo shí bǎ mǐ.

Sinn: auf Wolle ausgehen und geschoren heimkehren.

Tipp: In Verhandlungen können Sie das Idiom sehr gut verwenden, um zu verdeutlichen, dass Sie ein infrage kommendes Risiko für größer halten als den möglichen Gewinn.

Beispiel: „Feng Liu, wenn du für die Deutschen jetzt keine Konzession machst, läufst du Gefahr, bei dem Versuch, eine Henne zu stehlen, auch noch eine Handvoll Reis zu verlieren."

Besorgnis ausdrücken

Ein gehetzter Hund springt über die Mauer.

狗急跳墙 gǒu jí tiào qiáng.

Sinn: in bedrängter Lage aufs Ganze gehen.

Tipp: Zum einen können Sie damit Besorgnis ausrücken, wenn Sie bei der Umsetzung einer bestimmten Strategie/eines Veränderungsprozesses das Risiko sehen, zu scheitern. „Ich befürchte, dass wir irgendwann in einer Lage sind, in der uns nichts weiter übrigbleibt, als wie ein gehetzter Hund über die Mauer zu springen."

Tipp: Zum anderen ist auch ein Schulterschluss mit dem chinesischen Geschäftspartner gegen eine dritte Partei möglich. Betonen Sie die Vorzüge Ihrer gemeinsamen Strategie und nehmen das Idiom als Emphase: „Irgendwann bleibt unseren Konkurrenten nichts anderes übrig, als wie ein gehetzter Hund über die Mauer zu springen."

für Erfolg Risiken eingehen

Wie kann man ein Tigerjunges fangen, ohne sich in die Höhle des Tigers zu wagen?

不入虎穴，焉得虎子 bù rù hǔ xué, yān dé hǔ zǐ.

Sinn: Man muss Schwierigkeiten und Risiken überwinden, wenn man Erfolg haben will.

Tipp: Zwei Anwendungen liegen auf der Hand. Während der Beziehungsaufnahme im Smalltalk, wenn Ihr potenzieller Geschäftspartner mit Erfolg ein unternehmerisches Risiko eingegangen ist. Sie zollen somit dieser Leistung Respekt und verschaffen Ihrem Gegenüber jede Menge Gesicht. Oder als Emphase, wenn Sie Ihren chinesischen Geschäftspartner für eine Idee Ihrerseits gewinnen wollen. Zwar garantiert die Idiomanwendung noch keine Zustimmung, aber es wird Ihnen Vorteile bringen, wenn man Sie als Geschäftspartner ansieht, der die chinesische Kultur versteht und sich in ihr bewegen kann.

Beispiel: „Herr Zhang, es sieht für mich aus, als seien Sie ein Mann, der sich in seinem Leben schon oft in die Höhle des Tigers gewagt hat, um Tigerjunge zu fangen!"

Beispiel: „Ja, wir gehen ein gewisses Risiko ein. Aber wie können wir ein Tigerjunges fangen, wenn wir uns nicht in die Höhle des Tigers wagen?"

Risiko und folgenschwere Konsequenz

Die Läuse vom Kopf des Tigers fangen.

虎头捉虱 hǔ tóu zhuō shī.

Sinn: nicht über die Konsequenzen oder Gefahren einer Handlung nachdenken.

Tipp: Dieses Idiom hat zwei kontextabhängige Lesarten. Zum einen steht es dafür, eine Person in mächtigerer Stellung, als man selbst sie innehat, herauszufordern (mit entsprechenden Konsequenzen). Zum anderen lässt sich damit auf unbedachte Handlungen hinweisen, die nach Meinung des Sprechers unangenehme Folgen haben werden. In beiden Fällen können Sie es verwenden und Gesicht gebend Kritik üben.

Beispiel: In der F&E-Abteilung eines deutsch-chinesischen *Joint-Venture*-Unternehmens. Dr. Irmgard Radde zweifelt an der wissenschaftlichen Qualifikation des Abteilungschefs. Sie klagt einem chinesischen Kollegen ihr Leid: „Guoming, du hast es doch auch bemerkt. Seine statistischen Berechnungen sind falsch. Er hätte gar keinen t-Test berechnen dürfen, weil die geforderte Verteilung gar nicht vorliegt. So geht das nun schon die ganze Zeit. Ich werde beim CEO vorsprechen." „Du solltest diesen Schritt gut abwägen, Irmgard. Ich glaube, die beiden Ehefrauen sind befreundet. Unter Umständen würdest du mit deiner Handlung die Läuse vom Kopf des Tigers fangen!"

Rubikon

Überschreiten des Rubikons

Den Proviant vernichten und die Schiffe versenken.

破釜沉舟 pò fǔ chén zhōu.

Sinn: den Rubikon überschreiten; entschlossen sein, etwas bis zum Ende durchzuführen.

Background: Während der Qin-Dynastie führte Xiang Yu eine Rebellion an. Nach dem Überqueren des Zhangflusses befahl Xiang seinen Männern, die Schiffe zu versenken und ihr Kochgeschirr zu zerbrechen. Ihnen war lediglich die Mitnahme einer Dreitagesration erlaubt. Xiang wies seine Soldaten darauf hin, dass ihnen nun nichts anderes übrig bliebe, als voranzumarschieren, um zu überleben. – Ganz in diesem Sinne findet das Idiom seine Anwendung: durch diverse Entscheidungen und Handlungen entschlossen sein; weitermachen, um nicht immense Nachteile zu erleiden.

Tipp: Für Chinesen sind die o.a. Nachteile auch dann gegeben, wenn ein Gesichtsverlust droht. Die Autoren haben eine solche Situation erlebt. Ein chinesischer Ingenieur hatte seine Stellung gekündigt, bereute aber später seine Entscheidung. Auf unsere Frage, warum er nicht versuche, sie rückgängig zu machen, erwiderte er: „Ich habe zwar meine

Meinung geändert. Aber unglücklicherweise habe ich meinem Chef davon erzählt und damit meine Boote versenkt." – Hieran können Sie ermessen, welche Tragweite ein Gesichtsverlust für einen Chinesen hat!

Beispiel: Li Chen und Charlotte Kasper studieren Internationales Management. Charlotte bemerkt, dass Li Chen an der Studieninhalten wenig Gefallen findet: „He, Li Chen, was ist nur los mit dir? Es hat den Anschein, als mache dir das Studium keinerlei Spaß." Nach längerem Zögern bestätigt Li Chen ihre Vermutung und benennt sein Dilemma: „Meine ganze Familie hat für mein Studium gespart. Sogar *Nai nai* [Kosename für Großmutter] hat geholfen. Für mich ist der Proviant vernichtet und die Schiffe sind versenkt."

Hinweis: Das geschilderte Beispiel zeigt die Lebensumstände mancher jungen Chinesen. Sie sind die Hoffnungsträger der Familie. Durch den Kollektivismus ist es tatsächlich so, dass die gesamte Familie, einschließlich Tanten und Onkel, für ein Studium, möglichst mit Auslandsaufenthalt, sparen Allerdings – und das haben wir im Abschnitt über *guānxi* aufgezeigt – ist diese Unterstützung mit einer Verpflichtung verbunden. Ist der Student/die Studentin hinterher nämlich beruflich erfolgreich, hat er/sie die Familie zu unterstützen.

Rückschlag
Furcht vor Rückschlägen

Aus Angst, sich zu verschlucken, das Essen aufgeben.

因噎废食 yīn yē fèi shí.

Sinn: aus Angst vor möglichem Rückschlag/Fehlschlag nichts wagen; nach kleinem Rückschlag ein großes Unternehmen aufgeben.

Tipp: Das Sprichwort dient als Motivator oder als Warnung, nach einem kleineren Rückschlag den großen Masterplan nicht zu früh aufzugeben.

Beispiel: Auf einem Wirtschaftsmeeting kommt ein chinesischer mit einem deutschen Unternehmer ins Gespräch. Der Chinese bemerkt die Zurückhaltung des Deutschen und fragt: „Waren Sie denn schon einmal in China?" Der Gesprächspartner erwidert: „Oh ja, ich hatte einen Zusammenschluss mit einem Ihrer Landsleute. Und ich bin damit reingefallen." „Ich bedaure sehr, das zu hören. Leider gibt es auch in unserem Land unehrliche Leute. Aber es wäre doch sehr schade, wenn Sie aus Angst, sich zu verschlucken, nun das Essen aufgeben würden."

Ruf, guter
aus Besorgnis um den guten Ruf etwas ablehnen

Eine Stadt voller Wind und Regen.

满城风雨 mǎn chéng fēng yǔ.

Sinn: etwas (Schlechtes) spricht sich herum; Staub aufwirbeln.

Background: Zurückgehend auf die Nördliche Song Dynastie. Der Dichter Pan Dalin beschrieb in einem Gedicht die Stimmung vor einem Festival, die sich „wie Wind und Regen quer über die Stadt ausbreitet". Unglücklicherweise waren genau zu diesem Zeitpunkt kaiserliche Beamte damit beschäftigt, lautstark fällige Steuern einzutreiben. Die ursprüngliche Intention des Dichters war dahin, denn nun verbanden die Leute die Nachricht der fälligen Steuern mit der Ausbreitung von Wind und Regen. – Seitdem steht dieses geflügelte Wort synonym für die Ausbreitung negativen Geredes.

Tipp: Das Idiom eignet sich vorzüglich als Emphase für Bedenken, wenn Sie um den guten Ruf Ihres Unternehmens bemüht sind.

Beispiel: Ein deutscher Firmeninhaber mit Präsenz in einer Sonderwirtschaftszone möchte von einem chinesischen Geschäftsführer wissen, ob dieser Geschäftsbeziehungen zu einem lokal recht bekannten chinesischen Unternehmen unterhält. Diplomatisch beantwortet dieser die Frage: „Nun, Kontakte zu dieser Firma bringen viel Wind und Regen in die Stadt."

Sicherstellen des guten Rufs

Ein Mensch hinterlässt seinen Namen, wo immer er ist, genauso wie die Gans ihren Ruf hinterlässt, wo immer sie fliegt.

人过留名, 雁过留声 rén guò liú míng, yàn guò liú shēng.

Sinn: mahnt an, an den eigenen guten Ruf zu denken.

Tipp: Ein guter Ruf ist auch in China Gold wert. Wenn Ihr Geschäftspartner Sie als integer und der chinesischen Kultur gegenüber aufgeschlossen wahrnimmt, so wird Ihr guter Ruf in dem Umfeld Ihres Geschäftspartners bekannt werden. Sie können sich sicher sein, dass man Sie „kennen" wird, lange bevor Sie offiziell anderen Verantwortlichen vorgestellt werden.

Tipp: In China sind – im Gegensatz zum Westen – privates und berufliches Verhalten nicht voneinander zu trennen. Ein guter, aber auch ein zweifelhafter Ruf rekrutiert sich demnach aus beiden Bereichen. Behalten Sie stets im Hinterkopf, dass auch während der inoffiziellen Teile Ihres Chinaaufenthalts Ihr Verhalten maßgeblich zu Ihrem Ruf beiträgt.

Beispiel: Während eines Wirtschaftstreffens in Guangzhou wollen fünf deutsche und drei chinesische Unternehmer noch miteinander in die Bar gehen. Auf dem Weg dorthin versuchen zwei junge Damen, die Herren in eine Karaoke-Bar einzuladen. Ehe die Deutschen jedoch reagieren können, drängen die Chinesen sie, weiterzugehen. Auf die Frage der deutschen Unternehmer, was eigentlich los sei, antwortet einer der Chinesen: „Ein Mensch hinterlässt seinen Namen, wo immer er ist, genauso wie die Gans ihren Ruf hinterlässt, wo immer sie fliegt."

Hinweis: Obwohl Karaoke-Bars in China seriös sind und Karaoke-Singen eine beliebte Aktivität ist, gibt es mitunter auch solche Bars, die eher pikanter Natur sind. Seien Sie auf der Hut!

Schlappe

Eingestehen eigener Schlappe

Eine Person kann nicht 1000 Tage Glück haben, eine Blume nicht 100 Tage blühen.

人无千日好, 花无百日红 rén wú qiān rì hǎo, huā wú bǎi rì hóng.

Sinn: Schlappen muss man mit der richtigen Einstellung erdulden und akzeptieren.

Tipp: illustriert die sprichwörtliche chinesische Gelassenheit, das *méi bànfǎ* (没办法 *keine Methode haben*), also in einer bestimmten Situation nichts tun können.

Beispiel: Das Idiom könnte beispielsweise bei einem kleineren Missgeschick, das Ihnen in China widerfährt, zum Einsatz kommen. Es würde Ihrem Gastgeber und Geschäftspartner zeigen, dass Sie die Situation mit Gelassenheit hinnehmen – und trägt zu Ihrer Gesichtswahrung bei.

Beispiel: Yiping Zhong, ein chinesischer Geschäftsführer hat für seinen deutschen Geschäftspartner Gerhard Willich in einem Hotel das beste Zimmer gebucht. Als beide dort ankommen, stellt sich heraus, dass bei der Buchung ein Fehler unterlaufen ist – das Zimmer ist doppelt belegt. Da Herr Willich chinaerfahren ist, bekräftigt er: „Ich habe bereits das große Glück, in China einen Freund wie Sie zu haben, Herr Zhong. Nun, eine Person kann nicht 1000 Tage Glück haben, so wie eine Blume nicht 100 Tage blühen kann. Bitte geben Sie mir ein anderes Zimmer. Wir werden die meiste Zeit ohnehin Geschäftliches besprechen. Außerdem bin ich schon neugierig zu hören, wie es Ihrem Sohn geht!"

Hinweis: Gerhard Willich gibt seinem Freund und Geschäftspartner viel Gesicht und baut mit dem Themenwechsel eine Brücke. Der Umstand, dass er die Fassung behält, gibt auch ihm selbst Gesicht und stärkt nochmals das Vertrauen, das die beiden Männer ohnehin zu verbinden scheint.

Eingestehen eigener Schlappe

Eine Kerbe ins Boot machen, um das Schwert zu finden.

刻舟求剑 kè zhōu qiú jiàn.

Sinn: Maßnahmen ergreifen ohne Rücksicht auf Veränderungen der Situation.

Background: In der Zeit der Streitenden Reiche fiel einem Mann während einer Flussüberfahrt ein kostbares Schwert in den Fluss. Sofort ritzte der Mann eine Kerbe in sein Boot, genau an der Stelle, an der das Schwert in den Fluten versunken war. Am Ufer ankommend, suchte er dann die Flussstelle ab, auf die die Kerbe zeigte. – Die Anekdote verspöttelt Personen, die sich starr an Regeln halten und die sich ändernden Umstände dabei völlig ignorieren.

Tipp: Eignet sich hervorragend, wenn Sie sich selbst augenzwinkernd auf die Schippe nehmen wollen. Die damit gezeigte Bescheidenheit legt einen Grundstein für eine vertrauensvolle Beziehung und ist somit ein solider Schritt in eine langfristige Geschäftsbeziehung.

Beispiel: Der Elektroingenieur Hannes Wollenstein soll für chinesische Gäste und die Führungsriege seines Unternehmens eine Technik-Präsentation vortragen. Allerdings hat er nicht bedacht, dass das Unternehmen vor kurzem einen sehr modernen Beamer mit Mikro-HDMI-Anschluss angeschafft hat. Leider hat Herr Wollenstein nicht das passende Anschlusskabel zur Hand. Während die Team-Assistenz eilig das Kabel holen geht, wendet sich der Referent an die Zuhörer: „Liebe Gäste, liebe Firmenleitung. Ich begrüße Sie zunächst einmal recht herzlich. Ich glaube, für die Situation, in der ich mich gerade befinde, gibt es bei Ihnen in China ein kluges Sprichwort: Eine Kerbe ins Boot machen, um das Schwert zu finden. Nun, ich habe eine solche Kerbe gemacht und hoffe jetzt, zusätzlich ein Kabel zu finden ..."

Hinweis: Da Herr Wollenstein die blamable Situation souverän und mit einem passenden Sprichwort überspielt, dürfte er das Wohlwollen der chinesischen Gäste gewonnen haben.

Schwierigkeiten

Befürchtung vor plötzlichem Auftreten von Schwierigkeiten

Ein plötzliches Aufkommen von Wind und Wellen am Boden.

平地风波 píng dì fēng bō.

Sinn: plötzliches Auftauchen unvorhergesehener Schwierigkeiten.

Tipp: Wenn Sie bei einem bestimmten Vorgehen oder der Umsetzung eines Planes unerwartete Schwierigkeiten befürchten, können Sie dies mit dem Idiom zum Ausdruck bringen.

Beispiel: Ein deutsches Unternehmen interessiert sich sehr für die Ansiedelung in der Sonderwirtschaftszone Guangzhou. Vor Ort möchten die Verantwortlichen die administrativen Vorgaben abklären. Herr Bachmann erkundigt sich: „Der Wandel in China ist enorm. Auch die Behörden müssen dadurch ständig neue Dinge regulieren. Mein Unternehmen muss wissen, welche Steuern es zu entrichten hat und ob es mit einem plötzliches Aufkommen von Wind und Wellen am Boden rechnen muss."

Schwierigkeiten durch unvorsichtige Bemerkungen

Ein plötzliches Aufkommen von Wind und Wellen am Boden.

平地风波 píng dì fēng bō.

Sinn: plötzliches Auftauchen unvorhergesehener Schwierigkeiten, auch gültig für unvorsichtige Bemerkungen.

Tipp: Die Redewendung beschreibt auch diejenigen Schwierigkeiten, die auftreten, wenn die für Chinesen so wichtige Harmonie durch unbedarfte oder unvorsichtige Bemerkungen empfindlich gestört wird.

Beispiel: In einem chinesisch-deutschen F&E-Team herrscht eine entspannte Atmosphäre. Darüber vergisst Sonja Hartmann, dass direkte Kritik unerwünscht ist. Als Xiaoping Wang eines Morgens vergeblich versucht, ins Internet zu kommen, rutscht es aus ihr heraus: „Da ist bestimmt wieder einmal alles abgeklemmt worden." Es herrscht Stille, als Zhaoyan Yi Sonja beiseite nimmt und ihr zuraunt: „Es wird ein bisschen dauern, bis sich das plötzliche Aufkommen von Wind und Wellen am Boden wieder gelegt hat."

Hinweis: Generell sollten politische Themen, gesellschaftliche Kritik oder – wie wir sie nennen, die *Forbidden Three T* (Taiwan, Tibet, Tiananmen), tabu sein, sofern man nicht eng befreundet ist.

trotz Schwierigkeiten Zusammenarbeit fortsetzen

Nicht aufgeben, ehe man nicht den Gelben Fluss erreicht hat.

不到黄河心不死 bù dào huáng hé xīn bù sǐ.

Sinn: sein Ziel konsequent und trotz Hindernissen verfolgen.

Tipp: Da das Idiom die Hartnäckigkeit einer Person betont, die sich trotz Schwierigkeiten nicht entmutigen lässt, kann das Idiom als Kompliment eingesetzt werden. Sie können es aber auch verwenden, wenn Sie mit Ihrem Geschäftspartner über Ihre gemeinsamen Ziele sprechen, um Ihre Leistungsbereitschaft zu signalisieren. Achten Sie jedoch darauf, das „wir" zu betonen, sonst missinterpretiert man Ihr Statement als Arroganz.

Beispiel: „Ich nehme an, Herr Wang, dass unser *Joint Project* eine sehr lohnenswerte, aber harte Arbeit werden wird. Ich bin jedoch absolut sicher, dass wir nicht aufgeben werden, ehe wir nicht gemeinsam den Gelben Fluss erreicht haben."

Anmerkung: Sie können dieses bekannte Sprichwort auch als Kompliment an die Leistung Ihres Geschäftspartners einsetzen. Beispielsweise: „Ihr Unternehmen ist wirklich sehr erfolgreich. Sie haben offensichtlich nie aufgegeben, ehe Sie schließlich den Gelben Fluss erreicht haben."

Überwinden von gemeinsamen Schwierigkeiten

Wenn Menschen ein Herz und einen Geist haben, dann können sie sogar den Berg Tai versetzen.

人心齐, 泰山移 rén xīn qí, Tài Shān yí.

Sinn: Einigkeit macht stark.

Tipp: Wenn Sie einen chinesischen Geschäftspartner für ein gemeinsames Projekt gewinnen wollen, eignet sich das Idiom nicht nur als „Motivator", es zeigt Ihrem Partner auch Ihre Kulturkenntnisse. Denn der „Tai Shan" ist einer der Fünf Heiligen Berge des Daoismus. Darüber hinaus können Sie damit anzeigen, dass Ihnen viel daran liegt, anstehende Probleme zusammen mit Ihrem Geschäftspartner zu lösen

Beispiel: In der Personalabteilung eines frisch gegründeten *Joint-Venture*-Unternehmens herrscht gedrückte Stimmung. Dem chinesischen Personalchef ist zu Ohren gekommen, dass sich die chinesischen Mitarbeiter der gemischten Teams zu den Mahlzeiten zurückziehen, sodass vorerst eine echte Teambildung nicht möglich zu sein scheint. Die deutsche Personalentwicklerin findet aufmunternde Worte: „Die geplante Zeit für die Teambildung war viel zu knapp. Geben Sie uns noch etwas mehr Zeit, denn wenn Menschen erst einmal ein Herz und einen Geist haben, können sie den Berg Tai versetzen."

Überwinden von gemeinsamen Schwierigkeiten

Gefestigt im Fischerboot sitzen, wenn Wind und Wellen aufkommen.

任凭风浪起, 稳坐钓鱼船 rèn píng fēng làng qǐ, wěn zuò diào yú chuán.

Sinn: Ruhe bewahren, auch wenn Schwierigkeiten auftauchen.

Beispiel: Geknickt kommt Dongmao Lin aus seinem jährlichen Mitarbeitergespräch. Seine deutschen Kollegen wollen von ihm wissen, wie es denn gelaufen sei und ob er in den Kundendienst käme, so wie er es sich gewünscht habe. Herr Lin antwortet: „Herr Buschmann meint, ich sollte es nächstes Jahr noch mal versuchen. Mein Deutsch ist nicht gut genug. Ich glaube, ich schaffe es nie." „Wozu hast du denn uns, Dongmao? Es sind ein bisschen Wind und Wellen aufgekommen, aber wir sitzen doch gemeinsam gefestigt im Fischerboot. Und wir alle werden ab sofort deine Lehrer sein."

Selbstbescheidenheit/Understatement

Betonen gemeinsamen Erfolges

Eine Ameise, die an einem großen Baum rütteln will.

蚂蚁撼树 mǎ yǐ hàn shù.

Sinn: sich selbst überschätzen.

Beispiel: In einer prosperierenden Sonderwirtschaftszone hat die lokale Verwaltung ein Fest anlässlich des chinesischen Neujahrs ausgerichtet. Zunächst hält Dr. Hu eine kurze Rede und dankt schließlich Otto Niebuhr, der sich mit seinem Unternehmen als Erster angesiedelt hat. Dr. Hu betont, dass ohne die Vorbildfunktion von Otto Niebuhr die Wirtschaftszone nicht so schnell erfolgreich gewesen wäre. In seiner Rede wehrt Herr Niebuhr ab: „In erster Linie haben wir unseren Erfolg Ihrer unermüdlichen Arbeit zu verdanken, Dr. Hu. Ich allein wäre nur eine Ameise gewesen, die an einem großen Baum rütteln will."

Betonen gemeinsamen Erfolges

Das Feuer lodert höher, wenn viele dafür Holz sammeln.

众人拾柴火焰高 zhòng rén shí chái huǒ yàn gāo.

Sinn: der Erfolg wird größer, wenn alle mitmachen/dazu beitragen.

Beispiel: Eine Feier zur Gründung eines chinesisch-deutschen *Joint Ventures*. Der frisch gewählte CEO hält eine Rede und schwört dann seine Mitarbeiter ein: „Vor uns liegen spannende Aufgaben. Ich bin überzeugt davon, dass unser Feuer sehr hoch lodern wird, weil wir alle gemeinsam Holz dafür sammeln!"

Einleitung zur Darstellung eigener Kompetenzen

So wie es hinter dem Himmel noch einen weiteren Himmel gibt, so gibt es auch immer einen Menschen, der besser ist als ein anderer.

天外有天, 人上有人 tiān wài yǒu tiān, rén shàng yǒu rén.

Sinn: mahnt an, nicht arrogant oder eitel zu sein.

Tipp: Hier zeigt sich der soziale Stellenwert der Bescheidenheit. Arrogantes und selbstgefälliges Auftreten kommen nicht gut an. Die Redewendung ist ebenfalls geeignet, um bei der Erwähnung eigener Kompetenzen das von den Chinesen geschätzte Understatement zu berücksichtigen.

Beispiel: Eine chinesische Firma hat eine andere zu einem Jubiläum eingeladen. Der Chef von Frau Balke, Leiterin Logistik für den europäischen Markt, möchte Kornelia Balke mit dem Chef des befreundeten Unternehmens bekannt machen. Dieser zeigt sich angenehm überrascht über ihr ausgezeichnetes Chinesisch und macht ihr ein Kompliment. Kornelia Balke wehrt ab: „Nicht doch. Ich muss noch sehr an meinem Chinesisch arbeiten. Und so wie es hinter dem Himmel einen zweiten gibt, gibt es immer einen Menschen, der besser ist als ein anderer. Ich bin nur eine von vielen."

Hinweis: Mit der Floskel „nicht doch, nicht doch" *nǎli nǎli* 哪里哪里, wird in China auf äußerst höfliche Art ein Kompliment abgewehrt. Dies kommt besonders bei Personen in der Lebensmitte oder bei Älteren sehr gut an.

Erwiderung auf Bescheidenheit des Geschäftspartners

Eine Schildkröte, die ein Glühwürmchen verschluckt hat.

乌龟吃萤火虫 wū guī chī yíng huǒ chóng.

Sinn: viel Wissen haben, aber (bescheidenes) Stillschweigen darüber bewahren und so „von innen leuchten".

Tipp: Hierin zeigt sich eine Charakterhaltung, die die Chinesen sehr bewundern: eine Person mit viel Wissen, die aber darauf verzichtet, alles arrogant und laut nach außen zu tragen.

Beispiel: Eine Firmenkontaktmesse in Shanghai. Dem Wissenschaftler Professor Herrmann Baumeister, Leiter der F&E-Abteilung eines großen deutschen Unternehmens, wird der Chef eines marktführenden, international aufgestellten chinesischen Konzerns vorgestellt. Der Chinese befragt Professor Baumeister zu dessen Arbeitsgebiet, bis dieser sich nach dem Konzern seines Gegenübers erkundigt. Bescheiden spricht der CEO von seiner Firma. Professor Baumeister entkräftet das Understatement: „Nun, Direktor Yang, Sie kommen einer Schildkröte gleich, die ein Glühwürmchen verschluckt hat."

keine praktische Erfahrung haben/theoretisches Wissen nutzen müssen
Mithilfe eines Bildes nach einem edlen Ross Ausschau halten.
按图索骥 àn tú suǒ jì.
Sinn: nach theoretischer Vorgabe an etwas herangehen und es zu lösen versuchen.
Background: Während der Frühlings- und Herbstperiode gab es im Reich Qin einen Pferdeexperten namens Bo Le, der sein Wissen in einem Buch niederschrieb. Sein Sohn las das Buch, machte sich auf den Weg, edle Rösser zu finden, scheiterte aber. – Die Metapher steht für mechanisches Vorgehen in einer Sache nach theoretischen Vorgaben, ohne auf Erfahrung aus erster Hand zurückgreifen zu können.
Tipp: Wenn Sie selbst in einer Lage sind, in der Sie anhand von Wissensvorgaben eine Lösung für ein Problem finden müssen oder die fehlende praktische Erfahrung einer Person Gesicht gebend anmerken wollen, können Sie dieses Sprichwort nutzen.
Beispiel: „Ich bin der Meinung, Xiao Liu sollte die Aufgabe vorerst noch nicht übernehmen. Er müsste mithilfe eines Bildes nach einem edlen Ross Ausschau halten."
Beispiel: „Ich benötige für die Aufgabe ein paar Tage Einarbeitungszeit, andernfalls wäre ich gezwungen, mithilfe eines Bildes nach einem edlen Ross Ausschau zu halten."

Understatement, eigenes
Kurzes Seil für tiefe Brunnen.
绠短汲深 gěng duǎn jí shēn.
Sinn: einer Aufgabe nicht oder kaum gewachsen sein.
Tipp: Das Idiom bezeichnet Personen, die im Rahmen ihrer Fähigkeiten eine Aufgabe nicht zu lösen vermögen. In dieser Lesart können Sie es anwenden, wenn Sie sich Ihrem Geschäftspartner gegenüber über eine dritte, nicht anwesende Person äußern wollen. Allerdings sollten Sie mit Ihrem Geschäftspartner schon hinreichend bekannt sein. Als Understatement erfüllt es die Eigenschaft der Selbstbescheidenheit, die die Chinesen so sehr zu schätzen wissen.
Beispiel: Während eines Wirtschaftsforums sehen sich Frau Buchmann und Herr Lu wieder. „Ihr Chinesisch ist wirklich sehr gut, Frau Buchmann. Sie müssen sehr fleißig gewesen sein." „Nicht doch. Das habe ich alles meiner Lehrerin, Frau Wang, zu verdanken. Ohne ihre Unterstützung wäre mein Seil für den Brunnen viel zu kurz gewesen."

Situation, unangenehme
das Beste aus einer unangenehmen Situation machen
Das Boot mit dem Strom schieben.
顺水推舟 shùn shuǐ tuī zhōu.
Sinn: das Beste aus einer Situation machen; auf eine Situation wendig reagieren und sie mit wenig Anstrengung gut nutzen.

Tipp: Zu solchen Gelegenheiten, in denen Sie opportunistisch vorgehen wollen, können Sie das Idiom – je nach Ziel – als indirekten Hinweis nutzen oder als Emphase, um Ihre eigene Position zu unterstreichen.

Beispiel: Frau Lin, verantwortlich für Personalmanagement, informiert ihren Chef Herrn Xu: „Wir haben gerade die Initiativbewerbung eines deutschen Maschinenbauingenieurs bekommen. Sie hatten vor einigen Wochen erwähnt, dass Sie im Technikbereich das Personal aufstocken wollen. Wäre es eine gute Idee, das Boot jetzt mit dem Strom zu schieben?"

Beispiel: „Bei unserer Konkurrenz ist gerade ein Großkunde abgesprungen. Wir sollten überlegen, unsere Personalstrategie zu ändern und unser Boot mit dem Strom zu schieben!"

komplizierte unangenehme Situation

An der Wegzweigung verirren sich die Schafe.

歧路亡羊 qí lù wáng yáng.

Sinn: in einer komplizierten Situation Gefahr laufen, die Orientierung zu verlieren oder sich auf der Suche nach der Wahrheit nicht zurechtfinden.

Background: Ein Nachbar von Yangzi verliert ein Schaf. Alle suchen, finden das Tier aber nicht. „Die Straße hatte viele Abzweigungen; wir wissen nicht, welche das Schaf genommen hat. Deshalb haben wir aufgegeben."

Beispiel: In einem deutsch-chinesischen Unternehmen stehen Maßnahmen für ein *Change Management* an. Jede Abteilung hat ihre eigenen Vorstellungen, wie künftig Abläufe zu gestalten seien, Zuständigkeiten geregelt werden müssen und wie die Verantwortungsbereiche definiert sein sollten. Als die Diskussion zu lebhaft wird, geht der Leiter des Meetings dazwischen: „Bitte lassen Sie uns nicht alle Punkte gleichzeitig besprechen. Sonst ergeht es uns am Ende noch wie den Schafen, die sich an der Wegzweigung verirren."

gemeinsames Meistern von schwierigen Situationen

Mit jemandem in einem Boot durch Sturm und Regen fahren.

风雨同舟 fēng yǔ tóng zhōu.

Sinn: gemeinsam schwierige Situationen bewältigen.

Tipp: Dieses Idiom hat, wie alle anderen, die die Gemeinsamkeit hervorheben, große Bedeutung für Chinesen und ist deswegen auch sehr bekannt.

Beispiel: Yide Zhang hat die Aufgabe bekommen, zukünftig Tabellenkalkulationen zu erstellen, hat aber mit dem Programm große Mühe. Meizhu Gao, die Programmiererin, muntert ihn auf: „Das ist kein Problem. Du wirst es schnell lernen. Wir werden mit dir in einem Boot durch Sturm und Regen fahren."

sich entziehen aus einer unangenehmen Situation

Die (Gold-)Zikade wirft ihre Haut ab.

金蝉脱壳 jīn chán tuō qiào.

Sinn: sich unbemerkt aus dem Staub machen, davonschleichen.

Background: Dies ist ein Strategem, das für „sich aus der Affäre ziehen, sich aus einer verwickelten Situation entfernen" steht und auch so genutzt wird.

Beispiel: Ein deutscher Unternehmer klagt seinem chinesischen Freund sein Leid. Er hätte guten Kontakt zu einem chinesischen Geschäftsmann aufgebaut, der an seinen Produkten sehr interessiert gewesen sei. Doch entgegen der Abmachung melde dieser sich nun nicht mehr. „Hm", meint der Freund, „ich befürchte, die Goldzikade hat ihre Haut abgeworfen."

Skepsis
Skepsis gegenüber Aktion/Strategie/Projekt (bei *Joint Venture*, strategischer Allianz, *Joint Project*)
Dem Tiger das Fleisch aus dem Maul nehmen.
老虎嘴里讨肉吃 lǎo hǔ zuǐ lǐ tǎo ròu chī.
Sinn: etwas nahezu Unmögliches versuchen.
Tipp: Hiermit drückt der Sprecher absolute Skepsis gegenüber einer Aktion/einem Projekt aus.
Beispiel: Strategiebesprechung in einem *Joint Venture*. „Sie haben sich bisher noch gar nicht geäußert, Herr Guo. Wie ist Ihre Einschätzung?" „Meiner Ansicht nach ist der Konkurrent sehr gut aufgestellt. In einen aggressiven Wettbewerb mit ihm zu gehen hieße, dem Tiger das Fleisch aus dem Maul zu nehmen."
Skepsis gegenüber Aktion/Strategie/Projekt (bei *Joint Venture*, strategischer Allianz, *Joint Project*)
Eier gegen Steine werfen.
以卵投石 yǐ luǎn tóu shí.
Sinn: es mit einem weitaus Stärkeren aufnehmen wollen und dadurch seinen Untergang heraufbeschwören.
Tipp: Die Redewendung ist immer dann gut einsetzbar, wenn Sie eine Geschäftsidee/eine Strategie o. ä. für zu groß halten und Ihre Kritik diplomatisch anbringen wollen.
Beispiel: „Du solltest deinen Plan besser vergessen, Ingo. In chinesischen Unternehmen ist es nicht üblich, den Chef zu kritisieren, auch wenn er im Unrecht ist. Du läufst lediglich Gefahr, Eier gegen Steine zu schmeißen!"

Smalltalk (siehe Kontaktaufnahme)
Sorgfalt, mangelnde
Im Vorbeireiten Blumen betrachten.
走马看花 zǒu mǎ kàn huā.
Sinn: nur flüchtig hinsehen, dadurch keinen genauen Eindruck haben; nicht sorgfältig genug auf die Angelegenheit sehen.
Tipp: Hiermit können Sie Ihre Kritik indirekt äußern, wenn eine Ausarbeitung oder die Umsetzung einer Aufgabe aus Ihrer Sicht Sorgfalt missen lässt.
Beispiel: Ein Abteilungsleiter bekommt von Wenjiao Liu das von ihr angefertigte Protokoll einer Sitzung. Leider ist es nicht vollständig. „Frau Liu, ich weiß, Sie hatten nicht viel Zeit, das Protokoll anzufertigen. Während die ersten drei Punkte sehr ordentlich und ausführlich protokolliert sind, scheint der vierte den Blumen zu entsprechen, die man im Vorbereiten betrachtet. Bitte überprüfen Sie das noch einmal."

Hinweis: Der Abteilungsleiter gibt Frau Liu Gesicht, ehe er die Kritik äußert: „Ich weiß, Sie hatten nicht viel Zeit". Für einen reibungslosen Organisationsablauf ist ein solches Vorgehen bei chinesischen Mitarbeitern empfehlenswert (für deutsche allerdings auch!).

Strategie
Erfolg
Sieben Mal arrestieren und sieben Mal freisetzen.
七擒七纵 qī qín qī zòng.
Sinn: eine Situation voll kontrollieren.
Background: Das Idiom geht zurück auf den in China sehr berühmten Strategen Zhuge Liang. Dieser setzte einen feindlichen Stammesfürsten sieben Mal fest, ließ ihn sieben Mal frei und besiegte ihn schließlich.
Tipp: Das Idiom wird synonym gebraucht, um auszudrücken, dass man eine Situation vollständig unter Kontrolle hat.
Beispiel: Während eines Meetings zur künftigen Produktstrategie macht Herr Wang folgenden Vorschlag: „Wir sollten unser Produkt *Electrixx* in mehreren Schritten im Preis reduzieren und es gleichzeitig kontinuierlich verbessern. Es wäre gut, bei jedem Schritt die Konkurrenz in diesem Sektor im Auge zu behalten, um möglichst besser zu sein: Wir werden sie damit sieben Mal arrestieren und sieben Mal freilassen!"
Hinweis: Der Sprecher will damit keineswegs sagen, dass die Preisreduktion sieben Mal erfolgen soll, sondern legt die Emphase auf die schrittweise Kontrolle der Marktlage, um die Konkurrenz schließlich aus dem Markt zu verdrängen.
gemeinsame Strategie betonen gegen Konkurrenz (bei *Joint Venture*, strategischer Allianz, *Joint Project*)
Dem Fuchs das Fell abhandeln wollen.
与狐谋皮 yǔ hú móu pí.
Sinn: etwas Unmögliches tun wollen.
Tipp: In einer bereits bestehenden Geschäftsbeziehung mit vertrauensvoller Basis können Sie das Sprichwort im Schulterschluss mit Ihrem chinesischen Geschäftspartner gegen einen Konkurrenten einsetzen. So gesehen ist es auch als Emphase einsetzbar, um Gemeinsamkeit zu betonen.
Beispiel: Sun Ren und Wu Li kooperieren im Bereich Elektrotechnik. Die beiden beraten sich hinsichtlich einer brauchbaren Strategie gegen einen gemeinsamen Konkurrenten. Sun Ren: „Wir sollten auf Qualität setzen. Damit könnten wir ihn vom Markt drängen. Irgendwann bleibt ihm nichts anderes übrig, als aufzugeben oder uns eine Kooperation vorzuschlagen. Nur dann könnte er ebenso gut dem Fuchs das Fell abhandeln wollen."
gemeinsame Strategie betonen gegen Konkurrenz (bei *Joint Venture*, strategischer Allianz, J*oint Project*)
Ein gehetzter Hund springt über die Mauer.
狗急跳墙 gǒu jí tiào qiáng.
Sinn: in bedrängter Lage aufs Ganze gehen.

Tipp: Zum einen können Sie damit Besorgnis ausdrücken, wenn Sie bei der Umsetzung einer bestimmten Strategie/eines Veränderungsprozesses das Risiko sehen, zu scheitern. „Ich befürchte, dass wir irgendwann in einer Lage sind, in der uns nichts weiter übrigbleibt, als wie ein gehetzter Hund über die Mauer zu springen." Zum anderen ist auch ein Schulterschluss mit dem chinesischen Geschäftspartner gegen eine dritte Partei möglich. Betonen Sie die Vorzüge Ihrer gemeinsamen Strategie und nehmen das Idiom als Emphase: „Irgendwann bleibt unseren Konkurrenten nichts anderes übrig, als wie ein gehetzter Hund über die Mauer zu springen."

Beispiel: Szenario wie in vorherigem Beispiel. Sun Ren und Wu Li haben festgestellt, dass noch ein zweiter möglicher Konkurrent den Markt betreten wird: „Unser zweiter Konkurrent ist dabei, sein Portfolio zu erweitern. Ich mache mir Sorgen, dass er sich mit unserem ursprünglichen Konkurrenten gegen uns verbünden könnte." „Das ist nicht nötig, wir sind so gut etabliert und haben die größten Marktanteile, sodass es den beiden nicht gelingen wird, uns wie einen gehetzten Hund über die Mauer springen zu lassen."

gemeinsame Strategie betonen gegen Konkurrenz (bei *Joint Venture*, strategischer Allianz, *Joint Project*)

Das Gras beugt sich vor dem Wind.

望风披靡 wàng fēng pī mí.

Sinn: bei den ersten Anzeichen von Schwierigkeiten fliehen; die Segel streichen.

Beispiel: Szenario wie in vorherigem Beispiel. Monate später. Sun Ren und Wu Li treffen sich erneut. Der zweite mögliche Konkurrent hat den Markt nicht betreten. Wu Li hat Neuigkeiten über ihren gemeinsamen Konkurrenten: „Er prüft andere Marktsegmente. Ich nehme an, wenn unsere Zahlen weiterhin so gut aussehen, bleibt ihm nichts anderes übrig als es dem Gras gleichzutun, das sich vor dem Wind beugt!"

Kommentar: Wu Li drückt damit aus, dass sich ihr gemeinsamer Konkurrent angesichts ihrer strategischen Kooperation wohl wird zurückziehen müssen.

Implementierung eigener Strategie (bei *Joint Venture*, strategischer Allianz, *Joint Project*)

Jemand läuft wie das Volk der HanDan.

邯郸学步 hán dān xué bù.

Sinn: andere nachahmen und die eigene Identität verlieren.

Background: Die Geschichte hierzu stammt aus der Zeit der Streitenden Reiche. Einem jungen Mann im Staat Yan fehlte es an Selbstvertrauen bezüglich seiner eigenen Art, sich elegant zu bewegen und zu gehen. Eines Tages hörte er vom Volk der HanDan, dem ein sehr eleganter Fortbewegungsstil nachgesagt wurde. Er reiste dorthin und richtig: Die jungen Männer schritten energisch und doch elegant, die älteren hatten eine feste und beeindruckende Gehweise. Der junge Mann machte sich alles zu eigen, um dann jedoch festzustellen, dass er sich nicht mehr daran erinnerte, wie er selbst sich einst bewegt hatte. Der Legende nach blieb ihm nun nichts anderes übrig, als nach Hause zu kriechen.

Tipp: Diese Metapher ist hervorragend für Strategiediskussionen geeignet, denn wer andere nur nachahmt, kann keine eigene Identität (Marke!) aufbauen. Und genau in diesem Sinne können Sie es als Argument oder Emphase einsetzen.

Beispiel: „Sicher müssten wir für diese Strategie in die Produktentwicklung investieren. Tun wir das aber nicht, besteht dann nicht die große Gefahr, dass wir laufen wie das Volk der HanDan?"

keine Veränderung mehr möglich

Den Proviant vernichten und die Schiffe versenken.

破釜沉舟 pò fŭ chén zhōu.

Sinn: den Rubikon überschreiten; entschlossen sein, etwas bis zum Ende durchzuführen. Background: Während der Qin-Dynastie führte Xiang Yu eine Rebellion an. Nach dem Überqueren des Zhangflusses befahl Xiang seinen Männern, die Schiffe zu versenken und ihr Kochgeschirr zu zerbrechen. Ihnen war lediglich die Mitnahme einer Dreitagesration erlaubt. Xiang wies seine Soldaten darauf hin, dass ihnen nun nichts anderes übrigbliebe, als voranzumarschieren, um zu überleben. – Ganz in diesem Sinne findet das Idiom seine Anwendung: durch diverse Entscheidungen und Handlungen weitermachen zu müssen, um nicht immense Nachteile zu erleiden.

Beispiel: Der Geschäftsführer eines mittelgroßen chinesischen Unternehmens hat einen Strategiewechsel eingeleitet. Im Unternehmen gibt es dafür einige Umstrukturierungen und neue Verantwortungsbereiche. Für die Mitarbeiter bedeutet das Mehrarbeit. Der Chef schwört die Belegschaft darauf ein: „Sie alle wissen, dass China sich schnell wandelt. Um weiterhin bestehen zu können, müssen auch wir diesen Wandel mitmachen. Dafür habe ich meine ersten Maßnahmen eingeleitet. Und damit ist der Proviant vernichtet und die Schiffe versenkt."

Klarheit, Verschaffen von

Mit verbundenen Augen Spatzen fangen.

闭塞眼睛捉麻雀 bì sè yăn jing zhuō má què.

Sinn: sich in eine Arbeit stürzen, ohne sich Klarheit über die Situation verschafft zu haben. Tipp: Möchten Sie eine Person kritisieren, die sich Hals über Kopf und unüberlegt an eine Aufgabe macht, können Sie das indirekt mithilfe dieses Sprichwortes tun. Am geschicktesten und diplomatischsten ist eine Einleitung wie „Ich befürchte, dass …" oder ähnliche Formulierungen. Möchten Sie mit einer Person zunächst einen Sachverhalt diskutieren, ehe Sie sich einer gemeinsamen Aufgabe widmen, können Sie es ebenso nutzen. Damit zeigen Sie wichtigen Informationsbedarf.

Beispiel: In einem deutsch-chinesischen *Joint Venture* wurde eine binationale Führungsspitze eingesetzt, die sich allerdings persönlich noch nicht gut kennt. Herr Behrmann möchte mit seinem chinesischen Kollegen die jeweiligen Zuständigkeiten regeln, ohne mit der Tür ins Haus zu fallen: „Herr Zhang, ich freue mich, mit einem so erfahrenen Kollegen zusammenarbeiten zu können. Ich denke, wir werden uns noch gut kennen lernen und unsere Arbeit erledigen, ohne die Spatzen mit verbundenen Augen zu fangen."

Beispiel: „Frau Liu, ich weiß, dass Sie Ihre Aufgaben sehr ernst nehmen und gut abschließen wollen. Das schätze ich sehr an Ihnen. Ich befürchte allerdings, zum gegenwärtigen Zeitpunkt liefen wir Gefahr, mit verbundenen Augen die Spatzen fangen zu wollen."

künftige Entwicklung ahnen

Ein fallendes Blatt verrät den nahenden Herbst.

一叶知秋 yī yè zhī qiū.

Sinn: an kleinen Anzeichen eine künftige Entwicklung ablesen können.

Beispiel: Niels Solmann ist Hochschulabsolvent und hat eine erste Anstellung in einem chinesischen Unternehmen. Um das Unternehmen kennen zu lernen, durchläuft er diverse Abteilungen und assistiert zurzeit im Strategischen Management. Besonders imponiert ihm die Kompetenz des Chefstrategen Fang Liu. „Herr Liu, Ihre Prognosen sind sehr treffsicher. Haben Sie einen Rat für mich, wie ich mich verbessern kann?" „Es ist im Grunde ganz einfach, Niels. Sie müssen lernen, an einem fallenden Blatt den nahenden Herbst zu erkennen."

künftige Entwicklung ahnen

Der Wind scheint bald Regen zu bringen.

山雨欲来风满楼 shān yǔ yù lái fēng mǎn lóu.

Sinn: erste Anzeichen für eine künftige Entwicklung.

Tipp: Ist in solchen Situationen einsetzbar, in denen Sie aufgrund wahrgenommener Variablen befürchten, eine Lage könnte sich verschlechtern. Eine mögliche diplomatische Anwendung wäre, wenn Ihr Geschäftspartner im Rahmen einer Verhandlung etwas vorschlägt, von dem Sie vermuten, es könnte Ihre (gemeinsame) Lage in eine negative Richtung steuern. Die Diplomatie legt hierin, dass Sie Ihr Gegenüber nicht direkt kritisieren, sondern Ihre differierende Meinung Gesicht gebend nach außen projizieren.

Beispiel: In einer Verhandlungsrunde zu einem potenziellen *Joint Venture* präsentiert ein deutsches Unternehmen die eigenen technologischen Potenziale für ein bestimmtes Produkt. Herr Cheng, der Geschäftsführer des chinesischen Unternehmens, ist davon überzeugt, dass eben dieses Produkt keinen großen Erfolg auf dem chinesischen Markt haben wird: „Dieses Produkt ist sehr interessant. Trotzdem befürchte ich, dass der Wind bald Regen zu bringen scheint."

Hinweis: In Asien ist es durchaus üblich, etwas, das auf persönliche Ablehnung stößt, als „interessant" zu bezeichnen. Die Kunst besteht darin, ein ehrlich gemeintes „interessant" von einem höflichen „interessant" zu unterscheiden.

kurzfristige Interessen

Den Teich trockenlegen, um die Fische zu fangen.

涸泽而渔 hé zé ér yú.

Sinn: wegen gegenwärtiger Vorteile zukünftige Interessen außer Acht lassen.

Beispiel: Strategiebesprechung in einem *Joint Project*. Frau Holtkamp plädiert für ein Betreten des Marktes, weil sie das eigene Unternehmen bezogen auf die Konkurrenz exzellent aufgestellt sieht. Herr Wen ist konträrer Ansicht: „Wir sollten der F&E noch ein wenig Zeit verschaffen. Die neue Produktlinie ist vielversprechend. Jetzt einen Markteintritt zu initiieren, hieße zwar, die Fische zu fangen. Ich glaube jedoch, dass wir dafür den Teich trockenlegen würden."

Mittel, angemessene

Trifft man auf einen Berg, baut man einen Weg, trifft man auf einen Fluss, baut man eine Brücke.

逢山开路, 遇水搭桥 féng shān kāi lù, yù shuǐ dā qiáo.

Sinn: angemessene Mittel verwenden, um eine Situation zu meistern.

Beispiel: Ein Unternehmen steht vor einem Branchenumbruch. Die beiden Geschäftsführer Frau Cao und Herr Hartmann möchten allerdings größere Veränderungen in ihrem Unternehmen vermeiden. Der Leiter des Strategie-Departments, Dr. Wen, möchte die beiden dazu bringen, flexibler auf die Gegebenheiten einzugehen: „Wir sind dabei, die nötigen Informationen bezüglich Marktpotentiale und Branchenentwicklung zu analysieren und auszuwerten. Es wäre ein kluges Vorgehen, dass wir einen Weg bauen, wenn wir auf einen Berg treffen, und eine Brücke bauen, wenn wir auf einen Fluss treffen."

Offenkundigwerden der Strategie

Eine Laus auf einem kahlen Kopf.

秃子头上的虱子 —— 明摆着 tūzi tóu shàng de shīzi – míng bǎi zhe.

Sinn: etwas ist klar und offenkundig.

Tipp: Hier ist ein wenig Fingerspitzengefühl gefragt: Einem chinesischen Geschäftspartner gegenüber, mit dem Sie an einem gemeinsamen Projekt arbeiten, und dem Sie mitteilen wollen, dass Sie die Taktiken einer dritten Person durchschaut haben, können Sie das Idiom ohne Bedenken verwenden – Ihr Geschäftspartner wird Sie sofort verstehen. Einen Chinesen damit direkt zu kritisieren, ist nicht ratsam, denn dieser könnte sich ertappt und damit brüskiert fühlen.

Beispiel: „Wir haben hier die Auswertungen zu den Aktivitäten der Konkurrenz. Sie scheinen auf den Niedrigpreissektor zu wollen. Es ist wie eine Laus auf einem kahlen Kopf."

Rubikon, Überschreiten des

Den Proviant vernichten und die Schiffe versenken.

破釜沉舟 pò fǔ chén zhōu.

Sinn: den Rubikon überschreiten; entschlossen sein, etwas bis zum Ende durchzuführen.

Background: Während der Qin-Dynastie führte Xiang Yu eine Rebellion an. Nach dem Überqueren des Zhangflusses befahl Xiang seinen Männern, die Schiffe zu versenken und ihr Kochgeschirr zu zerbrechen. Ihnen war lediglich die Mitnahme einer Dreitagesration erlaubt. Xiang wies seine Soldaten darauf hin, dass ihnen nun nichts anderes übrigbliebe, als voranzumarschieren, um zu überleben. – Ganz in diesem Sinne findet das Idiom seine Anwendung: durch diverse Entscheidungen und Handlungen weitermachen zu müssen, um nicht immense Nachteile zu erleiden.

Hinweis: Für Chinesen sind die o. a. Nachteile auch dann gegeben, wenn ein Gesichtsverlust droht.

Untermauern eigener Strategie

Wie der Sturm die Blätter hinwegfegt.

疾风扫落叶 jí fēng sǎo luò yè.

Sinn: starke Kraft/Einfluss auf etwas.

Tipp: Hiermit können Sie Ihre Strategievorschläge untermauern und ihnen – aus chinesischer Sicht – Gewicht verleihen.

Beispiel: „Wenn wir für die Zukunft hervorragend aufgestellt sein wollen, sollten wir mit der Implementierung einer Strategie für *Business Excellence* beginnen. So wird sich unser

Unternehmen im Markt neu positionieren können und wie ein starker Wind die Blätter hinwegfegen."

Hinweis: Dieses Vorgehen mag Ihnen ein wenig theatralisch oder polemisch erscheinen. Mit westlichen Ohren gehört mag das auch zutreffen. Aber Chinesen denken gern in Bildern, das Chinesische ist voll davon. Was also sollte Sie davon abhalten, auf diese Weise das Vertrauen Ihres Geschäftspartners zu gewinnen und Ihr Unternehmen damit gut zu positionieren – außer, dass es am Anfang vielleicht ein wenig ungewohnt ist?

Veränderung, Beachten der

Eine Kerbe ins Boot machen, um das Schwert zu finden.

刻舟求剑 kè zhōu qiú jiàn.

Sinn: Maßnahmen ergreifen ohne Rücksicht auf Veränderungen der Situation.

Background: In der Zeit der Streitenden Reiche fiel einem Mann während einer Flussüberfahrt ein kostbares Schwert in den Fluss. Sofort ritzte der Mann eine Kerbe in sein Boot, genau an der Stelle, an der das Schwert in den Fluten versunken war. Am Ufer ankommend, suchte er dann die Flussstelle ab, auf die die Kerbe zeigte. – Die Anekdote verspöttelt Personen, die sich starr an Regeln halten und die sich ändernden Umstände dabei völlig ignorieren.

Tipp: Wenn Sie Emphase auf eine Veränderung geben wollen, können Sie das mithilfe dieses Idioms. Es führt Ihrem Gegenüber vor Augen, wie töricht es wäre, Veränderungen einer Situation oder eines Umstandes außer Acht zu lassen.

Beispiel: „Der Wandel des Marktes ist enorm, auch in unserer Branche. Besetzen wir jetzt keine Nische oder arbeiten an einer Positionierung unserer Marke, hege ich die ganz große Befürchtung, dass wir uns jetzt eine Kerbe ins Boot machen, um dann das Schwert zu finden!"

Veränderung, Beachten der

Den Tiger zur Vordertür hinaustreiben, während der Wolf durch die Hintertür hereinkommt.

前门拒虎, 后门进狼 qián mén jù hǔ, hòu mén jìn láng.

Sinn: eine Gefahr abwenden, während man in die nächste gerät.

Tipp: Dieses Sprichwort beschreibt die Klemme, die sich ergibt, wenn man durch Abwenden einer unangenehmen Situation unabänderlich in eine zweite gerät. Es ist demnach überall dort anwendbar, wo Sie für eine unternehmerische Handlung unangenehme Folgen befürchten, und unterstützt Ihre Argumentation.

Beispiel: Ein *Stuck-in-the-middle*-Unternehmen, ohne Größen- oder Spezialisierungsvorteil, leitet aus seiner SWOT-Analyse eine kombinierende Strategie ab, die folgendes vorsieht: potenzielle Stärken bei Effizienzsteigerungen nutzen, Kostensenkungen durchführen und eine Teilspezialisierung auf innovationsfreudige Konsumenten, die mit Neuheiten angesprochen werden sollen. Doch der verantwortliche Entscheider hält das Kosten-Nutzen-Verhältnis der Maßnahmen für nicht ausreichend und ist bezüglich des Zeitpunktes für die Einsparungen äußerst skeptisch. Er wendet sich an den chinesischen Geschäftsführer: „Wenn wir diese Maßnahmen inklusive der neuen effizienteren Maschinen implementieren, treiben wir zwar den Tiger zur Vordertür hinaus, holen uns meiner Meinung nach aber den Wolf durch die Hintertür ins Haus."

Verfolgen langfristiger Strategie

Ein einziger unüberlegter Schachzug kann das ganze Spiel zunichte machen.

一着不深, 满盘皆输 yī zhāo bù shēn, mǎn pán jiē shū.

Sinn: ein unvorsichtiger Schritt kann das gesamte Unternehmen scheitern lassen.

Tipp: Hierin spiegeln sich zwei chinesische Kulturaspekte: die Berücksichtigung einer langfristigen Strategie, um sein Ziel zu erreichen, und geduldiges Abwägen einzelner Schritte.

Beispiel: Der deutsche und der chinesische Geschäftsführer eines Unternehmens sehen die Notwendigkeit für Anpassungsmaßnahmen der Organisationsstruktur an die Unternehmensstrategie. Während der Deutsche mehrere Umstrukturierungen gleichzeitig vornehmen möchte, mahnt sein chinesischer Kollege zur Behutsamkeit: „Du hast in der Sache völlig Recht. Aber erinnere dich an unser Schachspiel letzte Woche: Ein einzelner unüberlegter Zug kann das ganze Spiel zunichtemachen."

Verfolgen langfristiger Strategie

Wer keinen (langfristigen) Plan für die Zukunft hat, wird in Kürze Schwierigkeiten haben.

人无远虑, 必有近忧 rén wú yuǎn lǜ, bì yǒu jìn yōu.

Tipp: Hiermit wird die strategische Ausrichtung des chinesischen Denkens und Handelns auf die Zukunft thematisiert. Was Ihren chinesischen Geschäftspartner anbelangt, können Sie sicher sein, dass er langfristige Geschäftsbeziehungen mit Ihnen anstrebt.

Beispiel: Spricht Ihr Geschäftspartner an, wie wichtig ihm ein besonnenes Vorgehen ist, können Sie mit diesem Idiom als Bestätigung die Grundlage für eine auf Vertrauen basierende, langfristige Geschäftsbeziehung legen. „Ich denke darüber ähnlich wie Sie, Herr Qiang. Wie sagt man bei Ihnen in China: Wer keinen langfristigen Plan hat, wird in Kürze Schwierigkeiten haben."

Verfolgen langfristiger Strategie

Nicht vor dem Gelben Fluss aufgeben.

不到黄河心不死 bù dào huánghé xīn bù sǐ.

Sinn: nicht aufgeben, ehe entweder alle Hoffnungen passé sind oder man das Ziel erreicht hat.

Tipp: Diese sehr bekannte Redewendung kann als Emphase für das Verfolgen langfristiger Strategien oder Pläne angewendet werden.

Beispiel: Die Human Resources-Abteilung eines *Joint Ventures* hat vor einigen Monaten zwei Personalentwicklungsprogramme für die Führungskräfte initiiert. Der chinesische Geschäftsführer hat allerdings mit schnelleren Ergebnissen gerechnet. Karl Ringleb, Leiter Human Resources, möchte den Geschäftsführer überzeugen, dass es für erste Ergebnisse noch zu früh ist: „Wir sind gerade eben aufgebrochen. Alle arbeiten fleißig und geben nicht auf, ehe wir nicht alle den Gelben Fluss erreicht haben!"

Verfolgen langfristiger Strategie

Ehe die Truppen in Gang gesetzt werden, muss erst der Proviant vorausgehen.

兵马未动, 粮草先行 bīng mǎ wèi dòng, liáng cǎo xiān xíng.

Sinn: um Erfolg zu haben, muss alles vorausschauend und gut vorbereitet sein.

Tipp: Das Idiom eignet sich bestens, wenn Sie eine Unternehmensstrategie mit internen Maßnahmen verknüpfen wollen.

Beispiel: „Ich fasse kurz zusammen: Wir haben uns also darauf geeinigt, unsere Produkte umweltfreundlicher zu machen. Die Regierung setzt auch immer mehr auf Umweltfreundlichkeit. Damit sind wir auf einem guten Weg. Ich gebe allerdings zu bedenken, dass, ehe die Truppen in Gang gesetzt werden, unbedingt der Proviant vorausgehen muss. Das bedeutet Schulungen für Sourcing, Sales und Marketing."

Vorteil (strategischer)

Wasser über ein abschüssiges Dach kippen.

高屋建瓴 gāo wū jiàn líng.

Sinn: einen strategischen Vorteil haben/von einer günstigen Position aus handeln. Etwas dominiert und ist unaufhaltbar.

Beispiel: Ein chinesisches Bergbauunternehmen hat ein Treffen der Führungsspitze anberaumt. Herr Zhong, der sich kürzlich auf einer Bergbau-Messe in Deutschland informiert hat, unterbreitet den übrigen Führungsmitgliedern seine Idee: „Auf der Messe habe ich Walter Bergmann kennen gelernt. Er hat ein Unternehmen, das sich auf die Entwicklung von Absaugvorrichtungen im Tunnelbau spezialisiert hat. Meine Idee ist, eine Kooperation mit ihm anzustreben. Wenn wir sehr moderne Absaugvorrichtungen einsetzen und somit sicherer und zeitsparender arbeiten könnten, hätten wir die Möglichkeit, ständig Wasser über ein abschüssiges Dach gießen zu können!"

***Worst-case-Szenario*, Untermauern von**

Die Hühner sind fortgeflogen und die Eier zerbrochen.

鸡飞蛋打 jī fēi dàn dá.

Sinn: sämtliche Gelegenheiten verpasst haben; mit leeren Händen aus einer Sache herauskommen.

Tipp: Wird benannt, wenn wirklich alles verloren ist. Sie können es in Gesprächen mit Ihren chinesischen Geschäftspartnern anwenden, wenn Sie ein *Worst-case*-Szenario untermauern wollen.

Beispiel: Ein deutsch-chinesisches Unternehmen sucht für sich eine neue Marktpositionierung. Herr Wen setzt sich dafür ein, mit dem firmeneigenen Markenprodukt X8 nach einer Weiterentwicklung in das sehr preissensitive Segment einzutreten. Frau Isensee hat große Vorbehalte: „Wir sollten prüfen, ob wir damit nicht in einen Hyper-Wettbewerb eintreten. Ich habe große Sorge, dass nachher alle Hühner fortgeflogen und sämtliche Eier zerbrochen sind."

***Worst-case*-Szenario, Untermauern von**

Ein Blinder auf einem blinden Pferd.

盲人瞎马 máng rén xiā mǎ.

Sinn: sich in höchste Gefahr begeben, blindlings ins Verderben rennen.

Beispiel: Strategiebesprechung in einem *Joint Venture*. Der deutsche Controlling-Chef stellt Zahlen, Prognosen und die Trendlinien eines Großkunden des Unternehmens für das kommende Geschäftsjahr vor. Am Ende seiner Präsentation kommt er zu dem Schluss, die Geschäftsbeziehung zu dem Kunden zu intensivieren. Sein chinesischer Kollege, Verantwortlicher für die Unternehmensstrategie, schließt sich dem Argument nicht an: „Die Zahlen, die Sie genannt haben, sind natürlich korrekt. Allein 48 % unseres Jahresumsatzes haben wir mit diesem Großkunden generiert. Allerdings hat ein Konkurrenzunternehmen den Markt betreten. Bis jetzt ist es noch keine große Gefahr für uns, aber seine Produkte werden gut angenommen. Unser Großkunde wird also irgendwann die Gelegenheit haben, uns gegeneinander auszuspielen. Wenn wir uns jetzt noch mehr auf den Großkunden ausrichten, verhalten wir uns meiner Meinung nach wie ein Blinder auf einem blinden Pferd."

Zeitpunkt, richtiger

Ehe man den Hasen nicht gesehen hat, lässt man den Falken nicht los.

不见兔子不撒鹰 bù jiàn tùzi bù sā yīng.

Sinn: erst etwas unternehmen, wenn der Erfolg sicher ist.

Beispiel: Die Absatzzahlen eines deutsch-chinesischen Unternehmens schwanken. Reinhard Spitzer aus der Führungsriege sieht das Unternehmen genötigt, möglichst bald zu handeln und schlägt seinen Kollegen vor: „Die großen Schwankungen des Absatzes scheinen einem Zeit- und lokalen Muster zu folgen. Wir sollten als erstes die Logistikstrategie ändern und eine größere Stückzahl auf Lager legen. Und dann eine größere Menge kurz vor Steigen des erwarteten höheren Absatzes in die entsprechenden *profit center* liefern." Herr Zheng hält entgegen: „Ihr Vorschlag ist unter Umständen eine effektive Maßnahme. Aber ehe wir den Hasen nicht gesehen haben, sollten wir den Falken nicht loslassen."

Ziel, Preisgabe von

Auf das Gras schlagen und die Schlange aufscheuchen.

打草惊蛇 dǎ cǎo jīng shé.

Sinn: unnötiges Aufsehen erregen, unvorsichtigerweise sein eigenes Ziel preisgeben.

Background: Das Idiom stammt wohl aus einer sehr alten Erzählung, in der es ursprünglich um Bestechung ging: Ein richterlicher Beamter nahm Bestechungsgelder an und bestach auch selbst. Eines Tages erhielt er ein Schreiben, in dem sein Sekretär der Bestechung beschuldigt wurde. Der Richter schrieb auf die eingereichte Petition: Du hast auf das Gras geschlagen und dabei die Schlange aufgescheucht.

Tipp: Heutzutage findet das Sprichwort Anwendung, wenn jemand ohne Not und nur durch Unvorsichtigkeit sein Ziel preisgibt.

Beispiel: Ein chinesisches Unternehmen ist auf einer Firmenkontaktmesse auf der Suche nach einem potenziellen deutschen Kooperationspartner für die Umsetzung einer neuen Idee. Danling Xu und Dongbin Gao, die beiden Chefs, vertreten ihr Unternehmen selbst. Frau Xu tauscht sich mit Tim Reinhardt über die beiden Unternehmensportfolios aus. Nach dem Gespräch sagt Herr Gao zu ihr: „Ich habe beobachtet, dass er vorhin eine Unterredung mit unserem Konkurrenten hatte. Wir sollten auf gar keinen Fall auf das Gras schlagen, um die Schlange nicht aufzuscheuchen."

Strategiewechsel
kleineres Unternehmen

Für ein kleines Boot ist es leicht, zu wenden.

船小好调头 chuán xiǎo hǎo diào tóu.

Sinn: gebräuchlich im Business: Strategiewechsel.

Tipp: Im Business häufiger verwendete Metapher: Ein kleines Unternehmen kann schneller einen Strategiewechsel vollziehen oder seine Produktlinie verändern als ein großes Unternehmen oder ein großer Konzern.

Beispiel: Zwei chinesische Unternehmer treffen sich bei einem Geschäftsessen. „Wie ich sehe, bist du sehr erfolgreich. Was hast du für ein Erfolgsrezept?" „Es gibt kein richtiges Rezept. Ich hatte Glück. Außerdem ist ein kleines Boot leicht zu wenden!"

Strategiewechsel nicht möglich

Wenn man den Tiger reitet, ist es schwer, abzusteigen.

骑虎难下 qí hǔ nán xià.

Sinn: sich in einer Lage befinden, aus der es schwierig ist herauszukommen.

Background: In einer aussichtslosen Lage bekam der letzte Regent Yang Jian des Reiches Nördliches Zhou von seiner Ehefrau folgenden Rat: „Das Nördliche Zhou wird untergehen. Nun ist es so, als würdest du auf dem Rücken eines Tigers reiten. Es ist gefährlich, abzusteigen. Du kannst nichts weiter tun, als fortzufahren." – Offensichtlich erfolgreich in seinem Tun, gründete Yang Jian später die Sui Dynastie und vereinte China noch einmal.

Tipp: Dieses Idiom ist, nicht zuletzt wegen seines geschichtlichen Hintergrundes, sehr bekannt. Es beschreibt eine schwierige Situation, in der man, will man nicht erhebliche Nachteile erleiden, nichts weiter tun kann, als in seiner Tätigkeit fortzufahren. Entsprechend können Sie es für Ihre Zwecke einsetzen.

Beispiel: In einem deutsch-chinesischen Maschinenbau-Unternehmen überlegt die Führungsspitze, ob das Unternehmen in den Hochtechnologiesektor expandieren sollte. Im Gespräch ist auch der Flugzeugturbinenbau. Herr Zhong ist von der sich abzeichnenden Idee sehr begeistert: „Ich bin überzeugt davon, dass damit unser Unternehmen an die Spitze käme. Und auch die Situation des chinesischen Marktes spricht für unsere Idee!" Herr Selke vertritt eine skeptischere Meinung: „Dazu müssten wir Fachpersonal einstellen und unsere Produktionsstraßen völlig umbauen. Das will sehr gut überlegt sein. Denn wenn wir den Tiger erst reiten, können wir schwerlich wieder absteigen!"

Trinksprüche

Bei chinesischen Geschäftsessen und auf Banketten sind Trinksprüche ein Teil des Prozedere. Man isst zunächst einige kleinere Häppchen, bevor der Gastgeber eine Rede hält. Daran schließt er einen Trinkspruch an, der mit der Aufforderung *gān bēi* 干杯 (das Glas trocknen) endet. Dann ist es Sache des Gastes, mit einigen Dankesworten und einem Trinkspruch dem Gastgeber Gesicht zu geben. Nachfolgend finden Sie eine Auswahl an Trinksprüchen, mit denen Sie Ihren Geschäftspartner erfreuen können.

- Ein langer Fluss mit ferner Quelle.

源远流长 yuán yuǎn liú cháng.

Sinn: Auf eine lange Geschichte/Tradition zurückblicken können.

Tipp: Diesen Trinkspruch können Sie auch zu Beginn einer Zusammenarbeit bringen: „Ich hoffe, unsere Kinder können einmal über uns sagen: Es gibt einen langen Fluss mit ferner Quelle!"

- Die Flügel ausbreiten und sich in die Höhe schwingen.

展翅高飞 zhǎn chì gāo fēi.

Sinn: mit Macht vorwärtsstreben.

Tipp: Der Trinkspruch eignet sich für ein(e) gemeinsame(s) Projekt/Arbeit/strategische Allianz usw.

Beispiel: „Vor uns liegen erfolgreiche Zeiten. Breiten wir unsere Flügel aus und schwingen uns in die Höhe!"

- (So) kraftvoll wie ein Drache, kühn wie ein Tiger.

生龙活虎 shēng lóng huó hǔ.

Sinn: von Lebenskraft erfüllt; voll jugendlicher Vitalität.

Tipp: Diesen Trinkspruch können Sie verwenden, wenn Sie Ihren Gastgeber persönlich ansprechen wollen.

Beispiel: „Ich erhebe mein Glas auf …, der so kraftvoll wie ein Drache ist und kühn wie ein Tiger!"

- Ein Kranich unter Hühnern.

鹤立鸡群 hè lì jī qún.

Sinn: sich durch Verhalten und Fähigkeiten von allen anderen abheben.

Tipp: der Kranich ist generell in Asien äußerst positiv besetzt.

Beispiel: „Sie sind nicht nur ein erfolgreicher Geschäftsmann, sondern auch ein Kranich unter Hühnern!"

- Freundschaft zwischen Guan Zhong und Bao Shuya.

管鲍之交 Guǎn Bào zhī jiāo.

Sinn: echte, tiefe Freundestreue.

Background: zurückgehend auf einer tiefe Freundschaft aus der Zeit der Frühlings-und Herbst-Periode im Staat Qi.

Tipp: Dies ist ein sehr persönlicher Trinkspruch, den Sie aussprechen können, wenn Sie mit Ihrem Geschäftspartner nicht nur seit längerer Zeit Geschäfte tätigen, sondern auch, wenn Sie sich tatsächlich mit ihm verbunden fühlen.

Beispiel: „Wir können nun schon auf eine längere gemeinsame Zeit zurückblicken. Ich fühle mich an die Freundschaft zwischen Guan Zhong und Bao Shuya erinnert!"

Aussprachehinweis: Guan = gu-an; Zhong = dschung; Bao = bao; Shuya = schu-ja.

Unabhängigkeit von Ereignissen/Komponenten
Betonen von Unabhängigkeit von Ereignissen
Pferd und Ochse kommen nicht zueinander.

风马牛不相及 fēng mǎ niú bù xiāng jí.

Sinn: absolut nichts miteinander zu tun haben; nicht zu einem Plan dazugehören.

Background: Aus der chinesischen Literatur von Zuo Zhuan: „Du lebst im Norden und dein unwürdiger König lebt im Süden. Dies ist wie ein Pferd und ein Ochse in Hitze, beide haben nichts miteinander zu tun."

Tipp: Sie können das Sprichwort immer dort als Emphase einsetzen, wo Sie die Unabhängigkeit zweier Komponenten/Ereignisse usw. betonen oder aufzeigen wollen, dass etwas ohne jeden Zusammenhang besteht.

Beispiel: Ein geplantes größeres *Joint Venture* aus einem chinesischen und einem deutschen Unternehmen bewegt sich auf die *Signing*-Phase des *Merging*-Prozesses zu. Nachdem man in den Verhandlungen unterschiedliche Auffassungen feststellte, wurde der Zeitplan entschleunigt und die Verantwortlichen zu mehr Treffen eingeladen. Herr Wu verweist nun auf die rechtliche *Due Diligence*, die noch hohe Prozess-Risiken aufgedeckt hat. Ein mitgereister Anwalt möchte dies entkräften und formuliert: „Unserer Einschätzung nach werden sich die Prozessrisiken durch die Rückstellungen bei uns abdecken lassen. Es besteht keine Gefahr, dass Pferd und Ochse nicht zueinander kommen werden, wenn es um unsere Zusammenarbeit hier in China geht."

Unerreichbares

Anstreben von Unerreichbarem

Den Mond aus dem Meer fischen.

海底捞月 hǎi dǐ lāo yuè.

Sinn: etwas Unerreichbares anstreben.

Tipp: Dieses Sprichwort steht in China synonym für ein von vornherein zum Scheitern verurteiltes Unternehmen. – Wenn Sie einen Vorschlag Ihres Geschäftspartners damit kritisieren wollen, wäre (wie immer) eine Ich-Botschaft das Mittel der Wahl: „Ich habe den Eindruck, dass…", „Ich denke, dass…" oder ähnliche Formulierungen. Dies entspricht genau dem Vorgehen im Chinesischen, da es dem anderen Gesicht gibt – denn schließlich können wir als Sprecher uns ja auch irren, nicht wahr?

Beispiel: Im Controlling-Team eines deutsch-chinesischen *Joint Ventures* gibt es Unruhe. Die Stelle des Teamleiters soll neu besetzt werden und der im Team wenig beliebte Ottokar Geraldt hat sich auf die Stelle beworben. Sabine Miehe ist entsetzt: „Meizhu, was glaubst du, wird der Chef zustimmen?" „Mein Eindruck ist, dass er das nicht tun wird. Herr Geraldt könnte ebenso gut versuchen, den Mond aus dem Meer zu fischen."

Unglück

einem Unglück folgt ein zweites

Eine kranke Ente, die von einem Wiesel gebissen wird.

黄鼠狼单眼病鸭子 huáng shǔ láng dān yǎn bìng yā zi.

Sinn: jemand im Unglück, der sich einem erneuten Desaster gegenübersieht.

Tipp: Das Idiom beschreibt jemanden, dem ohnehin schon ein Unglück wiederfahren ist und der sich nun einer erneuten Kalamität gegenübersieht.

Beispiel: Eine befreundete Geschäftsfrau nahm das Idiom zur Hilfe, um ihren chinesischen Geschäftspartnern ihre Befürchtungen hinsichtlich einer Strategieänderung zu verdeutlichen. Sie verglich das Unternehmen mit der veränderten strategischen Ausrichtung mit der kranken Ente, die nun der Konkurrenz (dem Wiesel) zum Opfer fällt. Man verstand sofort und nahm, nach einigen Verhandlungen, einige Modifizierungen vor.

Verhandlungsinhalt, Prüfen von
sich Zeit verschaffen für das Prüfen von Verhandlungsinhalten
Eine Dattel als Ganzes herunterschlucken.
囫囵吞枣 hú lún tūn zǎo.
Sinn: schnell lesen, ohne darüber nachzudenken; etwas lesen, ohne zu verstehen.
Background: Das Sprichwort geht auf eine Anekdote über einen chinesischen Arzt zurück, der seinen Patienten mitteilte, Datteln seien gut für die Milz, aber schlecht für die Zähne. Um sich beide Vorteile zu sichern, schluckte ein Mann die Datteln kurzerhand im Ganzen herunter. – Diese Anekdote lieferte den Ursprung für das Idiom, das sich darauf bezieht, Information aufzunehmen und sie, ohne sie zu verdauen (nachzudenken), zu nutzen.
Tipp: Anwenden können Sie das Idiom immer dann, wenn Sie über Informationen noch länger nachdenken möchten oder Schriften und Papiere in Ruhe durcharbeiten möchten. Dann wollen Sie eben „nicht die Datteln als Ganzes schlucken."

Verhandlungspunkt
nicht zu erfüllender Verhandlungsapekt
Den Mond aus dem Meer fischen.
海底捞月 hǎi dǐ lāo yuè.
Sinn: etwas Unerreichbares anstreben.
Tipp: Dieses Sprichwort haben Sie bereits kennen gelernt als Anwendung in Situationen, in denen etwas Unerreichbares angestrebt wird. Es steht in China synonym für ein von vornherein zum Scheitern verurteiltes Unterfangen. In diesem Sinne kommt es in Verhandlungen zum Einsatz, wenn ein Verhandlungspunkt nicht zu erfüllen ist.
Beispiel: „Wir sind Ihnen bereits in zwei Punkten entgegengekommen. Ich fürchte allerdings, im vorliegenden Fall käme ein Versuch, uns zu einer Konzession zu bringen, dem Versuch gleich, den Mond aus dem Meer fischen zu wollen."

Verhandlungsvorschlag (vom Geschäftspartner)
Signalisieren eigener Ablehnung
Der Wind scheint bald Regen zu bringen.
山雨欲来风满楼 shān yǔ yù lái fēng mǎn lóu.
Sinn: erste Anzeichen für eine künftige Entwicklung.
Tipp: Ist in solchen Situationen einsetzbar, in denen Sie aufgrund wahrgenommener Variablen befürchten, eine Lage könnte sich verschlechtern.
Beispiel: Herr Hu, CEO eines Unternehmens der Feinmechanik-Branche, möchte das Unternehmen von Frau Zhang aufkaufen und trifft sich mit ihr zum Abfassen der Absichtserklärung. Der ursprüngliche Plan war, das Unternehmen vollständig zu erwerben und den

Letter of Intent so zu formulieren, dass die nachfolgenden Phasen der Akquisition schnell abgeschlossen werden können. In der Zwischenzeit ist Herrn Hu jedoch zugetragen worden, dass das Unternehmen größere Außenstände zu haben scheint. Ein erstes Überprüfen der Lage scheint die Information zu bestätigen. Deshalb wendet er sich an Frau Zhang „Wir hatten über den Verkauf des Unternehmens gesprochen. In der Zwischenzeit ist aber viel Wind aufgekommen. Und ich glaube, er wird jede Menge Regen bringen."

Verlust
Befürchtung von Verlust
Beim Versuch, eine Henne zu stehlen, auch noch eine Handvoll Reis verlieren.
偷鸡不着蚀把米 tōu jī bù zháo shí bǎ mǐ.
Sinn: auf Wolle ausgehen und geschoren heimkehren.
Tipp: In Strategieverhandlungen können Sie das Idiom sehr gut verwenden, um zu verdeutlichen, dass Sie das infrage kommende Risiko für größer halten als den möglichen Gewinn.
Beispiel: In einem neu gegründeten *Joint Venture* wird über eine Geschäftsfeldstrategie verhandelt. Die drei Geschäftsführer Ma, Dong und Erfi stimmen jedoch bezüglich der Strategieformulierung nicht überein. Frau Erfi: „Die durchgeführten Umfeldanalysen haben ergeben, dass wir beim Absatz der Farben wahrscheinlich mit einer stetig steigenden Nachfrage rechnen dürfen." Während Herr Ma zustimmt, erwidert Herr Dong: „Da wir bei unserer Koordinationsarbeit zum Zusammenführen beider Unternehmen bereits durch Disteln und Dorngestrüpp gegangen sind (siehe auch Kontaktausnahme/Smalltalk) sollten wir alles daran setzen, beim Versuch eine Henne zu stehlen, nicht auch noch eine Handvoll Reis zu verlieren."

Verständnis
oberflächliches Verständnis von etwas
Im Vorbeireiten Blumen betrachten.
走马看花 zǒu mǎ kàn huā.
Sinn: nur flüchtig hinsehen, dadurch kein genaues Verständnis haben; nicht sorgfältig genug auf eine Angelegenheit sehen.
Tipp: In den vorangegangenen Kapiteln hatten wir festgestellt, dass Chinesen ein holistisches, d. h. ganzheitliches, Denken haben. Demnach bedeutet Verständnis für sie, eine Sache eingebettet in ihrem Kontext zu sehen. Der deutsche Ausdruck „etwas durchdrungen haben" kommt dem sehr nahe.
Beispiel: Ein CEO will von Herrn Zhong, seinem PE-Chef, wissen, ob ein bestimmter Bewerber für eine Stelle infrage kommt. Herr Zhong ist jedoch von den Fähigkeiten des Bewerbers alles andere als überzeugt: „Wir haben uns ausführlich unterhalten. Mein Eindruck ist jedoch, dass er allzu oft nur im Vorbeireiten die Blumen betrachtet hat."

Versuch
Starten eines sinnlosen Versuchs

Mit einem Stück Eis die Fliegen anlocken wollen.

以冰致蠅 yǐ bīng zhì yíng.

Sinn: einen sinnlosen Versuch starten.

Tipp: Wenn Sie Kritik an einem bestimmten Vorgehen/einer bestimmten Strategie üben wollen, hilft Ihnen dieses Idiom, Gesicht wahrend für Ihren Geschäftspartner vorzugehen und die Geschäftsbeziehung nicht durch harsche Kritik unnötig zu gefährden. Bitte leiten Sie dabei ein mit dem üblichen „Ich befürchte…", „meiner Meinung nach …", „meine Sorge ist …" usw.

Beispiel: Ein deutsch-chinesischer Elektronik-Konzern. Obwohl der Konzern in letzter Zeit einige Schwierigkeiten hatte, geeignetes Personal für die Produktion zu finden, empfiehlt die Controlling-Abteilung, die Personalkosten zu reduzieren. Frau Wen, die Personalchefin, stellt sich gegen den Vorschlag und gibt zu bedenken: „Ich habe große Sorge, dass, wenn eine solche Kürzung draußen bekannt wird, unser Bemühen, gute Arbeiter zu finden, dem Versuch gleichkäme, mit einem Stück Eis Fliegen anlocken zu wollen."

Vertragsprüfung
sich Zeit verschaffen zur Vertragsprüfung
Eine Dattel als Ganzes herunterschlucken.

囫圇吞枣 hú lún tūn zǎo.

Sinn: schnell lesen, ohne darüber nachzudenken; etwas lesen ohne es zu verstehen.

Background: Das Sprichwort geht auf eine Anekdote über einen chinesischen Arzt zurück, der seinen Patienten mitteilte, Datteln seien gut für die Milz, aber schlecht für die Zähne. Um sich beide Vorteile zu sichern, schluckte ein Mann die Datteln kurzerhand im Ganzen herunter. – Diese Anekdote lieferte den Ursprung für das Idiom, das sich darauf bezieht, Information aufzunehmen und sie, ohne sie zu verdauen (nachzudenken), zu nutzen.

Tipp: Anwenden können Sie das Idiom immer dann, wenn Sie über Informationen noch länger nachdenken möchten oder Schriften und Papiere in Ruhe durcharbeiten möchten. Dann wollen Sie eben „nicht die Datteln als Ganzes schlucken."

Beispiel: Herr Kenn ist Entsandter für einen deutschen, mittelständischen Zulieferer und war bereits einige Male in China, um dort Stoffe zu kaufen. Er glaubt zu wissen, dass die vom chinesischen Unternehmer angebotenen Preise zu hoch sind. Er würde sich gern mehr Zeit zum Prüfen des Sachverhalts verschaffen. Seine Verhandlungspartnerin Frau Chen legt ihm einen nahezu unterschriftsreifen Vorvertrag vor. Herr Kenn: „Ich danke Ihnen sehr für Ihre Mühe. Ich bin überzeugt, dass Sie hervorragende Qualität liefern werden. Nur muss ich für heute sagen, dass ich die Dattel nicht als Ganzes herunterschlucken kann. Wären Sie einverstanden, wenn wir uns übermorgen um die gleiche Zeit noch einmal treffen würden?"

Hinweis: Wenn Sie einen Verhandlungspunkt auf einen späteren Zeitpunkt verschieben möchten, sollten Sie unbedingt einen konkreten Termin nennen! Sagen Sie hingegen, dass Sie etwas „später noch einmal besprechen" möchten, kommt das für Chinesen einer indirekten Absage gleich (siehe auch „feste Wendungen", Abschn. 7.7).

Verzeihen

Verzeihen von Fehlern

Ein Mensch kann beim Gehen stolpern, ein Pferd beim Galoppieren.

人有失足, 马友失蹄 rén yǒu shī zú, mǎ yǒu shī tí.

Sinn: Niemand ist perfekt, Fehler passieren allen.

Tipp: Das Idiom verweist darauf, dass Fehler nicht zu verhindern sind, es aber wichtig ist, diese zu korrigieren Das Chinesische selbst zeigt die Relevanz dieser Fehlerkorrektur: Es gibt gleich mehrere Begriffe für „Entschuldigung", deren Gebrauch vom Grad des Sich-Schuldigfühlens des Sprechers abhängig ist. Und viele Chinesen sind mit Konfuzius' Ausspruch aufgewachsen: Wer einen Fehler nicht korrigiert, begeht einen zweiten.

Tipp: Das Idiom eignet sich hervorragend, um einem Gesprächspartner, dem ein Fauxpas unterlaufen ist, Gesicht zu geben. – Auch während des Smalltalks können Sie es einsetzen, wenn Sie unsicher sind, welches Verhalten man in einer bestimmten Situation von Ihnen erwartet. Sprechen Sie das Idiom an und bitten Sie Ihr Gegenüber um Rat. Sie werden überrascht sein, wie schnell sich zum einen die Atmosphäre lockert. Zum anderen ist dieser Schritt sehr diplomatisch, gibt er doch Ihren chinesischen Geschäftspartnern die Möglichkeit, Ihnen einen Einblick in die chinesische Kultur geben zu können (Vertrauensaufbau!).

Beispiel: Enno Frühberger verbringt den ersten Tag als *Expatriate* in China. Nach Feierabend folgt er einer Einladung zum Essen. Da er der einzige Ausländer in der Runde ist, fühlt er sich leicht verunsichert. Er möchte seinen Gastgeber bitten, ihm mögliche Fehler nicht nachzutragen: „Herr Wu, es gefällt mir sehr gut in China, obwohl ich noch nicht so oft hier war. Ich glaube, ich muss noch viel lernen." Sein Gastgeber erwidert: „Wir freuen uns, dass Sie gut angekommen sind und dass Sie sich wohl fühlen. Und machen Sie sich keine Gedanken. Bei uns gibt es ein Sprichwort: Ein Mensch kann beim Gehen stolpern, ein Pferd beim Galoppieren." Herr Frühberger fragt nach der Bedeutung und schon kommt die ganze Runde ins Gespräch.

Verzeihen von Fehlern

Es ist unmöglich, einen Unfehlbaren zu finden, so wie es unmöglich ist, Gold zu finden, das hundertprozentig rein ist.

人无完人, 金无足赤 rén wú wán rén, jīn wú zú chì.

Tipp: Das Idiom eignet sich bestens zur Gesichtswahrung, wenn Ihrem Geschäftspartner ein Fehler unterlaufen ist. Natürlich können Sie es analog auch bei chinesischen Mitarbeitern oder Freunden verwenden.

Beispiel: Max Mester wurde zusammen mit vier anderen Kollegen in ein chinesisches Unternehmen eingeladen, um eine mögliche Kooperation zu besprechen. Das Unternehmen hat zwar eine Präsentationsmappe vorbereitet, aber – wie alle sofort bemerken – keine mit englischer Übersetzung. Dem Geschäftsführer ist der Fehler furchtbar peinlich, hat er doch nach chinesischen Maßstäben Gesicht verloren. Max Mester bemüht sich darum, ihm Gesicht zu verschaffen: „Ich bemühe mich seit geraumer Zeit, Chinesisch zu lernen und ich fühle mich geehrt, dass Ihre Sekretärin mir so viel zutraut. Es wäre falsch, ihr einen

Vorwurf zu machen. Denn wie ein kluges Sprichwort sagt: Es ist unmöglich, einen Unfehlbaren zu finden, so wie es unmöglich ist, Gold zu finden, das hundertprozentig rein ist."

Verzeihen von Fehlern

Eine gelungene (gute) Sache, viele Mühlsteine.

好事多磨 hǎo shì duō mó.

Sinn: es geht nicht immer alles glatt.

Tipp: Der Inhalt entspricht in etwa unserem deutschen „keine Rose ohne Dornen" und ist vielseitig einsetzbar, z. B. als Motivator oder als entlastender Gesichtgeber.

Beispiel: Ina Moritz wohnt während ihres mehrmonatigen Sprachkurses bei einer chinesischen Familie in Wuxi. Zu ihrer großen Verzweiflung bekommt sie trotz intensiven Lernens keinen richtigen Boden unter die Füße. Besonders das Schreiben der Schriftzeichen bereitet ihr Mühe. Nach einem schlechten Testergebnis meint ihre Gastmutter Frau Ren: „Bei uns sagt man: Bei einer guten Sache gibt es viele Mühlsteine. Du darfst nur nicht aufgeben!"

Hinweis: Sollten Sie sich mit dem Gedanken tragen, Chinesisch lernen zu wollen (falls Sie es nicht bereits sprechen…), seien Sie geduldig mit sich. Einer der Mühlsteine sind die vier Töne. Das westliche Ohr braucht einige Zeit, um ihre Unterschiede genau herauszuhören. Der zweite Mühlstein sind die Schriftzeichen. Wenn Sie sie allerdings von Beginn an systematisch lernen, ist der Mühlstein gar nicht mehr so groß. Und die Mühe lohnt sich allemal: Die chinesische Sprache ist gespickt mit Genauigkeiten und sprachlichen Unterscheidungen, die das Deutsche gar nicht kennt, und schult – quasi nebenbei – die Wahrnehmung im sozialen Miteinander.

Vorausschau

Berücksichtigung in Strategie

Ein kluger Hase hat drei Eingänge zu seinem Bau.

狡兔三窟 jiǎo tù sān kū.

Sinn: vorausschauend handeln.

Tipp: Sehr gut einsetzbar, wenn Sie mit Ihrem Geschäftspartner einen Plan B entwickeln wollen. Oder auch während einer Verhandlung, wenn die Erfüllung einer Bedingung Ihnen als nicht absolut gesichert erscheint und Sie von Ihrem Gegenüber die Alternativen erfahren wollen.

Beispiel: Die Führungsspitze eines deutsch-chinesischen *Joint Ventures* diskutiert die Einführung eines Qualitätsmanagements. Herr Dong hat soeben Frau Niemann als QM-Beauftragte vorgeschlagen. Sie solle zunächst an Schulungen teilnehmen, um dann das QM-Wesen im Unternehmen zu implementieren. Die Herren Mauer und Zhong sind prinzipiell einverstanden: „Ihr Vorschlag ist gut. Auch wir halten Frau Niemann für sehr geeignet. Doch wir sollten berücksichtigen, dass ein kluger Hase drei Eingänge zu seinem Bau hat."

Berücksichtigung in Strategie

Ehe die Truppen in Gang gesetzt werden, muss erst der Proviant vorausgehen.

兵马未动, 粮草先行 bīng mǎ wèi dòng, liáng cǎo xiān xíng.

Sinn: um Erfolg zu haben, muss alles vorausschauend und gut vorbereitet sein.

Beispiel: Ein chinesisches Unternehmen beabsichtigt, den deutschen Markt zu betreten. Einige Analysen liegen bereits vor, mögliche Standorte wurden schon intensiv geprüft. Dongmao Ren, ein echter *top dog*, treibt die Pläne voran. Herr Yu plädiert dafür, mehr Zeit in die Vorbereitungen zu investieren: „Der künftige Niederlassungsleiter sollte Deutsch sprechen können. Denn wie haben schon unsere klugen Väter und deren Väter gewusst: Ehe die Truppen in Gang gesetzt werden, muss erst der Proviant vorausgehen."

Hinweis: Herr Yu bremst Herrn Ren auf recht elegante Weise. Er nutzt nicht nur das Sprichwort, um auf die Relevanz der Vorbereitungen hinzuweisen, sondern nutzt auch das Senioritätsprinzip, indem er auf die Weisheit der Väter und Großväter verweist.

Voraussetzung
fehlende Voraussetzung
Ohne Reis kochen wollen.

无米之炊 wú mǐ zhī chuī.

Sinn: etwas aufgrund fehlender Voraussetzungen nicht erfüllen können.

Beispiel: Yide Wen aus der Controlling-Abteilung hatte die Aufgabe, die Jahreszahlen in Diagrammen zu visualisieren. Als der Leiter der Abteilung aus dem Urlaub kommt, ist die Präsentation noch nicht fertig. Der Leiter ist sauer und beschwert sich bei seinem Stellvertreter. Dieser beschwichtigt: „Unser Computersystem hatte einen üblen Absturz. Wie hätte Yide ohne Reis kochen sollen?"

Beispiel: Eine größere Bank hat einen externen Volkswirt eingeladen, um den Verantwortlichen eine externe Meinung zur Risikoabschätzung der kommenden Jahre bezüglich der globalen Konjunkturentwicklung zu geben. Er weiß um die Lage der Kreditausfälle und möchte den Entscheidern der Bank sagen, dass es in der nächsten Zeit zu weiterer Schwankungen kommen könnte: „Wenn ich an das Kreditvergabegeschäft an Unternehmen denke, könnten Sie unter Umständen langfristig in die Lage kommen, ohne Reis kochen zu wollen."

Vorbereitung
Vorbereitung in allerletzter Minute (Kritik)
Seinen Speer nur vor der Schlacht schärfen.

临阵磨枪 lín zhèn mó qiāng.

Sinn: Vorbereitungen in allerletzter Minute treffen.

Tipp: Dass der Sprecher hier seine Unzufriedenheit über ein aus seiner Sicht inadäquates Zeitmanagement ausdrückt, ergibt sich aus dem Inhalt nahezu von selbst. Was ist also der Vorteil des Idiomgebrauchs? – Gesprächstaktisch, und auch psychologisch, macht es einen großen Unterschied, ob Sie Ihren Geschäftspartner direkt, klar und deutlich (wie Sie es im Westen ja gewohnt sind) Ihre Meinung kundtun, oder ob Sie von *Ihrem* Eindruck/*Ihrer* Befürchtung sprechen, der Speer werde erst vor der Schlacht geschärft. Mit der letzteren Möglichkeit verlagern Sie Ihre Kritik weg vom Hörer. Dieser behält Gesicht, aber Ihre Kritik kommt trotzdem an!

Beispiel: „Ich befürchte, es nützt uns gar nichts, unseren Speer nur vor der Schlacht zu schärfen, wir müssen uns gut auf diesen potenziellen Großkunden vorbereiten!"

Vorbereitung in allerletzter Minute (Kritik)

Einen Brunnen erst graben, wenn der Durst kommt.

临渴掘井 lín kě jué jǐng.

Sinn: die Dinge erst in letzter Minute anpacken; mangelhafte langfristige Planung.

Background: Aus den Schriften von Su Wen: „Ein Mann ging zum Arzt, nachdem er krank war. Einem Staat wurde Frieden gegeben, nachdem das Chaos regiert hatte. Das ist wie einen Brunnen zu graben, nachdem der Durst eingesetzt hat oder die Waffen zu schmieden, wenn der Kampf schon längst begonnen hat. – Ist es dann nicht schon zu spät?"

Tipp: Wenn Sie für einen Zeitplan plädieren, der einen festen Zeitblock für gründliche Vorbereitungen voraussetzt, ist das Sprichwort ideal. Sie können es dann Gesicht gebend anwenden, wenn Sie entweder das Gefühl haben, dass Ihr Geschäftspartner einer gemeinsamen Vorbereitung nicht die notwendige Aufmerksamkeit zukommen lässt, oder wenn Sie selbst Ihre Vorbereitungen ankündigen wollen und dabei Unterstützung wünschen.

Beispiel: Vorbereitungen zu einem Kongress eines deutsch-chinesischen Wirtschaftsverbandes. Ragnhild Rietmüller, die Verantwortliche für die Organisation, stellt fest, dass die involvierten chinesischen Geschäftspartner noch immer nicht ihre TOP eingereicht haben. Sie wendet sich an Meizhu Qing, die Koordinatorin für die chinesischen Geschäftspartner: „Frau Qing, ich freue mich, dass es Ihnen gelungen ist, so zahlreiche Unternehmen zu einer Teilnahme zu bewegen. Sicher wird dadurch die Veranstaltung zu einem Erfolg. Damit wir nicht Gefahr laufen, einen Brunnen graben zu müssen, wenn der Durst kommt, sollten wir nicht vergessen, noch die Tagesordnungspunkte zusammenzustellen."

Wahrscheinlichkeit (siehe auch Ereignis).

Ereignis, selten und wertvoll

Phönix-Federn und Einhorn-Horn.

凤毛麟角 fèng máo lín jiǎo.

Sinn: etwas, das nicht existiert oder extrem unwahrscheinlich ist.

Beispiel: Dr. Dong Lin, CEO eines chinesischen Elektrotechnikunternehmens, kommt von einem Wirtschaftstreffen zurück. Ihm ist anzusehen, dass er aufgewühlt ist. Er sucht seinen Freund und stellvertretenden Geschäftsführer auf: „Ich hatte heute Morgen ein sehr langes Gespräch mit Dr. Bernhard Treinhof, einen der Geschäftsführer des deutschen Konzerns PowerOhm. Er ist auf der Suche nach einem verlässlichen chinesischen Partner. Und unser Gespräch war äußerst vielversprechend. Er hat Interesse, unserem Unternehmen einen Besuch abzustatten, um unser Gespräch zu vertiefen." „Nun, Konzern Power Ohm, das ist beeindruckend. Wenn es Dr. Treinhof wirklich ernst ist, dann haben wir Phönix-Federn und Einhorn-Horn!"

sehr geringe Wahrscheinlichkeit für bestimmtes Ereignis

Der Baum aus Eisen treibt Blüten.

铁树开花 tiě shù kāi huā.

Sinn: Etwas kann kaum erreicht werden/passieren.

Tipp: Sie können mit diesem Sprichwort Ihre Bedenken gegenüber einer Strategie oder eines bestimmten Vorgehens äußern. Idealerweise leiten Sie ein mit: „Ich befürchte …",

„Ich vermute …" usw. Eine weitere feine Anwendung ist im Smalltalk möglich, wenn man Ihnen Komplimente macht, z. B. weil Sie einige chinesische Sätze gesprochen haben; hier könnten Sie erwidern, dass die Möglichkeit, Chinesisch sprechen zu können, einem Baum aus Eisen gleicht, der Blüten treibt. (Bitte verlieren Sie nicht aus dem Sinn, dass Bescheidenheit und Understatement zur höflichen Konversation gehören.)

Beispiel: In einem marktführenden Unternehmen für Haushaltskleingeräte sitzt die Führungsspitze in der monatlichen Besprechung zusammen. Arne Gottwald, der Marketing-Leiter, stellt gerade seine Beobachtung dar, dass das Konkurrenzunternehmen Kundenzufluss hat: „Ich frage mich, ob es ihnen gelingen könnte, die Marktführerschaft zu erreichen?" Herr Zheng erwidert. „Bei seinen Kampfpreisen? Eher bekommt ein Baum aus Eisen Blüten!"

Wettbewerb
heftiger Wettbewerb

Erbittertes Ringen zwischen Drache und Tiger.

龙争虎斗 lóng zhēng hǔ dòu.

Sinn: Auseinandersetzung zwischen zwei gleich starken Gegnern; modern: heftiger Wettbewerb/harte Konkurrenz zwischen zwei gleich starken Unternehmen.

Beispiel: Ein chinesisches Großunternehmen möchte eine strategische Allianz mit einem deutschen Unternehmen eingehen. Zwei Unternehmen kommen dafür infrage. Während eines internen Meetings wird der CEO gefragt, welches der beiden Unternehmen wohl der künftige strategische Partner werden wird. „Nun", erwidert der CEO listig, „es wird anscheinend ein Ringen zwischen Drache und Tiger geben. Vielleicht können wir davon profitieren?!"

Widerspruch
Aufdecken von Widersprüchen

Sein Speer gegen seinen Schild.

自相矛盾 zì xiāng máo dùn.

Sinn: sich selbst widersprechen.

Background: Dieses Sprichwort geht auf eine wunderbare und von der Argumentation sehr elegante Anekdote zurück. Ein Mann aus dem Staat Chu wollte auf dem Markt einen Speer und einen Schild verkaufen. Laut pries er seinen Schild an: „Mein Schild hier ist so solide, er lässt nichts durch!" Das gleiche geschah mit seinem Speer. Auch ihn pries er lautstark an: „Mein Speer hier ist von so guter Qualität, er durchschlägt alles!" Ein vorbeigehender Mann blieb stehen: „Dann sag doch", fragte er den Verkäufer, „was würde geschehen, wenn du deinen Speer nutzest, um deinen Schild zu durchbohren?"

Hinweis: Die Anekdote ist sehr alt und so populär, dass sich aus ihr das chinesische Wort für „Widerspruch, sich widersprechen" ableitet: 矛盾 máo dùn. Das erste Schriftzeichen bedeutet Speer, das zweite Schild.

Tipp: Das Sprichwort können Sie immer dann anwenden, wenn Sie anzeigen wollen, dass Sie jemandes Widersprechen aufgedeckt haben. Bitte vergessen Sie nicht den guten Ton der Höflichkeit: „Ich glaube…“, „Meiner Meinung nach besteht…“ usw.

Beispiel: Ein deutsches hat mit einem chinesischen Unternehmen eine Verhandlung über den Verkauf von 50.000 Platinen abgeschlossen. Die Rechtsabteilung der Deutschen hat den Verhandlungsführer Achim Schollmann auf einen Widerspruch bezüglich der Liefertermine aufmerksam gemacht. Beim nächsten Treffen mit dem chinesischen Partner bringt Achim Schollmann diesen zur Sprache: „Herr Li, wir freuen uns auf die Geschäfte mit Ihnen. Und darauf, dass wir zukünftig öfter in China sein können. Ich habe begonnen, mich mit den klugen chinesischen Sprichwörtern und Geschichten zu beschäftigen. Vor einigen Tagen habe ich von dem Mann gelesen, der auf dem Markt seinen Speer und seinen Schild verkaufen wollte. Ich glaube, in unserem Vertrag ist das auch versehentlich geschehen.“

Aufdecken von Widerspruch

Nach Süden fahren wollen, während der Wagen nach Norden gerichtet ist.

南辕北辙 nán yuán běi zhé.

Sinn: sich widersprechen; seine Pläne/Handlungen durch sein Tun ins Gegenteil verkehren.

Background: Aus der Zeit der Streitenden Reiche. Der König des Reiches Wei plante einen Überfall auf das Reich Zhao. Sein sich auf Reisen befindlicher Minister Ji Liang hörte davon und eilte zurück, um dem König dringend davon abzuraten: „Je häufiger Ihr einen solchen Schritt unternehmt, desto weiter werdet Ihr Euch von Eurem Ziel entfernen, ähnlich einem Mann, der nordwärts geht, aber nach Chu im Süden zu gehen wünscht!“

Tipp: Das Idiom wird gern genutzt, um herauszustellen, dass eine Handlung genau das Gegenteil von dem bewirkt, was eigentlich beabsichtigt war. – Sie können es demnach als starke Emphase nutzen, wenn Sie der Ansicht sind, eine Handlung oder auch eine Strategie laufe der ursprünglichen Intention zuwider.

Beispiel: Meizhu Chen ist Personalchefin in einem großen chinesischen Bauunternehmen, das in China, Deutschland, Südafrika und Nicaragua tätig ist. Frau Chen hat dafür gesorgt, dass im Ingenieurteam jeweils ein Ingenieur dieser Nationalitäten vertreten ist. Da im nächsten Jahr ein großes Kooperationsprojekt mit einem deutschen Unternehmen geplant ist, möchte Frau Chen Lukas Bornemann als Stellvertretenden Teamleiter entwickeln. Sie bespricht ihre Pläne mit Yuanming Wang, dem Leitenden Ingenieur. Herr Wang ist skeptisch: „Lukas ist ein ausgezeichneter Ingenieur. Er hat immer gute Ideen, wenn es Probleme gibt. Aber er kennt sich mit Baustoffen besser aus als mit Menschen. Hier passiert es häufig, dass er seinen Wagen nach Norden richtet, aber eigentlich nach Süden fahren will.“

Wissen

nur oberflächliches Wissen von etwas haben

Die Tasse nach einem winzigen Schluck beiseite stellen.

浅尝辄止 qiǎn cháng zhé zhǐ.

Sinn: oberflächliches Wissen über eine Sache/Angelegenheit haben.

Tipp: Immer dann, wenn Sie die Meinung vertreten, sich für Ihre Entscheidungen mehr Daten oder Fakten verschaffen zu müssen, ist dieses Idiom ideal. Denn mit diesem Sprichwort zeigen Sie klar, dass Ihr bisheriges Wissen lediglich an der Oberfläche kratzt. Selbiges gilt beispielsweise auch für ein gemeinsames Projekt mit Ihrem chinesischen Geschäftspartner, wenn Sie von ihm mehr Fakten und Informationen erwarten.

Beispiel: Über die chinesische Handelskammer wurden ein großes chinesisches Architekturbüro und ein deutscher Softwarehersteller miteinander bekannt gemacht. Die Architekten suchen für ein innovatives Projekt moderne Software, die dem Bauherren die geplanten Projekte sowohl in 3D als auch aus verschiedenen Perspektiven zeigen kann. Um die Programmierung genau auf die Kundenbedürfnisse maßschneidern zu können, möchte der IT-Spezialist Sören Kröner mehr über das Projekt erfahren. Zu seinem Bedauern halten sich die Chinesen mit Informationen jedoch sehr zurück. Herr Kröner hakt nach: „Sehr gerne würde ich die Programmierung nach Ihren Wünschen erstellen und sicherstellen wollen, dass Sie gut damit arbeiten können. Zurzeit bin ich jedoch gezwungen, meine Tasse nach einem winzigen Schluck beiseite zu stellen. Dies würde ich gern ändern.“

trotz Unwissen handeln

Ein Nudelholz benutzen, um das Feuer anzublasen.

擀面杖吹火 gǎn miàn zhàng chuī huǒ.

Sinn: gegenüber einer Gegebenheit völlig ignorant oder unwissend sein (auch geschäftlich).

Tipp: Chinesen benutzen die Metapher, um eine Person indirekt zu kritisieren, die gegenüber einer Gegebenheit völlig ignorant ist oder auch im geschäftlichen Bereich vor Fakten die Augen verschließt. Aus Höflichkeit wird auch dieser Spruch eingeleitet mit „Es sieht so aus, als …“, „Ich habe den Eindruck, dass …“ oder „Ich denke, dass …“. Die kommunikativen Kunstgriffe lassen einen Freiraum, den wir gern als *diplomatic gap* bezeichnen. Diese verzichtet auf den Anspruch, etwas als Faktum darzustellen, sondern wählt die subjektive Perspektive, was wiederum die Möglichkeit eines Sprecherirrtums offenlässt.

Beispiel: Ein chinesischer Chef beabsichtigt, sich auf einer großen Firmenkontaktmesse in Shanghai über die Portfolios westlicher Unternehmen in seiner Branche zu informieren. Da sein Englisch nicht flüssig ist, möchte er Xiao Liu mitnehmen. Dieser hat jedoch erst vor kurzem den Hochschulabschluss erworben und verfügt über keinerlei Erfahrung mit Westlern. Er bittet Fang Liu, einen älteren Kollegen, um Unterstützung. Dieser versucht, seinem Chef höflich klarzumachen, dass Xiao Liu sich mit der gestellten Aufgabe komplett überfordert fühlt: „Er fühlt sich sehr geehrt, Herr Direktor. Aber er hegt große Befürchtungen, Ihren Wünschen nicht gerecht zu werden, weil er noch ein Nudelholz benutzen muss, um das Feuer anzublasen.“

Hinweis: Aufgrund des Senioritätsprinzips würde Xiao Liu es nie wagen, seinem Chef die Bitte auszuschlagen. Er sucht sich demnach – ganz den chinesischen Gepflogenheiten entsprechend – einen älteren Mittler.

unnützes Wissen erlernen

Lernen, den Drachen zu töten.

屠龙之技 tú lóng zhī jì

Sinn: Wissen erwerben/erworben haben, das aber in der Anwendung von geringem oder gar keinem Nutzen ist.

Background: Das Sprichwort geht auf eine alte chinesische Anekdote zurück. Zhu Pingman war ein kontemplativer Lerner. Besonders die Techniken, mit deren Hilfe sich Drachen töten lassen, hatten es ihm angetan. Als er alles über diese Techniken wusste, erzählte er den Leuten voller Stolz, wie sie das Drachentöten zu bewerkstelligen hatten: Kopf und Schwanz in einem geschickten Griff halten und dann die Waffe benutzen. Die Leute lachten und fragten, wo er denn die geniale Technik einzusetzen gedenke....

Beispiel: In einem chinesischen Feinmechanik-Unternehmen hat der Hochschulabsolvent Fang Fang eine Anstellung bekommen. Ehe er sein späteres Arbeitsgebiet, die Logistik, übernehmen kann, soll Fang Fang zunächst die Abteilungen des Unternehmens durchlaufen. Als er in der Produktion ankommt, nimmt Lao Wang ihn unter seine Fittiche. Fang Fang soll für ihn ein Probestück fertigen. Dabei stellt er sich nicht sonderlich geschickt an. Der Alte Wang lacht ihn aus: „Siehst du, Fang Fang, das ist das, was sie euch an der Universität lehren: alles Techniken, bei denen ihr lernt, den Drachen zu töten!"

Hinweis: Wie an anderer Stelle ausgeführt, ist *Lǎo Wáng* 老王, also Alter Wang, keine respektlose Verunglimpfung, sondern eine durchaus ehrenvolle Anrede für ältere Personen.

***Worst-case*-Szenario** (siehe Strategie).

Zeit
richtiger Zeitpunkt
Wenn die Melone reif ist, fällt die Blüte von allein.

瓜熟蒂落 guā shú dì luò.

Sinn: zur rechten Zeit fällt alles leicht.

Tipp: Immer dann, wenn Sie die Zeit für ein Projekt, eine Strategieumsetzung oder Ähnliches für reif halten, können Sie das Melonen-Idiom als Emphase für Ihre Argumentation einsetzen.

Beispiel: Ein deutsch-chinesisches Unternehmen für erneuerbare Energien sitzt mit einem Unternehmen aus Kanada am Verhandlungstisch. Die Kanadier fahren eine dissoziative Strategie, doch der chinesische Verhandlungsführer, Kuo Wen, bleibt gelassen und freundlich. Sein Stellvertreter, Sven Recke, fragt ihn während einer Verhandlungspause, wie er angesichts des Verhaltens der Kanadier so ruhig bleiben könne. „Sven, eines Tages wirst du ein guter Verhandler sein. Du wirst gewinnen, wenn du dich selbst, aber auch deinen Gegner kennst. Manchmal brauchst du nur zu warten, bis die Melone reif ist, denn dann fällt die Blüte von ganz allein!"

richtiger Zeitpunkt
Ehe man den Hasen nicht gesehen hat, lässt man den Falken nicht los.

不见兔子不撒鹰 bù jiàn tù zi, bù sā yīng.

Sinn: erst etwas unternehmen, wenn der Zeitpunkt für eine Maßnahme der richtige zu sein scheint.

Beispiel: Jörg Aller arbeitet in der Logistik eines großen deutsch-chinesischen *Joint Ventures*. Während der Mittagspause trifft er seinen Kollegen Qiuming Chen aus dem

Einkauf. „Qiuming, ich habe gerade von Guoming Zuo erfahren, dass unser Lieferant Mai-Dongxi unsere Konkurrenz viel preiswerter beliefert. Ich nehme an, du wirst etwas dagegen tun wollen?" „Ich danke dir. Wir werden den Falken jedoch erst loslassen, wenn wir den Hasen gesehen haben."

Beispiel: Eine Verhandlung zwischen zwei Stahlbetrieben. Augenblicklich verhalten sich die Deutschen dissoziativ und sind auch nach einer Konzession der Chinesen nicht bereit, einen Schritt auf die Verhandlungspartner zuzugehen. Ihrer Meinung nach erscheint die Konzession als zu gering. Während der Verhandlungsunterbrechung möchte der junge Ding Ding von Deyan Zhang wissen, warum dieser als Verhandlungsführer die Deutschen nicht ein wenig mehr in ihre Schranken weisen würde. „Du bist noch sehr jung, Ding Ding. Merke dir einen wichtigen Grundsatz in Verhandlungen: Ehe du den Hasen nicht gesehen hast, lässt du deinen Falken nicht los."

sich in Verhandlungen Zeit verschaffen

Eine winzige Ungenauigkeit kann zu einem großen Fehler werden.

差之毫厘, 失之千里 chā zhī háo lí, shī zhī qiān lǐ.

Tipp: Dieses Idiom eignet sich gut, um Sie als westlichen Manager darauf vorzubereiten, dass in China „Gut Ding braucht Weile" gelebt wird. Chinesen verfolgen ein Ziel nicht nur mit Beharrlichkeit und Geduld, sondern unterziehen eine Angelegenheit bereits im Vorfeld sorgfältigen Prüfungen und Überlegungen. Wenn Sie dies akzeptieren, ist die erste Hürde schon übersprungen. Selbstverständlich können auch Sie dieses Vorgehen zu Ihrem Vorteil nutzen: Benötigen Sie einen zeitlichen Puffer während Ihrer Verhandlungen, können Sie sich mithilfe dieses chinesischen Sprichwortes Gesicht gebend Zeit verschaffen. Eine Anmerkung über die Klugheit chinesischer Idiome rundet Ihre Diplomatie ab.

Beispiel: „Sie haben Ihre Forderungen gestellt, wir die unsrigen. Sie sind uns ein wenig entgegengekommen, wir Ihnen. Es gibt also viel, worüber wir nachdenken müssen. Dazu fällt mir ein sehr kluges chinesisches Sprichwort ein: Eine winzige Ungenauigkeit kann zu einem großen Fehler werden. Wir möchten diese Ungenauigkeit vermeiden und schlagen Ihnen vor, uns übermorgen erneut zu einem Gespräch zu treffen."

Hinweis: Wenn Sie auf Zeit spielen (müssen), achten Sie bei einem Aufschub darauf, unbedingt einen festen neuen Termin für weitergehende Gespräche zu nennen, wenn Ihnen an einer Fortsetzung gelegen ist! Denn nennen Sie keinen neuen Termin, geht Ihr Gesprächspartner davon aus, dass Sie sich aus den Gesprächen zurückziehen wollen. Die Floskeln „Wir reden später darüber" u. ä. sind in China eine klare Absage!

Ziel

kurz vor Erreichen des Ziels nicht aufgeben

Ein Geschäft/eine Leistung wegen eines Korbvolls nicht erreichen.

功亏一篑 gōng kuī yī kuì.

Sinn: wegen eines nicht erfolgten letzten Versuchs nicht erfolgreich sein und kurz vor dem Ziel scheitern.

Background: Das Original findet sich im *Book of History* [尚书]: Den Erfolg dadurch nicht erreichen, dass ein Korb voll Erde fehlt, um den Erdwall zu vollenden.

Tipp: Gemeint ist, dass tatsächlich wegen eines letzten fehlenden Schrittes oder einer letzten kleinen Anstrengung das schlussendliche Ziel knapp verfehlt wird. Entsprechend kann es als Motivator dienen, oder in entsprechendem Kontext als Warnung, so kurz vor Abschluss nicht aufzugeben, um den Erfolg einer Maßnahme nicht zu gefährden.

Beispiel: Ein chinesischer Lieferant verhandelt mit einem deutschen Unternehmen. Die Konzessionsbereitschaft ist bis jetzt gering, besonders zäh wird um die Mindestmenge gerungen. Da macht der chinesische Verhandlungsführer einen Vorschlag: „Im Augenblick hat es den Anschein, als ob 10.000 Pferde stumm dastehen. Vielleicht sind wir alle einfach nur hungrig?" Der Deutsche versteht und lenkt ein: „Sie haben Recht, Herr Guo. Wir sollten etwas essen. Es wäre schade, unser gemeinsames Ziel wegen eines Korbvolls nicht zu erreichen!"

Hinweis: Der Chinese nutzt ein Idiom, dass Sie bereits kennen (siehe Atmosphäre). Es beschreibt eine bedrückende Atmosphäre. Mit dem Vorschlag zu Tisch zu gehen, gibt er seinen deutschen Verhandlungspartnern zu verstehen, dass ihm an einer Fortsetzung der Verhandlung gelegen ist. Der Deutsche wiederum spiegelt das Verhalten des Chinesen, indem er seinerseits auch ein Sprichwort zitiert, das in diesem Kontext seine eigene Verhandlungsbereitschaft zeigt. Darüber hinaus schafft das Spiegeln positiven Verhaltens Sympathie und Vertrauen.

Ziel nicht erreichen durch unbrauchbare Methode

Im Brunnen nach dem Mond fischen.

水中捞月 shuǐ zhōng lāo yuè.

Sinn: unpraktische Aktivitäten vollziehen.

Background: Das Sprichwort fußt auf einer Anekdote aus dem alten China: Eines Abends sieht ein Mann beim Wasserholen aus einem Brunnen das Spiegelbild des Mondes auf der Wasseroberfläche. Vom Schreck erfasst, holt er eilig ein Seil, um den Mond aus dem Brunnen zu befreien. Jedoch, das Seil verhakt sich, der Mann zieht mit aller Kraft, das Seil reißt – und der Mann fällt auf den Rücken. In dieser Position sieht er den Mond am Himmel und ruft erleichtert: „Da ist er ja wieder. Das ist mir aber gut gelungen!"

Beispiel: „Ich habe mich bemüht, Ding Ding für unser Projekt zu gewinnen. Aber ich hätte ebenso gut im Brunnen nach dem Mond fischen können."

unklares Ziel

Pfeile ziellos verschießen.

无的放矢 wú dì fàng shǐ.

Sinn: Die Intention einer Handlung/Äußerung ist unklar; ohne klares Ziel handeln.

Tipp: Wenn Sie die Handlungen Ihres Geschäftspartners damit kritisieren wollen, vergessen Sie bitte die *diplomatic gap* nicht: „Ich befürchte...", „Könnte es sein, dass..." usw.

Beispiel: Während eines Strategie-Meetings plädiert Finn Gansbach dafür, für ein bisheriges Nischenprodukt den Preis leicht abzusenken und die Qualität sukzessive zu erhöhen. Herr Chen ist ob des Vorschlags überrascht, ist er doch aus strategischer Sicht wenig sinnvoll: „Sicher müssen wir für unser Produkt einen Absatzplan entwickeln. Aber ich befürchte, mit den von Ihnen vorgeschlagenen Maßnahmen werden wir Pfeile ziellos verschießen."

Ziel unvorsichtig preisgeben

Auf das Gras schlagen und die Schlange aufscheuchen.

打草惊蛇 dǎ cǎo jīng shé.

Sinn: unnötiges Aufsehen erregen, unvorsichtigerweise sein eigenes Ziel preisgeben.

Background: Das Idiom stammt wohl aus einer sehr alten Erzählung, in der es ursprünglich um Bestechung ging: Ein richterlicher Beamter nahm Bestechungsgelder an und bestach auch selbst. Eines Tages erhielt er ein Schreiben, in dem sein Sekretär der Bestechung beschuldigt wurde. Der Richter schrieb auf die eingereichte Petition: Du hast auf das Gras geschlagen und dabei die Schlange aufgescheucht. Darüber hinaus verweist der Militärstratege Sunzi auf dieses Stratagem.

Tipp: Da es hier um vorzeitige Preisgabe eines Zieles geht, ist das Idiom prädestiniert für die Anwendung in Strategie-Meetings, Verhandlungen usw.

Beispiel: Herr Zuo, der Seniorchef eines großen chinesischen Textilunternehmens für hochwertige Seide, will sich aus seinem Unternehmen zurückziehen. In den letzten Monaten hat er viel Zeit damit verbracht, Changjun Zhao als seinen Nachfolger heranzuziehen und einzuarbeiten. Nun geht es ihm um die Verhandlungskompetenzen des Jüngeren: „Das Wichtigste in einer Verhandlung ist, Changjun, dass du niemals auf das Gras schlägst und die Schlange aufscheuchst!"

Ziel wegen äußerer Zwänge nicht verändern können

Wenn man den Tiger reitet, ist es schwer, abzusteigen.

骑虎难下 qí hǔ nán xià.

Sinn: sich in einer Lage befinden, aus der es schwierig ist herauszukommen.

Background: In einer aussichtslosen Lage bekam der letzte Regent Yang Jian des Reiches Nördliches Zhou von seiner Ehefrau folgenden Rat: „Das Nördliche Zhou wird untergehen. Nun ist es so, als würdest du auf dem Rücken eines Tigers reiten. Es ist gefährlich, abzusteigen. Du kannst nichts weiter tun, als fortzufahren." – Offensichtlich erfolgreich in seinem Tun, gründete Yang Jian später die Sui Dynastie und vereinte China noch einmal.

Tipp: Dieses Idiom ist, nicht zuletzt wegen seines geschichtlichen Hintergrundes, sehr bekannt. Es beschreibt eine schwierige Situation, in der man, will man nicht erhebliche Nachteile erleiden, nichts weiter tun kann, als in seiner Tätigkeit fortzufahren. Entsprechend können Sie es für Ihre Zwecke als sehr eindringliche Emphase nutzen.

Beispiel: Ein chinesisches Unternehmen ist dabei, ein Logistik-Zentrum in Deutschland aufzubauen. CEO Zhang und der Logistik-Leiter Dongbin Ma haben die Pläne viele Monate vorangetrieben. Herr Ma wird die Leitung des Logistik-Zentrums übernehmen. Sechs Wochen vor der geplanten Abreise nach Deutschland trifft Herr Ma einen Jugendfreund seines Vaters, der ihm die Stelle des Leiters Logistik in seinem international aufgestellten Konzern anbietet. Die Stelle wäre verbunden mit der Verantwortung für mehr als zehn Logistik-Büros weltweit. Abends erzählt Herr Ma seinem Bruder von dem Angebot. „Was wirst du tun, Dongbin?" „Für mich gibt es keine Option. Wenn man den Tiger reitet, ist es schwer, wieder abzusteigen."

Zusammenarbeit

Betonen der Gemeinsamkeit

Aus einem Baum wird noch kein Wald.

独木不成林 dú mù bù chéng lín.

Sinn: Ein Einzelner bringt schwerlich etwas zustande.

Tipp: Hier findet sich der für Chinesen wichtige Aspekt der sozialen Gemeinschaft wieder: Ein Einzelner ist demnach nicht in der Lage, eine herausfordernde Aufgabe im Alleingang zu bewältigen. Und – wenn Sie sich das *guānxi*-Prinzip in Erinnerung rufen – ist das für die chinesische Gesellschaft ja durchaus zutreffend.

Beispiel: In einem deutsch-chinesischen Unternehmen arbeiten Britta Flügel und Sa Yu in einer Abteilung zusammen. Mittags kommt der Abteilungsleiter: „Frau Yu, die Inventurliste, die Sie erstellt haben, weist so viele Fehler auf, dass sie für uns völlig unbrauchbar ist. Bitte gehen Sie ins Lager, lassen Sie sich den Vorgang erklären. Ich brauche die korrigierte Liste bis morgen!" Nach ihrem offiziellen Feierabend geht Frau Flügel ins Lager und findet ihre Kollegin Sa Yu zählenderweise vor den Regalen vor. Sie bittet Sa Yu: „Bitte gib mir eine unbearbeitete Liste. Schließlich wird aus einem Baum noch kein Wald."

Betonen der Gemeinsamkeit

Obwohl die Lotusblüte wunderschön ist, braucht sie die Unterstützung ihrer Blätter.

荷花虽好, 也要绿叶扶持 hé huā suī hǎo, yě yào lǜ yè fú chí.

Sinn: Ohne Unterstützung kommt niemand weit.

Tipp: Das Idiom ist aussagegleich mit dem „Baum, der noch keinen Wald ausmacht", jedoch ist dieses Idiom noch höflicher für den Adressaten, da es den Umstand des Könnens betont: gleichgültig, wie talentiert und versiert eine Person auch sein mag, letztendlich kommt sie ohne Mitwirkung anderer Personen nicht aus.

Beispiel: Während ihres Praktikums in China nimmt Charlotte Heinrich noch an einem Chinesisch-Kurs teil. Ihre Lehrerin Frau Gao bemerkt, dass Charlotte Sprachtalent hat und fleißig ist, durch ihre Schüchternheit aber nur schwer Anschluss findet. Die Lehrerin spricht sie an: „Charlotte, du hast in letzter Zeit zwar Fortschritte gemacht, aber du wirst bald an Grenzen stoßen. Denn auch wenn die Lotosblüte wunderschön ist, braucht sie doch die Unterstützung ihrer Blätter."

Beispiel: Als Mann sollten Sie im geschäftlichen Bereich auf den Gebrauch dieses speziellen Idioms einer Frau gegenüber verzichten, da „Lotosblüte" auch als Kompliment für attraktive junge Damen dient.

Betonen der Gemeinsamkeit

Eine Hand kann schwerlich klatschen.

孤掌难鸣 gū zhǎng nán míng.

Sinn: betont die Abhängigkeit von anderen; Gemeinsamkeit.

Background: *Hanfeizi: Official Honour*: „Klatsch mit einer Hand; so schnell es auch geht, bringt es doch keinen Ton hervor." – Dieses traditionelle Sprichwort ist sehr bekannt. Chinesen benutzen es, um zu betonen, dass der eigene Erfolg stets von der Unterstützung anderer abhängig ist.

Tipp: Selbstverständlich können Sie es in jeder Situation zum Einsatz bringen, in der Sie eine erfolgreiche Zusammenarbeit betonen wollen. Ein Kollege hat es eingesetzt, nachdem ein chinesischer Geschäftspartner ihn und seine Arbeit positiv hervorhob. Dieses kluge Vorgehen schuf nicht nur kulturelle Nähe, sondern vertiefte auch die Geschäftsbeziehung, die mittlerweile durch ein hohes Maß an Vertrauen geprägt ist.

Beispiel: „Ich habe nur einen bescheidenen Anteil an dieser Präsentation. Schließlich kann eine Hand allein schwerlich klatschen."

Betonen von Stärke durch Gemeinsamkeit

Ein Einzelfaden macht noch keine Schnur, ein einzelner Baum noch keinen Wald.

单丝不成线, 独木不成林 dān sī bù chéng xiàn, dú mù bù chéng lín.

Sinn: betont die Stärke der Zusammenarbeit.

Tipp: Hierin spiegelt sich das Kollektivistische der chinesischen Kultur. Gemeint ist, dass erst bei gemeinsamer Anstrengung ein übergeordnetes Ziel erreicht werden kann. Eine westliche Entsprechung wäre: Gemeinsamkeit macht stark. Der Unterschied ist, dass im Leben eines Chinesen dieses Prinzip ein übergeordnetes ist und angestrebt wird. Westler neigen hier zum Pragmatismus. Das Individualstreben wird erst dann hintan gestellt, wenn ein Ziel nur durch den Zusammenschluss mehrerer Personen erreicht werden kann.

Tipp: Anwendbar ist dieses Idiom als Motivator, um auszudrücken, dass man die Unterstützung des Geschäftspartners nicht nur für notwendig erachtet, sondern sich selbst klar als „unvollkommen" definiert.

Beispiel: Nach dem Beschluss zu einer strategischen Allianz: „Heute ist es uns gelungen, Kräfte zu bündeln. Denn ein Einzelfaden macht noch keine Schnur, so wie aus einem einzelnen Baum noch kein Wald wird. Ich bin überzeugt davon, dass wir gemeinsam viel erreichen werden."

Zusammenhang

kausaler, Betonen von

Wie der Schatten der Gestalt folgt.

如影随形 rú yǐng suí xíng.

Sinn: 1. wie Pech und Schwefel zusammenhalten; 2. in engem Zusammenhang stehen.

Tipp: Eignet sich gut, wenn Sie während Ihrer Argumentation kausale Zusammenhänge betonen möchten, dies gilt sowohl für positive als auch negative Konnotationen.

Beispiel: In einem deutsch-chinesischen Unternehmen für Computerbauteile tritt Jens Weber für die Einführung eines Qualitätsmanagements ein. „Wenn wir mit unseren Platinen eine einwandfreie und hochwertige Qualität liefern, werden wir auch viele Kunden haben, genauso, wie der Schatten der Gestalt folgt."

Beispiel: „Wenn es mir nicht bald gelingt, mein Chinesisch zu verbessern, wird mich Frau Wen bestimmt rausschmeißen, genauso wie der Schatten der Gestalt folgt!"

Beispiel: „Wenn du dich mit Wenjiao anlegst, bekommst du es auch mit Meizhu zu tun. Die beiden folgen einander, wie der Schatten der Gestalt folgt."

Zusage

verlässliche Zusage

Ein Versprechen – tausend Stücke Gold.

一诺千金 yī nuò qiān jīn.

Sinn: verlässliche Zusage.

Background: Aus den Biographien von Ji Bu und Luan Bu. „Ich ziehe ein Versprechen von Ji Bu 1000 Stücken Gold vor."

Tipp: Eine Zusage, die Sie verlässlich (!) einhalten werden, können Sie mit diesem chinesischen Sprichwort belegen.

Beispiel: Thorsten Mayerding sitzt mit Gong Wang in einer Besprechung. Herr Mayerding ist Spezialist für Buchhaltungsprogramme und soll Herrn Wang, den Leiter der Buchhaltung, in der Nutzung des Programmes unterweisen. Herrn Wang fällt es schwer, Thorsten Mayerding zu vertrauen. „Ich kann mir vorstellen, dass das nicht einfach ist für Sie. Schließlich kennen wir uns noch nicht so lange. Aber ich unterliege der absoluten Schweigepflicht. Und alles, was ich Ihnen sagen kann ist: ein Versprechen – tausend Stücke Gold."

7.7   Relevante feste Wendungen

Ähnlich wie die deutsche verfügt auch die chinesische Sprache über sprachliche Wendungen. Diese sind nicht notwendigerweise „dasselbe in Grün", sondern eigene Bedeutungsträger. Solche mit Relevanz für den Businessalltag haben wir unten stehend aufgeführt.

„Es fehlt nicht viel"

Die Floskel „es fehlt nicht viel", *chà bù duō* 差不多 ist ein von Chinesen häufig gebrauchtes Multitalent. Die Floskel wird eingesetzt, um Personen, die einen erwarteten Leistungsstandard nicht ganz erreicht haben, freundlich zu motivieren. Zusätzlich dient sie jedoch auch als wohlmeinende, gesichtgebende Kritik im Sinne von „Streng dich noch ein wenig mehr an!" Der Kommunikationskontext ist entscheidend für die Zuordnung.

Indirekt ausgesprochene Ablehnung

Da ein direktes „Nein!" aufgrund des damit verbundenen Gesichtsverlustes nicht infrage kommt, mussten die Chinesen einen anderen, indirekten Weg finden, um ihrem Gesprächspartner ihre Ablehnung mitzuteilen:

„Wir werden noch darüber sprechen." – *wǒ men zài shuō ba* 我们在说吧 ist eine solche Ablehnung. Nennt Ihr Gesprächspartner hingegen einen konkreten Termin, an dem das Gespräch stattfinden soll, ist das ein Hinweis, dass ihm an einer Fortsetzung der Kommunikation wirklich gelegen ist.

Im Alltagsleben mit Chinesen ergibt sich immer wieder eine Situation, in der man Ihnen nicht helfen kann oder nicht helfen möchte. Das hört sich folgendermaßen an:

Gibt es nicht./Haben wir nicht. – méi yǒu 没有

Ablehnung eines bestimmten Themas

Lehnt Ihr chinesischer Gesprächspartner ein Thema ab, ist es ihm peinlich oder unangenehm, so hat er mehrere Möglichkeiten, Ihnen das mitzuteilen:

Wir werden das prüfen. – *wǒ kěyǐ zài chá yī chá* 我可以再查一查

Das ist sehr kompliziert. – *hěn fùzá de shì* 很复杂的事

Ich werde darüber nachdenken. – *wǒ zài xiǎng yī xiǎng* 我再想一想

Hinweis: Chinesen zeigen mit ihrer Körpersprache sehr deutlich, dass ihnen etwas peinlich oder unangenehm ist. Sie lächeln oder lachen in einem für den Westler unpassenden Kontext. Haben Sie sehr oft mit chinesischen Geschäftspartnern zu tun, werden Sie schnell ein Gespür dafür entwickeln.

Verweigerung einer eigenen Stellungnahme

Da die Äußerung einer eigenen Meinung oder Stellungnahme unter Umständen mit einem Gesichtsverlust verbunden sein kann, tun sich Chinesen naturgemäß schwer damit. Eine gängige hilfreiche Wendung, mit der eigene Statements vermieden werden, aber trotzdem die Harmonie im Gespräch aufrechterhalten wird, ist, etwas als „interessant" zu bezeichnen.

Das ist interessant. – *hěn yǒu yì sī* 很有意思

Hierzu noch ein Tipp: Auch Sie können diese Wendung nutzen, beispielsweise beim Geschäftsessen. Sie ist eine diplomatische Antwort auf die Frage, wie eine besondere Spezialität Ihnen schmeckt, wenn Sie Schwierigkeiten mit der Kulinarie haben. Es spricht also nichts dagegen, dass Sie dann eben auch etwas als „sehr interessant" schmeckend bezeichnen! Damit vermeiden Sie den Gesichtsverlust für Ihren Gastgeber, falls dieser mit einer bestimmten Auswahl ein wenig daneben gelegen hat.

Beim Geschäftsessen

Essen hat einen enormen Stellenwert in China. Bei einem guten Essen hat schon manch festgefahrene Verhandlung zu guter Letzt doch noch eine konstruktive Wendung genommen. Umso wichtiger ist, dass Sie sich auch auf diesem Parkett sicher bewegen. Hier noch ein kleiner Tipp, wie Sie die chinesische Küche mit einer festen Wendung loben können. Und, nicht zu vergessen, nutzen Sie diesen Spruch, verschaffen Sie Ihrem Gastgeber jede Menge Gesicht:

Süß im Süden, salzig im Norden, pikant im Osten, sauer im Westen!

Nán tián běi xián dōng là xī suān 南甜北咸东辣西酸

Ein pikanter Hinweis

Obwohl offiziell verboten, spielen auch in China neben dem Essen andere Vergnügungen gelegentlich eine Rolle:

Straße der Blumen und Gasse der Weiden *huā jiē liǔ xiàng* 花街柳巷 Gassen mit Freudenhäusern

Literatur

Hwang K-K (1997–8) Guanxi and Mientze: Conflict Resolution in Chinese Society. Intercultural Communication Studies VII(1):17–38

Molinsky A (2007) Cross-Cultural Code-Switching: the Psychological Challenges of Adapting Behavior in Foreign Cultural Interactions. Academy of Management Review 32(2):622–640

Trompenaars F, Hampden-Turner C (2012) Riding the Waves of Culture – Understanding Diversity in Global Business. Nicholas Brealey Publishing, London (3 Aufl)

Chinesische Literatur 成语大词典 (彩色版)

王兴国(编著), 汉语成语大词典, 中国国际出版集团, 北京, 华语教学出版社, 2010 Wang Xingguo (bian zhu): Han yu cheng yu da cidian, zhong guo guo ji chu ban shi ji tuan. Beijing, Huayu jiao xue chu ban she 2010

汪耀楠 (主编), 汉语成语学习词典, 北京, 外语教学与研究出版社 2005, 11. Auflage Wang Yaonan (zhubian): Han yu cheng yu xue xi ci dian, Beijing, wai yu jiao xue yu yan jiu ch ban she, 2005

Xu Z et al., Das neue Chinesisch-deutsche Wörterbuch 新汉德词典, 商务印书馆发行 北京中科印刷有限公司印刷, 2003, 9. Auflage Xin han de ci dian, Shang wu yin shu guan fa xing, Beijing zhong ke yin shua you xian gong si yin shua 2003

o. A., 成语大词典, 北京, 商务印书馆国际有限公司, 2004, 9. Auflage o. A., cheng yu da ci dian, Beijing, Shang wu yin ahu guan guo ji you xian gong si, 2004

张学英, 张会 (编著): 汉英英汉 词典大全, 北京, 清华大学出版社 2005, 7. Auflage Zhang Xueying, Zhang Hui (bian zhu): Han ying-ying han cidian daquan, Beijing, Qing hua daxue chu ban she 2005Literatur

The manufacturer's authorised representative in the EU is Springer
Nature Customer Service Centre GmbH, Europaplatz 3, 69115 Heidelberg,
Germany. If you have any concerns regarding our products, please
contact ProductSafety@springernature.com

Printed and bound by CPI Group (UK) Ltd, Croydon, CR0 4YY
23/04/2026
02095635-0009